an

Frs Emilie

...richsdorf Hindenburg 81.

Mähr. Ostrau

Böhm. + Mähr.

THE
THIRD REICH
A CHRONICLE

第三帝国图文史

纳粹德国浮沉实录

[最新修订版]

[英]理查德·奥弗里（Richard Overy）◎著

朱鸿飞◎译

王梓　王国平　陈红银　陈秋慧　杨恩毅　董俐◎校译

金城出版社
GOLD WALL PRESS
·北京·

THE THIRD REICH: A CHRONICLE by RICHARD OVERY

Copyright: © 2010 BY RICHARD OVERY

This edition arranged with Quercus Editions Limited through The Grayhawk Agency Ltd.
Simplified Chinese edition copyright: © 2012, 2015, 2023 GOLD WALL PRESS CO., LTD.
All rights reserved.

本书所有图片均由授权方 Quercus Editions Limited 合法提供。

本作品一切权利归**金城出版社有限公司**所有，未经合法授权，严禁任何方式使用。

图书在版编目（CIP）数据

第三帝国图文史：修订版：纳粹德国浮沉实录：彩色精装典藏版 /（英）理查德·奥弗里（Richard Overy）著；朱鸿飞译. —修订版. —北京：金城出版社有限公司，2024.3 (2025.5重印)

(二战文史眼丛书 / 朱策英主编)

书名原文：The Third Reich: A Chronicle

ISBN 978-7-5155-2547-1

I. ①第⋯ Ⅱ. ①理⋯ ②朱⋯ Ⅲ. ①德意志第三帝国－史料 Ⅳ. ①K516.44

中国国家版本馆CIP数据核字（2023）第226320号

第三帝国图文史（最新修订版）
DISAN DIGUO TUWENSHI

作　　者	[英] 理查德·奥弗里（Richard Overy）
译　　者	朱鸿飞
策划编辑	朱策英
责任编辑	李晓凌
执行编辑	王媛媛
责任校对	欧阳云
责任印制	李仕杰
开　　本	710毫米×1000毫米　1/16
印　　张	34
字　　数	489千字
版　　次	2024年3月第1版
印　　次	2025年5月第4次印刷
印　　刷	小森印刷（北京）有限公司
书　　号	ISBN 978-7-5155-2547-1
定　　价	168.00元

出版发行	金城出版社有限公司　北京市朝阳区利泽东二路3号　邮编：100102
发 行 部	(010)84254364
编 辑 部	(010)64271423
投稿邮箱	gwpbooks@foxmail.com
总 编 室	(010)64228516
网　　址	http://www.jccb.com.cn
电子邮箱	jinchengchuban@163.com
法律顾问	北京植德律师事务所　（电话）18911105819

修订序

蒙编辑老师错爱，将本书的翻译任务委托给我。那么我能做的，就是尽自己最大努力，不使老师失望。

我的本职工作是商务翻译，译书还是头一回。拿到厚重的原书，一方面是喜爱，另一方面是"战战兢兢，如临深渊"，生怕如编辑老师告诫的那样"传播谬误"。虽不至成为"历史罪人"，但传播谬误，误人害己，贻笑大方，"白纸黑字，赖都赖不掉"（翻译家思果先生语），肯定不是我的本意。

说到对本书内容的理解，我想提醒读者两点。

一是政治军事背后的经济因素。

首先，导致战争发生的根本原因是经济。

准确预测到第二次世界大战的不是政治家，也不是军事家，而是经济学家凯恩斯。他参加了巴黎和会，但是人微言轻，他的看法改变不了谈判进程。回国后，凯恩斯撰文批评一帮目光短浅的政客，认为他们将把德国引向另一场战争。这一点，我们将在本书中看到。

其次，决定战争胜负的也是经济。

熟悉美国的日本海军大将山本五十六感慨道，日本根本不可能打败美国，原因就在于美国拥有强大的生产能力。如果希特勒是一位合格的战略家，他不会不了解这一点。而这不禁让我们心生疑问，如果他明白了这一点，还会冒险发动他的那些战争吗？

二是一部历史作品的作者因素。

某种程度上，历史是写史者的历史。作者的立场、观点会影响他们呈现出来的历史，本书也不能例外。读者读一本书，受作者影响，这也很常见。所以，有必要请读者留意，作者是一位英国人，他的评论，他对事实的选择、侧重、叙述，甚至人名的提法，都会或多或少反映他个人甚至是英国学界的立场。作为读者，我们对此要形成自己的看法。

二战史恐怕是人类研究得最透彻的一段历史，尤其是二战德国史。为什么这么说呢？个人以为，首先是人们有了解这一时期历史的强烈需要。二战作为涉及面最广、卷入国家最多、死亡人数最多、经济消耗最大的一场战争，对大到人类历史、小到个人命运的影响，是任何其他事件都无法比拟的。另外，研究二战德国史还有一个尤其有利的条件，那就是二战结束时，因为纳粹政权的迅速垮台，盟军获得了大量未及销毁的德国秘密文件，这些文件为研究这段历史提供了大量资源。

本书按时间顺序，描绘了从希特勒开始发迹，直到最后失败的完整历史。我相信，读完本书，读者一定会对第三帝国有一个全面的了解。对一些不甚了了，或者有疑问的地方，相信大家也可以从这本书中找到自己所需。当然，如前所述，第三帝国的历史资料瀚如烟海，仅以本书而言，书中的每个故事几乎都可以写成厚厚的一本书。而实际上，从不同角度、按不同事件描写第三帝国的书数不胜数。比如，大的战斗如不列颠战役、卡西诺战役、列宁格勒战役、突出部战役，对于爱好军事的读者来说，这些怕是算得上必读吧？

让我重温编辑老师的一句话，我时时记起，告诫自己。他警告说，"别过分迷恋自己的文字"。正是这句话，让我"站在读者的角度"（编辑老师语）对初稿作了彻底修改，许多地方近乎重译。

最后，我要特别感谢本书的编辑老师，没有老师的辛勤工作，初次接触图书翻译的我实在不敢想象这本书会是什么样子的。同时，老师的细致、负责和谦虚的品格也一直是我学习的榜样。本次修订对初版中一些明显的错误进行了更正。特别感谢读者江楠先生对本书提出了宝贵意见，从他渊博的学识和诲人不倦的品格中，我受益匪浅。

前言

第一章
希特勒的崛起
1923—1933
失败的政变 / 009
重建纳粹党 / 028
寻找"德国救世主" / 042
希特勒当上总理 / 062

第二章
第三帝国的建立
1933—1934
"民族起义" / 077
恐怖统治 / 089
重建国家机器 / 100
建设"民族共同体" / 102
秘密重新武装 / 110
"民族敌人" / 117
"长刀之夜" / 121
狂热的元首崇拜 / 127

第三章
元首国家
1935—1936
破坏《凡尔赛条约》 / 143
纽伦堡法案 / 152
加快的步伐 / 157
恐怖机器 / 164
奥运插曲 / 172
积极备战 / 177

目录 CONTENTS

第四章
建立新秩序
1937—1939
经济重新武装 / 191
千秋帝国的艺术 / 200
策划战争 / 205
勃洛姆堡-弗立契危机 / 209
吞并奥地利 / 212
捷克危机 / 218
"水晶之夜" / 230
占领布拉格 / 234
走向战争 / 238
战事降临 / 244
波兰覆灭 / 248

第五章
战争初期的胜利
1940—1941
德国后方 / 261
西线战争 / 271
转向英国 / 279
缔造轴心国 / 290
炸服不列颠 / 296
巴尔干插曲 / 301
"巴巴罗萨行动" / 311
最终解决方案 / 319
莫斯科战役 / 326

第六章
大屠杀与溃败
1942—1943
施佩尔时代 /341
"莱因哈德行动" /348
全线进攻 /353
沙漠和空中的失败 /363
通往伏尔加之路 /368
斯大林格勒 /372
反抗与迫害 /377
地中海的退却 /387
轰炸下的德国 /393
从库尔斯克到基辅 /397

第七章
帝国的覆灭
1944—1945
风暴前的平静 /415
西线的登陆 /424
刺杀与恐怖 /426
帝国前线 /440
失败的边缘 /453
德国本土遭袭 /461
帝国覆灭 /465

后 记
第三帝国的遗产
帝国的终结 /485
纽伦堡审判 /494
两个新德国 /499
第三帝国的阴影 /506

附 录
附录一：参考书目 /517
附录二：引用材料声明 /522
附录三：地图 /524

索 引

前　言

现代史上研究得最透彻的一个时期，非第三帝国[1]莫属。尽管在德国20世纪的历史中，第三帝国独裁统治只维持了短短12个年头，但是，阿道夫·希特勒（Adolf Hitler）发动的这场灾难性战争，以及对欧洲犹太人实施的种族灭绝，其后果远远超出了德国的范围，并且至今仍在产生影响。

德国历史上的这12年是如此紧张激烈、风云变幻，以致每个审视这段历史的人都不由得提出一些发人深省的问题。首先，在这样一个以文明行为和光芒四射的悠久文化传统而闻名的民族，怎么会产生一个暴行如此令人发指的独裁政权？随着时间推移，这个问题似乎变得更加让人困惑，因为战后德国基本看不到构成第三帝国特征的军国主义和种族主义残余的影子；第三帝国垮台后的65年[2]中，德国人一直是欧洲的好公民。

其次，当时希特勒政党只有刚过三分之一的选票支持，他如何能够在这种情况下上台？当然，20世纪也有一些少数党执政的情况，但是，考虑到希特勒所构成的威胁，有必要研究一下，为什么没给希特勒投票的那三分之二德国人没能找到一个办法阻止希特勒掌权。而且，当希特勒上台后，他们当中的成百上千万人又把自己的命运和这个政权拴在一起，而这个政权从一开始就表现出了它的无法无天。

最后，还有个很难说清楚的问题：远离演讲台和呐喊的人群，在许多私下里接触过他的人眼里，希特勒显然是个无名之辈，然而，他为什么能牢牢控制住德国人民？为什么即使这种控制把他们带上彻底毁灭的边缘，领导者和被领导者间的纽带却一点也没有受到损害？直到如今，对希特勒的痴迷仍然引导着人们去无止尽地探寻真实的希特勒。希特勒性情古怪，他的野心也随着自己为上苍所选的笃信而膨胀。但答案不仅仅在他身上，也在他领导的人民身上。他们中许多人需要一个依靠，并将个人崇拜当作信仰，而不是出于对领导人现实的评估。在这个意义上，正如希特勒自己一直声称的那样，他是人民的最高代表，而不是什么人强加给德意志的一个外来存在。领导者和被领导者，共同编造了希特勒是德意志民族救世主的谎言。许多人不愿正视这个毫无理性可言的信仰，结果他们以元首的名义施以可怕的暴行。

要想找到这些问题的答案，很重要的一点就是：许多德国人相信他们是在建设一个更美好的世界，一个新的乌托邦[3]。那里没有种族敌人，没有社会矛盾，没有外来文化影响；只有一幅安逸的社会图景：快乐的家庭、健康的金发儿童和一个纯粹的种族。关于希特勒将引领德意志民族复兴、使德国成为再度兴盛的欧洲文明中心的想法，现在看来是彻头彻尾的执迷不悟。可是，当时还是有那么些理想主义的德国人，不顾成堆的民族革命问题，而抱有这样的希望：一个更美好的世界将会出现，这不仅仅是对于德国来说的，也包括欧洲其他国家。在第三帝国的宣传中，频频出现的图景就是：秩序战胜了混乱，诚实、正直战胜了其他有害的世界观。

这幅新乐土图景，很难与政府广泛实施的暴力、歧视和社会不公联系起来。"要获得成功，你得付出点代价。"赫尔

1945年，矗立在德国某城市废墟中的一幢被炸毁的房子。墙上标语是："希特勒用12年换来了这个结果。"

曼·戈林[4]曾这样评说。考虑到其政权对国内外所谓敌人的所作所为，这是一个经不起推敲的借口。事实是，这个政权及其支持者成功的基础，不是道德理想，而是人性的最阴暗面：对其他政权和更加繁荣昌盛民族的怨怼；对富足帝国或拥有充裕资源国家的嫉妒；对德意志理想世界的假想敌的恐惧；对拒绝追随纳粹信仰者、背叛或挑战其乌托邦梦想者的仇恨。尤其是从1933年对政敌的拷打、折磨，到1945年对失败主义者[5]和逃兵的残忍杀害，这些肆意侵害都清楚表明了这一点。战争和屠杀成了第三帝国历史的中心内容，这不足为奇，因为那是它的主要遗产。希特勒颂扬的德意志美德，是用罪恶来实现的。

那些黯淡岁月的记录，充满了自相矛盾之处。第三帝国盼着恢复秩序，让这个自认为具有文化与种族优势的民族（并不是人人都相信关于"优等民族"的宣传）获得支配地位，然而，它却造成了无法想象的混乱，用现代史上最野蛮的暴行抹黑了德国历史。最后的结局是，为了一个没有也无法实现的野心，带给德国人民和受他们戕害的人们无尽的痛苦。20世纪五六十年代成长起来的一代德国人，抛开了所有这一切，专注于完善现代政治制度、发展繁荣经济。但是，随着一个个时代的消逝，这12年历史[6]的阴影也越拉越长。"这一切怎么可能发生？"对德国国内外的许多人来说，这依然是一个没找到满意答案的问题。尽管这本书不一定能完全回答这个问题，不过，它是想告诉读者有关第三帝国的已有知识，以及如何利用它们形成我们自己的答案。

理查德·奥弗里（Richard Overy）
埃克塞特大学（University of Exeter）
2010年4月

注释

[1] 译注：二战以前，在德国1000多年历史上曾经经历过三个帝国。第一帝国是指公元962—1806年的神圣罗马帝国；第二帝国是指1871—1918年的德意志帝国，它是普鲁士通过三次王朝战争统一起来的；第三帝国是指1933—1945年的法西斯德国，希特勒称其为第三帝国。

[2] 编注："65年"是指从1945年起到2010年本书英文版成书时止。

[3] 译注：乌托邦（Utopia），本意为"没有的地方"或者"好地方"。空想社会主义创始人、英国人托马斯·莫尔在他的名著《乌托邦》中虚构了一位航海家航行到一个奇乡异国"乌托邦"的旅行见闻。在那里，财产是公有的，人民是平等的，实行按需分配的原则，大家穿统一的工作服，在公共餐厅就餐，官吏由秘密投票产生。他认为，私有制是万恶之源，必须消灭它。

[4] 编注：赫尔曼·戈林（Hermann Wilhelm Göring），被认为是纳粹德国仅次于希特勒的二号人物。详细介绍见第182页。

[5] 译注：失败主义者（Defeatist），他们或者不经战斗就接受失败，或者抱有"战胜不如战败"的想法。在战争情况下，一个信仰失败主义的士兵会拒绝战斗，因为他认为战争必将失败，或者因为其他原因认为战争是不值得的。

[6] 编注："12年历史"，指从希特勒1933年成为总理到1945年二战结束。

第一章
希特勒的崛起
1923—1933

1923年,希特勒还是个鲜为人知的小政客,是巴伐利亚一个激进民族主义小党派的领导人。该党以街头暴力、反犹主义而出名。在接下来的不到10年时间里,希特勒和他的德国国家社会主义工人党[1]成了德国政治生活中的支配力量,跃跃欲试要夺取权力。

一战结束后的10年,对德国人民来说是个剧烈动荡的时代。由于战争失败,他们被迫接受屈辱的和平条约、承担发动战争的责任。随后的3年中,在巨大通货膨胀和经济困难背景下,德国极左、极右势力间的严重政治暴力事件不断发生。

希特勒发迹的原因,可以用运气、机会和野心三者来解释。许多德国选民依然忠于那些支持议会制度的现有政党。即使是在1933年前希特勒的政党达到权力巅峰状态时,该党也未能在大选中获得超过37%的选票。短短几年前,在政治体系中,希特勒及其政党的势力还微不足道:在1928年选举中,它只获得12个议会席位。经济萧条影响了人们的心理,失望、对外部世界的愤怒和对共产主义的恐惧,让许多选民认为德国前途危如累卵。这为希特勒铺平了道路,他摆出一副德国终极救世主的样子。对许多人来说,给希特勒投票是有风险的,但他们选择了这样做,因为那似乎是唯一的希望。如果没有经济危机,希特勒要夺取独裁统治是无法想象的。

选择德国国家社会主义是一个权宜之计。它的成功,除了依靠自身力量外,也要归功于其他政党和议会制度的失败。即使在当时,希特勒能当上德国总理也是一小撮保守政客密谋的结果。这帮政客觉得他们可以控制一场运动及其领导人,但是,他们低估了该人的政治潜力。

前页图片:1926年,一群纳粹德国冲锋队队员,举着一面自制"卐"字旗,穿着自己购买的制服。冲锋队体现了希特勒运动的同志情谊,但是,也成了它的暴力象征。

失败的政变

1923年11月9日，在一战英雄埃里希·鲁登道夫将军（General Erich Ludendorff）和奥地利年轻煽动家希特勒的带领下，约2000名德国民族主义分子在巴伐利亚首府慕尼黑市中心游行，沿着皇宫街（Residenzstrasse）向统帅堂（Feldherrnhalle）进发；统帅堂是巴伐利亚已故将军纪念堂。民族主义分子试图发动政变，推翻巴伐利亚地方政府。如果这一步成功，下一步就是推翻柏林全国政府。游行者排成长队，举着旗帜标语。有些人穿着破制服，他们属于支持政变的准军事组织；有些人带着武器。希特勒本人也带了支左轮手枪，尽管他已经下令不许上子弹。这些游行者自认为，在德国历史的这个转折关头，他们将作为德意志民族革命先锋队，为1918年战败雪耻。

在1923年慕尼黑那个阴沉的下雪天，自封政变领袖的希特勒想搞什么名堂？要想理解这个，我们有必要让时间回到一战的最后几天。

那时，巴伐利亚陆军某团年轻下士希特勒正躺在医院里，从受毒气攻击造成的伤害中慢慢康复。当他听到德国领导人的停战要求得到批准，将于1918年11月11日11时生效的时候，他感到莫名的痛苦和愤怒。希特勒和几百万其他德国士兵一样，深信德国路线是正义的。他们相信，1914年8月初爆发的欧洲战争是俄国、法国和英国共谋发动的，其目的是削弱德国力量、把协约国的粗暴唯物主义强加给一个文明民族。千百万德国人不了解德国战争机器的真实状况，也不了解后方若继续支撑这样一场消耗巨大的战争要面临多大的困难。失败的事实对他们来说是个极大的震惊和打击。至于希特勒，他在1913年抛弃了出生国奥地利来到德国，从1914年起心甘情愿地在一个德国部队而非奥地利部队服役了四年。对于他这样的民族主义者来说，停战是德国人对祖国的背叛。像成千上万其他德国人一样，希特勒把战争失败归咎于社会主义者和犹太煽动者，认为是他们

关键词：愤怒的老兵

"从背后捅了德国一刀";这句话成了后来一再宣称的说辞。战败之后,希特勒成为了一个愤怒、梦想幻灭的老兵。他下定决心,只要有机会,一定帮德国恢复它在世界上的原有地位,并且对马克思主义者和犹太人进行猛烈报复,因为他认定是这些人造成了德国的战败。

就如何应对战败事实,德国左翼、右翼之间产生了尖锐分歧,使德国面临严重政治危机。一方面,社会民主主义者和自由主义者希望结束王室统治,建立议会共和国。他们起草了新宪法,成立了共和国,并根据通过宪法的城市的名字[2],将其命名为**魏玛共和国**(Weimar Republic)。另一方面,德国共产主义者想走 1917 年的俄国革命道路,建立一个无产阶级国

> 20 年代早期德国自由军团成员。这个军事组织由一战退伍兵和希望与左翼革命作斗争的青年民族主义分子组成。其中一位戴着卐字臂章。该组织于 1922 年由政府命令解散。

1919年7月,德国外交官、巴黎代表团首席代表库特·冯·莱斯纳(Kurt Freiherr von Lersner),在位于巴黎的法国外交部一个大厅内签署《凡尔赛条约》附加议定书。

1923年11月9日,一队游行者行进在通往统帅堂的路上。他们试图接管巴伐利亚地方政府,以此作为"向柏林进军"并夺取政权的前奏。

1923年，年轻政客希特勒乘汽车做巡回宣传。希特勒很重视通过亲临现场和激情演讲向大众展现自己。

家。最后，依靠社会民主主义者、陆军和右翼民族主义分子之间的联盟，才扼制住了这股革命浪潮。他们杀害了共产主义领袖，还建立了一个治安团体"自由军团"[3]，由保留着军装和武器的退伍军人组成，目的是摧毁工人阶级的抵抗、吓阻其他一切对德国未来的所谓威胁。

1919年6月28日，在未经谈判的情况下，德国新政府被迫在协约国起草的《凡尔赛条约》（Versailles Treaty）上签字。这项和约解除了德国武装，夺走了阿尔萨斯－洛林[4]和西里西亚[5]等大片宝贵土地，取消了德国殖民地；其第231条强加了臭名昭著的"战争罪责"（War Guilt）条款。在该条款中，德国及其盟国被迫承担了造成协约国战争损失的责任。因此，协约国要求德国对造成的损害支付巨额战争赔款。尽管整个德国政界普遍对和约持敌视态度，但还是不得不签署，否则就要遭到协约国入侵的危险。和约主要缔造者之一马修斯·埃尔兹伯格（Matthias Erzberger）在1921年8月27日被自由军团成员谋杀；第二年6月24日，另一个与此有密切关系的政治家、外交部长瓦尔特·拉特瑙（Walter Rathenau）也被自由军团刺杀。

战争赔款

根据1919年6月28日签订的《凡尔赛条约》，德国及其盟国（奥地利、匈牙利、保加利亚）必须支付战争赔款，赔偿西欧战争造成的损害。赔款数额于1921年5月最后确定，德国须赔偿1320亿金马克，其中的500亿金马克须按每年20亿的进度先行付清，另加相当于出口总值26%的税款。

1923年，德国货币崩溃。1924年4月，协约国起草了一项新赔偿计划，称作"道威斯计划"（Dawes Plan）。该计划允许德国在经济恢复期的前几年支付很少的金额，到1927年才重新达到每年20亿金马克水平。

1929年，随着经济困难加深，加上德国政府对履行赔款义务的消极态度，各方重新谈判达成一项新计划，即所谓的"杨格计划"（Young Plan）。它把赔款义务总额减少到1120亿金马克，以每年20亿金马克的进度赔付，直到1988年付清。此项计划提供了慷慨的贷款，以帮助德国应对赔款支付。但是，在经济萧条时期，德国只支付了很少的数额。

大部分德国人把支付赔款义务看成极大的不公，因为它反映了协约国的一个观点，即认为应由德国一国承担发动一战的责任。

据估计，从1921年到1931年，德国共支付了约200亿金马克。随后暂停支付一年。在1932年6月的洛桑会议[6]上，协约国最终放弃了赔款要求。

希特勒出院后回到慕尼黑，这一点与他后来在自传《我的奋斗》（Mein Kampf）中的描述有所不同。作为其所在团"士兵委员会"的发言人，他实际上是跟当地激进革命运动站在一起的。当德国正规军镇压巴伐利亚革命、恢复秩序后，希特勒被监禁了一小段时间。释放后，他被派到归国战俘中做煽动工作，因为那帮战俘的政治倾向被认为是靠不住的。希特勒马上发现了自己的特长，他发表的即兴政治演说能够迅速产生成效。

1919年9月12日，希特勒受命参加一个激进右翼小团体德国工人党（German Labour Party，也英译作 German Workers' Party，德文缩写DAP）的会议。[7] 一个月后，10月19日，希特勒加入该党，成为它的555号党员（党员从501号开始）。到了11月中旬，希特勒应邀成为该党的领导人之一，负责宣传工作。他很快获得名声，成为当地受欢迎的煽动家。希特勒能够拉来一大帮人，听他大声谴责《凡尔赛条约》，痛批"11月罪人"[8]，并呼吁把犹太人逐出欧洲。在决定投身政治生涯后几周内，希特勒形成了他政治信条的几个要点：德意志复兴；与马克思主义、其他德意志意识形态敌人作斗争；清除欧洲犹太人。

德国工人党创立者和领导人安东·德雷克斯勒（Anton Drexler）是一个铁路机械师，他的观点是极端民族主义和反对资本主义的混合。希特勒入党后和他亲密无间地共事了一年半。1920年2月20日，该党改名为"德国国家社会主义工人党"（官方简称为国家社会党，也常被贬称为纳粹党，详见本章末注释[1]。为避免混淆，本书后文无特殊情况时一般译作纳粹党），以表明它的目的是要把被马克思主义迷惑的工人唤回到民族运动中来。4天以后，在党的第一次公众集会上，当着2000名群众的面，希特勒宣读了他和德雷克斯勒拟定的《25点纲领》。但一年以后，1921年7月29日，希特勒认为德雷克斯勒的策略过于温和，就在党内发动了一场针对后者的政变，结果成功当选党的唯一领导人，并使纲领获得无条件通过。此时，希特勒在党内的影响，已经超过了其

关键词：国社党元首

希特勒的政治青春期

我曾经见过他（希特勒）几次，当然，没有一次是在他的集会上。第一次见到他是1920年，在我的朋友克莱门斯·冯·弗兰肯施泰因的家中，那时它叫伦巴赫别墅。管家跟我说，屋子里有个家伙已经来了一个小时了，正在到处乱闯。他就是希特勒。他假装对话剧舞台布景设计感兴趣，设法弄到了一张请柬。这很有可能是因为，希特勒觉得剧场设计跟内部装饰、墙纸张贴有关，后者是他以前的职业。

这是希特勒第一次来到这里。他穿着长筒靴，戴着软塌塌的宽檐帽，手里拿着马鞭，还牵了一只柯利犬。在一片哥白林挂毯和花岗石墙壁当中，那效果就像一个牛仔穿着皮质马裤，靴后跟系着马刺，腰里别着把柯尔特手枪，坐在巴洛克圣坛的台阶上。那时希特勒有点瘦，像是吃不饱饭的样子。他坐在那儿，像个典型的服务生领班，在一位活生生的男爵面前恭敬而拘谨……但最后他还是逮到了发表演说的机会。他不停地说着，滔滔不绝地对我们宣扬，活像个随军牧师。没有人反驳他或者提出异议。过了一会儿他开始对我们大吼大叫。仆人以为他要攻击我们，纷纷冲进来帮忙。

希特勒走后，我们坐在那儿一声不吭，感觉莫名其妙、无趣之极。大家都有些沮丧，好像上了火车却发现同车厢的是个神经病。我们坐了许久，一句话也没说。

——摘自：弗里德里希·莱克–马雷克泽文（Friedrich Reck-Malleczewen）所著《绝望人日记》，伦敦视听园出版公司（Audiogrove）1995年版，第23~24页。

希特勒论犹太人

犹太人带来民主，窒息理性。
民主、多数决定、公众意见、媒体、资本，
这些都是犹太人的花招。
德意志民主，是用道理说服多数；
犹太民主，是用道理破坏多数。
民主意味着破坏德意志民族的抵抗精神，
……
但最终目标是征服一切民族。
因此，
我们需要摧毁这一切：
无产阶级民族独裁、最终抵抗、阶级斗争和民族意识。
犹太人是吸血鬼，
布尔什维克主义（Bolshevism）就是该死的犹太人的阴谋……
当前德国的斗争性质是独裁和民主之间的斗争。
犹太人和日耳曼人之间的矛盾没有任何调和余地。
谁了解这些？
是左派政党，还是右派政党？
我们的选举口号是：
这是中产阶级对无产阶级的斗争；
这是阶级对阶级，而不是日耳曼人对犹太人的斗争。

——摘自：希特勒的一个演讲笔记，参见沃纳·梅塞（Werner Maser）所编《希特勒书信和笔记》，纽约矮脚鸡图书公司（Bantam）1976年版，第224～227页。

1920年制定的《25点纲领》。该文件由希特勒和安东·德雷克斯勒共同起草。但是希特勒上台后，只实行了它的部分内容。

25点纲领

（1920）

德国工人党纲领顺应当前时代潮流。此纲领之目标一旦实现，党的领导人拒绝仅仅为了党的存续，通过人为增加大众不满的方式，设立新的目标。

1. 我们要求基于民族自决权，联合德意志人为大德意志帝国。

2. 我们要求德意志民族应与其他民族享有平等的权利，废除《凡尔赛条约》和《圣日耳曼条约》(Treaty of Saint-Germain)。

3. 我们要求国土和领土（殖民地）足以养育我们的民族及移殖我们的过剩人口。

4. 只有德意志同胞，才能取得德意志公民的资格；凡属德意志民族血统，不管其职业如何，皆为德意志国民。因此，犹太人不能为德意志国民。

5. 凡在德国的非德意志公民，只能视为侨民，应适用于治理外国人的法律。

6. 只有德意志公民，才能决定德意志国家的领袖，才有决定法律的权利。因此，我们要求一切公职，不管何等种类，不管它是联邦的，还是各邦的，或是市政的，必须由德意志公民担任。

7. 我们要求国家应以供给公民工作及维护公民生活为其首要任务。如果国家不能养育其全部人口，则应将外国人（非德意志公民）驱逐出德国国境。

8. 禁止非德意志人迁入德国。我们要求将1914年8月2日以后迁入德国的一切非德意志人驱逐出境。

9. 一切德意志公民应享有同等的权利和义务。

10. 每个德意志公民的首要职责是从事体力劳动或脑力劳动，个人的活动不许损害全体的利益，而应受全体的制约并对所有人有利。

11. **我们因此要求取缔不劳而获的收入，废除利息奴役制。**

12. 鉴于每次战争都给人民带来生命财产方面的巨大牺牲，必须把战争横财看作对人民的犯罪。因此，我们要求完全没收一切战争收益。

13. 我们要求将一切托拉斯收归国有。

14. 我们要求分配大企业的利润。

15. 我们要求大规模扩建养老设施。

16. 我们要求建立并维持一个健全的中产阶级。我们要求立即将大百货商店收归国有，并廉价租赁给小工商业者，要求国家或各州在收购货物时特别要照顾一切小工商业者。

17. 我们要求一种适合民族需要的土地改革制度，要求制定一项为了公益而无代价没收土地的法令，要求废除地租，要求制止一切土地投机活动。

18. 我们要求严厉镇压那些危

害公共利益的人；对于危险的叛国者、高利贷者、投机者等，不管其信仰及种族如何，必须处以死刑。

19. 我们要求用德意志共同法代替为唯物主义世界秩序服务的罗马法。

20. 为使一切有能力而又勤奋的德意志人享受高等教育，并能有机会走上领导岗位，我们要求改革现存的教育制度。一切教育机关的课程设置，必须适应实际生活的需求。儿童一到有理解能力时，即应启发他们的民族观念。我们要求贫寒子弟中特别优秀者，不论其父母职业及社会关系如何，应享有国家免费教育。

21. 国家必须保护母亲和儿童，禁止雇佣童工，制定奖励体育运动和进行体格锻炼的法律，大力支持一切旨在增强青年体力的团体，以提高国民的身体健康水平。

22. 我们要求取缔雇佣军，建立国民军。

23. 我们要求制定法律，禁止恶意的政治谣言及其在报纸上的宣传。我们要求德意志机关必须做到：

　　a. 凡德文报纸的编辑及工作人员应为德意志公民；

　　b. 凡非德意志报纸，应经德国的特别许可，才能发行，但不许其用德文印刷；

　　c. 凡非德意志人，只要参与了德意志报纸的财政，或企图使德意志报纸受其影响，必须依法禁止。若有违犯者，应关闭这类报社，并且立即驱逐与该报纸有关的非德意志人出境。

违反公共利益的报纸，必须坚决取缔。我们要求制定法律，坚决禁止对于我国人民生活有不良影响的艺术与文学，并关闭与此种要求相冲突的机关团体。

24. 我们要求在不危害国家的生存，或不违背德意志民族风俗道德的范围内，承认一切宗教、信仰的自由。

本党主张积极的基督教，但不为任何宗教所约束。本党反对国内外犹太人的唯物主义思想。本党深信只有以"先公后私"为原则，才能致力于我民族的永久复兴。

25. 我们要求在帝国内建立强大的中央集权政府，以便实现本党所主张的一切；中央议会对于整个帝国及其所有机关，应有绝对的权威；为使各州实施帝国所颁布的法律，应根据职能和专业组建议会。

本党的领导者，誓为完成上述目的而奋斗，必要时即使牺牲性命也在所不惜。

——此版本依据的是慕尼黑警察局于1920年2月24日获得的一份文件。改编自：巴巴拉·莱恩（Barbara Lane）、莱拉·鲁普（Leila Rupp）所编《1933年前纳粹思想记录》，曼彻斯特大学出版社（Manchester University Press）1978年版，第41~43页。（此处"德国工人党"是希特勒沿袭原党名的说法。一般认为，这个纲领也是纳粹党的早期纲领。）

他领导人。越来越多的群众到国家社会主义集会听他演讲。就在希特勒接任党领导人的会议上，他第一次被人描述成"元首"（Führer）；1934年希特勒成为德国最高统治者后，就采用了这个称号。选用这个称谓是有目的的：在德语中，元首既是领袖，又有导师的含义。就这样，希特勒开始了他的政治生涯，希望能成为民族运动的鼓手，鼓舞它前进。1921年，他坚信自己注定会成为一个伟人、一个德意志拯救者。

希特勒当上党的领导人后，纳粹党开始初具雏形。1921年8月3日，准军事组织冲锋队[9]成立，它的任务是保卫党的会议，破坏左翼政党会议。1922年春，年轻的前飞行员戈林担任冲锋队领导职务。他在一次集会上听希特勒演讲后，自愿为党服务。1922年1月29到30日，纳粹党召开了约有1000名代表参加的第一次代表大会。一年后，1923年1月27到29日，它的第一次全国代表大会在慕尼黑召开。很快，纳粹党流氓气的、暴力激进的名声就在全国范围传开了，它敌视议会统治、强烈反犹、推崇某种形式的民族革命。希特勒本人在1922年两次被捕，并于6月24日到7月27日坐了牢。除了纳粹党心脏地区巴伐利亚外，德国大部分地区都禁止此党活动。

1922年10月28日，意大利法西斯党头子贝尼托·墨索里尼（Benito Mussolini）发动"向罗马进军"，当上了意大利总理。尾随其后，德国的纳粹党开始认真考虑发动一场类似的"向柏林进军"运动。11月3日，希特勒在党的集会上讲话，谈到墨索里尼的成功和意大利的"爱国主义"。他宣称："在我们国家，我们将不得不如法炮制……"

关键词 通货膨胀

1923年间，德国国内政治经济形势紧张，出现危机。这使希特勒发动全国革命的想法变得不那么异想天开。1923年1月11日，法国和比利时以迫使德国支付赔款为借口，出兵占领德国西北部鲁尔（Ruhr）工业区。德国政府对此发动了一场消极抵抗运动。而众多民族主义党派和联盟（包括纳粹党党员），则叫嚣反对整个凡尔赛体

1923年德国超级通货膨胀期间,纸币变得一文不值。图中几个小孩正用成捆的纸币摆出一座金字塔。许多人能活下来靠的是以物易物,而不是用纸币支付。

德国通货膨胀

1923年11月15日，柏林

　　不幸的德国！无尽的混乱、无尽的动荡。一系列的政变企图，又一次使国家陷入狂热之中。在慕尼黑，希特勒和鲁登道夫将军（General Ludendorff）带领纳粹党党员，试图发动一场国家社会主义政变。11月9日，萨克森（Saxony）、汉堡（Hamburg）和图林根州（Thuringia）几处爆发了左派分子发动的叛乱。

　　马克的价值继续下跌，跌到令人难以置信的程度。要想买东西，你得带上整箱钞票。存款账户已经彻底消失。为了寄封国内邮件，我得花上几百万马克买张邮票。德国货币还不如一张纸值钱。外国人只需用一点他们的金本位货币，就可以在德国买下任何东西。

　　离开基青根（Kitzingen）之前，我去拜访了妈妈的老朋友。她是一位上了年纪的女士，曾是当地最有钱的女人之一。我发现她家的巨大房子冷冰冰的，几乎所有房间都空空如也。我找到了这位年老的女士，她正裹着毯子坐在壁炉边发抖，因为整个房子里只有那个房间能取暖。

　　"我的天哪，波拉阿姨！"我叫道，"您的地毯、画和家具都哪儿去了？"

　　"都没了，孩子。陆陆续续地都送到慕尼黑的古董店里去了。我本来是有份收入的，但那点收入已经什么都买不到了。一周又一周，我的家具和画都拿去换了面包。当最后一件也没了的时候……"她绝望地耸了耸肩。

——摘自：贝拉·弗罗姆（Bella Fromm）所著《血与宴会：柏林社会日记》，伦敦乔弗里·布莱斯出版社（Geoffrey Bles）1943年版，第20页。

系,以及使该体系得以成型的"11月罪人"。自1919年战争结束以来,德国一直处在不断的通货膨胀中,这在很大程度上要归因于政府超过1500亿金马克的庞大战争赔款债务。外国对鲁尔工业区的占领,加速了德国货币的崩溃。1923年夏天,通货膨胀演变成超级通胀,到年底时马克变得几乎一文不值。成百上千万德国人破产;破产者主要是那些靠养老金,以及其他固定收入如投资、抵押等生活的人。失业率不断攀升,城市饥民数量日益增长。这些都为政治极端主义创造了良好条件。

在这千钧一发的形势下,一些民族主义小党派开始勾结起来,准备策划一场政治革命。1923年9月2日,希特勒在2.5万名群众面前发表了慷慨激昂的演说。随后当着鲁登道夫将军(他曾是一战最后几年最重要的德军高级指挥官)的面,旨在推翻柏林政府的"战斗联盟"(Fighting Association, 德语为Kampfbund)建立了。该联盟由冲锋队和其他一些准军事组织组成。希特勒用新国家军队总司令的前途引诱鲁登道夫。9到10月间,柏林政府命令巴伐利亚地方政府解散战斗联盟,取缔纳粹党,关闭它的报纸《人民观察家报》(*Völkischer Beobachter*)。但是,慕尼黑当局生怕危机会引发新一轮德国共产主义威胁,便放了希特勒一马。

在1923年最后几个月的动荡形势下,希特勒和其他纳粹党领导人做好了发动民族革命以及从慕尼黑大本营出发向柏林进军的准备。11月6日,由古斯塔夫·冯·卡尔(Gustav von Kahr)临时紧急领导的巴伐利亚政府发出警告,将用武力镇压希特勒团伙的一切政变企图。希特勒原定的政变日期是11月11日。但当他听说冯·卡尔将于11月8日晚在贝格勃劳凯勒啤酒馆(Bürgerbräukeller)向爱国联盟发表讲话时,希特勒决定把政变日期提前到那一天。当晚,600名冲锋队员带着步枪和机枪包围了啤酒馆。希特勒穿着他标志性的军用雨衣,坐着一辆红色奔驰赶到此处。啤酒馆里,冯·卡尔正向一群无精打采的听众大谈特谈马克思主义的危险,戈

关键词 啤酒馆政变

Proklamation
an das deutsche Volk!

Die Regierung der November-verbrecher in Berlin ist heute für **abgesetzt erklärt worden.** Eine **provisorische deutsche Nationalregierung** ist gebildet worden, diese besteht aus

Gen. Ludendorff
Ad. Hitler, Gen. v. Lossow
Obst. v. Seisser

1923年11月8—9日，慕尼黑政变组织者发布的一则公告。内容是："特此公告德国人民：兹宣布于今日撤销柏林11月罪人政府。由鲁登道夫将军、希特勒、冯·洛索夫将军（General Otto von Lossow）和冯·赛塞尔上校（Colonel Hans von Seisser）组成的临时政府已经成立。"

1923年"德国日"（Germany Day），希特勒和纳粹地区头目尤利乌斯·施特莱歇尔（Julius Streicher，位于希特勒左手边）在纽伦堡（位于德国南部，被希特勒认为是德国的"灵魂"）视察冲锋队员。许多冲锋队员只穿着普通服装，戴一顶队员帽，因为他们买不起全套制服。

林和一队冲锋队员就冲了进来，架起一挺重机枪。希特勒迈进大厅，跳上一把椅子，用他的左轮手枪向天花板开了一枪，宣布民族革命开始。卡尔和另外两名政府首脑遭到胁迫，同意支持政变。同时，希特勒盟友、前军官恩斯特·罗姆[10]上尉带领准军事组织的一支分队，占领了慕尼黑军队指挥部。

但是，占领其他军事和警察机构的企图失败了。到11月9日上午，大家更是看出来了政变离成功"八字还没有一撇"。卡尔和同事已经溜掉了，正在集合军队镇压政变。鲁登道夫建议去市中心游行，希特勒一番犹豫之后同意了。中午刚过，一群疲惫不堪、忐忑不安的纳粹党员和支持者拼凑成一支游行队伍，游行到统帅堂前。一队警察，装备着重机枪和一辆装甲车，拦住了他们。游行队伍中有人向

民族国家

作为捍卫全新人生观的战士，我们国家社会主义者（National Socialists，即国家社会党党员，亦即纳粹党对自身的官方称呼）决不能把基础建立在所谓"确定的真相"上，因为那真相本身就是假的。如果我们这样做，我们就不是新的伟大理想的斗士，而是现实谎言的奴隶。我们必须把作为容器的国家和作为其内容物的民族最明确地加以区分。只有当容器能保存和保护其内容物的时候，它才有意义；否则，它就一无是处。

因此，民族国家须把保存原始种族要素当作它的头等大事，是这些要素保存了我们的文化、创造了我们美丽高贵的高等人类。我们，作为雅利安人[11]，只能把国家看作是这个民族的生命有机体，它不仅保证这个民族的生存，而且通过发展民族精神和思想能力，引领该民族走向自由之巅……我们国家社会主义者明白，带着这样的想法，我们将作为今日世界的革命者并以此为志。

——摘自：阿道夫·希特勒所著《我的奋斗》，伦敦哈金森出版社（D. C. Hutchinson）1969年版，第358页。

警察封锁线开了枪，招来机枪扫射。走在前排的戈林大腿中弹倒下。希特勒慌忙卧倒，肩膀也脱臼了。他的保镖乌里希·格拉夫（Ulrich Graf）挡在前面救了他一命，而格拉夫自己的身体却被子弹打成了筛子。算起来，游行队伍中有13人丧生；罗姆占领军队指挥部之后很快被击败，死了两人；警察方面死了4人。希特勒在一片混乱中一瘸一拐地溜走了，被人领到慕尼黑郊外一个朋友家里。11月11日，希特勒在朋友家被捕，被捕时他威胁要自杀。其后两天，慕尼黑爆发了

由兵营改造而成的慕尼黑法庭。1924年2月26日—4月1日，希特勒及其同谋在此接受审判。希特勒把审判当成宣传民族主义的机会。主审法官格奥尔格·奈德哈特（Georg Neidhardt）公开同情希特勒的主张，后来他在第三帝国得到一份不错的差事。

支持希特勒的游行示威。但随着希特勒被捕、被控犯有严重谋反罪行，这场政变闹剧终于慢慢平息了。

政变本该要了希特勒的命，至少也该结束他的政治生命。1924年2月26日，希特勒、鲁登道夫和其他同谋在慕尼黑受审。希特勒获得大量宣传机会，宣称他的行动完全是出于爱国。审判吸引了德国各地民族主义者的关注。4月1日，法庭判处希特勒5年监禁，鲁登道夫无罪释放。确保在希特勒服刑期满后将他驱逐到奥地利的请求（这在法律上是可行的）则被驳回。1924年10月18日，奥地利当局撤销了希特勒国籍，他在法律上成为无国籍人。希特勒开始在兰茨贝格（Landsberg）监狱服刑。在那里，希特勒向他的秘书和追随者鲁道夫·赫斯（Rudolf Hess）口述了自传第一卷，该书后于 1925 年以《我的奋斗》为名出版。

即使在大本营巴伐利亚，纳粹党也遭到取缔。一些忠于希特勒路线的支持者加入了一个新爱国联盟——国家社会主义自由运动[12]。在 1924 年 4 月 7 日的选举中，它赢得了巴伐利亚地区 17% 和慕尼黑市 50% 的选票。然而，没有了希特勒，运动势头开始减弱。纳粹党在国内其他地区尤其是在柏林的领导人，开始着手开创一个没有希特勒的新时代。巴伐利亚当局的仁慈给了希特勒又一次机会。1924 年 12 月 19 日，由于在狱中表现良好，5 年刑期只服了 9 个月之后，希特勒出狱，他又可以领导他的纳粹党了。

重建纳粹党

关键词 危机后的德国

德国挺过了 1923 年危机。1925 年希特勒出狱后，德国政治经济开始稳定。通胀已于 1923 年结束，银行家亚尔马·沙赫特（Hjalmar Schacht）策划发行了稳定的新货币。在 1924 年的"道威斯计划"中，协约国同意调整德国支付赔款时间表。通胀使数百万德国人变得一贫如洗，但是稳定的形势让经济活动重归正轨。自 1914 年战争爆发以来，德国首次进入经济稳定增长期。

1924 年，国会选举产生了一个以德国人民党（German People's Party，德文缩写为 DVP）领导人古斯塔夫·施特雷泽曼（Gustav Stresemann）为首的中央和右翼党派联合政府。施特雷泽曼说动大部分右派，让他们相信，跟前协约大国合作而非对抗更有利于德国。1925 年，德国与英国、法国、意大利、比利时在洛珈诺[13]谈判达成条约，确定了 1919 年约定的西欧各国边界[14]。条约给德国提供了一些保障，阻止法国进一步侵蚀。1925 年 12 月 1 日的《洛迦诺公约》（The

Locarno Treaty）是德国战后第一次作为平等主体参与谈判达成的协议。1926年9月19日，作为对德国良好国际品行的褒奖，德国获准加入战后的国际联盟[15]。

古斯塔夫·施特雷泽曼

施特雷泽曼是一个啤酒商的儿子。他在1901年成为德国巧克力工业的政治掮客，后来以德国国家自由党（German National Liberal Party）人身份从事政治活动。1907年，他成为最年轻的议员。施特雷泽曼秉持激进民族主义的政治观，关注社会问题。

第一次世界大战期间，他支持吞并占领区、扩大德国殖民地。1919年，他成为右翼新党德国人民党主席。他代表的是德国民族主义势力，这些人认识到，重要的不是与战胜方协约国正面对抗，而是应小心翼翼地暗中破坏1919年强加给德国的协议。他在1923年做了几天德国总理。同年11月，他成为德国外交部长，直到1929年10月去世。施特雷泽曼成功地使德国重新融入欧洲国家体系。1925年，他与法国、英国、比利时和意大利谈判达成了《洛迦诺公约》，条约确保德国西部边境地区领土问题得到了解决。1926年，德国获准加入国际联盟，那年他获得诺贝尔和平奖。施特雷泽曼倾向于与欧洲国家更紧密地合作，以及在其他国家遵守裁军承诺情况下，进一步裁减军队。一些德国民族主义者认为他背叛了民族事业。但对许多德国人来说，他的政策在遵循现行国际秩序和争取德国利益之间达成了妥协。公认的是，因他的英年早逝，德国失去了一位优秀政治家。

古斯塔夫·施特雷泽曼，摄于 1923 年。

战后危机助长了人们的放纵思想乃至堕落的艺术和社会生活。柏林成为著名的卡巴莱[16]和时髦美国爵士乐的中心。面对通胀和贫困，许多德国人抱着今朝有酒今朝醉的态度。一些人则把绝望和虚无主义变成了充满活力的现代文学和艺术。在此期间，一群德国表现主义画家，如奥托·迪克斯（Otto Dix）、马克思·贝克曼（Max Beckmann）、马克斯·恩斯特（Max Ernst）等，创作了各种各样的作品，或鞭挞时代，或迸发想象力。共产主义剧作家贝尔托·布莱希特（Bertolt Brecht）和艺术家凯绥·珂勒惠支（Käthe Kollwitz）通过他们的剧本、诗歌和绘画，表现了腐朽堕落的德国失败的原因。讽刺艺术家格奥尔格·格罗兹（Georg Grosz）在漫画和素描中讽刺了传统德国社会。他在 1923 年受到审判，法官认为他的作品内容淫秽，判决对其进行罚款。包括希特勒在内的许多德国人反对现代主义，谴责它的虚无主义和对现存价值观的挑战。但现代艺术也使德国一时成为欧洲丰富的试验和创新艺术中心。

对希特勒及其支持者来说，魏玛共和国那几年的稳定对他的民族革命前景来说可不是个好兆头，因为革命要在危机中才能发展壮大。希特勒的首要任务是重建纳粹党，树立他在党内的权威。在希特勒入狱期间，他的亲密合作者之一，格雷戈尔·施特拉塞尔（Gregor Strasser）重组了希特勒党徒普鲁士邦[17]北部分支；普鲁士邦是德国最大邦[18]。作为激进民族主义联盟一员，施特拉塞尔于 1924 年 12 月当上国会代表。罗姆因为参与啤酒馆政变，在 1924 年坐了几天牢以后，成为有 3 万来号人拥护的准军事支持者头目，也不愿受希特勒指挥。鲁登道夫将军也于 1925 年 2 月退出国家社会主义自由运动，渐渐疏远了希特勒。希特勒花了一年多时间，才瓦解了众多阻碍他继续当元首的威胁。1925 年 2 月 16 日，巴伐利亚地区政府决定取消 1923 年对纳粹党的紧急禁令，这可帮了希特勒一个大忙。2 月 26 日发行的第一期新党报刊登了希特勒重建纳粹党的命令。2 月

关键词 党内伙伴

德国表现主义艺术家奥托·迪克斯的讽刺漫画《七宗罪》。画面中央死神前面的小人物明显是希特勒。迪克斯是20年代德国现代艺术革命领导人物之一。在后来的第三帝国时期,《七宗罪》被当作堕落艺术。

1920年,德国一家脱衣舞夜总会中,客人戴着面具防止被人认出来。战后,柏林渐渐因其夜总会、音乐和卡巴莱而闻名。这些对传统道德构成了挑战,并助长了性放纵思想。

27日,希特勒在他发动失败政变的啤酒馆发表了出狱后第一次演说。由于啤酒馆爆满找不到座位,成千上万支持者聚集在啤酒馆外。这是希特勒政治生涯中最重要的演讲之一。大厅内许多人欢迎他归来,并对他提出的把自己当作党内唯一权力来源的要求表示同意。不过也有一些人对此不置可否。施特拉塞尔同意作为共事者而不是下级与他合作,他负责领导纳粹党北德分支。站在施特拉塞尔一边的是约瑟夫·戈培尔[19]。戈培尔来自鲁尔,是危险的反犹、反马克思主义分子。开始他将希特勒看成极端保守分子,而戈培尔希望纳粹党采取更加革命性的姿态。

施特拉塞尔兄弟

在20年代与希特勒共事的一帮纳粹党领导人中,下巴伐利亚[20]地区领导人格雷戈尔·施特拉塞尔(1892—1934)是最重要的一个。

格雷戈尔是一位巴伐利亚官员的儿子。1914年加入巴伐利亚军队前,他接受了药剂师培训。他在军队升到中尉,获得一级和二级铁十字勋章。1919年,他和弟弟奥托·施特拉塞尔(Otto Strasser)加入自由军团,帮助镇压巴伐利亚共产主义革命。1921年他加入希特勒运动,参加了1923年政变[21],并为此坐过牢。出狱后的早期,作为民族主义联盟一部分,他成为巴伐利亚地区议会一员。1924年12月,他作为国家社会主义自由运动(被禁的纳粹党伪称)成员当上德国国会[22]代表。1925年,他再次加入希特勒组织,但坚持自己的地位是"同事"而非"追随者"。1928年,他成了党的组织领导人,开始重组党的机构。

格雷戈尔是纳粹党内的左派,既有民族主义也有社会主义思想。1932年,他开始与工会和其他一些政党秘密谈判,试图找到一条途径建立联盟,使纳粹党在国家权力中分得一杯羹,而他自己则很可能成为纳粹党的领导人。1932年12月,希特勒命令格雷戈尔停止谈判,忠于他的领导。格雷戈尔当即辞职,停止了政治活动。18个月后,他被人谋杀。他的弟弟奥托觉得纳粹党并非他心目中的社会主义,于1930年7月退党。1933年希特勒上台后,奥托逃出德国,最后移居加拿大。

在由许多小团体和联盟组成的更广泛民族主义运动中，纳粹党只是其中一部分，党员数量也不多。希特勒希望重建党的组织，把它从其他民族主义阵线中独立出来，并赋予它更鲜明的特征。1925年2月28日，魏玛共和国首任总统、温和社会民主党（Social Democratic Party，德文缩写为SPD）人弗里德里希·艾伯特（Friedrich Ebert）去世，希特勒有了展示新政党的机会。纳粹党决定推举鲁登道夫将军作为其候选人，与社会主义者威廉·马克思（Wilhelm Marx）和陆军元帅保罗·冯·兴登堡[23]竞选总统。兴登堡是鲁登道夫的前总司令。竞选结果表明了希特勒离权力顶峰还有多远：在2700万张选票中，鲁登道夫只得到28.5万张，没能进入第二轮最后投票。兴登堡在最后投票中得益于鲁登道夫支持者转投的选票，以微弱多数获胜。兴登堡当选后，中间派和右派民族主义者就能够以他为中心聚集起来，这让希特勒发动民族革命的前景更加黯淡。希特勒本人情况也不大妙：1925年3月9日，巴伐利亚决定禁止他发表演讲，德国其他大部分州也实施了这项禁令。禁令持续了两年，希特勒被迫只能在私人集会上发表演说，再没有机会像1923年以前那样，通过精心设计的戏剧化公共形象有效吸引支持者了。

关键词 **兴登堡上台**

到1925年末，纳粹党只及1923年一半规模，仅有2.7万名党员，分属600个小的地区支部。它是个边缘政党，掌权的希望十分渺茫。北德分支中滋生的失望情绪导致施特拉塞尔于1926年2月起草了新党纲，采用更激烈的社会主义和反资本主义思想。2月14日，希特勒召集全国各地代表在巴伐利亚城市班贝格（Bamberg）开会，会上宣称他对运动的绝对领导权，废除了一切党内民主思想和更加社会主义化的纲领。希特勒在会上滔滔不绝地讲了5个小时，听众也许是因惊异而不得不服。这次演说定下了该运动未来的方向。希特勒驳回了对1920年党纲的任何改变，说它是"我们信仰和思想的基石"；也驳回了关于大众民族主义革命的想法，因为大众民族主义革命倾向于通

关键词 **巩固党内领导权**

希特勒迎接抵达纽伦堡火车站的冲锋队员，他们是来参加1927年年度党集会的。希特勒喜欢与普通党内同志打成一片，但冲锋队总是在党内制造动乱、对抗党的领导。

过合法手段夺取政权，利用民主制度摧毁民主。希特勒坚持，作为领袖的他本人，是保证党未来成功不可或缺的因素，并且成功地让所有在场的人，包括必存疑虑的施特拉塞尔，宣誓对他效忠。这次会议重新恢复了希特勒的元首地位。5月22日，在慕尼黑召开的一次会议确认希特勒的党纲是"不可更改的"，并成立了一个以希特勒为主席的小领导团体，不受任何组织的制约。1926年7月3—4日，在魏玛召开的第二届全国代表大会正式授予希特勒"领袖"称号。在7月4日检阅冲锋队时，希特勒首次伸出手臂致意，这个姿势后来成为独裁时期法定的希特勒式敬礼。

希特勒青年团

纳粹党非常重视招募青年,向他们灌输新民族革命意识形态。希特勒青年团成立于1926年,由1922年3月建立的纳粹党青年联盟(Youth League of the NSDAP)发展而来。它是唯一以希特勒名字命名的纳粹组织,直接由希特勒领导。自1931年起,纳粹青年运动领导人由巴尔杜·冯·席腊赫(Baldur von Schirach)担任。1940年,席腊赫加入军队后,阿图尔·阿克斯曼(Artur Axmann)接替了他。1930年,青年运动进一步扩大,把女青年也包括进来了,它的目标是把几乎所有德国年轻人纳入组织的某个部门。10—14岁男孩可以加入德国少年团(German Young People's Organization,德文简写成DJ,下同);14—18岁男孩有希特勒青年团(HJ);10—14岁女孩有少女联盟(Young Girls' League,JM);14—21岁女青年是"德国女青年联盟"(League of German Girls,BDM)。男孩到18岁就得参加劳役,之后是服兵役。青年运动开设教育课程,组织职业和体育活动以及夏令营。它还定期进行政治教育,让青年认同纳粹运动价值观,展示对希特勒的狂热忠诚。到1932年,青年运动网罗到10万多青年人。但是到1939年,在890万德国年轻人中,有730万加入青年运动。青年组织在许多方面发挥了重要作用,它帮助建立对纳粹政权的强烈认同感,灌输为德国社会全面种族野心服务的道德信念。战争结束期间,不少希特勒青年团和德国女青年联盟的青少年参加了防空保卫战,一些十四五岁的男孩在前线参加了抵抗盟军进攻的战斗。

1926 年春，希特勒站在一辆汽车上，检阅游行通过的冲锋队。此时，出狱后的希特勒已经成功地重建了自己在党内的领导地位。标语上写着"打倒马克思主义"。在许多德国人看来，纳粹党与德国马克思主义的斗争比反犹要重要得多。

关键词 党卫军 VS 冲锋队

到 1926 年下半年，一些纳粹党关键组织在牢固的根基上建立起来。7 月，希特勒青年团发起成立，它的基础是 1922 年建立的一支纳粹党青年分支。1926 年 11 月 1 日，希特勒重建了没有罗姆的冲锋队。对政治感到失望的罗姆去了拉丁美洲，冲锋队改由弗朗兹·菲弗尔·冯·所罗门（Franz Pfeffer von Salomon）领导。冲锋队主要招收工人阶级成员，其中许多人并非纳粹党员。尽管如此，所罗门还是接受了希特勒的要求，把这个准军事组织置于纳粹党领导下。但是，冲锋队仍然难以驾驭。1927 年 5 月，慕尼黑冲锋队领导人、前杀人犯埃蒙德·海因斯（Edmund Heines）就因为拒绝遵守党纪，被驱逐出党。为培植自己的忠诚卫队，希特勒于 1925 年 11 月设立了**党卫军**[24]。党卫军是从冲锋队中选拔的一个小部队，首要职责是保护领袖本人。为满足北德纳粹党人的野心，9 月 16 日，施特拉塞尔被任命为宣传部长；11月1日，柏林地区领导人戈培尔接手组织首都地区纳粹党的工作。接下来的一年，纳粹党取得了一些缓慢进展，建立起联系支持者和官员的全国性网络。1928年确立了以地区领导人（德文Gauleiter）为基础的全国体系，每个地区领导人都由希特勒亲自任命，对希特勒负责，宣誓效忠希特勒。党的中央机构由希特勒通过慕尼黑总部控制。1931年，纳粹党总部搬到慕尼黑市中心一幢巨大的别墅中。由于纳粹制服采用黄棕色，总部被称作"棕屋"（Brown House，德文为Braunes Haus）。

慕尼黑"棕屋"

"棕屋"是位于慕尼黑的纳粹党总部的名字。因为原先位于席林大街（Schelling Street）50号的总部已显局促，纳粹党于1930年5月26日买下这所坚固的大房子。这座小宫殿样式的建筑原属于一个英国工业家，他的遗孀以80.5万马克的价格把它卖给纳粹党，这笔钱由德国工业家弗里茨·蒂森（Fritz Thyssen）筹出。纳粹党改造了房子，使它可以用作党的全国总部。总部最终于1931年启用。这里是纳粹党秘书处和党的帝国领导机构所在地。总部建立了大量卡片索引，登记各个党员概况。1930年，党员人数为12.9万人；3年以后达到84.9万人；到1945年，约有800万。因为1938年9月29到30日在这里召开了臭名昭著的慕尼黑会议（Munich Conference），棕屋获得国际社会短暂关注。慕尼黑会议达成的协议，规定把捷克斯洛伐克德语区割让给德国。1945年，棕屋毁于盟军轰炸，其废墟于1947年被拆除。原址一直空着，直到2005年，政府决定在那里建一座纳粹主题档案中心。

1927年间，纳粹党的主要努力是从马克思主义手里争取德国工人阶级。虽然党的领导层绝大部分由代表中产阶级的公务员、小商人、手工业者、教师、退休军人、流浪政客（如希特勒本人）等组成，但是仍有许多党员有工人阶级背景。到1928年，党员人数增加到约9.5万，但这些支持并不足以使纳粹党获得实际的政治成果。1928年5月进行了新一轮议会选举，纳粹党在各个城市发动全国性竞选宣传运动。希特勒企图通过合法途径获得政权，但选举结果对他来说是一场灾难：纳粹党只获得80.9万张选票（比1924年的民族主义联盟少10万张[25]），在德国议会得到12个席位。从法律上来说，希特勒还是个无国籍人，不能成为议员，但施特拉塞尔和戈林成为他在议会的主要代表。德国社会民主党收获最大，得到153个议席。1928年6月，成立了以社会主义者赫尔曼·莫勒（Hermann Müller）为总理的广泛联合政府，施特雷泽曼为政府外交部部长。

选举结束后，纳粹党人花了不少时间反思竞选活动的问题出在哪里。纳粹党最大的成功来自农村和小城镇，这让他们认识到，比起城市来，这些地方更有潜力为纳粹党争取到广泛支持；而他们很难撼动社会主义者和共产主义者在城市的基础。1928年8月31日，希特勒没有召开党的年度集会，而是召集所有党魁在慕尼黑啤酒馆讨论党的组织问题。会上，前地区领导人阿图尔·丁特（Atur Dinter）推出一项提议，建议希特勒应当就政治策略问题听取党的"参议会"意见。在其后的表决中，只有丁特的提议获得通过。10月，丁特被逐出纳粹党。希特勒则给所有党魁发出一份通函，要求他们对他在党内的绝对权力表示赞同，结果党魁们都答复同意。11月6日，在柏林体育馆，当着1万名支持者，希特勒第一次在德国首都发表演说。把运动中心转移到柏林，这一决定是希特勒的一个重大转变。当时的普遍看法是，希特勒运动以巴伐利亚为中心，是一个局限于德国南部的运动。接下来一年里，在德国又一次陷入政治经济危机的时刻，希特勒开始把他的舞台从地方推向全国，为纳粹运动的惊人扩张铺平了道路。

激进柏林纳粹党领导人约瑟夫·戈培尔。他起初强烈反对希特勒的"反动"策略,但最终改变看法,开始把希特勒当成真正的德国救世主。他得到的任务是组织党的宣传工作,并于1933年成为"宣传与大众教育部部长"(Minister of Propaganda and Popular Enlightenment)。

寻找"德国救世主"

> **关键词**
> 华尔街大崩溃

如果不是 1929 年开始的那场席卷德国的严重政治经济危机，希特勒和他的纳粹党绝对不可能爬上权力顶峰。当时的主要问题在于，在通胀后的德国，经济复苏基础还很脆弱。经济忧虑为政治左、右派的激进主义均创造了条件。共和国经济问题在 1929 年 10 月"**华尔街大崩溃**"（Wall Street Crash）之前就已出现。美国股市从那个月 24 日开始直线下跌。德国经济恢复在很大程度上依赖于外国贷款，其中包括大量短期借款；同时也有赖于国际贸易的复苏。1929 年间，投资者对德国经济能否持续发展持谨慎态度，于是贷款供应开始枯竭。受价格下跌及大规模生产的新兴廉价消费品的冲击，德国农业和许多传统手工业品行业都成为经济下降的产业。整个 20 年代，即使是经济繁荣年份，德国失业率都一直很高，但到 1929 年春，失业人口高达 300 万。由于战后不久实行的工资协商新立法，整个 20 年代，商界领导和工会的关系非常糟糕。1928年，在鲁尔－莱茵兰[26]工业中心区爆发了大规模罢工和闭厂[27]。从双方对立中获益的主要是德国共产党，因为许多工人认为社会民主党人过于谨慎。1928 年，共产党人赢得多于希特勒不止 4 倍的选票，在议会中获得 54 个席位。

经济下滑迹象甫一出现，就在德国人中产生了恐慌，他们都不想回到 20 年代早期的动荡和艰难中去。对共产主义复活的强烈恐惧控制了各个政治和社会集团，尤其是温和社会主义者，因为他们需要工人阶级的支持来维持执政地位。对共产主义的反对，一直是推动选民支持希特勒政党的主要因素之一。因为纳粹党，尤其是它的准军事暴力部门冲锋队，在 20 年代后期一直被认为是愿意与共产主义大本营针锋相对的唯一力量。1929 年春夏期间，纳粹党的得票开始有了少量增长。在 5 月举行的萨克森地方选举中，纳粹党获得 5% 的选票，是它上一年全国平均得票率的两倍。6月23日，纳粹党赢得科堡市[28]议会控制权，一位纳粹党人当上市长。这次成功后，希特勒决定加入到其他民族主义团体**反对杨格计划**的运动中，这个决定把他推向全国性政治运动。1929年6月7日签署的杨格计划，是由美国金融家欧文·杨格（Owen Young）谈判达成的，它为德国减轻了即时支付赔款的负担，但依然要求德国赔付到1988年。为反对杨格计划，一个全国委员会成立了，参加的党派有：弗朗兹·塞尔特（Franz Seldte）领导的庞大退伍兵组织钢盔队[29]；报社主阿尔弗雷德·胡根贝格[30]领导的德意志民族人民党[31]以及纳粹党。希特勒是这个全国性联盟中的小字辈，但却是从中获益最多的一个。

9月，胡根贝格和希特勒发起全民投票运动，反对"对德意志人民的奴役"，运动目标是获得宪法规定的至少全体选民10%的反对扬格计划签名，以迫使国会就此问题进行一场全民公决。希特勒最大限度利用了这次运动：他与德国民族主义精英并肩出现在讲台上，同时纳粹党宣传工具利用这个机会大肆攻击整个凡尔赛体系，攻击协约国的睚眦必报，攻击魏玛政府的苟且偷安。到1929年10月31日，活动获得超过400万份签名，全民公决最终定于12月进行。但其后的运动是一场失败，只有580万人投票反对杨格计划，而且因为胡根贝格过于激烈的言辞，温和民族主义同盟一派和保守总统冯·兴登堡都疏远了他。1930年3月10日，德国国会投票接受杨格计划条款。另一方面，希特勒则在胡根贝格的报纸上享用了4个月不受限制的宣传，而且他也没有什么盟友，所以尽可放心地猛烈抨击现行制度，而不怕失去他们的支持。到那年年底，希特勒终于成为了真正的全国性人物。而且在许多德国人心目中，他是一个致力于改变现有体制和不公正国际力量平衡的人物——正是这种不公体制使德国命运掌握在其他国家手里。

1929年10月华尔街大崩溃时，正巧赶上施特雷泽曼去世。[32]施

关键词 全国性人物

1930 年，经济长期衰退期间，一家商店挂出"破产清仓甩卖"的牌子。高失业率和工作时间的缩短使许多小店主备受打击，因为一般消费者只买得起生活必需品。

特雷泽曼是与西方达成的大部分国际协议的缔造者。在这个经济恐慌不断增长的时刻，他的离世，对德国尽力维持的温和中间派政治是一个打击。1930 年初，社会民主党人和联合执政盟友之间就削减福利发生了一场激烈争论，导致总理于 3 月 27 日辞职，社会民主党也拒绝在政府任职（直到 60 年代才恢复任职）。天主教中央党（Catholic Centre Party）领袖海因里希·布吕宁（Heinrich Brüning）受邀组成新政府，但这是一个右派和中间派政党的脆弱联盟。在这个失业率急剧增长、税收大幅减少的时期，为使严厉限制政府支出的措施获得通过，布吕宁不得不越来越多地依赖宪法第 48 条的总统令 [33]。这种做法加速了公众对议会制度信任度的下滑；同时，严厉紧缩政策也加剧了经济危机。1930

年 6 月，失业率达到一年前的两倍。在不断增长的危机气氛中，帝国议会被要求于 9 月份举行选举。

1930 年，纳粹党人采取了与 1928 年大相径庭的选举策略。他们组织了纳粹党党籍的教师、学生、医生、律师联盟，希望这些人在同事和朋辈之间替他们宣传。纳粹党还着力吸收社区中的保守势力，减低运动的社会主义调门。这在党内引发了一场危机。1930 年 5 月，格雷戈尔·施特拉塞尔的弟弟奥托当面指责希特勒背叛了中产阶级，随后他和一群激进党员离开纳粹党，表示抗议。8 月下旬，冲锋队领导人冯·所罗门就冲锋队的地位问题与希特勒发生争执，他认为冲锋队应与现有国

关键词 **议会第二大党**

1931 年，一队游行妇女正穿过勃兰登堡门（Brandenburg Gate），向柏林市中心菩提树下大街（Unter den Linden）行进，抗议失业。标语上写着："只有一个强大的德国，才能给德国人带来工作。"到 1933 年，德国比 1929 年减少了约 800 万个工作岗位。

海因里希·布吕宁
（1885—1970）

海因里希·布吕宁，1930—1932年任德国总理。他试图引领德国度过史上最严峻的经济危机。

布吕宁是个葡萄酒商的儿子，一战之前从事学术工作。1915年，他志愿为德国步兵服务，成为功勋卓著的优秀士兵。战后，他决定放弃学术职业，投身政治。1924年，他作为天主教中央党人进入国会，成为杰出的经济事务发言人。1929年成为中央党国会领袖。1930年3月，由社会主义者、天主教徒和温和民族主义者组成的"大联盟"（Grand Coalition）瓦解后，布吕宁于3月29日应邀组织新政府。

他竭力应付德国不断恶化的经济形势，坚持通过维护财政安全而非国家贷款的方式复苏经济。他的政府经济政策引发了一浪高过一浪的失业和民众政治抗议大潮。到1932年，冯·兴登堡总统对他的敌意越来越深；而要想在国会中通过紧急立法，总统的支持又是必不可少的。最后，当他试图推行一项新计划，以将失业工人安置在拥有大片土地的普鲁士贵族庄园时，兴登堡迫使他于1932年5月30日辞职。[34]

他反对希特勒运动。1934年，为躲避牢狱之灾的威胁，他移居美国，在哈佛大学从事学术工作。1954年，短暂归国一段时间后，他又回到美国，并于1970年在美国去世。

家军队平起平坐，但是希特勒不同意他的观点，他因此辞职。在柏林，冲锋队的一些激进团体在瓦尔特·斯特恩斯（Walter Stennes）的领导下举行抗议罢工。为保持对冲锋队激进分子的控制，希特勒亲往干预，并由他本人临时接管冲锋队指挥权。1930年6月1日，瓦尔瑟·达里

纳粹党年度集会举行地纽伦堡，三个女孩望着列队行进接受检阅的一队冲锋队队员正经过希特勒面前。许多妇女觉得希特勒很有魅力，一些人甚至写信请他做自己孩子的父亲。

（Walther Darré）被任命为纳粹党农业部门领导，为党的竞选方针指明了新方向。达里开始对党的农村工作进行大刀阔斧的改革，在所有农村地区建起党的基层组织，在各个乡村设立党的理事，一般由当地德高望重的农场主担任。农产品价格下跌，德国农民在萧条时期备受打击。纳粹党降低利率和保护德国生产者利益的承诺，使得数百万农村选民把票转投给希特勒。1930年选举中，在德国北部信仰新教的农村地区，纳粹党获得了平均43%的选票。

8—9月间，希特勒不辞劳苦奔波于全国各地，发表竞选演说。9月14日公布的竞选结果表明，投给纳粹党的选票数量获得惊人增长：1928年，纳粹党仅获得12个议席，而如今获得107个，共有640万选民投了纳粹党的票。纳粹党从一个小派别发展成国会第二大党，仅次于握有143个席位的社会民主党，远远超过德国共产党。德国共产党选票也获得增长，国会代表数从54席增加到77席。

极端派力量增强，温和中间派势力减弱，这个结果在布吕宁看来是灾难性的，他本来指望靠中间派获得国会多数。三个最大党，社会民主党、共产党、纳粹党，都不愿为他所用。他只能依靠总统令和社会民主党偶尔的支持来维持政府——社会民主党不想看到国家社会党和共产党从政治危机中渔利。

在1930年进行的地方选举中，希特勒运动在不少地区甚至取得更大收获。议会的软弱无能和贫困程度的不断加深，致使抗议活动日益增长。而纳粹党动员这些反对力量的能力，甚至出乎希特勒和党的领导人意料之外。这一点也表明，该运动的成功在很大程度上依靠的是不断深化的危机，而不是党的竞选策略。希特勒此时就处于这样一个微妙境地：在寻求一个强大德国的同时，又得益于它的软弱。

在接下来两年里，通过选举和喧闹的甚至暴力的街头抗议相结合的手段，希特勒和他的政党一直在寻求上台执政的机会。与此同时，左派和中间派主要政党也在寻找阻止他上台的办法。希特勒很清楚，

关键词 控制冲锋队

一幅关于希特勒选举大会的油画,《希特勒在群众集会上讲话》(Hitler as a Speaker at a Mass Rally)。这幅画后来作为一种宣传手段在德国各学校展示。前景中可见三个冲锋队队员在对付一个刁难者。主标语上写着"阿道夫·希特勒是你们的指路明灯";小标语上写着"阿道夫·希特勒给你们工作和面包"。

他绝对不能匆忙冒险从事非法行动。危险因素主要来自纳粹党内和准军事组织——冲锋队,它们中的许多人不满于选举政治,想搞夺权策略。1930年11月30日,希特勒在冲锋队代表大会上宣布他的决定,任命冲锋队前领导人罗姆为冲锋队新参谋长。1931年1月,冲锋队又被进行了改组,以适应它快速增加的队员数量。接下来两年时间里,

滑向内战
（1930）

1930年10月13日（星期一），柏林

  国会召开了。纳粹组织的民众示威持续了整个下午和晚上。下午，他们砸碎了莱比锡大街[35]上的韦特海姆、格伦菲尔德和其他百货商店。晚上，他们在波茨坦广场[36]集会，高呼："德国觉醒！"、"打倒犹太人"、"希特勒万岁"。他们不断被乘着卡车和骑马的警察驱散。11点半，我沿莱比锡大街到弗里德里希大街（Friedrichstrasse），在一家酒店前站了三刻钟。纳粹队伍主要由一帮青少年流氓组成，警察一开始挥舞警棍，他们就号叫不已。以前还从没在这些地方见过这么多暴民。

  我站在酒店前观察着这些青年人。他们是领取额外救济的失业青年，正在履行日常游行职责。时不时会有一群少年在警察追赶下跑过，像一群无头苍蝇。他们是一帮拿着蒂森公司捐助的两三元马克来证明他们的"爱国"情结的可怜虫。混乱让我想起了1918—1919年革命前几天的日子，同样的群众集会，同样是叛乱分子的四处游荡、示威。

  如果政府不能有效控制形势，我们将滑向内战的深渊。至少，我估计，今天的骚乱给股市造成了5亿—10亿马克损失，还有外国资产的撤离。对莱比锡大街的破坏以及在奥布莱希特亲王大街（Prinz-Albrecht-Strasse）和波茨坦广场间的游行，证明这是一次有组织的捣乱行动。只有写着犹太名称的商行受到损失……纳粹闯入宫殿酒店（Palast-Hotel），大厅里回荡着"德国觉醒！"和"打倒犹太人"的吼叫。这些顽固分子的愚昧和恶毒实在令人恶心。

  ——摘自：C. 凯斯勒（C. Kessler）所著《世界游日记（1918—1937）：哈里·凯斯勒伯爵》，伦敦菲尼克斯出版社（Phoenix Press）2000年版，第400~401页。

冲锋队人数从 10 万增加到 50 万，其中许多队员是从失业大军中征召的。1931 年 1 月，失业人口近 500 万；一年后达到顶峰，超过 600 万。冲锋队队员不仅可以混口饭吃，还有些其他福利。队员间的同志情谊和与共产主义者的街头斗殴，让他们获得了作为民族革命战士的强烈归属感。1931 年 1 月 5 日，罗姆被正式任命为冲锋队参谋长，而希特勒仍然是最高指挥。

此时，希特勒面临着冲锋队不安分子制造的危机。2 月 20 日，希特勒签署一项指示，命令冲锋队暂停街头暴力，以提升党在公众面前的合法形象。但他的命令遭到瓦尔特·斯特恩斯领导的柏林和德国东部冲锋队的挑战，斯特恩斯已经与希特勒有过冲突。1930 年 8 月，斯特恩斯的冲锋队员占领了柏林地方长官戈培尔的办公室，抗议选举候选人中没有冲锋队的人。戈培尔自己也是党内激进派，倾向于让更多的工人参与到运动中。1931 年 1 月 15 日，为招收更多工人阶级成员，纳粹党在柏林设立了一个"国家社会主义工厂基层组织"（National Socialist Factory Cell Organization）。和冲锋队一样，这个组织也热衷于参与更多非法活动。触发危机的是，3 月 28 日海因里希·布吕宁总理公布的一项紧急法令，宣布穿着政治制服为非法、禁止街头示威，并要求所有党派举行政治集会前应得到警察部门批准。3 月 30 日，希特勒宣布，所有党员都要遵守这项法律。两天后，斯特恩斯在柏林带领他的冲锋队起义，反对党的领导。希特勒赶到首都，发表了要求忠诚的煽情演说，成功镇压了反叛。斯特恩斯被逐出纳粹党和冲锋队，并且他所指挥地区的所有冲锋队员都被迫宣誓效忠希特勒，否则就会被驱逐出党。第二天，戈培尔受命对冲锋队和当地党组织进行清洗。斯特恩斯的位置由埃蒙德·海因斯接替，后者之前曾因同性恋和抗令被驱逐出党。

与斯特恩斯的冲突，凸显了党内的紧张气氛。引起紧张的原因是，纳粹党决定采用合法手段获取政权，但许多人认为，经济危机为革命制

关键词 总统的邀请

造的条件即将成熟。即使有制服和示威禁令，从德国主要城市街头的情况来看，一场共产主义和民族主义间的内战似乎已迫在眉睫。两派都诉诸政治谋杀手段，而警察已经很难控制他们对法律秩序的破坏了。1931年间，46 名政党成员在暴力事件中被杀，4800 人受伤。在地方选举中，纳粹党开始赢得大量选票：1931 年 5 月 17 日在奥尔登堡[37]赢得了超过 37% 的选票；9 月在汉堡（共产主义活动中心之一）获得 25% 的选票。随着民众对议会制度和经济前景的信心几乎消失殆尽，纳粹党现在在各市和州议会拥有大量席位。党的领导人催促希特勒采取更激进策略，但希特勒依然固执地认为，在德国，只有通过合法手段取得政权的道路才行得通。那年夏天的几个月里，他开始与其他主要政党人物建立联系，以期形成一个联盟，最后迫使总统邀请他组建政府。1931 年 7 月中旬，他同意与前反杨格计划同盟，即退伍兵联盟钢盔队和德意志民族主义党，组成一个民族阵线。布吕宁于 7 月和 10 月两次邀他面谈，希望他的运动可以与之联合，但希特勒拒绝合作。10 月 11 日，在巴特哈尔兹堡（Bad Harzburg）一次会议上，纳粹党、钢盔队和民族主义党的联盟正式确立，民族主义的**哈尔兹堡阵线**（Harzburg Front）成立。虽然希特勒保证，他的党和胡根贝格领导的保守民族主义者之间依然会保持一定距离，但这个联盟还是联合了一切由经济崩溃生发的力量：敌视失败的魏玛宪法的力量、反对凡尔赛体系的力量，以及害怕共产主义革命威胁的力量。

就在希特勒努力成为一个全国性政治家的时候，他受到一桩私人事件的打击。如果不是他最终控制了自己的反应，这次事件兴许会结束他的政治生涯。1931 年 9 月 18 日晚，在希特勒的慕尼黑公寓，他的外甥女，23 岁的吉莉·拉包尔（Geli Raubal）与舅舅争吵后，用他的手枪自杀了。尸体第二天早上才被发现，那时希特勒已经到了纽伦堡。一通紧急电话打到了希特勒下榻的酒店，然而那时他们一行人刚刚离开。一个门童坐出租车追了出去，最后把消息带给了他们。希特勒心神不宁地赶回慕尼黑。关于他与吉莉的关系有各种流言，可以确定的是，她是他个人生活中的重要部分，她的死对他是一个巨大打击。随后几天，希特勒窝在特根西[38]的一幢别墅中，试图战胜自己"歇斯底里的绝望"，一个目击者这样形容。因为害怕希特勒步吉莉的后路、结束自己性命，9月23日的葬礼安排在维也纳举行，没让希特勒参加。24日，希特勒乘车到汉堡发表竞选演说，但25日又驱车到维也纳，并于第二天和家人到吉莉新坟前作最后告别。关于舅舅和外甥女之间关系的全部真相，成了一个永远的秘密。

1931年最后几个月，经济危机愈演愈烈，信用耗竭，破产盛行，工业生产倒退到19世纪90年代水平。由于投资者的恐慌，超过60亿马克的资金撤出德国。幸亏1931年6月20日签订的一项称作"胡佛缓债令"[39]的国际协议，同意德国暂停一年赔款支付，才挽救德国政府于破产边缘。登记失业人口在1931—1932年冬达到顶峰，这还不包括那些不必在工会登记的以及上百万被迫缩短工时的德国工人。经济的大规模破坏和长期衰退粉碎了20年代短暂的经济恢复带来的希望，成为把德国选民推向极左、极右政治派别的主要因素，并且使得在议会建立一个温和权力中心的前景更加渺茫。极端主义的兴起促使布吕宁进一步于12月8日通过一项总统令，禁止一切政治标志和制服、限制出版和集会自由。法令主要针对纳粹党人。其部分原因是发现了一份泄密文件，这份文件属于黑森[40]地方议会的一位纳粹党代表瓦尔纳·贝斯特（Werner Best）。上面列出了纳粹党在共产党试图发动政变情况下的行动要点。这份所谓的博克斯海默文件（Boxheimer Documents）所引起的关注并没有影响纳粹党的继续扩张[41]，到1931年底，它已经拥有806300名党员。

1932年间，国内政治经济危机明显需要找到某种解决之道。还没有明显迹象表明，其解决方法是由希特勒担任总理。这一年的主要政治活动是三次选举：一次是以兴登堡连任为结果的总统选举；还有两次是

关键词 三次选举

议会选举，分别于7月和11月举行。

总统选举被广泛看作是对当时政治危机的一次考验。1月初，布吕宁邀希特勒支持兴登堡连任，作为民族团结的象征。希特勒提出，如果同时举行议会选举，他就支持兴登堡，但总统拒绝了他的提议。到2月初，希特勒决定自己竞选总统，却发现这样做实际上行不通。因为从法律上说，他还是个无国籍人，既没有德国国籍，也没有奥地利国籍。不伦瑞克[42]州政府的内政部长是名纳粹党员，他同意任命希特勒为当地技术学院特聘教授，让希特勒自动获得德国国籍。2月26日，在柏林举行的一个仪式上，希特勒正式拥有了他的这个新身份。就在几天前的2月22日，戈培尔已经在柏林体育宫[43]向狂热的人群宣布了希特勒参加总统竞选的决定。

3月13日举行的选举结果显示，自上一次的1930选举以来，希特勒运动的支持率又有了明显上升。兴登堡赢得1860万张选票，得票率是49.8%，离多数当选还差几千票；希特勒则获得1130万张。共产党领袖恩斯特·台尔曼（Ernst Thälmann）获得13%的选票，和另外一位候选人未能进入第二轮投票。随后，希特勒紧锣密鼓地展开竞选活动，第一次乘飞机从一个城市飞到另一个城市，作全方位宣传。第二轮投票于4月10日进行，兴登堡获得1930万张选票，希特勒获得1340万，其中包括在第一轮中投给共产党的约100万。绝大多数民族主义者的选票投向了希特勒，冯·兴登堡在右翼选民中的传统优势削弱了。兴登堡的成功，靠的是社会民主党、天主教以及自由主义者的选票，虽然一般说来，这些人是反对这位老元帅所代表的普鲁士传统的。这次总统选举完全颠覆了德国政治格局，在随后寻求一个可行议会联盟的努力中，希特勒成为不容忽视的棘手人物。

阿尔伯特·施佩尔加入纳粹党
（1931）

第二天，我申请加入纳粹党，并于1931年1月成为第474481号党员。

这完全是个很平常的决定。当时，并且从那以后，我都没怎么觉得自己是一个政党成员。我不是选择了纳粹党，我只是成为了希特勒的追随者。第一眼见到他，他的磁力就吸引了我，从此再没有从我身上消失。他的说服力，他一点也算不上动听的嗓音的奇特魔力，他古怪乏味的举止，他攻击我们复杂问题的率直，所有这些都让我迷惑，使我着迷。对他的纲领，我几乎一无所知。在我还不了解情况的时候，他就已经吸引了我……

母亲肯定是在那几个月看到海德堡[44]大街上的冲锋队游行的。在一片混乱中看到纪律、在普遍绝望气氛中感受到力量，这些似乎赢得了她的信服。总之，她也加入了纳粹党，甚至在这之前都没有听过一场演说、看过一份传单。我们都感到加入纳粹党的决定违反了自由的家庭传统。但无论如何，我们都相互隐瞒了自己的党员身份，也没有告诉父亲。过了好几年，我成为希特勒集团核心很久以后，母亲和我才偶然发现我们都是党的早期成员……

我确实发现党的信条中有不少缺点，但还是认为它们会渐臻完善，就如其他革命常常发生的那样。对我来说，严酷的现实似乎是，在未来的共产主义德国和国家社会主义德国之间，我不得不作出个人选择……

——摘自：阿尔伯特·施佩尔所著《第三帝国内幕》，伦敦韦登菲尔德出版公司（Weidenfeld）1970年版，第17～19页。

一张流行的1932年纳粹党竞选宣传海报《希特勒——我们最后的希望》。对许多德国人来说，萧条期的贫困促使他们把票投给那些在20年代繁荣时期绝对不会考虑的政党。给希特勒投票常常被看成是最后的依靠，一次对其他政党的失败的抗议。

希特勒在选举中强劲表现的最直接后果，是刺激政府于 4 月 13 日颁布法令，取缔冲锋队和党卫军，禁止穿着党的准军事组织制服。纳粹党则用大规模抗议来应对。与此同时，希特勒立即投身到选举活动中，希望赢得定于 1932 年 4 月 24 日举行的地方议会选举。结果，纳粹党在除巴伐利亚以外的所有州都获得了最多份额。1932 年夏的经济危机和政治动荡导致政治日益对立，政治解决的前景越来越渺茫。纳粹党刊出了一份写着"希特勒——我们最后的希望"的海报。虽然对于纳粹运动

1932 年，禁止穿着政治制服期间，一脸沮丧的希特勒与戈林和冲锋队参谋长罗姆交谈。竞选运动没能给希特勒带来他期待的总理职位；同时冲锋队依然是运动中一个难以驾驭的因素，它现在的作用，不是赢得选民，而是疏远他们。

的激进主义和无休止宣传，成百上千万德国人并不为之所动，但是在这个混乱和贫困的世界中，希特勒作为最后依靠的吸引力还是帮他成功赢得了至少三分之一选民。而在几年以前，这些选民是绝对不会考虑把票投给一个前政治恐怖分子及臭名昭著的反犹和街头流氓政党的。值得注意的是，纳粹党在选举期间降低了种族主义调门，试图表现出一个更节制、更负责的形象。

关键词 巴本独裁政府

连布吕宁政府最后也被危机吞噬。5月9日，国会在柏林召开了3月份以来的第一次会议。纳粹党人在会上抗议冲锋队禁令，会议在一片吵闹声中进行。国防部部长威廉·格罗纳将军（General Welhelm Groener）为禁令辩护，却被一阵喊叫打断，三天后他辞了职。随后两星期，另一位政客库特·冯·施赖歇尔将军（General Kurt von Schleicher）与右翼政客合谋破坏布吕宁政府，任命了一个更专制保守的替代者。兴登堡那头几乎不需要做什么说服工作。5月28日，总理请求兴登堡签署一份总统令，拆分普鲁士没落贵族的庄园（以便把土地分给贫苦农民[45]）时，兴登堡拒绝了他。两天后，布吕宁和他的内阁一起辞职。一位保守贵族弗兰茨·冯·巴本（Franz von Papen）接任总理位置。此人上台伊始就致力于破坏共和制度，企图建立一个代表传统统治阶级利益的专制政权。希特勒被问及是否愿意支持巴本，他同意了。巴本接受了希特勒的承诺。在接下来的七个月里，控制德国政治的保守派精英一直认为，他们有能力控制希特勒运动而不会被它扫地出门。作为对希特勒的支持，新政府于1932年6月18日撤销对冲锋队和党卫军的禁令，并且同意举行新议会选举，日期定在7月3日。

接下来几个月，巴本政府开始一步步走向独裁。经济衰退使主要城市陷入极度贫困，德国共产党在市民中的支持率不断上升。政府放松了对纳粹党的限制，又加紧了对德国共产党的限制。共产党的报纸受到审查，党的活动不断遭到警察监视和骚扰。7月20日，巴本任命了一个违宪的普鲁士"帝国代表"（Reich Commissar）。普鲁士是德国最大的一个邦，也是支持议会共和国的坚强堡垒。普鲁士社会民主党政府被解散，同时根据巴本在柏林和周边地区宣布的戒严令，对拒绝离职的社会民主党部长们[46]使用了武力威胁。军队与巴本勾结，要摧毁现有制度的最后支持力量。社会民主党对政变毫无还手之力，它一边是民众对共产党（他们接受了莫斯科的指示，拒绝与温和左派合作）的支持，一边是纳粹党滔滔不绝的暴力浪潮，社会民主党夹在中间，只得采取消极等待策略。普鲁士专制政权的建立，标志着魏玛共和制度最终土崩瓦解。对民主的破坏不是1933年对希特勒任命的结果，而是在希特勒上台前几个月就已经开始了。

议会选举确立了希特勒政党的德国最大党地位，它获得37.3%的选票，在国会有230个代表席位。德国共产党和社会民主党加在一起有36%，但是他们之间的不和使得他们作为反对党几乎起不到什么作用。希特勒和纳粹党领导此刻满以为，权力最终会交给他们。因为作为遥遥领先的国会第一大党，这是理所当然的。但兴登堡决定维持他的贵族内阁，坚持让巴本继续当总理。8月5日，希特勒与巴本、冯·施赖歇尔在柏林郊外会面。希特勒向他们指出，要想让他的政党支持联合政府，就要任命他为总理，并任命纳粹党领导人为帝国和普鲁士内政部长，控制警察部门。8月10日，兴登堡坚决拒绝了任何关于成立希特勒政府的主意，他担心希特勒会借此机会建立一党国家，事实会证明他的担心有多正确。8月13日，巴本提出由希特勒出任副总理，但后者对此不屑一顾。随后希特勒被总统召见，那是一次让希特勒感到奇耻大辱的会谈。总统要他控制冲锋队行为、依政治家风范行事，同时要他支持现政府。随后，总统屏退了满腔怒火的希特勒。回去后，希特勒让正等着庆祝夺权的冲锋队头目给队员放两周假，他自己则回到巴伐利亚小村庄贝希特斯加登[47]隐居起来，在那里思考还要做哪些努力才能获得最高权力。

随后四个月的政治阴谋与争吵没有达到希特勒的目的；而且，纳粹党支持率也开始下滑。1932年最后几个月，经过连续三年下降，德国

关键词 德国最大党

1932年10月，德国男子和男孩在河里捞船上掉落的煤块。到1932年，德国处于极度贫困之中，成百上千万人甚至不再有资格领取失业救济。

经济开始显露出复苏苗头。1932年6月，在瑞士洛桑举行的一次会议上，协约国同意终止赔款支付，标志着废除凡尔赛体系的重要一步已经迈出。纳粹党的成功秘诀在于吸引了一批失望的德国人反对现行制度，但这种成功总是不太可能长久的。甚至在党员和冲锋队员中，失望情绪也在滋长——两年轰轰烈烈的政治运动，并没有把纳粹运动带到离政权哪怕是更近一步。

一些崇尚革命的冲锋队员倒向共产主义。与此同时，党员数量在竞选成功后经历了一年多快速增长，现在也越来越不稳定，大批党员有的离开，有的不能按月交党费。1932年9月，希特勒决定利用纳粹党在国会代表数量上的巨大优势,迫使其召开新一轮选举,为合法上台做最后一搏。希特勒指望这次努力能给他带来压倒性多数,从而为他赢得总理职位。8月30日新国会第一次开会,戈林被选为议长。9月12日,共产党对巴本政府提出一项不信任议案,希特勒指示纳粹党站在共产党一边,放弃他三个月前作出的支持巴本的承诺。戈林马上要求投票表决。坐在政府席上的巴本挥舞着从兴登堡处请来的暂停国会的总统令,试图阻碍表决。巴本的计划是建立一个由兴登堡支持的、无国会的统治。戈林装作没看见他。其后的不信任投票表明,只有42名代表支持巴本,而反对他的有512名。就这样,国会解散,新选举定于11月6日举行。

希特勒又开始新一轮大范围竞选演说,在全国各地窜来跳去。这已经是一年之内第四次要求德国选民作出选择。但这一次却没有重复前几次选举,那几次纳粹党选票每次都有所增长。11月6日的选举结果显示,与7月份相比,纳粹党失去了200万张选票。只有33.1%选票的纳粹党被总共获得37%选票的左翼政党超出。选举的主要得益者是共产党,他们现在在国会有100名代表。事实清楚地表明,纳粹党选票高峰已经过去,靠强推选举显示党的民众吸引力的策略已告失效。选举对政府层面也没有任何改变,巴本仍然继续他凭借总统令的统治。11月13日,巴本又一次邀请希特勒考虑当他的副总理,希特勒再次拒绝。11月19—21日期间,兴登堡几次约见希特勒和戈林,并且首次表示,他或许可以接受希特勒做总理,只要希特勒能获得国会多数。希特勒要求基于总统令权力,而不是依靠国会多数担任总理,就像布吕宁和巴本那样,但遭到兴登堡拒绝。内战的萌芽,不断在新一轮发生于共产主义者、社会民主党人和纳粹党人之间的暴力事件中出现。这引起了兴登堡的警觉,也最终促使不得人心的巴本递交了辞呈。他的继任者,将军政客库特·冯·施赖歇尔,于12月2日被任命为新总理。

和巴本一样,施赖歇尔也看到了与希特勒合作的必要性,后者依

关键词：拒绝副总理

然拥有三分之一选民的支持。但是，希特勒拒绝与他谈判。希特勒一直不愿降低自己的要求、与别人分享权力，这让施特拉塞尔极为不满。12月3日，在一桩秘密交易中，施赖歇尔承诺给予施特拉塞尔副总理职位。几天以后，在柏林凯瑟霍夫酒店（Kaiserhof Hotel）召开的一次会议上，已经得到施特拉塞尔秘密交易风声的希特勒当面指责他，怒气冲冲地命令他拒绝施赖歇尔的条件，忠于党的策略。12月8日，施特拉塞尔突然辞去一切党内职务，完全退出政治活动。这次危机暴露出当前希特勒维持纳粹党统一的难度。党在选举上的好运已经开始走下坡路，普通党员也对已经向他们承诺了几年的民族觉醒的失败焦躁不已。"如果党瓦解了，"希特勒在施特拉塞尔辞职那天对戈培尔说，"我马上开枪自杀。"

希特勒当上总理

1933年初，希特勒运动还面临着衰落和分裂的风险。纳粹党资金短缺，冲锋队再次成为潜在的叛乱源头。1月中旬，一场大的危机在南部地区法兰克尼亚[48]州爆发。当地冲锋队头目威廉·斯特曼（Wilhelm Stegmann）领导了一场反对纳粹党地区领导人的叛乱。希特勒又一次试图教训冲锋队，但斯特曼不买他的账。1月24日，在纽伦堡的一次集会上，斯特曼宣称，希特勒的策略已经失败，运动的"历史性时刻"已经错过。在德国其他地方，一些冲锋队单位离开纳粹党，成立独立武装或者加入共产党。当斯特曼危机正在扩展时，希特勒和整个党的领导层都在为利珀（Lippe）的地方选举进行活动，试图扭转选票下滑趋势。希特勒不得不从《我的奋斗》一书的版税中拿出钱来支付一部分竞选资金。1月15日的结果表明纳粹党收获颇丰，有39%的选民支持该党，但还是比1932年7月选票有所下降；而社会民主党选票则获得大量增长。有关最近选举的党内总结指出，纳粹运动势头已到极限，没法给党带来更多选票了。对于未来有没有希望获得政权，党内弥漫着灰心、动摇情绪。

《我的奋斗》

《我的奋斗》一书有两卷，分别于1925年7月19日和1926年12月11日在慕尼黑出版。该书主要由希特勒于1923年的流产政变之后在兰茨贝格监狱写成，更准确地说，是由他口授给两个忠实追随者，鲁道夫·赫斯和埃米尔·莫里斯（Emil Maurice）。混合了希特勒自传及其对政治理论、种族和外交政策等问题的看法，这本书成为纳粹运动"圣经"和所有纳粹党员的法定读物。书名由纳粹党出版商马克思·阿曼（Max Amann）建议，替换了希特勒原来冗长的书名：《四年半来对谎言、愚蠢和怯懦的斗争》。两卷书在20年代均销量平平，到1929年，第一卷和第二卷分别卖出2.3万册和1.3万册。1930年发行了一个包含一、二卷的普及版本，到1933年该版本大约卖出150万册。希特勒独裁期间，学校和公共机构拿它作奖品或礼品，1936年还鼓励婚姻注册员给每对新婚夫妇送一本。据估计，到1945年，该书一共卖出800万册。它还被译成15种语言。战后，这本书被禁止在西德出版和销售。希特勒还有一本书，内容更注重外交政策和战争问题，于1928年口授，但在他生前一直没有出版，最后于1961年以《希特勒的第二本书》为名发行。

纳粹党最终获得政权的关键不在选票箱，而在于私底下的阴谋。1933年1月4日，希特勒同意与巴本在科隆[49]银行家库特·冯·施罗

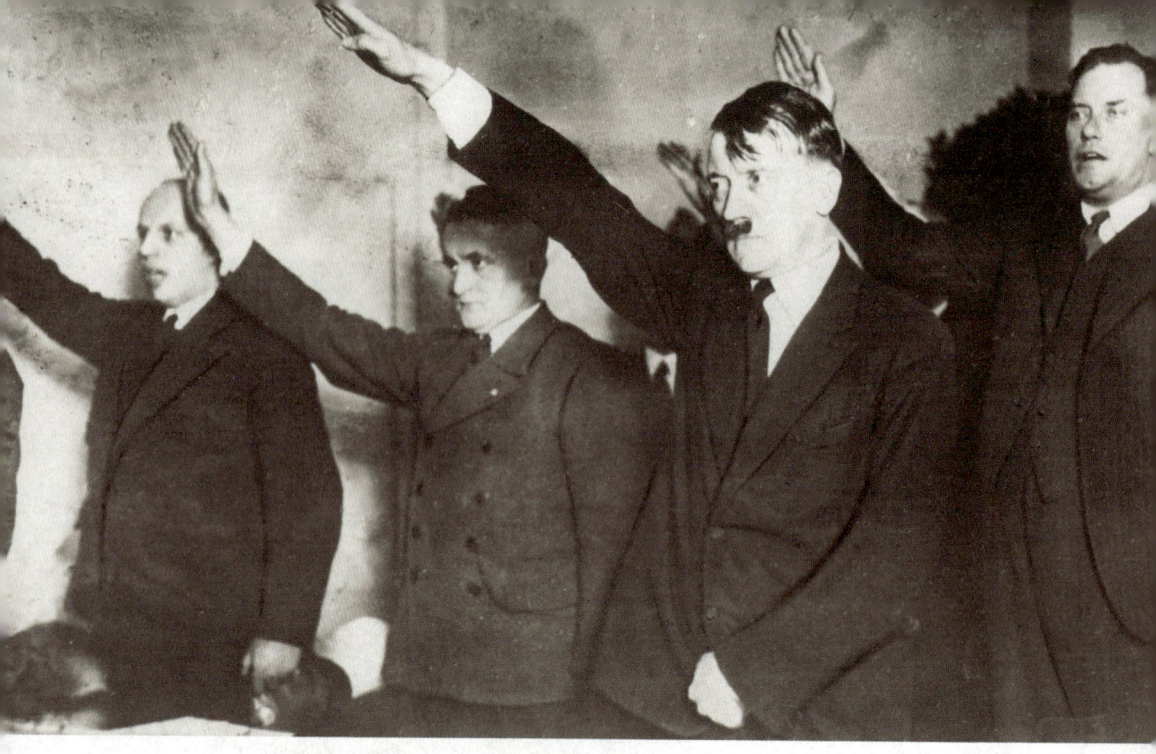

1933年1月,在利珀一个选举会议上,披着一头乱发的希特勒举手行希特勒礼。希特勒将这里的90万选民作为新一轮竞选活动目标,但纳粹党在1933年1月的得票还不及上一年7月。

关键词
与巴本共谋

德(Kurt von Schröder)的寓所见面。施罗德是1932年支持希特勒政府设想的大企业家和金融家之一。二人各怀鬼胎:希特勒想找到一个爬上总理宝座的台阶;巴本想从希特勒那得到一个支持承诺,并借此报施赖歇尔(上一年)12月的夺位之仇。两人在推翻施赖歇尔政府的目标上找到了共同点,但这次会面也为希特勒参与瓜分施赖歇尔下台后的政府打开了一扇门。巴本暗示了希特勒当总理的可能性,而希特勒表示,他无意于独揽大权,只想代表民族主义力量的执政联盟。1月9日,巴本向兴登堡报告,希特勒没有要求全部权力,他将乐于与保守派部长们共事。接下来十天里,巴本努力想搞清楚有没有可能成立一个新的"民族主义"政府;在这个政府中,右翼政党的联合能对议会产生决定性影响。1月17日,希特勒与德意志民族党领袖阿尔弗雷德·胡根贝格商谈拼凑一个联盟。胡根贝格素不喜与希特勒合作,他认为希特勒运动过于激进、暴力,十分危险。会谈结束后,胡根贝格坚信,希特勒决不会当上总理。1月18日，希特勒再次与巴本在约阿希姆·冯·里宾特洛甫（Joachim von Ribbentrop）家中见面。在年轻的纳粹党员中，里宾特洛甫是一位社交名人。他野心勃勃，也能与兴登堡身边的保守圈子扯上点关系。这次会面，希特勒再次强调，除了总理职位外，其他概不考虑；而巴本坚持，希特勒充其量只能在巴本内阁中分享权力。

实际上，此刻希特勒离实现他的目标只有不到半个月时间。短短几天时间，希特勒政府从1933年1月中旬的遥不可及变成有实现的可能。1月的最后10天开启了建立第三帝国和希特勒独裁统治的大门，这代表了现代德国史上决定性的时刻之一。对此的部分解释是，1月间，就总理拆分一些旧贵族庄园的计划（同样的问题曾导致了1932年5月布吕宁的下台），施赖歇尔和兴登堡之间发生了严重对立。同时，兴登堡也对一个单单基于总统令运作政府的想法不再感兴趣，希望施赖歇尔寻求议会联盟的支持。其时国会正在休会，要到1月31日才召开。施赖歇尔明白，他很难争取到多数支持、避免不信任投票。他对胡根贝格和德意志民族党的试探毫无效果；他与施特拉塞尔见了几次面，希望可以利用他要挟希特勒，从而争取到希特勒的合作，但这完全是不切实际的一厢情愿。1月16日，希特勒公开驳斥了施特拉塞尔，两人间的裂痕再也无法弥补。到1月末，施赖歇尔已经众叛亲离，下台已成必然。[50]

关键词 施赖歇尔众叛亲离

1月22日，巴本和希特勒再次在冯·里宾特洛甫家会面。总统儿子奥斯卡·冯·兴登堡（Oskar von Hindenburg）和总统秘书奥托·梅斯纳（Otto Meissner）也参与了这次谈话。他俩是从观赏歌剧的中途溜出，偷偷搭一辆出租车来赴约的。趁其他人喝着里宾特洛甫的香槟时，希特勒和奥斯卡独自在一个房间谈了一小时。谈话内容没有记录，但在接下来一周里，奥斯卡说服固执的总统接受了可能成立的希特勒政府。从这件事来看，他的确是个货真价实的盟友。希特勒和奥斯卡·兴登堡再一次一起露面时，他们一起与大家共进晚餐。在那里，巴本第一次同意支持希特勒当总理。这是他思想的一次重大转变，因为在那之前，他一直认为接替施赖歇尔的那个人应该是自己。接下来几天发生的事，证明了巴本是希特勒实现野心不可或缺的盟友。1月23日，巴本会见总统，提出成立希特勒政府的建议，该政府内阁成员将主要来自保守势力（包括巴本在内），而不是纳粹党。巴本的中心理由是，那样做将会稳定政治危机局面，并制造机会成立一个国会多数派组成的政府；而且官僚职务也会给希特勒运动套上辔头。巴本们确信，他们这帮老奸巨猾、吃人不吐骨头的政客可以玩弄希特勒于股掌之上，然而后来的结果证明了他们这种误判有多可怕。巴本和其他保守分子完全不了解民族主义群众政治的性质，它是不会甘心屈居老朽的"精英"之下的。

关键词　兴登堡的支持

接下来几天里，兴登堡反对希特勒政府的想法如一块坚冰慢慢融化。他最亲近的幕僚中，儿子和梅斯纳都接受了这样的观点：必须任命希特勒。1月28日，施赖歇尔来见兴登堡，请求总统解散国会，这样他就可以不用国会来统治。兴登堡拒绝了，施赖歇尔当即提出辞职。施赖歇尔前脚刚走，巴本后脚就出现了，兴登堡终于同意，启动任命新内阁的谈判。新内阁将以希特勒为总理，巴本为副总理兼普鲁士长官。巴本接着开始了几个小时的讨价还价：先是跟希特勒，后者提出的条件是让戈林当巴本副手并控制普鲁士的庞大警察力量，否则不会接受；接着跟胡根贝格，后者只要求负责整个经济政策。希特勒依然不敢确信巴本会不会出卖他，会不会把总理职位留给自己。也有谣传说施赖歇尔将军可能会调来军队，宣布军事独裁。但1月28日晚，巴本又回到兴登堡那里，给他带来消息说，希特勒联合政府是可行的，并且希特勒同意代表一个广泛的民族集团，而不仅仅是他自己的政党。1月29日上午，巴本与希特勒、戈林讨论了最终安排。希特勒坚持举行一次新选举，让他赢得多数，通过一项授权法案，允许他的内阁在没有国会同意或总统令的情况下提出法案。这一点巴本同意了，或许他还没意识到这样做的后果是什么。下午，巴本成功地使德意志民族党和钢盔队领导人接受了成立民族政府的想法，在这个政府中，他们将控制内阁重要部门。1月

29 日晚，巴本带着新内阁部长名单再次回去见兴登堡。这份名单中只有三位纳粹党人，其余大部分为保守派人物。巴本向兴登堡保证，总统对国防和外交部部长的提名将得到尊重。他们商定，第二天（1933 年 1 月 30 日）上午在总统府召集新内阁开会。

1 月 30 日上午，一个神离貌不合的联盟聚集在兴登堡公寓前厅。钢盔队领导人对于把自己与希特勒拴在一起很不开心，希特勒不得不安抚他们一下，说纳粹党对他们的敌对宣传并非他本人的主意。胡根贝格一来就与希特勒吵开了。对于希特勒举行新选举的要求，胡根贝格认为这样做会削弱民族党、壮大纳粹党。就在他俩吵得不可开交的时候，奥托·梅斯纳过来告诉他们，除非他们停止争论，去见总统（已经比约定

1933 年 1 月 30 日晚，希特勒获任德国总理后，几十万支持者列队行进，通过勃兰登堡凯旋门，经过总理府。游行一直到第二天凌晨才结束。

希特勒获权
（1933年1月30日）

　　中午时，匆匆赶印的专刊正式宣布了希特勒的总理任命。这个流浪汉、1914年前的失败者、阴谋家、一战无名小卒、战后慕尼黑啤酒馆近乎荒唐的演说家、当时只有七个人的政党的党员，现在成了掌权者。而支持他的，是他创立的现在拥有1300万德国人支持的运动。

　　那天晚上，纳粹党组织了一次火炬游行。乐队随着沉闷的鼓点奏着军乐，一个个巨大方队从柏林动物园（Tiergarten）走出，通过勃兰登堡凯旋门。游行者挥舞的火炬汇成一条火河，一条流动不息的河，一条高涨的河，带着决堤溃坝般的喷涌扫过城市中心。清一色穿着棕色制服、脚蹬皮靴的男人排着整齐划一的队列、唱着铿锵有力的战歌，游行队伍迸发出巨大的热情和活力，队列两边的人群中爆发出阵阵欢呼。

　　火河流经法国大使馆时，我带着沉重的心情和一种不祥的预感，望着这光亮的余晖。它转过威廉大街，在元帅宫（Marshal's Palace）窗下流过。那位老人（冯·兴登堡）拄着拐杖站在窗前，被这壮观景象所焕发的力量感染。再下一个窗前站着希特勒，这个正接受着暴风雨般欢呼的人。他注视着一波又一波队列从动物园各个通道中涌出。持续到午夜的游行虽然组织得井然有序，但因为太匆忙，没人想到要请个摄影师来。因此第二天，这个队伍带着丝毫未减的热情又把庆祝活动重新进行了一次，把对这个历史性夜晚的记录用画面永久保存下来。

　　——摘自：安德烈·弗朗索瓦－蓬塞（André François-Poncet）所著《决定性时代：柏林法国大使回忆录》，伦敦维克托－戈兰茨出版公司（Victor Gollancz）1949年版，第47~48页。

时间迟了一刻钟），不然就取消整个仪式。胡根贝格于匆忙中不情愿地同意了新选举。随后，这一队未来部长们鱼贯进入兴登堡办公室。在那里，11点30分兴登堡主持宣誓仪式，让希特勒宣誓捍卫和拥护宪法。接着部长们纷纷宣誓就职。就这样，希特勒终于成为德国政府首脑。

　　对希特勒任命的宣布既没有引起大规模抗议，也没有引起多大担忧。民众对无穷无尽的内阁改组和阴谋已经提不起兴趣；人们只不过对希特勒能在台上待多久持怀疑态度。令保守派感到安慰的是，这是一个"民族集中"政府，代表了广泛的民族意见。而且，如巴本向一个保守派同党保证的那样，这个政府是把希特勒关进了囚笼而不是相反。但是，任命希特勒也许会产生一个与以往不同的更危险后果，这一点，在1月30日晚纳粹党和冲锋队为他们期待多年的胜利进行庆祝的时候，已经初露端倪。那天晚上，希特勒站在新办公室窗前，看着一排又一排、成千上万纳粹党和冲锋队员，他们挥舞着旗帜、奏着音乐、唱着纳粹运动歌曲、喊着口号，列队通过威廉大街[51]。几码以外，兴登堡总统透过一扇窗户注视着这民族主义热情的自然流露。正是他的艰难决定使这一切成为可能。政变失败10年以后，希特勒的合法上台之路终于成功了。这始料未及的成功，不是因为民众的觉醒，而是一小撮野心勃勃又目光短浅的政客的阴谋。

关键词 成为总理

注 释

　　[1] 译注：德国国家社会主义工人党（National Socialist German Workers' Party，亦被英译作 National Socialist German Labour Party），其德语为 Nationalsozialistische Deutsche Arbeiterpartei，故缩写为 NSDAP，简称国家社会党（National Socialist Party），因其臭名昭著也常被称为纳粹党（Nazi Party）。Nazi 一词是德文"国家社会主义者（Nationalsozialist）"发音的缩略，也与德文"笨蛋"一词近形，希特勒上台后被禁止公开使用。

　　[2] 译注：通过宪法的城市名为魏玛（Weimar），德国中部图林根州城市。

[3] 编注：自由军团（Freikorps），德国民间准军事团体，一战后因德国战败而出现。包括各种名称的六十多个军团，其中多数是民族主义和激进的保守主义团体。

[4] 译注：阿尔萨斯－洛林（Alsace Lorraine），法国东部地区，即普法战争后法国于1871年割让给德国的领土，一战后归还法国；二战期间又被德国占领，后又归还法国。

[5] 译注：西里西亚（Silesia），中欧的一个区域，集中在奥得河上游流域，主要在现今波兰的西南部。在不同时期曾被普鲁士、奥匈帝国、波兰和捷克斯洛伐克瓜分。

[6] 译注：洛桑会议（Lausanne Conference），1932年6月16日，为继续讨论德国的赔款问题，各有关国家在瑞士洛桑召开的会议。

[7] 译注：当时希特勒的目的是为其所在部队调查该党情况。

[8] 译注："11月罪人"（November Criminals），指认为应对1918年11月战败负责的许多德国人。

[9] 编注：冲锋队的德文为Sturmabteilung，简称SA。它是纳粹党的武装组织。1921年3月8日成立，因队员穿褐色制服，又称褐（黑）衫队。

[10] 编注：恩斯特·罗姆（Ernst Röhm），德国纳粹运动早期高层人士，冲锋队的组织者，详见本书第114页。

[11] 译注：雅利安人（Aryan），原居于今天俄罗斯西南部乌拉尔山脉附近的古代部落，采用印欧语系的语言。纳粹自认为是雅利安人的后裔。

[12] 编注：国家社会主义自由运动（National Socialist Freedom Movement），也被称为National Socialist Freedom Party，1924年4月成立。当时啤酒馆政变刚刚结束，该党在希特勒与其他纳粹领导人入狱、纳粹党被取缔之时成立，由纳粹残余分子组成，因此与纳粹党具有相同的观念和宗旨。

[13] 译注：洛珈诺（Locarno），瑞士南部度假胜地，位于马焦雷湖（Maggiore）北端。

[14] 编注：指1919年《凡尔赛条约》重新划分的德国边界。

[15] 译注：国际联盟（League of Nations），简称国联。根据《凡尔赛条约》在1919年成立的国际组织，旨在促进国际合作，争取和平与安全。但它在阻止意、德、日扩张主义发动第二次世界大战中毫无作为，1945年被联合国取代。

[16] 译注：卡巴莱（Cabaret），指有歌舞表演的夜总会，或夜总会以及餐馆的歌舞表演。

[17] 译注：普鲁士邦（Prussia），德国昔日一王国，最初为波罗的海东南岸小国，腓特烈大帝统治时期成为欧洲强国，覆盖今德国东北地区和波兰；普法战争（1870—1871）之后，成为俾斯麦新德意志帝国的中心，但第一次世界大战德国战败后，普鲁士君主政体被废除。普鲁士是德国近代精神、文化的代名词，也是其第三帝国独裁政权和军国主义的来源。

[18] 译注：Province，德国行政区，大致相当于中国的省，本书一般译为州。而当时在魏玛宪法体制下，普鲁士实行地方自治，一般称普鲁士邦；纳粹上台后自治制度被废除，普鲁士宪法、邦议会等被废止；二战后，为消灭德国军国主义，同盟国废除普鲁士建制并划分其领土和财产。

[19] 编注：约瑟夫·戈培尔（Paul Joseph Goebbels），纳粹宣传部部长，具体介绍见本书第 376 页。

[20] 译注：下巴伐利亚（Lower Bavaria），德语为 Niederbayern，是德国巴伐利亚州七个行政区之一，位于该州东部。

[21] 编注：此处是指 1923 年的啤酒馆政变。

[22] 译注：德国国会（Reichstag），这一词也代表德国国会大厦。

[23] 编注：保罗·冯·兴登堡（Paul von Hindenburg，1847—1934），一战德国元帅，魏玛共和国第二任总统。其任期内，政治不稳定，经济萧条。1933 年兴登堡任命希特勒为总理，使之上台掌权。

[24] 编注：党卫军（德文 Schutzstaffel，简称 SS），具体可参见本书第 115—116 页。

[25] 编注：指啤酒馆政变后，一些忠于希特勒路线的支持者加入的一个新爱国联盟——国家社会主义自由运动——在 1924 年 4 月 7 日选举中的表现。

[26] 译注：莱茵兰（Rhineland），德国西部莱茵河沿岸地区，尤指西岸地区。

[27] 译注：闭厂（Lockout），雇主在工人接受协议前不准其返回工作地点的行为。

[28] 译注：科堡市（Coburg），位于德国巴伐利亚州北部的佛朗克地区，毗邻著名的图林根森林。

[29] 编注：钢盔队（Steel Helmet，德文为 Stahlhelm），是 1918 年德国军国主义者

以志愿兵团形式建立的半军事组织。成员为有严重军国主义和沙文主义思想的退伍官兵和青年。它同德国武装力量联系密切，积极参加镇压工人革命运动的罪恶活动。1933年希特勒上台后将其并入冲锋队。

[30] 编注：阿尔弗雷德·胡根贝格（Alfred Hugenberg，1865—1951），著名的德国商人和政治家，德意志民族人民党领袖。他曾希望能够控制希特勒作为自己的工具，因此在帮助希特勒掌权的过程中起到重要作用，但并未得逞。最后在希特勒迫使下辞去内阁职务。

[31] 译注：德意志民族人民党（German National People's Party，德文缩写为DNVP），本书原文中在后面亦称之为德意志民族党（German National Party）或德意志民族主义党（German Nationalist Party）。为避免混淆读者，编辑建议，本书中文版在后文中如无特殊情况一般将该党译作（德意志）民族党。

[32] 译注：华尔街大崩溃始于1929年10月24日，施特雷泽曼于1929年10月3日去世。之所以把这两件事放在一起，译者以为，是因为施特雷泽曼乃德国与西方关系中的关键人物，而一战后德国主要靠美国的贷款来偿还赔款和恢复经济。

[33] 编注：魏玛宪法（1919—1933）第48条条款规定，当"公众秩序和治安严重地被扰乱或危及"，可以"执行所有必要的措施以恢复法律和秩序"。这些措施包括使用军队和中止宪法所保障外的公民权利。这样，总统可以通过签署"紧急法令"（Notverordnungen）接管国会的立法权，在危机中拥有决定权。因此，后文提到这导致公众对议会制度信任度下滑。

[34] 译注：兴登堡本人就是一个贵族地主，在普鲁士也有庄园。

[35] 译注：莱比锡大街，Leipzigerstrasse。莱比锡（Leipzig），德国中东部工业城市。

[36] 译注：波茨坦广场，Potsdamer Platz。波茨坦（Potsdam），德国东部城市，勃兰登堡州的首府。

[37] 译注：奥尔登堡（Oldenburg），德国西北部港口城市。

[38] 译注：特根西（Tegernsee），巴伐利亚州一处温泉小镇，位于泰根湖（Lake Tegernsee）湖畔。

[39] 编注："胡佛缓债令"，Hoover Moratorium。一战后在经济危机的打击下，德

国财政困难。美国担心德国经济崩溃会影响欧洲政治经济秩序和投资利益，颁布了"胡佛缓债令"。

[40] 译注：黑森（Hesse），前西德一州名，首府为威斯巴登（Wiesbaden）。

[41] 译注：虽然希特勒可能与此计划没什么关系，但这些文件的发现，置希特勒于不利境地，人们怀疑纳粹党依然有推翻政府的计划。

[42] 译注：不伦瑞克（Brunswick），德国原中部州名，该州的首府也叫这个名字。

[43] 译注：柏林体育宫（Berlin Sports Palace，德文 Sportpalast），建于 1910 年。纳粹党上台后，体育宫成为发表政治性演说的场所。1943 年 2 月 18 日，同样是戈培尔，曾在此发表"全面战争"的演说。

[44] 译注：海德堡（Heidelberg），德国西南部城市，在巴登–符腾堡州（Baden-Württemberg）的内卡河畔。

[45] 译注：这一内容与本书介绍布吕宁背景资料（参见本书第 046 页）的相关内容似有不符。那部分内容是说，布吕宁想在普鲁士贵族庄园中安置失业工人。《第三帝国的兴亡》一书中也有安置失业工人的说法。

[46] 译注："对拒绝离职的社会民主党部长们"这句话是译者为补足原文内容，使之易于理解而加上去的。

[47] 译注：贝希特斯加登（Berchtesgaden），德国南部城镇，位于巴伐利亚阿尔卑斯山，靠近奥地利边境，是希特勒的山间别墅所在地。

[48] 译注：法兰克尼亚（Franconia），德国南部的中世纪大公国之一，法兰克人居住在此。

[49] 译注：科隆（Cologne），德国西部北莱茵–威斯特伐利亚工业城市和大学城，由罗马人建立，位于莱茵河畔，德语为 Köln。

[50] 译注：原文为 7 月。但实际上布吕宁于 1932 年 5 月 30 日辞职。请参考本书第 046 页内容。

[51] 编注：威廉大街（Wilhelmstrasse），德国首都柏林市中心的一条街道。从 19 世纪中叶到 1945 年，这里一直是行政中心所在地。普鲁士王国皇室、魏玛共和国的总统官邸等，都在此大街。希特勒时期新的帝国总理府，也在威廉大街和沃斯大街转角处。

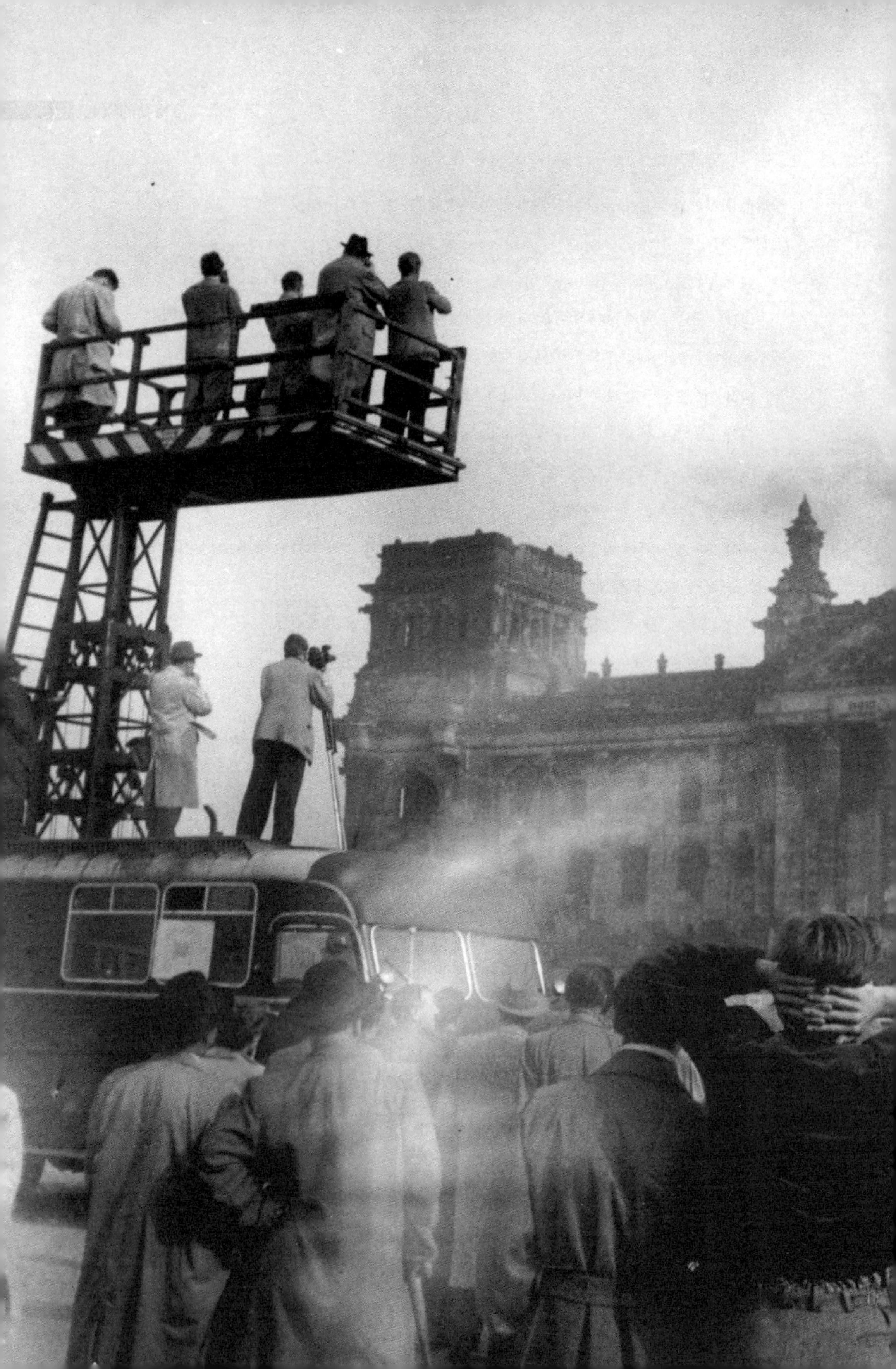

第二章
第三帝国的建立
1933—1934

1933年1月任命希特勒为总理的决定，并没有立即导致独裁统治的建立，但它彻底改变了德国的政治面貌。最初几个月里，德国依然保持着多党制度，希特勒是一个民族联盟的领袖，内阁中也只有三名纳粹党员。但是，在举行议会选举的1到3月期间，通过把政敌关进临时集中营和监狱，或者通过政治谋杀，希特勒的党和冲锋队开始无情地清除政敌。2月27、28日两天，德国国会大厦的一场大火给希特勒帮了大忙，他借此通过一项《紧急权力法案》(Emergency Powers Bill)，有效中止了所谓民族革命敌人的公民权利。1933年3月的选举使右翼民族主义多数成为可能，为更大规模的清洗和"合作"创造了条件。一项由国会通过的《授权法案》，授予希特勒政府立法权。到那年秋天，国会其他党派均告寿终正寝，原本拥有自己政府的各个州也失去了独立地位。然而，直到1934年8月冯·兴登堡总统去世后，希特勒才敢公开宣布独裁，自封"领袖"。希特勒政权前几年的局势紧张动荡：失业率依然高高在上，社会动乱一触即发；完全摧毁庞大的工人阶级政党也非朝夕之功。尤其是，希特勒还要面对冲锋队和纳粹党内不安分子的激进社会革命运动。1934年6月，在军队支持下，希特勒摧毁了冲锋队领导层。到那年年底，希特勒终于牢固地建立起他的独裁统治，此时从他当上总理那天算起，已经过去了几乎整整两年。

前页图片：1933年2月28日上午，旁观者注视着烧毁德国国会大厦大火的余烬。

"民族起义"

　　希特勒就任总理，打开了通向所谓"民族起义"的大门。纳粹党和冲锋队多年来被压抑的情绪，现在一下释放出来，立刻演变成一波非法暴力和政治仇杀。对此，警察要么在很大程度上无能为力，要么就是自己也参与其中。左翼党派自知可能成为这一波政治恐怖的牺牲品。1月31日，社会民主党呼吁成立一个联合阵线，反对任何破坏宪法的企图。但是，对于是否采用法外手段并与新政权作斗争，他们依然犹豫不决。共产党号召工人阶级团结起来，举行总罢工，最终也未能实现。2月2日，法律剥夺了共产党公开示威权。2月4日，一项新的《帝国保护法》（Law for the Protection of the Reich）严格限制共产主义报纸和集会。因为长期激烈的政治竞争，两个左翼政党之间关系紧张，他们很难有效搁置争议、共同阻止新政府的做法。许多左派领袖一厢情愿地认为，危机和压迫很快就会过去，接下来就该轮到希特勒政府的垮台和传统政治制度的恢复。当他们认识到自己的错误时，许多人已经身陷囹圄，还有些被关进了集中营。集中营是希特勒政府成立后的最初几周临时设立的。

　　爬上总理宝座之后，希特勒根本不想被撵下台，即使内阁中只有三个纳粹党领导，即希特勒自己、不管部部长[1]戈林以及内政部部长威廉·弗里克（Wilhelm Frick）律师。希特勒上台后的第一要务是举行一次新选举，寄望利用纳粹党控制的全部国家权力，通过这次选举赢得国会多数。因为天主教中央党的支持将给希特勒政府带来国会绝对多数，进而实现两党联合执政。因此，希特勒在与该党的谈判中，有意不尽心使力，让谈判失败。这样，他就可以在1月31日向兴登堡要求解除国会的权力，从而获得必要多数，实现一家独大。兴登堡同意了他的请求，并于2月1日确定新国会选举日期为3月5日。

　　这中间的一个月，给了希特勒政府一个加紧控制德国社会、恐吓政

关键词 政治仇杀

一张德国共产党海报。德国共产党意在创立一个与社会民主党合作的左翼联合阵线，共同对抗法西斯主义的威胁。标语上写着："同志，请帮助我们！""团结起来，我们可以战胜它！"最终，因两党之间竞争太过激烈，没能形成一个坚固同盟。（图中KPD是"德国共产党"之德文缩写，SPD是"社会民主党"之德文缩写。）

敌的机会。冲锋队开始肆无忌惮地放纵暴力；同时，为阻止警察对他们的处罚，戈林在普鲁士签发了一项法令，允许安全部队射杀"帝国敌人"而不用担心受罚。2月11日，鲁尔－莱茵兰地区的冲锋队宣誓成为警察，这样，他们就可以合法地反对工业区的马克思主义。2月22日，整个鲁普士又额外征召了5万名冲锋队成员和钢盔队队员，以充作辅警，在政府支持下完成恐吓和镇压工作。冲锋队借此机会扫荡了工人居住区，追捕那些被射伤、殴打、折磨的反对者。希特勒政府头几个星期的作为清楚地表明，这不是一般的权力转移，而是一次以新德国名义进行的革命。

在暴力浪潮席卷整个德国的时候，希特勒利用这个时机绘出了他最初计划的蓝图。在1月31日的广播讲话中，希特勒宣布，其公共政策的首要任务是克服经济危机、结束失业、振兴疲弱的农业。私底下，他也于2月3日告诉德军领导人，他的目的首先是保卫国内和平，然后在东方创造"生存空间"，为德国人民的未来提供保障。

2月8日，在希特勒执政初期召开的一次内阁会议上，他宣布，重整德国军备是政权最近4-5年的主要任务之一。希特勒相信，是命运最终选择了他，让他担当起拯救德国于危亡之重任。接下来5年里，经济确实得到明显恢复，德国也重新武装起来。但站在1933年早期政治动荡和持续经济危机的角度看，这些宏愿似乎都是不大可能实现的。

像大部分其他政党一样，纳粹党当时甚至都没有足够资金去参加另一场竞选。2月20日，希特勒、戈林与德国银行家、工业家见面，商讨经济政策蓝图（充其量也就是一个公共建设方案和农业补贴计划含糊不清的混合体），同时为党募集竞选捐款。在场的人对此很难拒绝，毕竟，虽然希特勒的组织在街头胡作非为，但他此刻依然是个为竞选筹款、拉票的议会政治家。

1932年12月，无业青年在一个纳粹"冬赈"作坊做修补鞋的临时工作。纳粹党努力为穷人提供福利，于是许多青年工人转而拥护希特勒。

"你是雅利安人吗？"

……侵入者已经进入法庭资料室。一队穿着棕色制服的家伙把门挤开，蜂拥而入。其中一个，明显是这帮人的头儿，用低沉的声音吼道："非雅利安人必须立即离开这地儿。"我注意到他小心地用了"非雅利安人"这个说法，但同时又用了相当口语化的"这地儿"。有人回答："他们已经走了。"法警们立在那里，好像要敬礼的样子。我的心开始狂跳，我该怎么做？怎样保持镇静？就当他们不存在，不能让他们扰乱我。我低头做我的事，机械地读着几句话："被告宣称这……不是实情，而且与本案无关……"千万别理他们！

这时，一个穿棕色衬衫的人走近，站在办公桌前，问道："你是雅利安人吗？"来不及思考，我脱口而出："是的。"他仔细看了看我的鼻子，退回去了。血涌上我的脸，羞耻和挫败来迟了一小会，我就已经说出了"是的"！的确，以上帝的名义发誓，我真的是"雅利安人"。我没有撒谎，但是允许了比撒谎更糟糕的事情发生：我如此轻易地回答了"是不是雅利安人"这样不正当的问题。即使这个事实对我无足轻重，这也是莫大的耻辱！用一个回答来交换与我的文件安静地待在一起的权利，真丢人。我已经不自觉地被套进去了，现在也一样。我没能通过我的第一次考验。

——摘自：塞巴斯蒂安·哈夫纳（Sebastian Haffner）1939年的初稿，参见哈夫纳、莱蒙德·普莱泽尔（Raimund Pretzel）所著《反抗希特勒：回忆录》，伦敦韦登菲尔德出版公司2002年版，第122～123页。

就在竞选活动如火如荼进行的时候，希特勒政府得到一个绝妙机会，增加它的反马克思主义立场和建立秩序的承诺的吸引力。2月27

关键词 国会纵火案

日晚，大火浓烟从位于政府中心的德国国会大厦升起。大批消防队员赶到时，大厦已经被包围在一片火海中。大火一直烧到第二天才结束。年轻荷兰共产党人马里努斯·范·德·卢勃（Marinus van der Lubbe）被当场逮捕。政府立即宣布，大火是共产党发动起义的信号。第二天上午，戈林下令逮捕了4000名共产党人。最后，因国会纵火案与范·德·卢勃一起被起诉的还有四人——共产党领袖恩斯特·托格勒（Ernst Torgler）和三个保加利亚共产党人，包括后来领导莫斯科共产国际的格奥尔基·季米特洛夫（Georgi Dimitrov）。对他们的审判从那年9月21日开始，先是在莱比锡，后转到柏林。只有范·德·卢勃被证明有罪，于1934年1月10日被处决。因为戈林等人未能说服法官，法官认为，不存在任何对其余几人不利的证据，这几人都被宣告无罪。

至于到底是谁放了那把火，其实并不重要。德国内外许多人都认为是纳粹分子自己干的，目的是使他们能够更加残酷地镇压共产主义。2月28日，希特勒"为保护人民和国家"，把一份紧急法令提交给兴登堡。兴登堡同意签署，因为从表面看，共产主义已经对现行制度构成了威胁，总统对此感到担忧。这份《国会纵火法令》（Reichstag Fire Decree）宣布进入紧急状态，中止大部分公民权利，禁止德国共产党为即将到来的选举进行动员。社会民主党报纸也在选举前一周被禁。警察获权可在未经确定判决情况下，对有关人员采取"保护性拘留"。在第三帝国期间，这一措施一直被用来清除政敌。在一切既不是民族"起义"分子，也不是新政权支持者的人看来，选举是在不断高涨的威吓和恐怖气氛中进行的。3月进行的选举尽管常被称作独裁统治建立前的最后一次自由选举，却一点也谈不上自由。即使纳粹党使尽千方百计，也只获得了43.9%的选票。左翼政党不但面临所谓共产主义政变的密集负面宣传，而且连进行适当选举活动的权利都遭到禁止。即使在这种情况下，依然有30%足够勇敢、不惧新政权的选民支持他们。希特勒依然没有获得多数，离修改宪法必需的三分之二国会多数就差得更远了。

戈林在国会纵火案审判中
（1933 年 11 月 4 日）

　　被告席上坐着托格勒、范·德·卢勃、波波夫（Popoff）、塔诺夫（Tanoff）和季米特洛夫。因为坐牢的缘故，托格勒脸色很坏，显出带点灰绿色的苍白，你可以想象他身上散发出一股牢房味。他看上去很紧张、焦虑。报社记者坚持称，他椅子下面很可能有录音机，而且他曾经经受了可怕的折磨。我对这两种说法都不信。保加利亚人看起来瘦小精干、强硬、冷漠。范·德·卢勃是我见过的最可怕的人类形象之一，他体形庞大，脸和身体不成个人样。他是如此堕落而且面目可憎，我几乎不想再多看他一眼。他一动不动地坐在那儿，头和手垂在两膝间，精神恍惚，半死不活，似乎还在流着口水。他唯一的动作就是，当看守试图抬起他的头时，他会让它再一次重重地耷拉下去……

　　鲁道夫·迪尔斯（Rudolf Diels，盖世太保头子）告诉我，戈林几天后将会出现在庭审中，一切都已经准备妥当。不管怎么说，我不应该错过这一切，它将会是整个审判程序中最富戏剧性的一幕。这一次，我得到一张庭审的票，不是那种像记者和听众一样坐在后面的票……我走进去，因为坐得太靠前，我的心都提到嗓子眼了。戈林和迪尔斯在离我只有几码远的地方商议着什么。

　　我设想一定有许多准备工作要做，但还是着迷地注视着这两位。直到戈林站起来作证，我才把眼睛从他们身上挪开。戈林面对的是季米特洛夫，一个很有吸引力的人，肤色黝黑、才华横溢。他身上散发出的惊人活力和勇气，我还从没有在任何其他一个压力重重的人身上见到过。他充满了燃烧般的活力，他的姿态、高贵的声音和脸庞爆发出信念、愤慨和仇恨之火。他根本不像有些人，要么脸上永远死气沉沉、看起来不像个活人，消极、了无生气，要么就是有一副托格勒那样冷漠、毫无表情的理性面孔。季米特洛夫不仅是一位精明的辩论家和逻辑家，他还是一个人，一个拥有伟大人格的人。

我决不会忘记他那静中有动的风度。他站在那里听戈林讲话，脸上带着强烈的蔑视。这是一场真正的较量、真正的斗争。戈林起立作证，他体形硕大，有一个臃肿、突出的将军肚，脸上皮肉松松垮垮，神情自负又有点紧张。他的声音飘忽不定、姿势夸张。

季米特洛夫几次打断戈林，让他暴跳如雷。戈林继续着他的证言，季米特洛夫起立回应。他们彼此的言语都记录在案，但他们的样子也许没有被记录下来。季米特洛夫用激情出色的雄辩指出戈林证词中的缺陷和极其荒谬的矛盾。他的论证十分有力，话语中带着绝妙的讽刺。他开始揭露更多的真相，戈林气急败坏地叫他住嘴。他对着季米特洛夫尖声嘶喊，声音嘶哑、惊恐，脸涨得像死猪肝，好像血会随着嚎叫喷出来；他语无伦次地想把对方气势恢弘的责难声盖下去。最后，狼狈不堪的戈林叫道："你知道，就算你能逃得了这一关，等着你的会是什么！我会设法让你得到应得的惩罚！"戈林的这句话，把季米特洛夫从生不如死的纳粹集中营中救了出来。[2] 等戈林继续说了一阵之后，季米特洛夫说了些侮辱性的话，于是戈林让人以藐视法庭的名义，把他驱逐出去。纳粹惊险地逃脱了这一劫。[3]

——摘自：玛莎·多德（Martha Dodd）所著《我在德国的那几年》，伦敦维克托—戈兰茨出版公司（Victor Gollancz）1939年版，第54～56页。（玛莎·多德是美国驻柏林大使威廉·多德 [William Dodd] 的女儿。）

接下来几周里,纳粹党和冲锋队着手破坏政治平衡,公开挑战宪法和法制。此时,普鲁士内政部长兼副长官戈林已经在普鲁士建立了有效统治。在普鲁士以外的大部分州,地方议会被推翻,取而代之的是纳粹党人的统治。大部分城市和州警察局局长成为所谓"协作"(德文Gleichschaltung)的牺牲品,不同情民族革命的人被解职,取而代之的是纳粹党员或纳粹支持者。"协作"的最大绊脚石在巴伐利亚,那是若干年前希特勒运动的发源地,也是希特勒发动流产政变的地方。柏林政权试图给巴伐利亚强加一个地方长官,以与国内其他地方统一步调,不过这一企图被海因里希·赫尔德(Heinrich Held)领导的巴伐利亚州政府拒绝。但当希特勒成为柏林的控制者时,他决定用武力将政变强加给巴伐利亚首府慕尼黑。3月9日,从德国南部其他地方调来的大批冲锋队和党卫军开始在慕尼黑市中心集结。中午时分,罗姆、海因里希·希姆莱[4]和当地纳粹党地区头目阿道夫·瓦格纳(Adolf Wagner)在一帮穿制服的支持者的簇拥下,来到赫尔德的办公室,要他立即任命一个全权巴伐利亚地方长官。赫尔德无畏地拒绝了。下午,赫尔德召开巴伐利亚部长委员会,委员会支持他抵制违宪地任命纳粹地方长官的做法。下午5点,谈判破裂,罗姆命令冲锋队进军。赫尔德试图请求军队保护,但军队地方指挥官拒绝了他。当晚赫尔德收到一份来自柏林的电报,命令他把权力移交给弗朗茨·冯·埃普(Franz von Epp)——希特勒在巴伐利亚的主要盟友之一。夜里11点,埃普在统帅堂(十年前希特勒及其支持者被警察机枪扫射的地方)发表历史性演说。第二天,新的纳粹州政府在慕尼黑设立。

巴伐利亚权力非法转移之后,紧接着是逮捕和殴打那些多年来反对纳粹党的人士,包括天主教政治家和记者。1933年3月10日,希姆莱宣誓就任慕尼黑警察局局长,开始了他的快速升迁之路,直至最后成为第三帝国最高安全长官。在慕尼黑郊外小镇达豪(Dachau),一座废弃军营被改造成巴伐利亚的第一座集中营。依据《国会纵火法令》,实行保护性拘留的政敌被送到这里,受到看守他们的冲锋队和党卫军的虐待甚至

1933年3月的一份选举宣传海报,内容为工人宣誓支持希特勒。约有40%的选民来自从事体力劳动的工人阶级,他们带着对希特勒承诺的民族复兴的希望,抛弃了左翼政党。

关键词 授权法案

谋杀。3月10日，为应对无休止暴力带来的危险，希特勒向他的准军事支持者发布了一项命令，要求结束基层革命、朝积极建设新德国的方向努力。为了能够建设新德国，希特勒还需获得正式权力。于是，3月23日他向议会提交了一项《授权法案》。这项新立法对宪法主要条款进行了修改，需要三分之二多数才能通过。根据它的条款，内阁（而不是希特勒一个人）可以制定和批准法律，不需要国会或总统批准。加上其他民族主义政党，希特勒拥有50%以上多数是不成问题的，但是这还不够。当国会在克罗尔歌剧院（Kroll Opera House，临时代替被毁的德国国会大厦）开会时，戈林故意排除了合法当选的共产党议员，减少了通过议案所需的法定人数。天主教中央党代表因惧怕国会内全副武装的冲锋队和

3月5日选举之后，在柏林郊外的波茨坦加里森教堂（Garrison Church）举行新国会大厦正式启用仪式。图中可以看到冯·兴登堡（右）接见战争老兵。希特勒居于画面左中，在他右边是德国国会议长戈林。

党卫军，于是给希特勒投了赞成票。只有94名社会民主党代表勇敢地投了反对票，但因为他们的一些代表被逮捕关押，他们已然式微。就这样，《授权法案》成了法律，希特勒现在再也不受任何宪法上的约束了。

《授权法案》
(1933)

《解除人民和国家痛苦法》(Law to Remedy the Need of People and Reich)(《授权法案》，Enabling Law，亦有英译成 Enabling Bill)，1933年3月24日

国会业已批准如下法律，经帝国参议会[5]同意，兹公布如下。同时确认，通过一项对宪法作出修改的法律的要件已经具备：

第一条
帝国政府也可在帝国宪法规定的法定程序之外制定帝国法律。

第二条
帝国政府决定的帝国法律，在不与帝国国会和帝国参议会制度相抵触之情形下，可以背离帝国宪法之规定。总统权力维持不变。

第三条
帝国政府制定的法律将由帝国总理拟定并公布于《帝国公报》(Reich Gazette)。该等法律，在未作其他规定之情形下，于公布次日起生效……

签署人：冯·兴登堡，希特勒，弗里克，冯·诺伊拉特 (Constantin von Neurath)，冯·克罗西克 (Count Schwerin von Krosigk)

1933年3月23日

恐怖统治

即使有《国会纵火法令》和《授权法案》给予的合法光环，独裁统治在德国的建立仍要借助于大规模暴力和压迫。它不仅破坏了公民权利，也是对现行法律制度的公然违反。3月21日公布的一项法令宣布，所有恶意攻击现政权的言论均为非法。同一天还设立了特别法庭，审判所谓政治犯。在特别法庭上，被告失去了在大部分普通法庭上应有的传统辩护权。内政部正式承认，柏林郊外奥拉宁堡（Oranienburg）集中营为合法关押政治犯的监狱；3月22日，又增加达豪作为第二座集中营；在德国各处还设立了一些小型集中营和拘留中心，主要由冲锋队管理，几乎不受任何法律当局监督。

> 关键词 关押政治犯

集中营成了第三帝国典型特征。纳粹党早在1933年执政以前就曾警告政敌，如果他们执政将设立集中营。希特勒执政后的头几个月，德国各地雨后春笋般冒出了数百座小型监狱。准确数字也许永远搞不清楚，但据估计，在1933年各个时期，一共有约15万到20万德国人被拘留，其中约有10万是以保护性拘留的名义被关押起来的。在某些案件中，地方法官和律师试图用法律来规范拘留行为，但他们自己也要冒着进监狱的危险。许多地方警察和法官同情民族革命，至于那些他们认为的可疑和煽动分子受到的不公对待，他们丝毫不担心是否正当。

遭到逮捕的主要是共产党和社会民主党人，当然也有不少在媒体和学校中地位较高的德国人，他们的地位并不能保护他们。德国国家电台主要负责人被指存左翼偏见，受到拘留。议员也未能幸免。根据许多受到殴打、羞辱的人或者目击者的描述，看守常常从有权有势、受过良好教育的人中挑出几个，给一帮出身低微的恶棍虐待取乐。

1933年4月，柏林郊外奥拉宁堡新设立的一座由废弃工厂改成的集中营，几排犯人在等着领信。那年年底，在发誓不再从事政治活动之后，大部分犯人被释放。

在冲锋队的魔爪下

（1933 年 5 月 17 日）

今天有一个可怕的消息。昨天夜里，我们的同事葛里奇博士（Dr. Gerlich）差点被活活打死。

葛里奇博士是天主教周报《正道》（*Der Gerade Weg*）的出版商。因为《正道》对纳粹的激烈批评，自 3 月 9 日起，他就被关在三楼的一间黑暗单人牢房里。他在囚禁期间的坚忍和幽默感，让他在看守中间很受欢迎。

昨天夜里快 1 点时，两个冲锋队成员来找值班看守，说要带葛里奇博士去讯问。看守也没要书面命令，就把他交给了那两个冲锋队成员。穿过一条长长的走廊后，他们把葛里奇博士带到办公区，蒙上他的眼睛，然后带他沿不同的楼梯爬上爬下，防止他认出自己被领到哪个房间。

最后，蒙眼布被取下，葛里奇博士环顾四周，发现自己在一间相当大的房间里。几只灯泡齐对着他的脸，炫目的强光照得他看不清坐在灯后的人。就像在舞台上，演员在强光灯下，观众在黑暗中。

一个声音对着葛里奇博士喊着，语气中带着威胁。它从那些灯的方向发出来，他可以感觉到模糊的人影在移动。

"你那些关于棕屋（纳粹党总部）的消息是从哪儿弄来的？"

葛里奇博士平静地答道："对我在报纸上发表的任何文章，我一个人负全部责任。"

"这么说，你是不想泄露你的同伙喽？"一个声音吼道。

"是。"葛里奇博士的回答很坚决。

房间里又一阵死一般的沉默。随后葛里奇博士被抓起来，扔在一张桌子上，橡胶棍如雨点般落在他身上，一共打了 25 下。

葛里奇博士一声没吭。

他们把他扔到一把椅子上，再次向他发问。

葛里奇博士依然保持沉默。

同一句话一遍又一遍地灌进他的耳朵："你的消息是不是贝尔博士给你的？"

葛里奇博士倔强地保持着沉默。

"我们很快就会让你开口的，狗东西！"

又是 25 下，雨点般落在葛里奇博士身上。

不幸的学者被打得几乎失去知觉，在半昏迷中跟跟跄跄坐回到椅子上。

"现在你可以招了吧？"

葛里奇博士一动不动地坐着，没有回答。

一把左轮手枪扔在桌上，一个刺耳的声音命令道："好吧！自己了结吧，你这个无赖！"

葛里奇博士终于开口了，语气异常坚定："我拒绝朝自己开枪，我是个天主教徒。"

他跪在地上，开始祈祷。他已经做好了死的准备，不再理会身边的一切。他与他的上帝同在。他祈祷着、等待着，等待结束生命的一枪。

博士的虔诚感动了折磨者，奇迹发生了。冲锋队成员考虑了眼前的情况，商量了一下。没人敢动手向葛里奇博士开枪。

"讯问"结束了，他们让人弄走了葛里奇博士。

——摘自：史蒂芬·劳伦特（Stefan Lorant）所著《我是希特勒的囚犯》，企鹅图书公司（Penguin Books）1935 年版，第 120～122 页。

那年夏天的几个月里，政府试图控制无法抑止的恐怖活动，对政治犯进行正常管理。1933年7月6日，希特勒呼吁缩小革命暴力规模，随后关闭了一些小集中营和拘留中心。据估计，到1933年10月，在普通监狱或集中营里依然关押着2.2万被保护性拘留的人士。大部分被捕者会被监禁几天到几个月，然后在他们作出遵纪守法的保证后被释放。有些人被监禁经历吓破了胆，再也不会构成政治威胁。成千上万的人不愿再受这份罪，于1933—1934年间逃离了德国。为进行政治压迫，几个关键机构成立了，其中之一就是秘密国家警察署（Secret Police Office，德文Gestapa）和秘密警察（Secret Police Force，德文Gestapo，即**盖世太保**），1933年4月26日在戈林管辖范围内的柏林设立。提议新设这支警察武装的是鲁道夫·迪尔斯，普鲁士内政部一位负责镇压共产主义的官员。德国一直就有政治警察，负责监视政治活动，鉴别持不同政见的危险分子。盖世太保有200多个政治密探，其办公室设在柏林奥布莱希特亲王大街8号，挨着戈林的政府官邸。盖世太保从此开始了他们的工作，不断逮捕和审讯有可能参与共产主义革命的人士。不到5年时间，它发展成一个全国性组织，雇员2万人，有权采取保护性拘留措施并不经审判就可关押犯人。

1933年的恐怖行径所针对的，是一切反对纳粹党或有碍其民族野心实现的敌人，既包括现实中的敌人，也包括想象中的，但特别针对的是德国犹太人。1933年4月1日，经希特勒同意，纳粹党组织了一场全国性抵制活动，目标就是犹太商业和执业者。约瑟夫·戈培尔于3月13日被任命为新设立的宣传和大众教育部部长，负责这次抵制活动的指挥和宣传。抵制开始前几周，冲锋队和纳粹支持者将矛头对准犹太商业。犹太人被公开羞辱，还有的被关押。这场抵制活动是对国际社会批评希特勒政权的反应，纳粹认为这些批评是犹太人煽动的。他们在犹太人的商店橱窗上贴出通知，警告那些想做好公民的人远离犹太人。当然，并不是所有德国人都对他们言听计从，但进入犹太人商店就意味着政治反抗，这样做是要冒一定风险的。抵制只持续了一天，按计划于4

关键词 **抵制犹太人**

1933年圣诞节，秘密警察第一任领导鲁道夫·迪尔斯向一群集中营囚犯讲话。10月，纳粹成功进行选举和全民投票之后，这些囚犯得到赦免。画面中的集中营位于埃姆斯兰的埃斯特韦根（Esterwegen）。

1933年3月9日，一位社会民主党国会代表被捕后坐车在萨克森的街道上游行，身边围着一群面带笑容的冲锋队成员。根据1933年2月28日的紧急法令，几百位知名政治家都因被认为对国家构成威胁而遭到拘留。

月 1 日晚结束，但活动在德国人心中引发的恐惧，却长久地保留了下来。许多人不敢光顾犹太商店，不敢请犹太医生、律师。4 月期间，政府推行了其他针对犹太人的立法：7 日的《恢复公职人员法》(Law for the Restoration of the Career Civil Service)，政府可以据此清除行政和司法系统的犹太人及左翼官员和律师；25 日通过一项法律，将在高中和大学的德国犹太人数量降低至 1.5%。

希特勒政权的下一个目标是工会组织。作为主要的工会组织之一，自由工会（Free Trade Unions）主要由社会主义官员控制。在希特勒政权头几个月，工会组织就已经成为攻击目标，但他们有数量庞大的会员和充裕的资金。5 月 1 日，希特勒下令大规模庆祝"国家劳动节"（National Day of Labour），取代传统的左翼劳动节（May Day）集会。当天，他向聚集在滕珀尔霍夫机场[6]的一百多万名群众发表讲话，向他们表明，只要工人阶级愿意作为统一国家的一部分，愿意认同新德国，那么新政权就同样会关心工人阶级。第二天，大批冲锋队、警察和纳粹工厂基层组织占领了工会运动大楼，逮捕了重要工会领导人。工人银行（Workers' Bank）被国家接管，资金被没收。主要的白领工人协会也被接管，资金同样被没收。纳粹的计划是，用单一的全国性劳动组织代替原先的工会和协会，这个组织将由纳粹头子和官员控制。5 月 10 日，德国劳工阵线（German Labour Front，德文缩写 DAF）成立，它的领导人是纳粹党的组织领导者、化学家罗伯特·雷（Robert Ley），一个臭名昭著的好色之徒、酒鬼。劳工阵线最终网罗了 2500 万名成员，从一线工人到高级管理人员。劳工阵线的目的是结束阶级斗争，成立一个单一法人团体来决定工资、工作条件和休息时间。5 月 19 日，一个新的劳动理事会（Trustees of Labour）制度建立，理事会的作用是管理工资制定事宜，但工人无权参与其中。在工厂，全体员工选出的地方委员会可以与管理层和劳工阵线代表协商，但委员会成员主要来自纳粹党工厂基层组织。劳工阵线有效抑制了可能发生的劳工对抗。并且，1933 年以前强烈反对希特勒运动的

1933年4月1日，在纳粹领导层指示下，德国各地组织了一次抵制犹太商业的活动。一些顾客反对抵制活动，但进这些商店是要冒一些风险的，说不定会遭到在门外站岗的冲锋队成员的围攻。

团体，在劳工阵线的协助下达成了某种牵强的一致。

在德国，精神生活也受到压制。对于国家社会主义（纳粹运动）的发展壮大，很多德国知识分子持反对态度。1933 年，因为觉得纳粹制度可能会存续一段时间，数百位杰出科学家、作家和艺术家逃离德国。在各级学校中，不接受民族革命的教师受到巨大压力，被要求辞职；许多情况下，他们作为当地政府雇员，甚至可以被直接开除。

关键词　压抑精神生活

早在 1928 年 5 月，纳粹党就成立了一个"**德意志文化战斗联盟**"(Combat League for German Culture)，由纳粹党思想家阿尔弗雷德·罗森堡（Alfred Rosenberg）领导，他的工作是界定"纯粹"的德意志文化，攻击一切被认为是现代主义或堕落的文化。1933 年，"战斗联盟"成员从 1 月的 6000 人发展到年底的 38000 人，并且开始举办小型展览，展出那些被认为是非德意志的、堕落的现代艺术。1933 年 3 月，戈培尔指示图书馆员沃尔夫冈·赫尔曼（Wolfgang Herrmann）草拟一份清单，列出所有他认定的典型犹太主义、马克思主义或者非德意志的书籍，并把这份清单发给各个学校。学生组织宣布 4 月 12 日到 5 月 10 日为文化净化月。文化净化活动于 5 月 10 日达到高潮。那天，一场全国范围的焚书活动在柏林、慕尼黑、法兰克福[7]、德累斯顿[8]和布雷斯劳[9]进行。在热烈人群的围观下，学生和冲锋队成员排成队，轮流把成捆成捆列入黑名单的书籍投入熊熊大火中。最初，被焚的有马克思和弗洛伊德[10]的书，他俩分别是德国和奥地利犹太人。

后来，为进一步加强控制文化产品，戈培尔于 9 月成立了一个"帝国文化协会"(Reich Chamber of Culture)，设有出版、电影、文学、视觉艺术、音乐、广播等部门。1933 年 11 月 13 日，协会正式成立，所有艺术家、音乐家和记者都必须在协会注册，不然就要冒绘画、演出、写作权利被禁的风险。第三帝国时期创作的一切作品都要经严格审查；因为现在称得上是"德意志文化"作品的范围已经规定得非常严格，许多反对第三帝国的艺术家或作家都对作品进行自我审查，不愿冒藐视规定的风险。

1933年5月10日,人们从学校图书馆收集书籍。这些书的作者被认为是堕落、左派或反德意志的。当晚,作为反对非德意志文化的象征,这些书被投入熊熊大火中。国际社会把焚书看成德国野蛮统治的标志。

德国流亡者

希特勒的总理任命引发了一股从事非法暴行的浪潮，它的重要后果之一，就是一大批德国政界、科学界、文化界的重要人物自愿选择逃离了德国。他们中有的是法西斯主义的政敌，有的是犹太人，还有些人是因为反对纳粹政权的暴力和文化偏见。1933年5月10日德国各地大规模的焚书活动，就是这种文化偏见的集中体现。

逃亡科学家中包括一些诺贝尔奖获得者，其中最著名的就是阿尔伯特·爱因斯坦（Albert Einstein），他的书也在被焚之列。自从1933年初到达美国之后，他就一直不愿回去。其他科学家在战争期间参与了英美核武器研究计划。一大批著名作家、艺术家和电影导演也离开德国，他们当中最出名的有托马斯·曼（Thomas Mann）和贝尔托·布莱希特（他俩最后都定居在美国加利福尼亚州）；艺术家马克思·贝克曼（他先到了阿姆斯特丹[11]，后到纽约）和建筑师瓦尔特·格罗皮乌斯（Walter Gropius）。格罗皮乌斯于20年代协助发起了包豪斯建筑学派[12]，发展了开创性的现代建筑和装饰艺术风格。30年代，移居海外的共有约30万人，不全是知名艺术家和科学家，但有很大一部分是学者和知识分子。到1934年，有2000人到了英国，其中许多人接着去了美国；21000人到法国；8000人到波兰。政治流亡者主要是共产主义者和社会民主党人，他们在布拉格[13]和巴黎成立了流亡组织，出版反希特勒期刊，并与留在德国的抵抗团体保持联系。同时在巴黎设立了威廉·皮克（Wilhelm Pieck）领导的德共政治局，总书记是瓦尔特·乌布利希（Walter Ulbricht），他后来成为1949年成立的东德[14]国家领导人。

重建国家机器

关键词　从多党到一党

虽然民族革命的基础在1933年上半年已经夯实，但在形式上，德国实行的仍是多党政治制度。即使希特勒得到了想要的《授权法案》，他领导的内阁依然主要由保守政客和专家组成，他们可能采取限制希特勒独裁野心的行动。1933年夏，希特勒开始着手清除竞争党派，寻找一个更彻底地控制国家机构的方法。到那年秋天，德国只剩下一个政治团体，所有其他组织或机构都不得不与国家社会主义的要求保持一致。

取缔共产主义和社会民主党派相对要容易些，只要假称他们构成了马克思主义革命威胁。3月28日，德国共产党被宣布为非法，资产也被查封，但是对共产党财产的合法占有，直到5月29日《共产主义者财产没收法》(Law for the Confiscation of Communist Property)通过后，才获得批准。逃脱关押的共产党领袖在巴黎成立了一个流亡组织。社会民主党认识到生存前景不妙，但该党在4月份举行的一次会议决定，仍坚持依法活动原则，不从事直接政治抵抗。社会民主党的日子已经屈指可数了。5月10日，在社会民主党领导人决定把党的活动转移到国外之后几天，它的资产被政府查封。5月下旬，它在萨尔[15]成立了一个流亡组织；根据《凡尔赛条约》，萨尔那时还在国际社会控制之下。后来这个流亡组织又搬到布拉格。6月22日，纳粹政府取缔了社会民主党。

其他政党的情况要复杂些，它们中的一些曾经支持过民族集中政府，也自愿给《授权法案》投了赞成票。这些政党被说服接受各自命运，融入以国家社会主义为代表的伟大民族运动中。6月27日，德意志民族党自动解散，领导人阿尔弗雷德·胡根贝格辞去内阁职务。其他一些小党派，如德国民主党（German Democrats）和德国人民党，纷纷于6月28日、7月4日进行效仿。希特勒以前的民族主义盟友钢盔队，也在6月27日被迫与冲锋队合并，并于其后的7月2日完成合并过程。7月4日，分离主义的巴伐利亚人民党（Bavarian People's Party，德文缩写BVP）也被终结，尽管该党党员赞成希特勒的许多观点，但其天主教信仰疏远了它与更世俗、更暴力的纳粹党的距离。5月，巴伐利亚人民党的集会被禁止；6月下旬，纳粹展开了一轮逮捕人民党领袖和教士的行动。天主教的情况有点微妙，毕竟要考虑到天主教中央党的影响，它在1933年前还是第三大党。希特勒政府和罗马教廷谈判，试图使梵蒂冈[16]相信，即使法律禁止天主教的政治活动，天主教徒的利益也将得到尊重。7月5日，天主教中央党结束了其政治生命。三天后，德国和梵蒂冈缔结**《宗教协定》**(Concordat)，7月20日获正式批准。《宗教协定》规定天主教信仰自由，保证教育和慈善的权利；作为交换，教皇承诺不干涉德国内部事务。

　　7月14日颁布的一批法律正式认可了一党国家的建立。这些法律包括《禁止组织新党法》(Law against the Formation of New Parties)和一部对查封资产行为进行事后许可的法律，这些资产本为那些被认为敌视新德国的组织和个人所有。对那些逃到国外，在一个更安全的地方反对希特勒的人，则适用一项剥夺其国籍的法律。到1945年希特勒政权倒台，共有3.9万人被剥夺了国籍。整个纳粹统治期间，在德国公共生活各个领域，从地方政府到地方性体育俱乐部，纳粹党撤换了他们认为不可靠的官员，考量的重点是"协作"。1933年前的德国是一个联邦制国家，各个单独的州都有自己的州议会，可以通过自己的地方性法律。在国家层面，各州在帝国参议会都有各自的代表。4月7日通过的一项新法律允许中央政府任命地方代表。政府任命的地方代表拥有特别权力，可以否决地方议会的决定，监督推行全国性立法。那年夏季，政府迫使每个州都采纳了《州授权法》(Provincial Enabling Law)，把希特勒在中央政府拥有的权力延伸至各州。1934年1月30日，经过大量谈判和筹划，一项有关"帝国重建"(Reconstruction of the Reich)的法律取消了州议会权力，撤销了帝国参议会，完成了整个国家机器的集权工作。在1933年7月7日一次演讲中，对"协作"信心十足的希特勒宣布"党国一体已经达成"。

关键词：从地方到中央

政治犯在慕尼黑附近的达豪建设关押自己的监狱,这是把他们变成有用德国公民的"再教育"的一部分。达豪成为一座模范集中营,它的指挥官西奥多·艾克(Theodor Eicke)在1934年成为第一任"集中营督察"。

建设"民族共同体"

　　1933开始的政治革命并不是在真空里进行的。对于新政体和新社会应该是个什么样子,纳粹运动有自己的规划。用来形容这个新时代设想的概念就是"民族共同体"(Volksgemeinschaft),这个新社会的成员被称为"民族同志"(Volksgenossen)。纳粹思想的最终目标就是,以党的活动为基础,建立一个强大、统一、血统纯粹的国家;在共同种族认同的基础上,抛开陈腐的阶级区别观念。"我们的社会主义,"希特勒说,"就是我们这个民族的社会主义。"

　　早在1933年以前,纳粹党就已经开始尝试解决什么才是纯粹种族的问题。1931年12月31日,纳粹党农业专家瓦尔瑟·达里被任命为

关键词 纯洁种族

纳粹党种族和移民局（Race and Resettlement Office）负责人，他的"血与土"思想[17]把健康居民和农民出身直接联系起来。1933年3月22日，内政部设立了一个处理"种族卫生"问题的部门。德国主流科学观点是，如果不能清除遗传疾病患者、达到一定程度的残疾人和精神障碍患者，从而有效控制基因池的话，德国人将无法在种族竞争中胜出。希特勒在20年代接触了大量遗传理论，他青睐采取积极干预政策保护种族"纯洁"。1933年7月14日通过的一项法律规定，为预防"遗传病后代"，允许采用强制节育措施。构成基因威胁的任何人都将被提交给**遗传法庭**（Hereditary Court），由法庭判决这些人绝育，法庭陪审团中至少有一位医生。在整个第三帝国期间，超过35万人接到绝育命令，其中包括一些癫痫患者和先天失明者。接受绝育的女性远多于男性，但男性恋童癖者（被认为是对种族的一个致害因素）也要接受强制阉割。

要建立一个健康、统一的民族，其中重要一点就是需要立即恢复经济，让600万失业者重新就业。1933年全年，德国都处在严重经济困难中，8月份还有410万失业大军，以及更多短期失业者。国家财政只能通过拒付国际债务的方式维持，同时还要竭力保持进出口平衡，避免出现严重支付失衡问题。为保证衰退不进一步恶化，政府采取了一系列措施，其背后的关键人物是银行家亚尔马·沙赫特。他曾经协助解决了1923年通胀危机，也是1932年冒险支持希特勒政府的大资本家之一。他得到的奖赏是，1933年3月17日获得德意志帝国银行（Reichsbank）行长职位。1933年4月，希特勒还任命了其他纳粹党同情者担任关键职位：1933年4月弗里茨·莱因哈特（Fritz Reinhardt）担任财政部部长；康斯坦丁·希尔（Konstantin Hierl）成为劳工部部长。希尔为德国青年提供了大量社区志愿服务机会，到那年年底，有41.9万年轻人进行了志愿服务。1935年，**劳动服务**成为所有18岁青年的法定义务。莱因哈特制定了利用公共工程创造工作岗位的计划。1933年6月1日，《减少失业法》（*Law for Reducing Unemployment*）获得通过，该法吸收了被称为"莱

1933年，纳粹组织了义务性的劳动服务（Labour Service）。1935年，劳动服务成为法定义务。德国青年被送去参加农业和建设项目工作，同时进行军事队列训练。图片是1933年纳粹党全国代表大会上，德国青年扛着铁锹游行，就像扛着枪一样。

弗里兹·托特
(Fritz Todt, 1891—1942)

托特是第三帝国技术专家之一。希特勒不仅把建设新德国高速公路网的工作委托给他，还让他管理大部分主要政府建设项目。

托特出生于德国西南部一个富裕家庭，1914年以前在慕尼黑技术学院学习。一战时，他在德国空军服役，在战争中受伤。战后获得工程师资格。1922年加入纳粹党，1931年成为党卫军军官。1933年，希特勒任命他为德国公路总监，让他负责所有建设项目，成为"托特组织"（Organisation Todt）领导人。1938—1939年，他以这个身份负责监督快速推进的德国"西墙"（Westwall）防御工事建设。托特组织主要从庞大失业大军中招收工人，这些工人受到严格纪律约束，常常从一个工地搬到另一个工地，住的是简陋的工棚，薪水少得可怜。从1939年起，该组织也开始雇佣外国工人，主要是意大利人。二战期间，该组织在法国沿海建造了潜艇掩体和防御工事。托特是第一个获得"德意志勋章"（German Order）的人。这是希特勒新设的一项奖励，表彰在特定方面为德国人民提供服务的人。1940年，托特被任命为军需部部长（Minister of Munitions）。1942年2月8日，在一次有希特勒参加的军事装备会议结束后，在归国途中，他的座机坠毁。

托特是忠诚的纳粹党人，但不是活跃的纳粹党政客。他借以吸引希特勒的，是他作为工程师和组织者的才能。希特勒对技术成就非常着迷，他把托特看成是德国杰出技术成就的代表。

1933年9月23日，美因河畔的法兰克福附近，新德国高速公路网——帝国高速公路（Reichsautobahnen）开工。在精心安排的开工典礼上，希特勒挖下第一锹土。右起第四位是负责建设这个网络的弗里兹·托特。

因哈特计划"（Reinhardt-Programme）的内容。政府资金被用于建设项目、土地开垦、道路修复等方面。但在 1933 年，其成效并不明显。即使到 1934 年春，也只创造了 63 万个工作岗位，而且大部分是临时性工作；而所谓工资，比零花钱也多不到哪里去。1933 年 9 月，连接德国主要城市的多车道高速公路网开工建设，由弗里兹·托特负责监督，但进展缓慢。到那年年底，德国人生活水平依然很低，失业率居高不下。

绵绵不绝的民族革命宣传掩盖了严重的经济危机。"第三帝国"的说法由民族主义作家莫勒·凡·登·布鲁克（Moeller van den Bruck）于 1923 年首次提出，新政权采用了这一概念（尽管布鲁克本人于 1925 年在一家精神病院开枪自杀，他的一些书在 1933 年 5 月焚书活动中被烧毁）。选择这个说法是有象征意义的，它的历史渊源要追溯到中世纪日耳曼皇帝的第一帝国和 1871 年奥托·冯·俾斯麦（Otto von Bismarck）建立的第二帝国，德国在那两个时期都是统一的民族国家。这个说法被认为象征了德国发展的最终和最高阶段。1933 年 3 月 12 日，纳粹宣布卐字旗为新德国国旗。卐字旗是希特勒 1920 年设计的，圆形白底上一个黑色卐字，四周围绕着鲜艳的红色。卐字是南亚的一个神秘符号，据称它能带来好运。19 世纪后期德国民族运动分子采用这个符号，希望借此将其与上千年前亚洲的所谓"雅利安"根源联系起来。希特勒借用了卐字符号，并将其由左旋（卍）改成右旋（卐）；在此过程中，把它的象征意义从吉祥（据印度传说）变成了凶兆。

与确定卐字国旗同一年，纳粹政权还采用了第二国歌，要求与著名的《德意志高于一切》（Deutschland, Deutschland über alles）一起在所有公共场合演唱。这首《高举旗帜》（Raise the Banner），由一位年轻柏林纳粹党人豪斯特·威塞尔（Horst Wessel）所写，他在 1930 年被共产主义者谋杀。第二国歌只采用了老国歌的一节，另两节为《豪斯特·威塞尔之歌》（Horst Wessel Song）。纳粹党的全套象征符号不只代表国家社会主义，也作为整个国家的象征。1933 年 8 月 30 日到 9 月 3 日，在纽伦堡

关键词 民族革命

一张庆祝民族革命胜利的海报,上面显示一位德国士兵和一名冲锋队成员站在老国旗和新卐字旗下。1933年,纳粹采用卐字旗作为国家象征。海报试图表明新旧德国的团结,然而现实是,军队和冲锋队的关系依旧相当糟糕。

1933年10月，一张竞选海报把陆军元帅冯·兴登堡和下士希特勒放在一起。口号写着："请与我们一起为和平、平等战斗。"1933年下半年，希特勒发表了一系列重要演说，试图向世界表明他是一个爱好和平的人，他的兴趣只在为德国获得公平待遇。

举行的第一次纳粹党大会——"胜利大会"(Congress of Victory)上，随处可见这些象征，还能听到一个有40万纳粹党代表的人群放声高唱新国歌。为表明纳粹党和国家已经结为一体，10月14日希特勒要求兴登堡解散国会，于11月12日举行选举。选民只能对希特勒的名单（名单上只有纳粹党党员）投赞成或反对票，结果参加投票的人中有92.2%投了赞成票。12月1日，政府颁布一项新《保证党和国家统一法》(For Securing the Unity of Party and State)，宣布希特勒的纳粹党为德意志民族唯一代表，并宣布它是一个公共团体而不是私人政治社团。

秘密重新武装

关键词：重新武装计划

希特勒在1933年初作出的主要诉求之一，就是不顾1919年《凡尔赛条约》规定，启动重新武装德国的计划。和约条款限制德国只能拥有不超过10万人的陆军，承担国内治安职责；只能拥有少量防御性武器，不能拥有坦克、潜艇、战机和大型军舰。20年代和30年代早期，国防部一直在跟踪最新技术发展。德国与苏联分别于1922年在意大利城市拉帕洛（Rapallo）、1926年在柏林签订了两个条约。根据这两个条约条款，德国军队得以在西方观察员监视范围之外试验新型战机和坦克。但直到1933年，德国在军事上依然羸弱。军队规划人员估计，即使是面对波兰和捷克斯洛伐克这样的小国，德国都无法自卫。

然而，希特勒的诉求还是很难马上实现，并且1933年的军费开支也没比上一年高多少。1933年的长期政治协作让希特勒无暇顾及扩充军备，经济危机也让大规模政府支出承担很大风险。那段时间，德国一直在日内瓦裁军谈判会议[18]上强调，其他大国应该同意把他们的军事力量裁减到德国水平。这是个不切实际的期望，1933年10月19日，德国代表团退出大会，拒绝重回谈判。同一天，德国宣布它还将退出国际联盟组织。12月18日，希特勒提出一项建议，呼吁停止国际军备竞赛，却又在同一时间命令建立一支30万人的陆军，且要求在1938年前全部建成。1934年3月希特勒又批准一项计划，为建立空军和加强海军做准备。1933年间，德国启动先期工作，发展军用飞机工业，并把一批（共计294架）客机改装成军用飞机。1933年5月5日新设的戈林领导的航空部，在1934年3月起草的文件中，规划在5年内生产1.7万架飞机，其中大部分为教练机，用来培训新一代德国青年飞行员。海军总司令、海军上将埃里希·雷德尔（Admiral Erich Raeder）难以说服希特勒相信海军的重要性。虽然如此，1934年3月还是起草了一个"**更新造船计划**"（Replacement Shipbuilding Programme），其最终目的是把海军扩大到超过《凡尔赛条约》允许的水平。重整军备的主要困难

空军总司令、帝国国会议长戈林穿着猎人服装，坐着让人给他塑像。戈林是希特勒最亲密的盟友之一，也是为数不多真正受欢迎的纳粹运动领导人之一。这个1945年成为纽伦堡囚犯的人，希望有朝一日德国到处都有他的塑像。

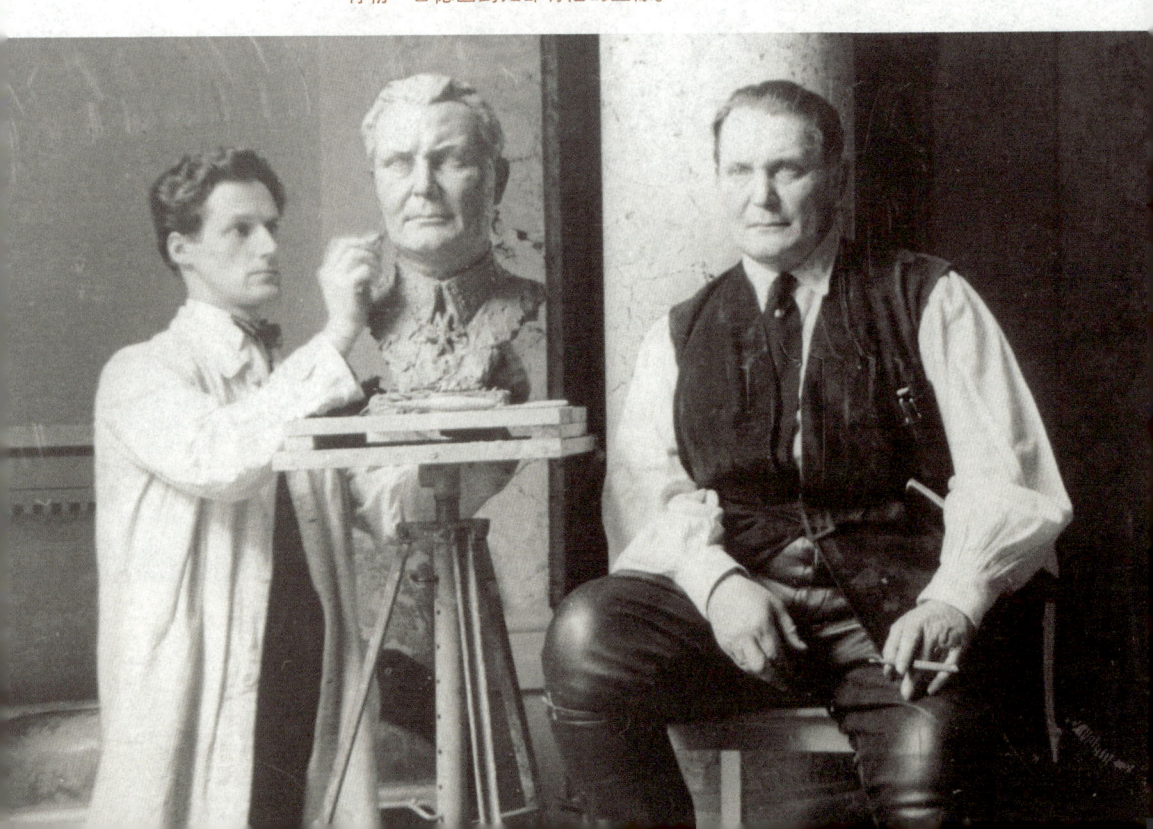

冲锋队参谋长恩斯特·罗姆（右起第三个）在多特蒙德（Dortmund，德国第七大城市）的一次会议上会见冲锋队同志。冲锋队渴望更彻底的革命，不信任那些保守反动势力，希特勒却需要那些势力的支持。1934年，罗姆被海因里希·希姆莱（最左边）领导的党卫军清洗。

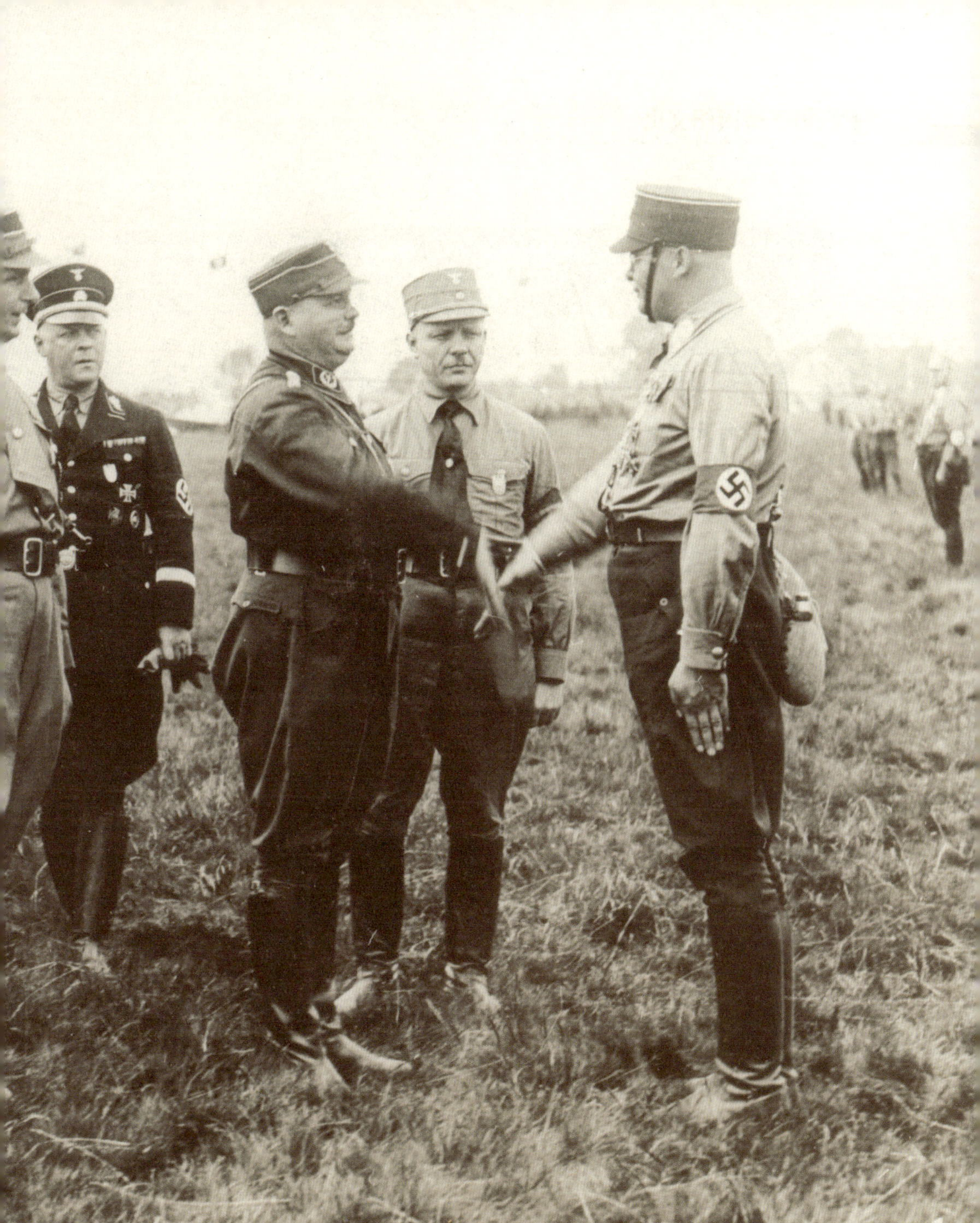

恩斯特·罗姆
（1887—1934）

在主要纳粹党成员中，很少有人把自己看成希特勒的潜在竞争者和可能的民族革命领袖，罗姆就是其中之一。他是巴伐利亚一个公务员的儿子，参加过一战，受过三次伤，后升到上尉。战后，他加入与自由军团有联系的暴力退伍兵组织，开始了长期政治暴力生涯。罗姆在1919年遇到希特勒，成为党的重要组织者和未来元首的亲密伙伴，与希特勒一起发动了1923年慕尼黑未遂政变[19]。政变失败后，他去了玻利维亚（Bolivia），在那里做起了军事教官。1930年，他应希特勒要求回到德国，当上冲锋队参谋长。在一年时间里，他将冲锋队的人数增加了一倍多，达到17万人，使这个组织成为政治暴力和恐吓的典范。罗姆本人推崇非法暴力，认为这是改变德国民族斗争不可或缺的一部分。他一直是纳粹党内的激进革命派，最后于1934年7月1日为他激进暴力的政治观念付出了生命代价。

关键词：冲锋队的威胁

在于获得所需资金，而且还要隐瞒资金数额。亚尔马·沙赫特找到了解决办法，他提议发行短期债券，待经济恢复后，用未来的税收收入担保偿付本息。债券由一家虚构的金属研究公司（Metal Research Company）发行，称为"米福券"（Mefo-Bills）。1934年，发行米福券收入达到21亿马克，超过了19亿马克的正常防卫预算。德国以未来的繁荣为抵押，换来了重整军备所需资金。

1934年初，重整军备还带来了另一个棘手问题。一段时间以来，冲锋队及其参谋长罗姆一直在考虑，要把冲锋队变成一支武装民兵或者"人民军队"，与正规军并列，甚至把传统军队吸收到这个新的纳粹组织里来。罗姆现在控制着一个约有50万人的组织，其中不少人急切盼望在民族革命中起到更积极作用。罗姆现在越来越特立独行，不把希特勒放在眼里。他常在柏林招待各国大使和政要，与外国要人会谈。于是，军队终于开始对冲锋队的野心感到不安。1933—1934年冬，士兵与冲锋队成员的关系越来越紧张。1934年1月18日，国防部部长瓦尔纳·冯·勃洛姆堡[20]将军给罗姆写信，要求解决军队和冲锋队关系问题。勃洛姆堡是希特勒上台前几小时由兴登堡任命的。而2月1日新任命的陆军总司令瓦尔纳·冯·弗立契（Werner von Fritsch）对冲锋队的敌意更深。同一天，罗姆回复给冯·勃洛姆堡一份提案，阐明他对冲锋队的看法，希望把冲锋队作为一个民兵组织，供战时动员使用，军队对此予以拒绝。勃洛姆堡只同意将冲锋队作为日后征兵的预备力量。1934年2月28日，希特勒在国防部召集军队、冲锋队和党卫军领导一起开会。讨论过程中，希特勒明确表示，他不希望冲锋队成为一支武装力量，要求其作用仅限于进行政治活动。他希望征召一支在军方控制下发展起来的庞大军队，有能力在5年内保卫德国、8年内发动争取"生存空间"的战争。1934年6月6日，希特勒最终批准建立一支有21个师的军队，规模是现有武装力量的3倍。

党卫军

党卫军（SS，德文"卫队[Schutzstaffel]"一词的缩写）是第三帝国最有权势的组织之一，它拥有对警察、军队、经济各方面广泛的影响力，直到战争结束。1923年5月纳粹党成立了一个保卫希特勒的特别组织"希特勒突击队"（Stosstrupp Hitler），党卫军就是在此基础上发展起来的。1925年11月9日，突击队改组为党卫军，作为冲锋队的一支特别部队，负责保卫纳粹党头目和党的集会。1929年1月6日，巴伐利亚青年海因里希·希姆莱被任命为党卫军指挥官，直到二战结束。希姆莱接手时，党卫军有250人，到30年代中期，它已经有了约20万人。

党卫军穿着独特的黑色制服、佩戴骷髅头标记，他们把自己看成是纳粹运动中的贵族。希姆莱坚持严格的选拔条件，并为所有申请者设计了一张特别的种族卡，申请者须在卡上详细填写他们的外貌特征。尽管希姆莱本人戴眼镜，却不允许其他党卫军成员这样做，并将此看作基因缺陷。希姆莱用一种类似旧式中世纪的方式管理党卫军，包括实行党卫军婚姻[21]，还请党卫军头目在为数不少的著名党卫军骑士团城堡集会，进行一场对过去时代的戏剧性的回忆。1935年，希姆莱成立"祖先遗产研究会"（Ahnenerbe），致力于通过在国外的考古研究发现雅利安民族的真实起源。1933年设立党卫军种族和移民局，吸收对种族卫生和重塑中东欧人种感兴趣的医生和学者，这些人在形成纳粹政权种族政策方面起了重要作用。

党卫军还负责管理集中营，且在之后的战争期间负责整个集中营系统。高级党卫军头子受命领导在苏联的特别行动分队、管理东方的安全机构，在那里，他们造成了数百万人的死亡。虽然许多警察成为党卫军成员或军官，但党卫军从没得到过正式警察权力。虽然集中营守卫可以拥有武器，但是直到1939年，希姆莱才成功说服希特勒同意成立党卫军部队，与正规军并肩作战。到1944年，武装党卫军（Waffen-SS）发展到80万军人，并且该部队能够弄到正规师所缺少的供应和装备。党卫军部队因残暴和不妥协的作战而闻名，实施了大量暴行，犯下了众多战争罪行。

"民族敌人"

1934年间，随着冲锋队与其他组织间的关系越来越紧张，其姐妹组织党卫军开始在新帝国安全机构内产生越来越大的影响。1929年1月7日，希姆莱被任命为帝国党卫军领袖。当时这支特别卫队只有几百号人，名义上受冲锋队参谋长领导。到1933年，希姆莱把它变成一支有5.2万安全人员的精英力量，他们穿着黑色制服，标记是一个银色骷髅。党卫军操纵着负责监视党内安全的"帝国保安部"（Security Service，德文 Sicherheitsdienst，简写为 SD）。1932年7月，这个部门交由希姆莱的副手、前海军军官莱因哈德·海德里希（Reinhard Heydrich）领导。希姆莱是个野心勃勃的种族主义者和反犹分子，抱有纯粹北欧日耳曼民族幻想，同时还迷信古代挪威神祇。希姆莱也是个很能干的安全主管，1933年3月他得到提拔，领导巴伐利亚政治警察，后又于9月控制了普鲁士以外所有的政治警察力量。他的下一个目标是控制戈林在普鲁士的盖世太保，它管辖着德国近三分之二人口的治安。

在建立第三帝国恐怖统治的过程中，党卫军对盖世太保的接管是一个重要转折点。1933年后期，内政部向戈林施压，要求他把警察权力交给帝国中央当局。1934年1月，戈林对普鲁士警察的控制权移交给内政部，他领导的独立的普鲁士内政部也并入帝国内政部。3月14日，戈林宣布盖世太保为一个由他管辖的自治组织。4月20日，为避免失去对盖世太保的控制，他同意任命希姆莱为普鲁士政治警察督察、第一副手。两天后，他批准海德里希为秘密警察署领导。希姆莱立即开始建立一个全国性组织，让盖世太保吸收地方政治警察力量。希姆莱和海德里希像控制自家组织一样控制盖世太保，毫不顾及管辖权问题。1934年11月，戈林放弃了对盖世太保的一切统领权。18个月后，内政部长弗里克也在希特勒强迫下退出。

秘密警察在1934年有不少工作要做，许多领域还存在政治敌对和

关键词 接管盖世太保

关键词
反抗社会主义

反抗。其中包括从事地下活动的社会主义和共产主义团体，他们分发宣传资料、组织成员参与讨论和维持残余组织。共产主义联盟成员在柏林和汉堡成立了革命抵抗联盟（Revolutionary Union Opposition），但盖世太保进攻并摧毁了联盟，逮捕了 800 人。另一个设在鲁尔 – 莱茵兰工业区的共产主义网络定期出版报纸，其中一份叫《自由》，另一份叫《革命》。这个网络也在 1934 年遭到渗透、清除。3 月，托洛茨基派[22]的"星星之火"（Funke）组织被破坏，成员被逮捕。那一年后期，另一轮逮捕行动摧毁了共产主义运动仅有的一点残余。422 位德国共产党领导人中，219 人被逮捕、关押，125 人逃到国外，24 人被谋杀，42 人退党。尽管许多劳动者对低工资的现实和终止工资谈判心怀不满，但是他们获得雇佣的机会在增长，而若抵抗则面临严厉的惩罚。在这样的情形下，要想唤起有效抵抗也不是件轻而易举的事。1934 年 1 月 8 日，流亡的社会民主党领导人在布拉格呼吁国内支持者发动民众革命，推翻希特勒。但他们严重脱离了希特勒独裁统治下的生活现实，他们的呼吁毫无成效。

关键词
建立帝国教会

纳粹政权还面临着一个意想不到的对手。德国新教教会（German Protestant Church）代表了约三分之二德国居民，总的来说，它是支持民族革命的。1933 年 4 月，支持希特勒的"德国基督教"要求政府把所有新教教派合并为一个单一帝国教会。对一切宗教信仰持怀疑态度的希特勒欣然接受。1933 年 7 月 14 日颁布新**"帝国新教教会"**（Reich Evangelical Church）章程，教会由支持希特勒的牧师路德维希·穆勒（Ludwig Müller）领导。1933 年 9 月 27 日，穆勒在维滕贝格[23]的一个仪式上正式就任帝国主教。新教各派反对这个新组织，他们在马丁·尼默勒牧师（Pastor Martin Niemöller）领导下设立了一个"牧师紧急联盟"（Pastors' Emergency League）。到 1934 年初，联盟招募到 7000 名教士，约占到所有新教牧师的 40%。紧急联盟拒绝承认统一教会和帝国主教的权威。1934 年 5 月 30 日，在威斯特伐利亚[24]巴门市举行的一次会议上，联盟创立了一个分离的"宣信会"（Confessing Church，德文为 Bekennende Kirche），出版了《神学宣言》（Theological Declaration），反对将政治命令凌驾于宗教之上。一些极端反犹太的牧师要求抛弃《圣经》，认为它只是犹太人的迷信，这导致新教教会彻底分裂。

在这种情况下，帝国主教的地位无法获得认可。而希特勒本来就对神学争论没什么兴趣，于是放弃了建立统一教会的打算，但这并没有阻止盖世太保把教会人士看成潜在政治威胁。尼默勒在 1934 年 1 月被逮捕，但在大规模抗议下很快又被放出来。随后盖世太保又逮捕了更多教会人士。到 1934 年，随着约瑟夫·斯皮克（Josef Spieker）被捕，逮捕活动达到高潮。斯皮克是个说话直率、很有人缘的科隆天主教牧师。1934 年 10 月 28 日，他作了一次影响极大的布道，支持耶稣基督是唯一的真正德国"领袖"的观点。11 月 19 日，他被盖世太保逮捕，受到审判。虽然法庭宣告他无罪，他还是再次被捕，并被送到一个主要关押共产主义者的集中营。1936 年 1 月，他再次受审并被关押，最后于 1937 年 2 月被释放。由于担心自己的人身安全，斯皮克从边境逃出德国，最后定居在南美。即使有 1933 年与教皇签订的《宗教协定》，盖世太保仍然继续监视天主教徒的言论、骚扰或者逮捕知名天主教徒中的批评者。

世人眼中的集中营

"美国人迫使一帮人在达豪集中营附近转了转。妈妈是其中一个，我只得跟着她。我永远不会忘记那些骨瘦如柴的尸体……妈妈变得精神失常，很久以后才恢复正常。"

"接下来呢？"库勒（Kulle）问道，"那她是继续对元首深信不疑呢，还是已经摆脱了这一切？她一定知道了集中营的存在，而且那里以元首的名义实施了可怕的罪行吧？"

格蕾特（Grete）摇摇头："不，什么也改变不了她对希特勒的忠诚。'我敢肯定不是元首要那样做的。'她后来说。另一句表现她忠诚的话是：'真正的国家社会主义是纯洁高尚的！'她至死都抱着那样的信念，那也就是三年以前（约1980年）的事。"

"那她是如何把集中营的现实和那样的理想调和起来的呢？"库勒想知道。

"她接受了他们在纳粹党的会议上给出的解释。"格蕾特回答，"大致意思是这样：那些流氓恶棍必须从街上清除掉！惯犯、性罪犯，以及人民的寄生虫——放高利贷的、投机倒把的——将会在集中营接受再教育，走上诚实劳动道路。他们将受到纪律和良心的教育。并且，他们中的任何人都不会被伤到一根汗毛。"

"我10岁或者12岁左右的时候，在家里听到的也是那些话。"库勒的妻子评论道，"我父母谈起集中营来，好像它们有重要的教育功能。当然，在我家里谈得更多的是'国家的危险敌人'，我也听说这些人受到严厉对待。"

"但你得承认，"库勒说，"没人可以在事后拍着胸脯说，自己甚至都不知道存在这样的集中营……"

"但是，让不让报纸报道诸如某某被送到集中营去了？"他妻子问，"我觉得这样的事情该是偷偷捂着的。"

"不，"我说，"从第三帝国一开始，你就每天都可以从报纸上看到像'人民的敌人进了集中营'，或者'集中营犯人受到优待'这一类消息。还有些照片，上面都是些特别选出的模样丑恶的人。"

——摘自：本德·恩格尔曼（Bernd Engelmann）所著《在希特勒的德国：第三帝国日常生活》，伦敦梅休因出版公司（Methuen）1988年版，第34～35页。（恩格尔曼在第三帝国长大。这里引用的是若干年后他和朋友的一段谈话。）

"长刀之夜"

1934年的主要危机，不是来自共产主义或宗教反抗，而是来自纳粹运动内部。在希特勒否定冲锋队的民兵组织（或允许其拥有武器）性质之后，它现在的作用很不明确。像1933年前那样，冲锋队底层队员中弥漫着不安情绪。他们觉得寻求更彻底革命的道路失败了，他们在20年代所谓"斗争时代"为运动而牺牲，却没有得到回报。没有确凿证据表明，罗姆本人想要发动推翻希特勒的政变。但罗姆确实认为自己是党的特殊领袖，是广泛群众运动的代表，而这个群众运动的能量并没有在政治上被完全利用起来。

罗姆是一次针对他的政变的牺牲品，这一点是确定无疑的，但1934年6月和7月初事件的背景和对事件的解释依然是个谜。在冲锋队角色争论之后，正规军和准军事力量之间的关系依然很紧张。军队领导关心的是，不能让任何事情妨碍扩充正规军计划；同时对一支人数是军队五倍、其中一部分还拥有武装的力量，军队领导也心存疑虑。5月29日，希特勒命令冲锋队停止所有军事训练，并于7月份放长假。6月4日，希特勒和罗姆进行了一次长谈。据希特勒称，在这次谈话中，他警告这位冲锋队参谋长要限制冲锋队的过激行为。对此，罗姆的反应是跑到温泉小镇巴特维塞[25]去治疗慢性病。临走前罗姆告诉队员说，他回来后冲锋队将比以往更强大。罗姆在巴特维塞泡温泉、治疗、休息了三个星期。但他也告诉朋友，他担心某种针对他的阴谋正在酝酿之中。

阴谋的具体性质还不清楚，也不知希特勒到底参与了多少。但是，包括戈林在内的纳粹党高层人物已经得到了明白的暗示。希姆莱被任命为盖世太保副手后，党卫军可以越来越脱离冲锋队的行动。这正中希姆莱下怀，他希望自己的组织可以成为自己政治权力的基础。希姆莱拟定了一份在危机时需要清除的冲锋队头目名单。关于冲锋队的态度和作为，军队已经得到了大量谣言和粉饰过的报告，这些谣言和报告意在进一步加深两个组织间的矛盾。到6月时，军队领导似乎真的相信冲锋队可能要造反，希望希特勒及早采取行动。这种危机感十有八九是人为的。但是6月18日，副总理冯·巴本在马尔堡大学发表的一次反抗希特勒政权的演讲，让形势变得更加扑朔迷离。那次演讲（由巴本手下的一个官员埃德加·荣格[Edgar Jung]起草）严厉批评了希特勒政权的武断独裁性质。演讲稿立即被禁止出版。但在禁令执行前，一个版本已经发行出去了。巴本事件其实和罗姆毫不相干。但是，当希特勒赶到兴登堡位于纽台克[26]的东普鲁士庄园，面见总统解释巴本被噤声的原因时，说他受到来自军方领导人更大的压力，要求他对冲锋队采取行动。

　　6月23日，军队进入高度戒备状态。三天后，有人给军方领导人看了些文件，一些声称能证明罗姆一直在非法武装冲锋队的材料。毫无疑问，戈林和希姆莱也给希特勒看了证明罗姆有罪的证据。戈林和希姆莱这样做有他们自己的目的，就是要清除作为潜在政治对手的冲锋队领导。6月28日，希特勒和戈林到埃森[27]去参加一个地方长官的婚礼，军队配发了紧急弹药供应，党卫军领到了军用武器。希特勒从埃森给罗姆打电话，要他于6月30日在巴特维塞召集冲锋队领导开会。在接下来的24小时里，更多伪造报告被呈给希特勒，试图弄出个以假乱真的印象，即冲锋队正在秘密策划某种革命行动。6月30日一大早，希特勒和戈培尔就飞往慕尼黑，戈林则回到柏林。戈培尔前一晚刚刚得悉此次危机的秘密。

　　早上6点半左右，希特勒带着满载武装党卫军的车队来到罗姆和其他冲锋队官员下榻的酒店外。希特勒和另外两人进入酒店，命令领班去敲罗姆在一楼的房门。罗姆睡眼蒙眬地打开门，希特勒冲了进去，挥舞着手枪："你被捕了，你这头猪！"他们给了罗姆几分钟时间穿衣服，

到1934年夏，纳粹宣传机器把希特勒变为一个超级政治明星。在德国的各个城市和乡村，随处可见纳粹运动标志：棕黑色制服、卐字旗。所有公共建筑和机关都必须张贴希特勒画像，不然就有受到质询的危险。

然后把他带到酒店大堂。侦探和党卫军把其他冲锋队住客带上一辆大客车，开往慕尼黑斯台德炮台（Stadelheim）监狱。十多年前，希特勒曾在那里待过一阵子。罗姆被希特勒车队带到同一座监狱，投入一间被严密看守的单人牢房。希特勒待在慕尼黑，直到晚上才坐飞机回柏林。在慕尼黑，他任命忠心耿耿的冲锋队指挥官维克多·鲁茨（Viktor Lutze）为罗姆继任者。

希特勒回到首都，希姆莱和戈林来见他，汇报北德发生的情况。当天，党卫军突击队除掉了他们认为参与阴谋的关键人物，包括：冯·巴本的两个助手，赫伯特·冯·包斯（Herbert von Bose）和起草巴本批评演说的埃德加·荣格；著名天主教活动家埃里希·克劳森纳（Erich Klausener）；冯·施赖歇尔夫妇；冯·布雷多夫将军（General von Bredow）；希特勒的前党内竞争对手格雷戈尔·施特拉塞尔。在慕尼黑，6月30日晚，一队党卫军刽子手抵达斯台德炮台监狱，把关在里面的冲锋队成员一个个拉出来，就在院子里枪毙了。更多杀戮在柏林和布雷斯劳（所谓的冲锋队政变中心之一）继续着，直到7月2日希特勒命令停止。希特勒不忍心下令处死一起在慕尼黑参加纳粹党早期斗争的罗姆，但希姆莱和戈林说服他必须这样做。希特勒命人在罗姆的牢房放了支上好膛的手枪，让他可以自行了断，而不是被人枪毙。7月1日傍晚，党卫军达豪集中营指挥官西奥多·艾克和两个党卫军成员把枪送到牢里。罗姆有十分钟的时间自裁，但他拒绝朝自己开枪，而是脱了衣服，露出胸膛等着他的行刑者。十分钟后，艾克和一名党卫军成员打开门，对着罗姆胸前开了枪，并且在将罗姆拖出牢房前，又给他补了一枪，随后把他匆匆埋在附近一块墓地里。为奖赏党卫军在此次清洗中立下的功劳，7月20日，党卫军从冲锋队中分离出来，成为一个独立组织，希姆莱只受希特勒领导。

冯·巴本逃过清洗

戈林在他的书房里,和希姆莱在一起。戈林告诉我,希特勒得去慕尼黑镇压罗姆领导的反叛,已经授权他处理首都叛乱。我当即对此表示反对,指出既然我是总理副手,在总理不在的情况下,这样的权力只能授予我行使。戈林对此置若罔闻,断然拒绝放弃他的权力。警察和空军部队在他手里,他当然处于有利地位。然后,我说有必要向总统报告发生的情况,宣布进入紧急状态,把陆军(Reichswehr [The Army])调来恢复法律和秩序。戈林又一次拒绝了。他说,没必要打扰总统,因为有党卫军帮助,形势完全在他控制之中。

待在外面等待室的切尔希奇(Tschirschky)后来告诉我,我和戈林在一起的时候,希姆莱跑到电话旁跟一个人通话,声音压得很低。切尔希奇只能分辨几个字:"你现在可以行动了。"这很明显是袭击副总理府的信号……

在副总理府——这些事情都是后来才拼凑起来的——包斯(冯·巴本的助手)因为"企图抵抗"被当场打死。我的秘书斯托青根男爵夫人(Baroness Stotzingen)、萨维尼(Savigny)和休美希姆(Hummelsheim)被捕,被关进监狱或集中营……他们在办公室里搜查秘密文件,然后把它们封了。地下室的一排保险箱(这栋楼曾是家银行)也被炸开,却发现里面空空如也……

我的家被一支全副武装的党卫军小分队包围,电话线被切断。在接待室,我见到一位警察队长,他命令我不得与外界有任何联系,也不许任何人来见我……我独自一人度过了接下来的三天。我一点也不知道柏林发生了什么,也不知道整个国家发生了什么。我估摸着随时会有人来逮捕我,也可能会干掉我。

> 我很清楚，戈培尔、希姆莱和海德里希已经下定决心，要在这个时候清除马尔堡[28]的反动派。后来我才知道，要不是戈林拦着，我早就没命了。也许他觉得，除掉我只会把事情弄得更复杂……电话重新接通的时候，我接到戈林的电话，他居然有脸问我为什么没有出席那天的内阁会议。平生唯一的一次，我毫不掩饰地回复了他。
>
> ——摘自：弗兰茨·冯·巴本所著《回忆录》，伦敦安德烈－德意志出版社（André Deutsch）1952年版，第315～317页。

在那次后来被称作"**长刀之夜**"（Night of the Long Knives）的清洗中，据估计约有85人被谋杀，尽管实际人数肯定要比这多，因为党卫军借此机会向它的前上级组织算了点旧账。对两位政客施赖歇尔和施特拉塞尔的谋杀，后来给出的理由是他们一直与某个外国势力勾结，密谋推翻希特勒。他俩的死其实是可以预见的，因为这是为了除掉在1932年12月试图阻止希特勒上台的两个家伙。这两天杀戮的特别之处就是希特勒的直接参与。他此时的所作所为，不像是个德国总理，倒似乎又恢复了他10年前的政治匪帮行径。然而，对这一事件，公众的反应在很大程度上是正面的。他们的判断依据，是一个捏造出来的有关危险政治阴谋的报告。纳粹党内外不少德国人认为，冲锋队是一个难以信任和驾驭的组织。7月1日，国防部长冯·勃洛姆堡向军队宣布，希特勒"用战士般的果敢"挽救了国家。7月3日，希特勒在内阁通过一项有溯及力[29]的法律——《保卫国家措施法》（Law for Measures for the Defence of the State），确定这次刺杀为合法行为。7月13日，在克罗尔歌剧院举行的国会会议上，希特勒宣布，任何威胁到第三帝国的人将面临"必然的死亡"。希特勒还宣称，在危机期间，他本人成为"德国人民至高无上的裁判者"。谋杀的合法化让希特勒牢牢地凌驾于法律之上，朝着他建立个人独裁的方向迈出了重要一步。

狂热的元首崇拜

　　清洗之后的一个月,希特勒成为第三帝国最高权威的时机已经成熟。直到那时,兴登堡总统还是国家最高代表,并且有能力在他愿意的时候更换总理。理论上,他还是武装力量的最高统帅。但实际上,到 1934 年 7 月,兴登堡行将就木一事已经毫无疑问了。粉碎了来自冲锋队的威胁、缓和了纳粹政权的革命性之后,7 月 3 日,希特勒到兴登堡位于纽台克的庄园,寻求这位老战士的支持。像许多老朽精英一样,兴登堡没能认识到,终有一天,希特勒及其盟友构成的激进政治威胁并不亚于张牙舞爪的冲锋队。随着即将到来的兴登堡离世,希特勒需要作出决定,如何应对总统离去带来的宪法上的挑战。

1934 年 8 月 2 日,兴登堡总统去世后,他位于纽台克的乡间寓所下半旗致哀。一群男孩望着总统的房子,其中几个赤着脚,这说明那时在希特勒统治下的德国,贫困问题依然很严重。

陆军元帅保罗·冯·兴登堡
（1847—1934）

保罗·冯·兴登堡的名字，注定要与1933年任命希特勒为总理的决定联系起来，但这个决定是在他漫长而丰富的一生的最后关头、距他以87岁高龄离开这个世界只有一年时做出的。

兴登堡出生于普鲁士一个军事贵族家庭。他参加了统一德国的1866年普奥战争和1870—1871年普法战争，成为总参谋部军官，但没有在军队中获得高升。1911年，他从德国第4集团军（German Fourth Army）指挥官位置上退伍。1914年8月战争爆发时，他再次应征入伍，指挥东普士德军抵抗俄罗斯进攻。坦能堡[30]和马祖里湖区[31]的胜利使兴登堡成为一位民族英雄。1916年，他被任命为陆军总司令。在这个位置上，在他的军需官埃里希·鲁登道夫将军的参与下，他成了德国实际的独裁者。1918年后期，是兴登堡说服德皇威廉二世（German Emperor, William II）接受不得不退位的现实。其后兴登堡第二次引退。但社会主义的艾伯特总统1925年辞世后，兴登堡听从了他人意见，参加总统竞选。由于民族英雄的名声，兴登堡获得右翼民族主义的压倒性支持，自1925年起任总统，直到1934年去世。在秘密重新武装和对抗《凡尔赛条约》方面，兴登堡倾向于采取保守政策，但他很少干涉政治。直到1932年经济萧条最严重时期，他的一小撮顾问才说服他采取积极立场应对左派威胁。他先是在1932年5月让冯·巴本上台。后来，尽管他本人对纳粹党的大众街头政治那一套疑心重重，但还是于1933年1月在对希特勒的任命上起了关键作用。生命的最后一年，兴登堡大部分时间都在他位于纽台克的普鲁士庄园度过，并于1934年8月在那里去世。德国人民普遍对他的辞世表示哀悼。

希特勒最终想到的解决方案是让内阁批准一项法律,让他担任集总理和总统于一身的单一职位"元首",使他在现有总理权力之上再加入总统权力。7月31日,希特勒最后一次谒见兴登堡,弥留之际的总统称希特勒为"陛下",误以为是皇帝本人来见他了。第二天,希特勒回到柏林,通过内阁推出新法**《国家元首法》**(*On the Leadership of the German Reich*)。8月2日上午,兴登堡去世,《国家元首法》生效,希特勒获得了德国唯一最高权力。这项法律也让希特勒成为形式上的武装力量最高统帅。8月3日,海陆空军三位总司令向希特勒个人宣誓效忠,而没有依惯例宣誓效忠德国国家。8月19日,整个武装力量宣誓直接效忠新元首。8月27日,所有国家官员都宣誓效忠,包括所有部长。到1934年10月16日,当政府成员表示了对希特勒的个人忠诚后,宣誓就职仪式结束。新的元首职位设立后,希特勒成为至高无上的独裁者,可以制定并实施法律。希特勒对内阁也越来越不屑一顾,本来依据《授权法案》条款,应由内阁全体通过法律。1933年召开了72次内阁会议,1934年召开19次,到1935年,只召开了12次。帝国法律越来越多地让位于元首命令。

关键词 "元首"

冲锋队清洗后的几个星期,个人崇拜达到了登峰造极的地步。兴登堡的国葬在坦能堡纪念馆(Tannenberg Memorial)举行,那里是他1914年阻止俄罗斯进攻柏林的著名战役的战场。葬礼试图给人民留下一种印象,那就是希特勒将继承兴登堡遗志——政治上的子承父业。兴登堡留下一份政治遗嘱,也被拿来证明希特勒是天生继承人,虽然它的真实性至今依然存疑。兴登堡在遗嘱中提到"我的总理",同时欢迎希特勒的民族革命,将其当成实现"我们的民族使命"的机会。8月15日,遗嘱在报上发表。4天后,政府组织了一次全民公决,以使新的"领袖"职务获得民众支持。结果不出所料:89.9%赞成,10.1%反对。第三帝国期间组织的各种公民投票中,这是最多的一次"反对"票,也是最后一次,国民中有相当大一部分(720万人)表达了他们对希特勒的反对。

在希特勒官邸

希特勒还是一如既往地不守时、行踪不定，所谓预定好的时间是不存在的。有时候他会在早饭时现身。如果他没出现，就是已经在自己房间里用牛奶、燕麦粥和消化粉填饱了肚皮，然后下来待几分钟。如果我有什么想法，这时候通常是向他提出的好机会……一天中最值得一提的是午饭，此时的倒霉蛋是那个有点肥的家伙，厨师长康恩伯格（Kannenberg）。以前经济状况好的时候，他在柏林经营一家很体面的餐厅，后来成为棕屋厨师。他从来不知道该什么时候上午饭，有时候告诉他下午1点开饭，而希特勒到3点才出现。我知道的一次，是他做了三次午饭，却要扔掉其中的两次，但上头还要他保持合理的支出。这里还要举办随时会有不速之客光临的完全不定期宴会[32]。有时候戈林会过来，有时候是戈培尔一家子，来得较少的是赫斯，罗姆几乎没来过（他在旗帜街有自己的私人官邸，和他的一帮男友在一起）。常客们会越等越饿。希特勒的新闻秘书奥托·迪特里希（Otto Dietrich）也常常加入我们。他是最明智的，因为他的胃不能挨饿，所以他会在中午1点差1刻到皇宫酒店吃点快餐，1点半再到这里，应付各种情况。

即使在联合政府时期，保守部长们也不会过来。不常来的远客有一般工作人员、纳粹老党员，时不时还有各州纳粹党地方领导，这些人当然很对希特勒胃口。几乎没人会顶撞希特勒……这种权力气氛促进了希特勒性格的形成。他处在权力内圈最中心，由三层守卫包围着。元首准则中包含的谄媚会改变比希特勒本人更坚定的人。希特勒得到的信息是筛选过的，他时刻受着戈培尔和那些天生激进分子的影响。他已经失去了曾经有的与普通群众的联系。他的公开演说越来越少，也越来越脱离群众。原来使听众产生共鸣的东西，他现在宣扬的只会适得其反。他对现实没有真正了解，常常会要来全部德国报纸，却忽视了这样一个事实，就是这些报纸的内容只有一个来源。他会把报纸从头看到尾，试图找到他找不到的那样东西——事实。

——摘自：恩斯特·汉夫施丹格尔（Ernst Hanfstaengl）所著《不为人知的见闻》，费城利平科特出版社（J. B. Lippincott）1957年版，第228～231页。（汉夫施丹格尔是著名艺术评论家，曾与希特勒过从甚密。1937年与纳粹党闹翻后逃出德国。）

9月5日到9日，纳粹党全国代表大会"**团结与力量**"（Unity and Strength）在纽伦堡举行。虽有最近的危机，大会还是有史以来最奢华的，几十万纳粹信徒参加了每天精心排练的舞台般的列队游行、检阅。活动被拍成电影，作为对希特勒新德国的记录。德国流行电影制片人莱尼·里芬斯塔尔（Leni Riefenstahl）被选中制作这部纪录片。此前，拍摄1933年纳粹党集会的努力以失败告终，希特勒没有采用拍摄的影片。所以，一开始里芬斯塔尔并不愿意，她担心技术上有难度，不想冒失败的风险。但是在希特勒坚持下，她开始安装各种复杂设备，让摄影师能够从不寻常角度拍摄或者让摄影机能够沿着轨道移动。

结果，这部《意志的胜利》（Triumph of the Will）成为30年代最优秀的宣传片之一。影片全景式展示了这次大会：长时间热火朝天的准备，热情的德国青年等待机会在希特勒面前展现自己；一列列主要纳粹组织齐聚纽伦堡，有希特勒青年团、德国女青年联盟、妇女部门、德国

关键词 《意志的胜利》

1934年9月初，在纽伦堡召开的纳粹党全国代表大会全景图。这是莱尼·里芬斯塔尔应希特勒要求拍摄的宣传片《意志的胜利》中的一幅画面。镜头表现了大会十足的规模和纪律。在最近的冲锋队清洗之后，大会采用了"团结与力量"的主题。

一幅20世纪30年代中期的新德国高速公路海报，意在吸引英国游客。德国的对外宣传试图展现一个现代、和平的形象，掩盖歧视和镇压的现实。

劳工、冲锋队、党卫军、纳粹党福利组织、汽车队、摩托车队等等，在巨大的体育场各就各位。到1934年，纳粹党约有240万党员，但还有数百万其他人员在辅助性的分支机构和社团中。现在，对国家社会主义和希特勒的狂热情绪已经渗透到德国生活的各个领域。影片的高潮，就是最后一天大会的高潮。9月10日，希特勒亲自向聚集的游行队列和挤满了体育场的人群发表演讲。在一大片灯光的照耀下，站在一个高出人群的小舞台上，希特勒的表现堪称经典。他趁着此次大会的机会，将当年夏天发生的危机搁置一旁："在接下来的千年中，德国将不会再有革命。"

经济控制 _{关键词}

比起上半年的困难和不确定，1934年最后几周的气氛缓和多了。作为政治稳定的前提，帝国的注意力也转移到追求经济稳定上来。8月2日，为更好地协调经济政策，沙赫特被临时任命为经济部部长。1934年9月24日，沙赫特发表"新计划"（New Plan），一个全面控制德国进出口，以及货币和资本流入流出德国的计划。尽管德国经济主要还是依赖私人企业，但为了增加生产集中度，政府推行了一个由法定集团和公司组成的庞大系统。11月27日，一个帝国经济协会（Reich Economic Chamber）成立了，管理六个主要经济集团的生产活动。其他几项法律清楚地表明，自由市场经济将不复存在。8月10日，一项有关劳动力流动的新法律规定，如果认定某些工人在其目前从事的职业中是不可缺少的，将限制这些工人自由换工作的权利。10月24日，加入德国劳工阵线（1933年成立）成为所有工人的法定义务，每周会费从工资中扣除。1934年11月5日的一项法律设立了价格专员职位（Price Commissioner），负责为所有产品和服务定价。直到1945年，价格管制成了经济生活的主要特征。到1934年末，主要经济领域都以这样那样的方式受到政府或政府主办机构的控制。德国经济学家称这个制度为"**管制经济**"（Managed Economy）。

实行经济控制的部分原因，是为了在疲弱的经济环境下，保证重整

1934年10月28日，经济部部长亚尔马·沙赫特（第一排左起第二个）参观在不伦瑞克举办的德国工艺节（Reich Artisan Festival）。在一群身穿纳粹制服的纳粹党头子当中，他特意穿着老式的普通服装，试图保持自己与纳粹运动的距离。1937年，因为未能支持希特勒的军备计划，他被迫辞职。

军备顺利进行。为了在必要时有能力发动对海军大国英国和法国的战争，德国制订了一项计划。作为计划的第一步，11月2日，希特勒批准建造六艘潜艇。同月，约阿希姆·冯·里宾特洛甫被派往伦敦，想通过非正式谈判试探一下，有没有可能达成一个关于海军舰艇建造的英德协定。直到1934年年底，德国的早期重新武装还是秘密进行的，因为重整军备违反了《凡尔赛条约》条款。如果前协约大国选择迫使德国放弃新军备计划，它们是能够做到的。那样的话，希特勒虽然能够成为德国最高权力代表，但他在国际舞台上的成就将受到明显限制。那年圣诞节前夕，希特勒与纳粹党老战友在慕尼黑共进午餐。经过一年努力，希特勒建立起牢固的独裁统治，结束了来自冲锋队激进分子的煽动革命的威胁，使德国公共生活的几个重要部门——军队、政府部门和内阁各部——都向他宣誓效忠。这是一个脆弱的共识，它完全依赖于成百上千万德国人民，显贵也好，平民也罢，都愿意把希特勒看成是德国的救星。

注释

[1] 编注：不管部部长（Minister without Portfolio），亦可译为"不管部大臣"、"国务大臣"等。这种说法最早源自英国。在采用内阁制的国家里，内阁中没有被指派负责某一个部门的大臣，叫做"不管部部长"，在日本被称为"无任所大臣"。

[2] 译注：戈林的话提醒了季米特洛夫，如果他继续揭露下去，出去后他可能会被关进集中营（与他一起受审的共产党领袖托格勒，在无罪释放后被"保护性拘留"，后死于集中营）。所以他说了几句侮辱性的话，被逐出法庭。后来他成为保加利亚总理、保共中央总书记、共产国际领袖。

[3] 译注：纳粹害怕的是国会纵火案的真相被揭露。

[4] 编注：海因里希·希姆莱（Heinrich Himmler），党卫军头子。具体介绍见第171—172页。

[5] 译注：帝国参议会（Reich Council，德文为Reichsrat），魏玛共和国体制下，

由各州代表组成的一个代议机关，它可以否决联邦议会（即国会）制定的法律。

[6] 译注：滕珀尔霍夫机场（Tempelhof Airfield），柏林一座机场，世界上最早的商业机场之一，于2008年停止运营。

[7] 译注：德国有两个法兰克福（Frankfurt），一个在德国中部的美因河畔，全称美因河畔法兰克福（Frankfurt - am - Main）；一个在德国与波兰交界的奥得河畔，称作奥得河畔法兰克福（Frankfurt an der Oder）。一般只讲法兰克福是指前者。

[8] 译注：德累斯顿（Dresden），德国东部城市，萨克森州首府，临易北河。

[9] 译注：布雷斯劳（Breslau），今波兰西南部城市弗罗茨瓦夫（Wrocław），当时还属德国领土，二战后被划归波兰。

[10] 译注：弗洛伊德（Sigmund Freud，1856—1939），奥地利神经病学家和精神治疗专家，精神分析创始人。

[11] 译注：阿姆斯特丹（Amsterdam），荷兰最大城市和首都（尽管阿姆斯特丹是首都，但政府和行政中心在海牙）。

[12] 译注：包豪斯建筑学派（Bauhaus），起源于包豪斯建筑学院（1919年由瓦尔特·格罗皮乌斯成立于魏玛，以其精细的功能主义建筑和工业设计方法而闻名）。

[13] 译注：布拉格（Prague），当年的捷克斯洛伐克首都，今捷克首都。

[14] 译注：东德（East German），全称德意志民主共和国（German Democratic Republic），德文简称为DDR。

[15] 译注：萨尔（Saarland），德国西部一州，与法国接壤，首府为萨尔布吕肯（Saarbrücken）。《凡尔赛条约》规定，自条约签订后，萨尔的行政权由国际联盟代管15年。

[16] 译注：梵蒂冈（Vatican），罗马教皇驻地。这一词也用来指代罗马教廷。

[17] 编注：在达里看来，该思想意味着人与土地之间的关系不是简单的居住和耕作，而是一种亲密无间的情感交融关系。认为拥挤的城市环境孕育着道德的沦丧和政治的腐败，而乡村孕育着国家最为优秀的品质。

[18] 编注：日内瓦裁军谈判会议（Disarmament Conference in Geneva），又译为裁军谈判会议，是唯一的全球性多边裁军谈判机构，总部设在日内瓦。其第一次会议于1932年2月2日举行。

[19]　编注：即啤酒馆政变。

[20]　编注：瓦尔纳·冯·勃洛姆堡（Werner von Blomberg），详细介绍见本书第210页。

[21]　译注：党卫军婚姻，SS marriage。1931年12月31日，希姆莱发布一个《订婚与结婚命令》，目的是通过指示党卫军军人与同样"种族优秀"的女性结婚、生育，保护党卫军军人的种族潜力，从而推动党卫军生物学上的进步。

[22]　译注：托洛茨基派，Trotskyist。托洛茨基主义，指利昂·托洛茨基（Leon Trotsky）所提出的政治、经济原则，尤指"用持续革命手段在全世界建立社会主义"的理论。其倡导工人民主和政治自由，反对秘密外交，主张世界革命。

[23]　译注：维滕贝格（Wittenberg），德国东部的一座城镇，位于易北河畔、莱比锡东北部。马丁·路德1517年在此发起的反对罗马天主教运动，是推动宗教改革的要素之一。

[24]　译注：威斯特伐利亚（Westphalia），又名威斯特法伦，德文为Westfalen。原德国西北部的一个省，最早是科隆大主教的公爵领地，1815年成为普鲁士的一个省。1946年大部分地区归入北莱茵－威斯特伐利亚州，北部地区则成为下萨克森的一部分。

[25]　译注：巴特维塞（Bad Wiessee），又译为维西浴场。在德文中，Bad是"温泉、浴场"的意思；Wiessee是"在湖的西边"，因其位于巴伐利亚泰根湖西部。

[26]　译注：纽台克（Neudeck），冯·兴登堡的庄园。原位于东普鲁士，今为波兰北部一村庄，波兰语为Ogrodzieniec。

[27]　译注：埃森（Essen），德国西北部鲁尔河流域一工业城市。

[28]　译注：马尔堡（Marburg），德国中西部黑森州一城市。马尔堡的反动派，指的是冯·巴本在马尔堡大学发表反对希特勒的演讲一事。

[29]　编注：法律的溯及力，是指法律对其生效以前的事件和行为是否适用。如果适用就具有溯及力，如果不适用，该法就不具有溯及力。现代法律一般采取法律不溯及既往的原则。

[30]　译注：坦能堡（Tannenberg），原位于东普鲁士，今为波兰北部一村庄，波兰语为Stębark。

[31]　译注：马祖里湖区（Masurian Lakes），原位于东普鲁士，今为波兰北部一湖泊地区，波兰语为 Pojezierze Mazurskie。

[32]　译注："不定期宴会"，原文（Movable Feast）含义是"日子每年不同的节日（多指复活节等基督教节日）"，这里用来指时间、客人数量随时会变的宴会，或平时的一日三餐。

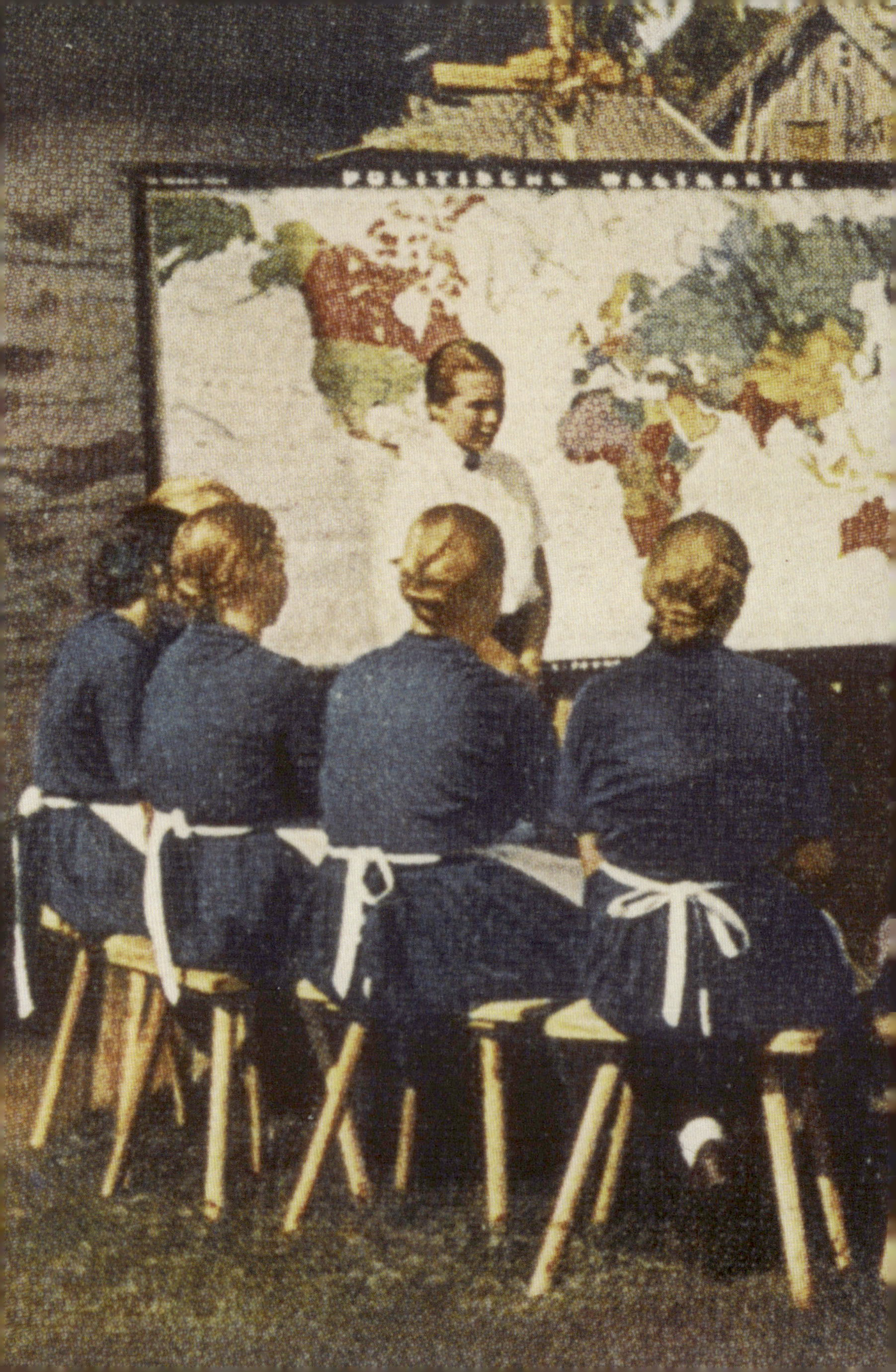

第三章
元首国家
1935—1936

从 1935 年起，希特勒开始实行更加独裁的个人统治。宣传机器帮他逐步在民众中建立起个人崇拜，但新领袖不断增长的声望也不完全是靠宣传制造出来的。许多普通德国人开始接受这样一个观点，那就是希特勒真的有能力让德国成为一个更富裕、更强大的国家；对纳粹政权获得成功的热情，意味着许多原来给其他党派投票的人，甚至是左派，现在也支持希特勒。随着经济恢复，纳粹政权工作重点转移到重整军备和外交政策上。到目前为止，希特勒还没有一个明确的外交政策规划，但他极力想要推翻他仇视的《凡尔赛条约》，改变自 1919 年以来德国面临的弱势状态。这意味着要加速重整军备，在和约规定的德国边境非军事化地区重新设防。纳粹政权的另一个重点是保证战争最终来临时，后方不会拖德国军事行动的后腿。1935 年采取了第一步，剥夺了德国犹太人的国籍和公民权。犹太人被当成潜在威胁，希特勒和其他激进民族主义分子认为，是犹太人和其他人一起造成了德国 1918 年的失败。纳粹政权希望犹太人能移居国外，并且想方设法强迫他们离开德国。1936 年，集中营成了一个常设系统，由党卫军头子海因里希·希姆莱指挥，他同时还拥有掌管全德警察力量的最高权力。塞满集中营的，不仅有犹太人，还有政敌和所谓的"反社会分子"——惯犯、妓女、流浪汉、酗酒者，等等，这些人也被认为是对天生优等民族的威胁。在第三帝国，生物学上的健康和重整军备，被看成是对发动未来总体战的重要贡献。

前页图片：一群参加劳动服务的德国女青年坐在室外，学习地缘政治学课程。

破坏《凡尔赛条约》

1935年1月1日，希特勒发表新年演讲，坚称德国愿意走和平道路。在他统治的前几年，他已经屡次三番作出类似声明。许多外国观察家希望他是真心实意作出这些声明的。但实际上，德国将从这一年开始采取一些重要步骤，打破《凡尔赛条约》条款强加给德国的桎梏。最终，外部世界对德国意图的不确定性不复存在。德国在军事和领土方面的野心使国际社会的担忧日渐增长。

1935年1月国际联盟组织的德国萨尔地区公民投票，是对凡尔赛体系的第一次考验。这次投票是战后协议规定的，目的是在国际联盟统治15年后，给予当地居民一个权利，由他们自己决定是否回归德国统治。在1月1日的演讲中，希特勒着重强调了投票结果的重要性。而德国方面持续不断的密集宣传，使投赞成票几乎成了板上钉钉。1月13日，超过90%的选民投票赞成重归德国怀抱。投票结果在1月15日公布，希特勒在他隐居的贝希特斯加登听到这个结果后，马上从当地邮局通过电话发表了激情的广播讲话。

关键词 夺回萨尔

纳粹的不少社会主义和共产主义敌人在萨尔地区避难，他们不得不再次逃离这个新德国统治区，不然就要冒被抓获和关押到集中营的危险。到1935年3月1日萨尔正式与德国统一时，约有5000名反对者移居海外。该地区任命了一个纳粹党地方长官，柏林自1933年1月以后通过的法律现在也适用于萨尔州。把1919年失去的领土重新统一起来的第一步终于迈出。

几周以后，希特勒公开宣布重新征兵、武装德国，这个对凡尔赛协议的公开挑战震惊了世界。虽然自1933年以来，德国为这个声明做了不少准备工作，但公布德国军事复兴的决定却是对现存国际秩序和战后条约核心政策的公开挑战。在2月26日内阁会议上，希特勒宣布，新武装力量还包括一个独立的空军，它的总司令将由希特

关键词 武装德国

萨尔公决

1935年1月13—15日，在德国西南角的萨尔州组织了一次全民公决，让该州居民决定他们是否希望与德国重新统一。

1919年的《巴黎条约》（Treaty of Paris，即《凡尔赛条约》）把富裕工业区萨尔从德国划分出去，作为补偿法国的潜在供应来源。萨尔地区是煤炭主产区之一，那里的煤矿也让渡给法国开采。1920年划分了国际联盟托管地[1]，把萨尔地区交由英法控制，由一个有5位成员的联盟委员会（League Commission）代表他们行使管理权。1935年国际联盟托管权到期时，最后一任委员会主席是杰弗里·诺克斯爵士（Sir Geoffrey Knox）。

公决的目的，是让该地区主要由德国人构成的全体居民直接投票决定他们自己的未来。这个地区住着许多从希特勒德国逃来的避难者，但是德国方面的宣传使大部分居民对德国新秩序充满热情。宣布的公决结果显示，同意并入德国的意见具有压倒性优势，占90.73%；赞成并入法国的只占0.41%。98%的高投票率，表明这是真正的民众决定。约瑟夫·布克尔（Joseph Bürckel）被任命为帝国长官。1935年3月1日，萨尔正式重新并入德国。1941年，摩泽尔[2]也被并入萨尔，这整个地区被统称为威斯特马克（Westmark）。二战后，萨尔又重归法国控制了一小段时间，最后于1955年并入德意志联邦共和国[3]。

勒的亲密政治盟友、航空部部长戈林担任。1935年3月9日，宣布空军建立；16日公布一项新法律《国防军建设法》（The Law for the Construction of the Armed Forces），批准了对现有陆军和海军进行全面改组和扩大的提案，再加上新的空军，他们将被合称为"武装力

1935年1月，在决定萨尔与德国重新统一的全民公决前，一群萨尔地区的矿工展示他们对希特勒帝国的热情。招牌上写着："1月13日，我们支持德国。"最终，90%的萨尔人投票赞成统一。

量"。该法还规定重启被《凡尔赛条约》取消的征兵，同时宣布，到1939年建成一支有36个师、58万人的新陆军的计划，这将是对1934年秘密计划的30万军队的进一步扩大。同时，新武装力量将有能力发展和使用新式武器，这是《凡尔赛条约》解除武装条款禁止他们使用的。就在此时，威利·梅塞施米特（Willy Messerschmitt）正在他的巴伐利亚飞机厂设计Me-109战斗机，它将是之后不列颠战役[4]中德国战斗机装备的主战机型。

《国防军建设法》发布后，回到慕尼黑之前，希特勒在柏林市中心菩提树下大街检阅了军队分列式。宣布重整军备，给德国带来了一段困难时期。随着它的宣布，德国面临着遭遇国际报复的危险。3月18到21日之间，英国、法国和意大利对德国重启征兵提出正式抗议。3月初，英国议会就德国秘密重新武装发布白皮书[5]，宣布该事件使英德关系蒙上一层阴影。3月5日，希特勒取消了对英国外交大臣约翰·西蒙（John Simon）爵士的邀请，西蒙本来是要和安东尼·艾登[6]一起到柏林讨论一个可行的海军条约的。后来，取消邀请的决定还是撤销了，西蒙和艾登于3月25日抵达德国首都，进行了为期两天的访问。在这次访问中，英国提出德国重新武装的话题。希特勒依然主张他的主要目的还是和平，但是坚持说和平只能在德国与其他大国拥有平等军事地位的情况下获得。

难题并不是这样轻而易举就能解决的。4月11—14日，英、法、意代表在意大利湖滨小镇斯特莱沙（Stresa）开会，讨论德国单方面行动的后果。他们谴责德国重启征兵，同意加强合作，限制德国未经《凡尔赛条约》大国许可采取进一步行动的可能性。这个所谓的**"斯特莱沙阵线"**（Stresa Front）最终形同虚设，因为此时英国政府已经在与德国就达成海军协议的前景展开谈判；法国更依赖于与希特勒不共戴天的苏联达成协议。5月2日，《法苏互助条约》（*Franco-Soviet Mutual Assistance Treaty*）签署。尽管这个新条约有可能成为一项军事协定，以

1935年9月6日，在德国北部吕内堡灌木丛（Lüneburg Heath）进行的军事演习中，希特勒正与高级指挥官进行交谈。照片左边的是冯·勃洛姆堡将军，希特勒右侧的是冯·弗立契将军，这两位后来都成了纳粹党阴谋的受害者。

限制德国改变《凡尔赛条约》的企图，但条约内容从来没有变成双方的实际行动。1939年，法国希望与苏联构建一个真正的军事同盟，这摆明了1935年条约在政治上一无是处。

丘吉尔谈希特勒
（1935）

对于希特勒这样一个公众人物，他一生中在各方面产生了巨大影响，我们要等到他的所作所为作为一个整体呈现在我们面前，才有可能对他作出一个公正的评价。尽管不能因为其后的政治作为，原谅他先前的倒行逆施，但历史也充斥了这样的例子：一些人通过残酷无情甚至可怕的手段获得了权力，但当他们的生命作为一个整体展示出来的时候，他们被看成伟人，他们的生命丰富了人类历史。希特勒也许是这样一个人。

我们现在（1935）还没有形成这样的最终看法。我们还不知道，希特勒会不会是这样一个人：他会再次对这个世界发动一场战争，无可挽回地毁灭人类文明；也不知道他会不会作为这样一个人名垂青史：他恢复了伟大日耳曼民族的尊严与安宁，引领它回复往日的宁静、有益、强大，重回欧洲大家庭的中心。对这不可知的未来，要由历史来解答。现在只能说，这两种情况都有可能发生。故事还没有结束，最终决定命运的章节确实也还未写就，因而，我们不得不考虑他的作为和信仰的阴暗面，我们也决不能忘记或停止对光明一面的希望。

——摘自：温斯顿·丘吉尔所著《当代伟人》，伦敦巴特沃斯出版社（Butterworth）1937年版，第261页。

启动征兵在国内政坛也引起了争论。1935年4月1日，基督教的耶和华见证会[7]组织被取缔，部分原因就是其成员拒绝服兵役。一些著名见证会人士被关进集中营，在那里，像其他类型的政治犯一样，他们被指定了特殊颜色的三角形作为标记。[8]耶和华见证会的人佩戴淡紫色三角形。他们不断受到侵害，不仅是因为他们的反战思想，还因为他们拒绝放弃信仰的坚定立场。5月21日，一项新**《国防法》**(*Defence Law*)生效，它把德国犹太人排除在兵役之外（但没有排除日耳曼-犹太混血儿，二战时他们中一些人在德军中战斗）。7月25日，一项法令进一步明确了可以在军队服役人员的条件：纯犹太人和有四分之三犹太血统的人被明确排除在外。5月21日《国防法》还宣布，希特勒为当前武装力量最高统帅。这产生了一个严重的宪法问题，因为军队总司令、战争部部长瓦尔纳·冯·勃洛姆堡将军希望由自己行使指挥权。直到1938年冯·勃洛姆堡辞职后，希特勒才能够不经战争部部长直接控制武装力量。虽然如此，1935年《国防法》为希特勒成为1939—1945年间的最高军事统帅铺平了道路。

就在外交界为德国重新武装争论不休之际，德国上流社会被当年一场轰动一时的婚礼暂时吸引。1935年4月10日，新近被任命为空军总司令的戈林在柏林与女演员埃米·索恩曼（Emmy Sonnemann）结婚。戈林之前结过一次婚，妻子名叫卡琳·福克（Carin Beamish-Fock），是一位瑞典贵族，但她在1931年早逝，留下伤心欲绝的戈林。为纪念前妻，戈林把他在帝国初期建造的乡间庄园别墅命名为卡琳宫（Carinhall）。1934年6月，卡琳遗体被隆重地安葬在那里。戈林的第二次婚礼十分奢华，德国公众称之为"太子婚礼"（Crown-Prince Wedding）。希特勒担当男傧相，在为之进行的奢侈准备和其后的庆祝中，都极尽铺张之能事。埃米后于1938年为戈林生下一女，然而却有可怕的谣传称，这个女儿是她与墨索里尼私通的产物，甚至是人工授精的结果。

德国宣布重新武装最重要的一个结果是，伦敦方面决定，就限制德国海军力量方面，设法与德国达成一项有约束力的协议。这直接违反了

1935年6月4日，纳粹党外交事务专家、伦敦特使约阿希姆·冯·里宾特洛甫在前往英国外交部途中。他成功地谈判达成了《英德海军协定》。为此，希特勒1936年任命他为驻伦敦大使。

《英德海军协定》
(1935)

1935年6月18日签署的《英德海军协定》，是西方国家第一次正式承认与凡尔赛协议相悖的德国的重新武装权。协定允许德国建设一支相当于英国皇家海军吨位35%的海军力量，但不允许超过这个数量。在伦敦与英国方面谈判的，是希特勒的私人特使里宾特洛甫。他是纳粹党外交事务发言人，1938—1945年担任德国外交部长。

英国之所以同意该协定，是想找到一条途径，确保能够在一定程度上控制德国海军的重新武装。英国同样希望，协定会为德国重归国际社会的积极努力打下一个基础，减少德国方面由于对和约的怨恨带来的危险。

但是对希特勒来说，法律上的考量倒在其次，协议表明了英国似乎正向着与德国达成某个更广泛协议的方向靠拢，而离法国和美国越来越远。在目前的形势下，希特勒仍然希望与英国达成一个协议，让他能在欧洲放开手脚。

1919年的《巴黎条约》(《凡尔赛条约》) 限制德国只能拥有6艘不超过1万吨的重型巡洋舰和6艘不超过6000吨的轻型巡洋舰，禁止德国拥有潜艇、海军航空兵、战列舰或航空母舰。根据《英德海军协定》条款，德国现在可以开始建造其他类型的舰艇。第一艘潜艇已经于1935年4月开建。事实上，德国经济疲弱，此时还没有能力建设一支达到协定允许规模的海军。到1939年，德国海军还处在重新发展大型远洋舰队的初期阶段。

《凡尔赛条约》，而之所以要这样做，是因为英国皇家海军担心，除非能达成某种协议，否则便没有办法限制德国海军的扩张，也无法准确了解德国的武装进展。然而，任何此类协议都是对德国武装权利的正式国际承认，并且会疏远英国的其他联盟伙伴。对德国海军来说，该协议还远远谈不上构成任何真正威胁。而且，德国很乐意有这样一个协议，允许他们进行早期扩张，同时又不必与英国这样的海军强权进行海军竞赛。在达成这项协议的谈判准备过程中，希特勒采取了不同寻常的步骤。1935年6月1日，他任命纳粹党外交事务发言人约阿希姆·冯·里宾特洛甫为派往伦敦的特命全权大使，与英国就海军条约进行谈判。里宾特洛甫是纳粹党外交事务部门头领，6月1日，这个部门获得"里宾特洛甫办公室"的正式地位。里宾特洛甫之前是个葡萄酒商人，懂点外语，狂妄自大，他的外交能力几乎可以忽略不计。但希特勒宁愿依靠一个纳粹党内的人，而不是他不信任的保守的德国外交部官员。里宾特洛甫在谈判期间表现得傲慢自大，但英国方面急于达成协议，对他的许多丑态也就睁只眼闭只眼。1935年6月18日，《英德海军协定》（*Anglo-German Naval Agreement*）签订，希特勒终于使他的新德国武装力量获得了国际承认。

纽伦堡法案

1935年取得的第二大进展，是建立了一个法律框架，把德国犹太人排除在公民权利或与日耳曼人缔结婚姻的权利之外。这些法律文件是1935年9月在纽伦堡举行的纳粹党年度大会上确立的，但是，对犹太人的歧视和排斥，那一年一直在进行。

德国的反犹主义不仅仅表现在法律文件中，从1935年春起，冲锋队和纳粹积极分子开始了针对德国犹太人个人和犹太商业的新一轮暴力活动。暴力恐吓行动包括殴打、游街、砸窗户、贴反犹标语。这样做的目的是驱赶犹太人移居国外。1933年6月到1939年9月间，约有28.7万犹太人离开德国，去了更安全的地区。但在1935年，一些1933年逃离的德国犹太人又回到德国，结果他们面临的是第二轮迫害。这一轮包括更进一步的故意歧视行动。1935年7月8日的一项规定声明，禁止犹太人加入德国学生联谊会。7月25日，宣传部成立了一个部门，监督一切"非雅利安"文化和智力活动，尽管许多犹太知识分子、艺术家、作家等已经选择离开。

1935年3月的反犹事件

海尔布隆[9]的犹太人和非犹太人之间的关系一向不错。对邻居们来说，这种关系一直以来几乎没什么改变。但还是没人敢对反犹宣传说个"不"字，甚至都没人敢讨论这个问题。

纳粹和冲锋队开始有组织地一队队往内卡河[10]附近的一座小岛进发。隔着河，我们可以听到那边传来一大群人齐唱反犹歌曲、高喊反犹口号的声音。这样的状况接连持续了10天。

然后有一天，成队成队的纳粹分子，每队有百十来号人，游行通过海尔布隆。在中心大街上，他们喊着"打倒犹太人"、"犹太人滚出去"等口号。他们砸碎犹太人商店的玻璃，接着来到犹太人住处，往犹太人屋里扔石头。我亲眼见到他们如何把一个男人从屋子里拖出来、打到趴在地上不动为止，因为纳粹指控这个男人与一个公务员的女儿过从甚密。一些房子上涂着："谁要是敢跑到街上，我们将把你打到灵魂出窍。"到底有多少人受到暴力对待，我不知道。那个星期天后，几乎一周过去了，到现在还没有犹太人敢在天黑后上街。许多犹太人在这整个期间都没出过门，另一些也只有在确实避免不了的时候才出来。

——摘自：安德烈·弗朗索瓦·蓬塞所著《黄斑[11]：有关三年来迫害德国犹太人的事实和文件集》，伦敦维克托－戈兰茨出版公司1936年版，第70页（1935年9月目击证人的叙述）。

1933年后，反犹活动无孔不入。这本1935年儿童图书上的插图，夸张地表现了一个有钱犹太人正拿着一串珠宝，引诱纯洁的德国金发女孩。

随着9月中旬纳粹党徒到达纽伦堡参加年度纳粹党大会，反犹政策迎来一个新高潮。也许是为了呼应希特勒那年再三宣称的，所谓和平是他的外交和军事政策的首要目标，这次大会被称作"和平大会"（Congress of Peace）。不同寻常的是，这一次德国国会总部从柏林迁了过来（尽管大部分国会成员是这次大会代表），以批准三项新法律。在惯常的列队、旗帜和火炬游行的喧闹中，大会于9月10日开幕。9月15日，新法提交给国会临时会议审议。第一项法律确认德国新国旗为纳粹党卐字旗，正式取代魏玛共和国的黑、红、黄三色旗。对许多德国人来说，三色旗是那个支离破碎的共和政府的象征，而旧帝国国旗则被认为是对失败王权制度的怀旧。纳粹党的红旗最初由希特勒本人设计，中间白圈里有一个卐字，用来象征希特勒运动和德意志民族的结合。戈培尔签发了卐字使用规则，禁止任何对纳粹党标志的商业利用。

其余两项法律专门用来限制德国犹太公民的公民权。前一项**《帝国国籍法》**（Reich Citizen Law）限制只有日耳曼血统的人可以成为公民，享有全部公民权利。后一项**《德意志血统及名誉保护法》**（Law for the Protection of German Blood and German Honour，亦称《纽伦堡法案》），禁止犹太人和日耳曼人之间的婚姻和婚外性关系。这项立法使反犹主义找到了新的靶子。那些被当地居民指责为与日耳曼人有性行为的德国犹太人，被迫挂牌游街，受周围人嘲弄。并且，受害者还直接受到政府惩罚。被称为"种族耻辱"的罪行，将导致违反者最终被关进集中营，或者在其后的战争时期受到公开处决。

《纽伦堡法案》的第1条，不仅适用于犹太人，也适用于居住在德国的其他外国人。它还被用来剥夺那些反对纳粹政权的德国人的公民权，如果这些人在协助民族革命方面不是"心甘情愿的或者适合的"。这个法案的第2条特别针对德国犹太居民。30年代，对居住在德国的为数不多黑人的地位从未有一个明确规定。其中一些人作为德国殖民地居民享有公民地位，但是纳粹反对任何关于黑人与德国人之间可以通婚或发生性行为的想法。在1923年鲁尔被占领期间，德国妇女和法国黑人士兵私通所生的600个所谓"莱茵兰私生子"，在1937年被强制绝育，避免进一步"种族污染"，但这种做法并没有法律依据。

使《纽伦堡法案》获得通过的决定，并不是希特勒作出的，而是内政部反犹官员推动的，他们希望给德国公民一个更明确的定义。确定这一定义是个难题。希特勒审阅《纽伦堡法案》草案的时候，删去了最后一句话"此法仅对纯犹太人有效"。但这样就出现了一个难题："半犹太人"和"四分之一犹太人"是不是公民？1935年11月14日发布了对该法的补充规定，规定明确：任何人，如果有两个犹太祖父母，并且自己信仰正统犹太教，或者与犹太人结婚，或者自认为是犹太人的后代，将被定义为犹太人。所有其他半犹太人或四分之一犹太人，仍然为公民身份且有服兵役义务。

《纽伦堡法案》

(1935年9月15日通过的《德意志血统及名誉保护法》)

德意志血统的纯洁,是德意志民族持久生存的前提。在这个认识的推动下,在保卫德意志国家前途的坚强意志鼓舞下,帝国国会一致同意通过如下法律,并在此公布:

1.(1)禁止犹太人与日耳曼或相关血统公民缔结婚姻。违反此规定缔结的婚姻归于无效,即使此等婚姻为规避本法而于国外缔结。

(2)只有检察官才能启动宣告婚姻无效的法律程序。

2. 禁止犹太人与日耳曼或相关血统公民的婚外性行为。

3. 禁止犹太人在其家庭雇佣45岁以下日耳曼或相关血统女性公民。

4.(1)禁止犹太人悬挂、展示帝国国旗、国徽。

(2)虽有上款规定,犹太人仍然可以展示犹太徽记。犹太人此等权利受政府保护。

5.(1)任何人若违反第1条所列禁令,将受到拘禁于劳动教养院之惩罚。

(2)任何男性违反第2条所列禁令,将受徒刑或劳教之惩罚……

——摘自:莱因哈德·鲁哈普(Reinhard Rürup)所编《恐怖地形图:奥布莱希特亲王大街一带的盖世太保、党卫军和帝国中央保安局纪实》,柏林威尔穆特-阿亨罗威出版社(Verlag Willmuth Arenhövel)1989年版,第114~116页。

加快的步伐

到 1935 年秋，国际形势开始变得更加尖锐。1935 年 10 月，墨索里尼认为他已经化解了英法反对的风险，于是发动了对非洲国家阿比西尼亚（Abyssinia, 现埃塞俄比亚）的侵略战争。国际联盟提议对意大利采取多种经济制裁措施，那时它还是国际联盟成员国。事实证明，制裁措施很难执行，而意大利和西方国家间的关系也迅速恶化。德国向意大利供应了原材料，尤其是煤。但希特勒对于过深地介入国际联盟纷争心存戒意。不过比起欧洲其他国家来，他还是给了墨索里尼较多支持。第二年，两个法西斯国家形成了紧密同盟[12]，根源就在于双方都愿意承认对方利益。

关键词：埃塞俄比亚危机

这对希特勒尤其重要，因为他希望利用埃塞俄比亚危机和英法在采取行动反对意大利侵略问题上的犹豫不决，再一次挑战凡尔赛协议。他这次的目标是，在德法边境的莱茵河地区重新设防；《凡尔赛条约》条款迫使德国在这一地区实行非军事化。这个行动常被称为对莱茵兰的"重新占领"，虽然自 1919 年以来，这个地区一直是德国不可分割的一部分。西方大国尤其是法国所不允许的，是德国在这一地区部署兵力、建设防线。按照 1935 年 3 月的德国重新武装宣言，希特勒希望能够把他的部队部署在德国任何地方。1936 年 2 月 19 日，柏林召回德国驻罗马大使，让他设法搞清楚墨索里尼对德国在莱茵兰的军事行动会作何反应。乌里希·冯·哈塞尔（Ulrich von Hassell）大使回到罗马三天后，墨索里尼表示，他会对任何重新军事化行动采取消极策略，即使这些行动违反了他 1925 年签署的《洛迦诺公约》，背叛了他参加的短命的"斯特莱沙阵线"。对墨索里尼来说，德国的行动将把英法拖入欧洲危机的泥潭，他的军队可以乘此完成对阿比西尼亚的残酷征服。

1936年3月7日，莱茵兰重新武装期间，热情的人们举起手，向通过美因兹（Mainz，德国西部城市）莱茵河桥的德国士兵行希特勒礼。虽然莱茵兰重新设防违反了《凡尔赛条约》，其他大国却没有采取任何阻止行动。

关键词 重新武装莱茵兰

1936年3月2日，希特勒召集他的三军总司令开会，决定莱茵兰重新军事化的方案。战争部部长冯·勃洛姆堡签发命令，展开代号为**"冬季演习"**（Winter Exercise，德文 Winterubung）的行动。3月6日晚，希特勒命令第二天开始重新设防。三营士兵和两个中队战机将象征性地跨过莱茵河，抵达西岸。他们得到命令，一旦法国军队真的干涉，他们就马上撤退。德国官方理由是，它认为1935年签署的《法苏互助条约》也违反了《洛迦诺公约》。3月7日，希特勒向德国国会发表讲话，向其他大国承诺，德国愿意与所有或每一个邻国签署为期25年的双边互不侵犯条约，并重新加入国际联盟。对希特勒的重新布防行动，英国没有表态；法国不能确定英国是否会支持，因而回避了正面冲突。于是，一场本来会发展成国际危机的事件，在其他大国的默许下成了"既成事实"。

莱茵兰重新武装

正如（希特勒）那时候评论的那样，西方政府证明了他们的软弱无能和优柔寡断。当 1936 年 3 月 7 日德国部队进军到非军事化的莱茵兰时，他的这个观点被证实了。这个行动是对《洛迦诺公约》的公然违背，本来是极有可能招致协约国一方军事反制措施的。那天晚上，我们乘坐到慕尼黑的专列里，每一节车厢都充满了从元首那节车厢传出来的紧张气氛。在一个车站，一条消息送进车厢。希特勒舒了一口气："谢天谢地，英格兰国王不会干涉了！他在兑现他的承诺。这意味着一切顺利。"他似乎没意识到，英国王室对议会和政府的影响是微不足道的。不过，军事干涉也可能须得到国王批准，也许这就是希特勒想暗示的。无论如何，希特勒还是极为担心。即便后来对几乎全世界发动战争的时候，他还一直把重新武装莱茵兰称为他所有行动中最大胆的。

——摘自：阿尔伯特·施佩尔所著《第三帝国内幕》，伦敦韦登菲尔德出版公司 1970 年版，第 72 页。

最近的成功让希特勒有点飘飘然。3 月 14 日，他在慕尼黑告诉听众："我带着梦游者一般的确信，沿着上天替我铺就的道路前进。"希特勒再次强调，他的首要目标是和平，但必须是建立在平等基础上的和平。这是他在其后几年里，一边为一触即发的战争创造条件，一边老调重弹的一句话。

为替他在莱茵兰的突然行动寻得民众支持，希特勒坚持开展新一轮一党国会选举和全民投票。为避免可能出现的反对投票，希特勒改变了选举

一条狗在巴斯克城市格尔尼卡燃烧的街道上游荡。1937年4月26日,在西班牙内战期间,支持西班牙民族主义武装的德国神鹰军团轰炸机摧毁了格尔尼卡。最近的估计表明,约有250人在攻击中丧生。这次轰炸激起世界舆论的一致谴责。

规则：所有空白票都被视为赞成票，只有那些明确表示反对或者已经损毁的选票才算是反对票。在约 4450 万选票中，有 98.8% 的支持票。一些地区获得了 100% 的支持率，尽管几乎可以肯定的是，地方官员忽略了那些表示赞成以外的选票。希特勒把这次投票看成是他的政权获得广泛支持的见证。

4 月 1 日，希特勒向英国政府提出"和平计划"，但遭到冷遇。尽管对非军事区重新设防在一定程度上让德国重拾了一点民族尊严，但德国的平等地位还没有被战胜国接受。平等地位的可望不可即，成了整个 30 年代德国人心中永远的痛。同时，在德国人眼里，这也是西方大国极端自私自利的明证。

这种不平感也许能够帮我们解释，几个月后，当西班牙内战[13]爆发时，德国人决定帮助西班牙民族主义叛军。7 月 17—18 日，一小撮西班牙部队图谋发动一场政变，反对人民阵线[14]的共和政府。由弗朗西斯科·佛朗哥将军（General Francisco Franco）一帮人领导的叛军，不仅受到同情合法政府的军队和警察的抵抗，还受到害怕右翼独裁的工农的武装反抗。严格来说，佛朗哥并非人们通常形容的那种独裁者，他也不信任土生土长的法西斯小党派长枪党[15]。他和他的不少盟友希望恢复保守的西班牙政府，尊重财产、教会和民族权利。不管怎么说，墨索里尼和希特勒更不愿意看到西班牙共产主义力量日益增长，于是决定支持佛朗哥反叛。

7 月 25 日，佛朗哥派到德国的两个摩洛哥商人给德国带来消息，说叛军需要德国的军事援助。德国外交部并不情愿，外交部部长康斯坦丁·冯·诺伊拉特担心德国的援助会无谓地招致英国的对抗。其中一个商人设法惊动了希特勒的副手鲁道夫·赫斯，两个商人被领到巴伐利亚城市拜罗伊特[16]去见希特勒，后者是 7 月 19 日去那里参加每年一度的瓦格纳[17]音乐节的。希特勒正在欣赏瓦格纳歌剧《齐格弗里德》(*Siegfried*)。直到午夜，两个使者才把佛朗哥的信交给他。凌

1936年5月5日，希特勒和一群纳粹党魁，包括戈培尔夫妇，在慕尼黑国家大剧院（National Theatre）欣赏瓦格纳的《黎恩济》（*Rienzi*）。希特勒对歌剧极其热爱，当天他穿了一身晚礼服，以显示他的喜爱和重视，而不是他在公众场合常穿的纳粹制服。

神鹰军团

1936年7月西班牙内战开始时，民族主义叛军领导之一弗朗西斯科·佛朗哥请求希特勒给叛军提供援助。希特勒急于保护与西班牙的贸易，同时希望那里的战争能让一个亲德国和法西斯意大利的政权取胜，于是他同意了。最终，共有1.9万来自德国军队的志愿者在西班牙参加了代号为"魔火"的行动。

1936年11月，德国志愿军组成"神鹰军团"（The Condor Legion）。大量援助是以空军形式进行的，包括一个轰炸机群、一个战斗机群，以及侦察和水上飞机中队。在帮助佛朗哥1937年间向西班牙北部推进方面，雨果·施佩勒将军（General Hugo Sperrle）指挥的约100架战机、5100名空军起了重要作用。在这次行动当中，著名王牌飞行员"红男爵"（Red Baron）曼弗雷德·冯·里希特霍芬（Manfred von Richthofen）的堂弟沃尔夫拉姆·冯·里希特霍芬（Wolfram von Richthofen）指挥的德国部队轰炸了巴斯克[18]城市格尔尼卡（Guernica），镇子大部分被摧毁，丧生者估计有250人。其间，德国损失了232架飞机（但其中只有72架是在战斗中损失的），298名德国人丧生。神鹰军团成了德国空军人员的理想训练场，并且让德国空军能够在实战条件下测试其新一代战机，包括梅赛施米特Me-109、容克Ju-87俯冲轰炸机和亨克尔He-111中型轰炸机。新88毫米高射炮还进行了攻击地面目标的试验，它在其后的二战中成了令人生畏的反坦克武器。到1938年，德国撤回了大部分武装。如今在马德里[19]，还能看到神鹰军团阵亡将士纪念碑。

晨，希特勒为此与冯·勃洛姆堡和戈林理论，戈林对干涉也不热心。希特勒确信，应不惜一切代价避免西班牙滑向共产主义，并以此说服同僚，发布命令向佛朗哥部队移交了20架容克Ju-52运输机、6架亨克尔He-51战斗轰炸机及一批高射炮。戈林克服了犹疑，建议将行动代号取为"魔火"（Magic Fire，德文Feuerzauber）。在接下来的几周，德国领导层开始认识到帮助佛朗哥的好处。他们可以在不需要投入大量兵力的情况下，测试新武器和战术，还能保障德国重整军备所需的重要矿产进口（尤其是高品位西班牙铁矿）。为此，一个缩写为ROWAK（Rohstoff-Waren-Kompensation Handelsgesellschaft）的专门公司成立了，负责管理德国与西班牙民族主义地区间的贸易，在其后的3年内战中两国的贸易一直没有中断。尽管德国的援助使得叛军能够在西班牙站稳脚跟，但对佛朗哥1939年春的最终胜利并没起到多大作用。[20]

恐怖机器

关键词 警察总监

在希特勒把他的注意力越来越多地转向外交政策方面的时候，纳粹党加强了对国内人民的控制。1936年6月17日，随着党卫军头子海因里希·希姆莱被任命为德国警察总监（Chief of the German Police）和帝国党卫军领袖，由纳粹党头目控制警察和安全事务的目标最终达成。虽然名义上要受内政部长威廉·弗里克领导，但这个任命让希姆莱实际上拥有了对整个警察机构的无限权力。6月26日，盖世太保和刑事警察合并为一个新组织"安全警察"（Security Police），由希姆莱野心勃勃的年轻副手海德里希指挥；而"治安警察"（Ordinary Police）由党卫军高官兼警官库特·达吕格（Kurt Daluege）领导。希姆莱最终达到了统一全部警察和安全力量、与民族革命"敌人"作斗争的目标。

警察总监任命法令

I

为了在一个统一和集中的基础之上行使帝国警察职能，特在帝国内政部任命一名警察总监。警察总监将立刻负起帝国和普鲁士内政部管辖范围内警察机构的指挥和处置职能。

II

（1）在此任命普鲁士邦秘密警察副局长、帝国党卫军领袖海因里希·希姆莱为帝国内政部警察总监。

（2）总监本人直接向帝国及普鲁士内政部负责。

（3）在帝国和普鲁士内政部长空缺之情形下，由总监在其职责范围内代行部长职务。

（4）总监的正式官职为：帝国党卫军领袖、帝国内政部德国警察总监。

III

帝国内政部德国警察总监将参加一切有关其职责范围内事项的帝国内阁会议。

IV

本人委托帝国和普鲁士内政部部长执行此令。

元首、帝国总理　阿道夫·希特勒
1936 年 6 月 17 日于柏林

——摘自：莱因哈德·鲁哈普所编《恐怖地形图：奥布莱希特亲王大街一带的盖世太保、党卫军和帝国中央保安局纪实》，柏林威尔穆特·阿亨罗威出版社1989 年版，第 61 页（1936 年 6 月 17 日任命帝国警察总监的法令）。

西奥多·艾克，达豪集中营第一任指挥官，1934年4月上任的第一任集中营督察，一个愤怒的一战老兵和早期集中营的残暴管理人。他制定的犯人行为守则里，有对违反者残酷折磨的内容。

即便在希姆莱任命之前，恐怖活动就已经很猖獗了，规模也越来越大。1936 年 2 月 10 日，一项新法规定，盖世太保的决定不受司法审查，允许其自由决定政治犯罪构成要件、哪些人是政治犯、是否要对他们实施保护性拘留。同时，现有集中营也确立了合法的组织基础。1934 年 12 月设立了一个集中营总部，由达豪集中营指挥官西奥多·艾克控制。1935 年 6 月，希特勒批准由国库支付集中营系统资金。11 月，希特勒不顾内政部反对，坚持集中营应独立于普通法律体系之外。1936 年春，希特勒确认集中营由党卫军全权负责。3 月 29 日，集中营党卫军卫兵正式被重新命名为**"党卫军骷髅师"**（SS Death's Head Units，德文 SS-Totenkopf-Verbände）。6 月，希姆莱接手警察力量最高控制权，

> **关键词** 党卫军骷髅师

巴伐利亚达豪集中营，一群犯人在观看描述"自由之路"（Path to Liberty）的通告。根据这个指南，通往自由的路是由"服从、勤奋、正直、秩序、清洁、自制、诚实、乐于奉献和对祖国的热爱"铺就的。

柏林市中心奥布莱希特亲王大街 8 号盖世太保总部的一间单人牢房。这座建筑成了海因里希·希姆莱建立的恐怖王国的中心。这些建在地下室的牢房于 1933 年修建，用来关押因执行"保护性拘留"法律而逮捕的犯人。对犯人的例行折磨就在上面办公室里进行，且美其名曰"强化审讯"。

集中营也归他直接负责。除了依靠集中营劳力重建的达豪集中营,许多老集中营被关闭;作为替代,希姆莱设想建设一系列新集中营,以关押约5万名犯人。希姆莱认为,如果战争再次来临,将有必要逮捕成千上万潜在捣乱和破坏分子。集中营将来还要关押妓女、堕胎者、懒汉、酗酒者等一类德国人。据信,这些人的行为会削弱德意志民族在生物学上的优势。1936年7月开始了萨克森豪森[21]集中营建设;很快,布痕瓦尔德[22]集中营和拉文斯布吕克[23]妇女集中营也加入进来。

随着希姆莱权力的增长,恐怖机器网也越张越大。盖世太保经过侦察发现了共产主义和社会主义者的几处残余据点。1935年秋,柏林的共产主义"新起点"(New Beginning)网络被捣毁,其成员在随后几个月里被逮捕,并被关进集中营。一年后"红色战士"(Red Fighters)组织遭到破坏。

希姆莱尤其热衷于镇压基督徒,还在盖世太保组织内设立了一个负责"教会"的部门。大部分德国基督徒支持纳粹政权,但是最近成立的新教组织(宣信会,1934年5月为抗议政府试图控制宗教政策而成立)仍然坚持基督教义。在其后两年里,宣信会一直反对成立由希特勒任命的帝国主教领导的单一德国新教教会。成立单一教会的企图失败后,希特勒于1934年12月任命了一位新的宗教事务部部长(Church Minister)汉斯·凯尔(Hans Kerrl),并建立了地方委员会以查探各个不同新教教派动向。对此,宣信会也予以抵制。1936年3月5日,莱茵兰重新武装前两天,宣教会牧师在教堂讲坛上公开宣读了一份文件,反对纳粹拥有一切事务的终极权威。由于没有听从盖世太保不让出版这份文件的警告,700名左右的教会人士为此被捕。另一份谴责政府种族政策的声明于5月28日送交希特勒,随后更多人被捕。虽然大部分人之后被释放,但还是有来自各个教派的超过400名牧师被关押在达豪集中营。1936年8月和9月,因为持续公然反抗纳粹政权,成批成批耶和华见证会教士被逮捕送入集中营。

当局还扩大了1935年9月在纽伦堡颁布的种族法律的适用范围,

关键词 宗教事务部部长

纳粹把德国莱斯灵（Leissling）乡间的一个传统仪式"讨蛋"（Begging for Eggs），变成了"驱逐犹太人"的化妆表演。只要能找到热情的观众，纳粹政权都会设法激起人们的反犹情绪。

关键词
"黑人爵士乐"禁令

采用各种方式处理种族问题。1935年10月12日，控制帝国广播的当局签署一项法令，禁止德国电台播放所谓"黑人爵士乐"。不顾政府文化禁令收听爵士乐的德国人通常不会受到迫害，但会被当局当成堕落的标志，并且盖世太保特务会把这与同性恋联系起来，这类人是他们在1936年间不遗余力追捕的对象。更多的立法扩大了一开始就加在德国犹太人头上的"败坏日耳曼血统"禁令。1935年10月18日通过一项法律，禁止精神或肢体残疾者、遗传疾病者结婚生育，这些人将被强制绝育，以保证他们不会再污染德国人基因库。1936年1月1日，内政部又公布一项法令，禁止吉普赛人（Gypsies，即辛提人和罗姆人）和有色人种与德国人结婚或发生性关系。德国警察现在越来越深地介入了控制本民族生物健康中，而不是介入政治抵抗活动中。

海因里希·希姆莱
（1901—1945）

海因里希·希姆莱，希特勒最臭名昭著的心腹之一、党卫军头子、第三帝国全部恐怖机器的策划者。他负责实施导致570万犹太人死亡的"最终解决方案"。

希姆莱出生于一个虔诚的天主教家庭，父亲是巴伐利亚一所学校的校长。希姆莱在一战后期接受了军事训练，但未及参加战斗，战争便结束了。对此他一直耿耿于怀，并且在以后的生涯里，他总是极力表现自己的勇武和战士品格。

获得大学农业文凭后，他办了几天养鸡场。1925年加入纳粹党后，他就对民族主义运动忠心耿耿。希姆莱对种族和历史广有涉猎，逐渐培养起其个人对犹太人的憎恨。希姆莱热衷于培养一个纯粹的、拥有完美体格的种族，并且在后来的生涯中努力把这个想法付诸实践。他一生都保持了对德国历史上神秘教派的兴趣。

1929年，希姆莱被任命为黑衣党卫军头子，负责保卫希特勒个人安全。希特勒当上总理后，希姆莱成为慕尼黑警察局局长，并在那里建立了达豪集中营。1936年，他成了全德警察力量的最高领导人，其中包括1933年戈林建立的秘密警察盖世太保。党卫军组织很快成了第三帝国的精英力量，有能力控制整个警察和安全机器。而其建立控制的基础，则是残暴的政治迫害和所谓的"种族卫生"：把那些视作种族威胁的人，尤其是犹太人，清理出德国社会。1939年10月，希特勒任命希姆莱为"保护大德意志帝国代表"（Reich Commissar for the Protection of Germandom）。他开始了一项计划，把所有欧洲日耳曼人迁回德国，把不需要的民族团体逐出德占区。从1941年夏天起，希姆莱党卫军屠杀分队开始在苏联实施最终解决方案的计划。1943年，希姆莱成为内政部长；1944年7月，升任德国国内后备军（Replacement Army）首长。战争最后时期，他成了除希特勒外德国最有权势的人。当发现希姆莱开始策划与某支盟军单独达成和平协议时，希特勒解除了他的一切职务。战争结束时，希姆莱藏匿起来，但被英国士兵抓住。在接受盘问之前，他吞下一枚氰化钾胶囊自杀了。

奥运插曲

1936年，希特勒德国举办了冬季和夏季奥运会。这是个不寻常的巧合。把夏季奥运会举办权授予德国的决定早在1931年就作出了，但当时有一种强烈的感觉，就是经过多年经济危机的德国太穷了，没有能力举办两场运动会。希特勒上台以后，奥委会于1933年6月作出最终决定，这个决定被广泛看作对新政权的草率认可。举办地选在巴伐利亚的加米施－帕滕基兴[24]，冬奥会于1936年2月6日开幕，希特勒亲自出席。

把两场运动会举办权都授予德国的决定，引发了一系列政治问题。有人担心可能会引起抵制，而美国代表队则在1935年12月的美国竞技联盟（American Athletic Union）会议上，以一场险胜投票否决了对德国政治形势的进一步调查，才得以参加该届奥运会。确实有运动员以个人身份拒绝参加，以表达抗议。但最终主要的抵制来自瑞士和奥地利的滑雪运动员，他们反对一项奥运新规则，该规则将专业滑雪教练排除在奥运会规定的业余选手之外。不管怎么说，德国当局还是很担心，怕搞出什么政治摩擦，损害他们作为奥运东道主的国际声誉。加米施－帕滕基兴的所有反犹标语都在运动会开始前被拆除，当地冲锋队暴徒也被告知要规矩点。后来的柏林夏季奥运会也如法炮制，首都短暂地回到民族和解的天堂。但是对德国居民的政治高压并没有降低。在与外国记者和运动员的交谈中，公开批评政府的人将遭到逮捕。在夏季奥运会刚开始

1937年2月，在罗塔赫－埃根（Rottach-Egern）举行纳粹冬季运动会期间，党卫军头子、德国警察总监海因里希·希姆莱与帝国体育领导汉斯·冯·恰默·翁德·奥斯滕（Hans von Tschammer und Osten）正在交谈。希姆莱对健身非常着迷，他希望下届德国奥林匹克代表团将全部由党卫军士兵组成。

时，一个傻得可以的德国记者抱怨对新闻报道的限制，结果被判了终生监禁。

冬奥会差点因为没有雪而泡汤，好在开幕前两天的一场暴风雪保证了运动会的顺利进行。希特勒对是否前往出席犹豫不决。并且，2月5日一个犹太学生在瑞士刺杀了一个重要纳粹分子威廉·古斯特洛夫（Wilhelm Gustloff）。从那以后，希特勒特别加强了出行期间和在加米施－帕滕基兴停留期间的保卫措施。在奥地利和瑞士体育明星缺席的情况下，挪威和德国占据了金牌榜榜首。挪威获得7块金牌，居首；德国获得3块，居次。希特勒利用运动会之机，第一次与出席冬奥会的军方领导人讨论了他重新武装莱茵兰地区的设想。他们是来观看军事巡逻滑雪赛的，这是一个向观众展示的项目，而非正式赛事。挪威政府拒绝派代表队参加，认为这个竞赛的军国主义思想与奥林匹亚和平精神格格不入。这是整个冬奥会遭到的唯一政治抵制。没有了挪威人，德国滑雪运动员有了获胜的希望，但最后，冠军还是被意大利人赢得。

> 关键词
> 冬奥会：政治抵制

夏季奥运会则是一场规模更宏伟、更重大的盛会。1933年，德国就开始了建设一个巨大体育馆和运动场的规划。由于希特勒对建筑的兴趣，他本人在决定设计方案上起了中心作用。他想要一个能容纳50万人的综合建筑群，但到最后，设计只能容纳25万人。第一位设计师制订出一个体现最新建筑潮流的现代化体育馆计划。但是因为它太现代，1934年10月希特勒否定了这个计划，起用了年轻设计师阿尔伯特·施佩尔。他曾为纳粹党部长们做过成功的设计，还将设计柏林的新帝国总理府。施佩尔改变了体育馆的设计，让它的外观更具新古典主义特征。开始，体育馆建设延误了工期，后来不得不为此采取紧急措施，优先安排了项目所需的工人和材料。最后花费了2700万马克，终于及时让体育馆完工。主办奥运会的总开支估计在一亿马克左右，成为当时史上最昂贵的奥运会。

> 关键词
> 夏奥会：欧文斯事件

8月1日，夏季奥运会在盛大仪式中开幕，希特勒出席了开幕式。

一幅1936年柏林奥运会的广告牌。希特勒把这届奥运会看成一个展示新"雅利安"人的机会。德国人在这届运动会上赢得了最多的金牌。1940年奥运会原定在德国轴心伙伴日本首都东京举办，因为战争影响，那届奥运会被永久取消了。

戈培尔在奥运会上

1936年8月2日

勒斯特加滕（Lustgarten）的希特勒青年团游行。壮观的舞台……接着过来的是奥林匹亚火炬。激动人心的时刻。小雨，但柏林却沉浸在聚会的狂热中。在部里工作了一小会儿。参加元首招待宴会，印象深刻。与女演员交谈。梅斯纳安排的座位让我不爽。去体育馆。穿过几十万人的人群。先是雨，后晴。体育馆景致极佳。意大利王子给我留下了极好的印象。希腊保罗亲王（Prince Paul），他简直像个德国亲王。每个人都对这种印象感到愉快。旗帜飘舞。仪式开始。对法国和意大利的欢迎尤其热烈。英国人遭到冷遇，对他们来说这是相当痛苦的时刻。火炬到达，人群欢呼。成千上万只信鸽高高飞翔。施特劳斯（Strauss）的奥运赞歌……韩德尔[25]的《哈利路亚》（*Hallelujah*）。盛大的、激动人心的庆祝。凯旋……人们常常站在阳台上。狂欢的人群。令人激动。女孩聚集在元首面前向他欢呼。伟大而美好的一天。这是德国路线的胜利。

——摘自：埃尔克·弗罗里希（Elke Fröhlich）所编《约瑟夫·戈培尔日记》，慕尼黑索赫出版社（K. G. Saur）1987年版，第2卷，第652～653页。

比赛于第二天开始，一位德国女子标枪选手获得第一块金牌，第二块由一位德国铅球运动员获得。希特勒亲自向获奖选手表示祝贺。但到晚上，两个美国黑人跳高运动员获得金、银牌时，希特勒在颁奖前离开了体育馆。这被看成是元首为避免向黑人选手道贺的尴尬而刻意为之的。次日，奥委会向希特勒提出抗议。为避免更多尴尬局面，希特勒作出一项声明，表示他以后将不会祝贺任何奖牌得主。这样，希特勒没有祝贺黑人运动员杰西·欧文斯（Jesse Owens）在100米和200米短跑以及跳远比赛中获得奖牌，就不算是对欧文斯本人的怠慢，而是希特勒早先决定不参加任何正式仪式的结果。不管怎样，德国选手在本届运动会上表现出色，他们获得了最多的33块金牌，美国获得24块。总奖牌数德国为89块，美国只有56块。8月16日，运动会在另一场盛大庆典中闭幕。希特勒出席了闭幕式，但没有发表讲话。当最后的旗帜降下、体育馆的灯光熄灭时，人群开始喊出"希特勒万岁"。观众接着起身伸出手臂行希特勒礼，并即兴唱起德国国歌，接着是纳粹赞歌《豪斯特·威塞尔之歌》。奥运会一结束，那套反犹机器立刻又重新开动。国际奥委会德国代表、有一半犹太血统的西奥多·莱瓦尔德（Theodor Lewald）也被撤职，由德国军人瓦尔瑟·冯·莱希瑙将军（General Walther von Reichenau）代替。这样，纳粹政权眼中的体育和军国主义之间的联系就昭然若揭了。

积极备战

奥运会结束后，希特勒南下到巴伐利亚贝希特斯加登的休养地。这里建起了一座新的综合建筑，被称为"伯格霍夫"（Berghof），就在希特勒的山间小木屋的旧址上，由希特勒本人设计。新设计的建筑是一座雄伟的乡间宅邸，有一个视野极好的平台，能直视到阿尔卑斯山。在以后几年中，希特勒将越来越多地在这里商讨政策和计划，或接待外国来访者。8月24日，奥运会刚过去一周，希特勒就在这里批准了将服兵役年限由一年增加到两年。如果说是冬奥会让希特勒把目光转向了莱茵兰，那么就是柏林奥运会鼓舞了他最初的对未来战争的公开准备。

8月底某个时候（具体日期还不清楚），希特勒写下了他整个独裁

关键词　四年计划

四年计划
（1936年8月）

  我认为有必要在所有可能的领域，用钢铁般的决心推行完全自给自足。这样，不仅可以使重要原料的国内供应不依赖国际市场，还可以节约在和平时期用来采购食品的外汇。我想强调的是，我把这当成纯粹的经济动员，它不应妨碍军工企业在和平时期为战争节约和储备原料……几乎4年的宝贵时间过去了。毫无疑问，我们今天已经能在燃料、橡胶，以及部分铁矿石的供应等领域不依赖外国。既然我们现在能生产70万—80万吨油料，以后就能生产300万吨；今天能制造几千吨橡胶，以后就能达到年产七八万吨。用同样的方式，我们已经把铁矿石产量从200万吨增加到700万吨。我们能够加工2000万或2500万吨德国铁矿石，如有必要，可以提高到3000万吨。我们已花了足够的时间确定我们不能做什么，现在有必要弄清楚我们能做什么。因此，我提出如下工作：

  1. 德国军队必须在4年内做好战争准备。
  2. 德国经济必须在4年内有能力支持战争。

——摘自：W. 托业（W. Treue）所著《希特勒四年经济计划任务实录》，参见《当代史季刊》1955年版，第1期，第209～210页。

生涯中为数不多的几份亲笔撰写的文件之一。

  这份备忘录自此以后一直被称作《四年计划备忘录》（Four-Year-Plan Memorandum），因为它包含一项号召，要求四年内在军事和经济上为德国做好战争准备。希特勒将之简称为《战略备忘录》，它代表了希特勒目前关于国际形势和德国面临的威胁的想法。但文件主体却是希特勒自己的一些思想，即当德国再一次卷入一场大战时，面对挑战，要确保它比 1914 年准备得更充分。希特勒总体战略的主要目标是苏联；苏联在斯大林五年计划的指导下，在经济和军事上快速发展，迅速改变了欧洲大陆战略平衡。希特勒认为，德国处在阻止"布尔什维克主义进攻"、保卫欧洲文明的最前线。希特勒认为，从长远来看，德国和苏联之间的一场大战将不可避免。作为结论，他总结道，"对我们资源的军事开发，范围越大越好，步伐越快越好"。对希特勒而言，一切其他经济和社会考量，包括给德国人民更繁荣的前景，跟战争准备比起来都是次要的。

这份备忘录的源起，明显是纳粹统治下公众日益增长的对苏联及

在纽伦堡 1935 年年度纳粹党代表大会上，希特勒与纳粹党工厂代表正在交谈。在他身后的，是德国劳工阵线负责人罗伯特·雷。德国劳工阵线代表着从一线工人到高级管理人员的所有劳动者。

Der neue Vierjahresplan

Gänzliche Unabhängigkeit Deutschlands vom Ausland innerhalb von 4 Jahren in allen jenen Stoffen, die in Deutschland selbst beschafft werden können:

durch deutsche Fähigkeit

durch unsere Chemie und Maschinenindustrie

durch unseren Bergbau

DIE PAROLE DER WOCHE
PARTEIAMTLICHE WANDZEITUNG DER NSDAP

Folge 6.

Große Leistungen sind in den letzten 4 Jahren auf dem wirtschaftlichen Sektor erreicht worden. Hier gilt es, noch Größeres zu schaffen, gilt es, die deutsche Wirtschaftskraft noch mehr zu härten, gilt es, Deutschland unabhängig zu machen.

Die Arbeiten auf dem Wirtschaftssektor sind deshalb so schwierig, weil die Vergangenheit vielleicht auf keinem Gebiete so gesündigt hat, wie gerade durch die Zerstörung der deutschen Wirtschaft.

Der erste Vierjahresplan

Beschäftigte Volksgenossen:
In Millionen per Jahresschluß
- 13.8 (1933)
- 14.7 (1934)
- 15.7 (1935)
- 17.1 (1936)

Landwirtschaftliche Produktion:
In Milliarden Reichsmark
- 8.7 (1932/33)
- 9.9 (1933/34)
- 11.1 (1934/35)
- 11.7 (1935/36)

Industrielle Produktion:
In Milliarden Reichsmark
- 41.00 (1933)
- 53.00 (1934)
- 80.50 (1935)
- 89.90 (1936)

Volkseinkommen:
In Milliarden Reichsmark
- 46.50 (1933)
- 52.50 (1934)
- 57.30 (1935)
- 61.50 (1936)

1937年2月，纳粹党出版的一份墙报周刊，公布1936年10月确立的第二个四年计划的各项任务。第一个四年计划是为了解决失业问题，第二个四年计划是要增加食物和原料产出，以达到较高的自给水平。

其构成的威胁的敌意。后来，这个理由被希特勒用作他为纳粹大会准备的演说的中心内容。那届大会从9月8日开始在纽伦堡举行，名为"荣誉大会"（Congress of Honour）。9月14日，大会在希特勒大肆攻击苏维埃制度的最后演说中闭幕。在战后西方对共产主义的恐惧和冷战中，依然能看到希特勒仇视苏联的影子。不管怎么说，既然希特勒起草了这份备忘录，就得决定如何实行它。8月底，他把戈林召到上萨尔茨堡[26]讨论这份备忘录。那个夏天，就有关经济和重整军备问题，希特勒一直与戈林有联系，因为4月4日，他就已经任命戈林为外汇和原料专员，监督重新武装所需的货物与资金的流动。之所以选择戈林，是因为他在商界有良好的关系；最主要的是，他是个野心勃勃、冷酷无情的政客，对希特勒忠心耿耿。在夏季的几个月里，随着重新富裕起来的德国人对消费品需求不断增长，与快速建设德国武装力量争夺所需的人力物力，德国经济形势又开始恶化。为避免德国依然脆弱的经济引发社会或政治危机，希特勒把戈林的权力延伸到经济领域，以保证为战争作准备的四年计划如期完成。

希特勒在上萨尔茨堡山间散步时告诉戈林，要给予他管理经济和重整军备的特别权力。9月4日，戈林向内阁宣布，希特勒已经授予他最高权力，执行即将宣布的第二个四年计划（第一个计划是1933年启动的就业计划，但没有总负责人）。9月9日的纳粹党大会，向全体代表宣布了该计划，随之进行了大张旗鼓的宣传。10月18日，戈林被正式授予四年计划的"全权代表"头衔。十天后，在柏林运动场，他向世界宣布了这一新任命。军队对新计划反应冷淡，因为他们认为备战这样的事该是他们的专属职责。勃洛姆堡向希特勒递交了1936年12月起草的一份备忘录，要求把重整军备控制权授予战争部，并把经济备战工作交给经济部部长亚尔马·沙赫特。希特勒对他的干涉置若罔闻，戈林则开始了针对反对者的长期政治角力。直到一年后，沙赫特和冯·勃洛姆堡被迫辞职，他们之间的明争暗斗才最终尘埃落定。

赫尔曼·威廉·戈林
（1893—1946）

第三帝国大部分时间里，戈林被认为是仅次于希特勒的二号人物。他在帮助希特勒夺权过程中起了重要作用，作为回报，他得到了一系列高级官职。1939年，希特勒称戈林为自己的接班人。

戈林于1893年出生，父亲是一位德国外交官，曾任德国西南非洲殖民地总督。戈林1912年参军，1914年作为下级军官参加了一战。1914年10月，他开始进行飞行训练。到战争后期，他成为空军上尉。在"红男爵"曼弗雷德·冯·里希特霍芬死后，成了著名的里希特霍芬中队队长。

战争结束后，他尝试过特技飞行，做了一段时间旅行推销员。1922年，他第一次见到希特勒，就对后者的激进民族主义花言巧语着了迷。作为一战期间的著名王牌飞行员，戈林对纳粹党也很有吸引力。加入后不久，他就成了小小的准军事组织冲锋队的指挥官。在啤酒馆政变中，他大腿负伤，不得不逃出德国。1927年回国后，他又复归纳粹党旧职。他是1928年选出来的纳粹党12位国会代表之一。在1932年纳粹党成为国会第一大党后，他当上议长。戈林利用该职位协助了任命希特勒为总理的阴谋。他是希特勒内阁不管部部长，同时还兼任普鲁士内政部部长，后者赋予他广泛的警察权力以镇压反对力量。这年的后半年，戈林被任命为帝国航空部部长，1935年春又当上新的德国空军总司令。之后他领导了1936年10月订立的四年计划，成为德国最有权势的政治家之一。

戈林个性冷酷无情、虚荣张扬又野心勃勃。和苦行僧般的希特勒不同的是，戈林过着帝王般的富裕生活，喜欢华丽服饰、精致艺术品，还爱好打猎。战争期间，他完全控制着德国空军力量，但浮华奢侈的生活方式消磨了他原有的精力和野心，而不列颠战役和斯大林格勒[27]空中救援的失败也让他逐渐失去了希特勒的支持。虽然希特勒没撤他的职，但他的政治权力被架空。战争结束时，他试图接替当时被困在柏林地堡中的希特勒的权力。希特勒得知后，命令逮捕了他。战争结束后，他落入美国人手里，在纽伦堡受审。10月15日，在因战争罪执行绞刑前夜，戈林吞下氰化钾自杀。至于他的毒药从何而来，至今依然没有定论。

四年计划的核心是一个被称为"自给自足"的政策。20世纪30年代，这个词被用来形容经济上的独立政策。采用该政策的国家无法自由进入国际市场，或者缺乏重要的战略资源，于是努力在国内生产更多产品，或者寻找替代原料。希特勒设立四年计划的目的，就是要更多地依赖国内生产来获得必要的战争资源，尤其是增产铁矿石、合成油和橡胶所需的煤，以及农产品，这样德国人民才能够经受战时封锁。戈林设立了正式管理机构，由他的普鲁士邦邦务卿保罗·科尔纳（Paul Körner）控制，还任命了来自工业界、军方和政府的关键人物，以管理柏林普鲁士邦务部（Prussian State Ministry）大楼的主要部门。为了能够把资源大规模地转移到武器和战争材料上，他还签署命令，把他的控制权延伸到出口、外汇、价格和工资等各个方面。第一个**工资限额法**于10月29日公布，同一天还任命西里西亚地区领导人约瑟夫·瓦格纳（Josef Wagner）为价格专员。瓦格纳对价格监视和控制的职责一直保持到战争结束。1936年12月1日，一项有关"经济破坏"的法令被公布，以针对那些囤积黄金和外汇，或者把财富藏在国外的人。犯此罪者最高可处死刑。

关键词：柏林-罗马轴心

　　四年计划是希特勒独裁政权最重要的文件之一，是它把德国引上一条战争道路，向德国人民发出信号：经济复兴要等到德国解决了"生存空间"问题才予以考虑。正是在这一点上，希特勒野心进入一个新阶段。12月17日，希特勒就经济动员计划向一群经济界领袖发表讲话。"对我们来说，没有'不可能'这个词！"他告诉他们。这是希特勒妄想把德国变成一个世界大国的开始。

　　国内政策的改变对应了国际形势变化，西班牙内战和希特勒强烈的反苏维埃立场加速了这种改变。10月24日，意大利外交部部长加莱阿佐·齐亚诺伯爵[28]到贝希特斯加登见希特勒，希望两国政府能在反共统一战线上更紧密合作。在希特勒极力诱导下，第二天，德意双

位于比特费尔德[29]的法本（I. G. Farben）工厂的一幅远景照片，显示出工厂烟囱和冷却塔。该化工巨人成了工业计划的中心部分，这个计划要求建立不依赖外国资源供应的德国工业，尤其是在生产合成橡胶和合成石油方面。

方签署了一项条约，承诺就他们在西班牙的行动加强交流合作。为强调他们之间联系的重要性，齐亚诺交给希特勒由意大利特工收集的 32 份英国文件，向他表明英国对德国怀有怎样的敌意。作为回报，希特勒暗示德国将承认意大利对阿比西尼亚的占领，还将承认西班牙佛朗哥政府。承认随后于 11 月 18 日作出。比起西方国家来，墨索里尼希望能从与希特勒的合作中得到更多好处。条约签字后，墨索里尼开始第一次提及"**罗马－柏林轴心**"（Rome-Berlin Axis）。

11 月 9 日，希特勒亲自参加的慕尼黑国际反共大会和反布尔什维克展，使德国反共宣传大合唱达到高潮。几周前的 10 月 23 日，日本大使和德国外交部部长临时就两国间的一项条约达成一致，矛头指向莫斯科的共产国际。但德国外交部并不赞成日德间形成更紧密的联系，因为它损害了德国与中国的传统友好关系。但在 1936 年后期，希特勒希望作出更明确的姿态，反对苏联及其最近与法国的结盟。11 月 25 日，《**反共产国际协定**》（*Anti-Comintern Pact*）正式签署。尽管条约旨在对抗共产国际的宣传（1935 年，共产国际公开支持在人民阵线下与欧洲社会主义和自由主义政党合作的策略），签约方却另立一项秘密协议，同意在另一方与苏联交战时保持友好中立。

关键词 德日联盟

《反共产国际协定》是强调希特勒眼下对苏联敌意的一个姿态，也是他与其他破坏现有国际秩序国家间亲密关系的象征。1936 年秋与意大利和日本签署的条约，初步具备了二战期间轴心国联盟的雏形。这一切表明，希特勒已经起程，踏上了战争之路。

注　释

[1]　编注：指根据 1919 年 6 月 28 日签订的《国际联盟规约》第 22 条而划定的一些区域。所有托管地皆是第一次世界大战战败国的殖民地，主要是德意志第二帝国和鄂

图曼土耳其帝国的殖民地。

[2] 译注：摩泽尔（Moselle），现为法国的一个省。

[3] 译注：德意志联邦共和国（German Federal Republic，West Germany），即前西德。

[4] 编注：不列颠战役（Battle of Britain），二战期间德国对英国发动的大规模空战。

[5] 译注：白皮书（White Paper），是帮助解决某个问题的权威性报告或指南。政府白皮书在英联邦国家是一个非正式名称，指国会用来阐明政府政策的文件。

[6] 译注：安东尼·艾登（Anthony Eden），英国保守党政治家，1955—1957年任英国首相。

[7] 译注：耶和华见证会（Witness of Jehovah），又译为基督教派耶和华见证者。该教派否认正统的基督教教义，否认三位一体。

[8] 译注：纳粹集中营中用不同颜色和形状（三角、星形等）的标记来区别犯人。标记为布制，缝在犯人外套和裤子上。

[9] 译注：海尔布隆（Heilbronn），德国西南部巴登－符腾堡州的一座城市。

[10] 译注：内卡河（Neckar），德国西部的一条河流，发源于黑林山，长约367千米。

[11] 译注：黄斑（yellow spot），解剖学的一个概念，指视网膜上一块黄色斑点，也叫 macula，指代斑点、污点。

[12] 编注："紧密同盟"是指1936年两国形成了"柏林－罗马轴心"。

[13] 译注：西班牙内战（Spanish Civil War，1936—1939），是国民军（包括君主制主义者和倾向法西斯主义的长枪党）与共和军（包括社会主义者、共产主义者和加泰罗尼亚 [Catalan] 及巴斯克 [Basque] 分离主义者）之间发生的武装冲突。战争最后以佛朗哥建立法西斯独裁统治而告终。

[14] 译注：人民阵线（Popular Front），代表左翼分子的政党或联盟，尤指20世纪30年代在法国、西班牙等国形成并取得一定权力的共产党、激进派和社会主义分子联盟。西班牙人民阵线于1936—1939年期间执政。

[15] 编注：长枪党（Falange），1933年成立，是西班牙的法西斯政党。

[16] 译注：拜罗伊特（Bayreuth），巴伐利亚城市，瓦格纳的墓葬地，当地定期为其举办歌剧节。

[17]　编注：瓦格纳（Wilhelm Richard Wagner，1813—1883），德国作曲家，德国歌剧史上一位举足轻重的人物。希特勒本人也对其极为欣赏。

[18]　译注：巴斯克（Basque），西班牙比利牛斯山西部地区。

[19]　译注：马德里（Madrid），西班牙首都。

[20]　译注：至少意大利的援助比德国要慷慨得多，意大利除了提供大量武器和飞机外，还派遣了六七万人的军队。

[21]　译注：萨克森豪森(Sachsenhausen)，位于柏林郊区奥拉宁堡镇。

[22]　译注：布痕瓦尔德（Buchenwald），位于图林根州，靠近魏玛市。

[23]　译注：拉文斯布吕克（Ravensbrück），靠近德国旅游胜地菲尔斯滕贝格。

[24]　译注：加米施-帕滕基兴（Garmisch-Partenkirchen），位于上巴伐利亚州靠近奥地利边境的一处度假地。

[25]　译注：韩德尔（George Frederick Handel，1685—1759），生于德国的英国作曲家、风琴演奏家。

[26]　译注：上萨尔茨堡（Obersalzberg），位于巴伐利亚的山间，是希特勒隐居处。

[27]　译注：斯大林格勒（Stalingrad），伏尔加河畔的前苏联南方城市，今称伏尔加格勒（Volgograd）。

[28]　译注：加莱阿佐·齐亚诺伯爵（Count Galeazzo Ciano），墨索里尼的女婿。

[29]　译注：比特费尔德（Bitterfeld），德国中东部城市，重要的化学工业中心，同时还有重型机械制造企业、金属加工企业等。

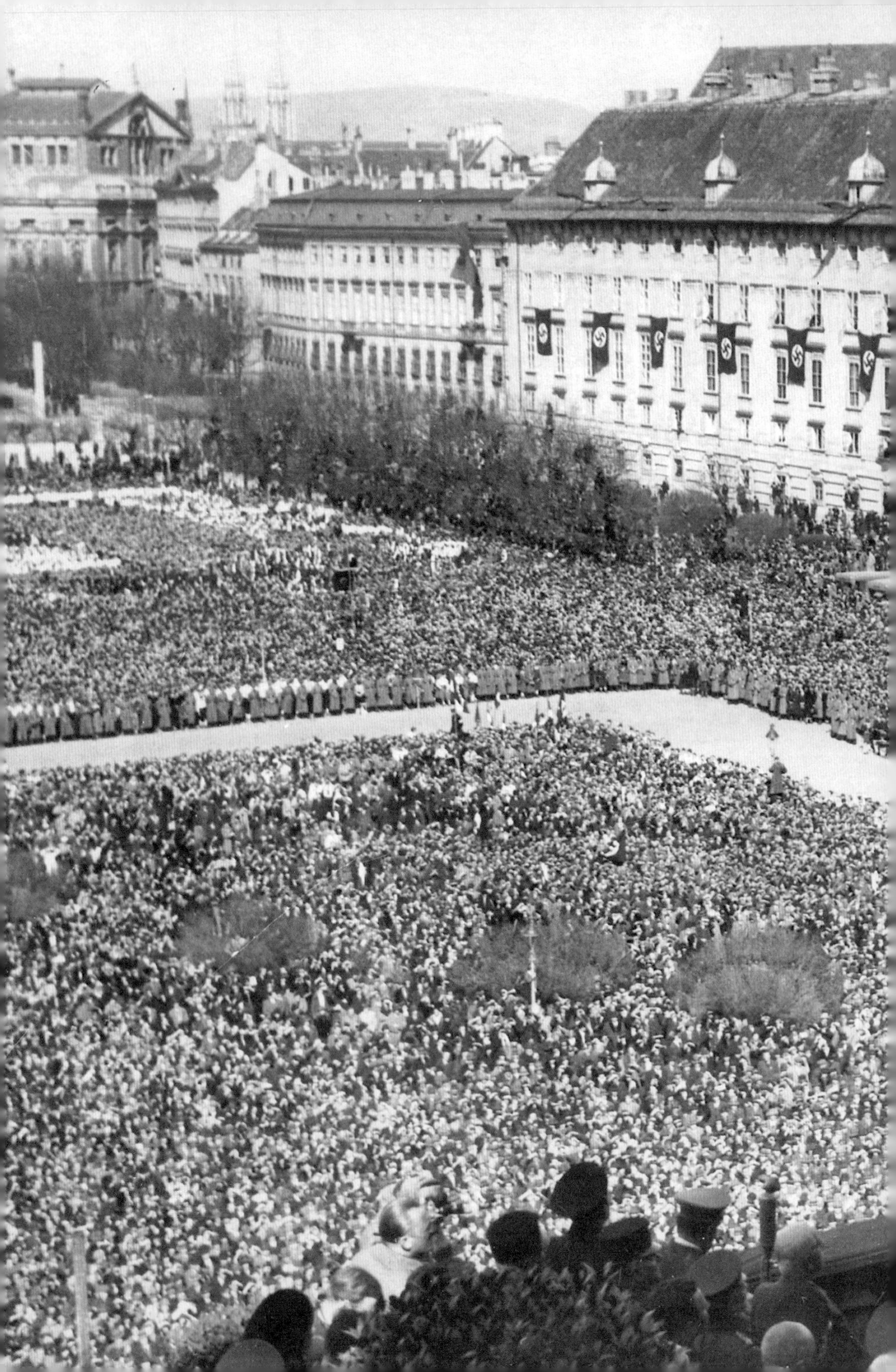

第四章
建立新秩序
1937—1939

1937—1938年间，希特勒开始一项计划，力求在东欧和中欧建立德国的统治地位，扩大新帝国疆域。德国军队的快速重新武装，使这种由内向外的政策转变成为可能；而进一步武装需要的对更多资源、原料、劳动力的直接控制，又使这种政策转变成为必要。也许此时希特勒还没形成关于帝国的特别想法，只是把德国的扩张看成是某种机会。从其他大国对1935—1936年意大利入侵埃塞俄比亚和德国在莱茵兰重新武装的反应，已经可以看出他们并不情愿进行军事干涉。而苏联那几年已经滑入所谓"大恐怖"[1]，构不成什么威胁。1937年11月，希特勒对军方宣布，他希望德国在不久的将来能控制奥地利和捷克斯洛伐克。1938年3月，德国军队占领奥地利，并在奥地利居民广泛同意下，把它并入德意志帝国。9月份，发生了更为冒险的与捷克斯洛伐克的对抗，最后以在慕尼黑达成国际协议、将捷克斯洛伐克德语区割让给德国而告终。第二年3月，波兰拒绝了成为德国卫星国的要求。这刺激了希特勒，他开始计划一场战争，以摧毁波兰，进一步扩张德国的统治。有明显证据表明，这一次英法是准备参战而不是姑息德国进一步扩张的。但希特勒依然于1939年9月1日入侵了波兰。匆匆作出的入侵决定开启了德国控制欧洲的大门，而在两年前，这是希特勒想都不敢想的。

前页图片：1938年3月15日，德国军队占领奥地利三天后，希特勒在维也纳市中心英雄广场（Heldenplatz）向如潮的人群发表讲话。

经济重新武装

　　1937年是一个分水岭，从那以后，德国社会与之前的稳定状态挥手告别。在那之前，政权还是依靠与其他强大利益集团的合作，包括军队、重工业界和传统保守精英。1937年间，第三帝国内部力量平衡开始向纳粹党及其领导人倾斜，他们中许多人厌倦了早年的小心谨慎，急于完成民族革命。到1938年初，经济、军事领导、外交等关键领域已经在野心勃勃的纳粹党人控制之下。希特勒已经创造了他需要的政治条件，加紧改变德国人的生活，开始了把德国变成欧洲支配力量的计划。

　　宣布重新武装和重组经济是对这个新方向的试探，1936年的四年计划就已经发出了试探信号。在希特勒看来，要想采取更加积极的外交政策，就必须先努力建立足以支撑一场大战所必需的工业和资源能力。经济重组工作主要由戈林负责。1937年1月，在新出版的期刊《四年计划》第一期上，戈林宣布他将实行"对整个经济的统一领导和组织"。对他自说自话的宣言，军队和保守的商界精英（他们支持经济部部长亚尔马·沙赫特）心怀不满。1937年，戈林费心劳力地玩弄权术，设法弱化这些人的影响，并提高经济战备水平。这意味着要把国内投资从大量民用目标中转移出来，同时要想方设法通过鼓励自给自足来限制非必需品进口。这两种策略让德国普通消费者的利益难以得到满足。尽管工人对恢复正常工作感到满意，但为了保证脆弱的经济复苏能最大限度地服务于防卫目的，而不是纵容居民的消费胃口，人民的生活水平并没有得到提高。

　　到目前为止，武装力量主导了德国重整军备进程。1937年2月22日，战争部部长冯·勃洛姆堡向希特勒提交了第二份备忘录，再次坚持只有武装力量才能负责战备工作，戈林的作用应该仅限于在战争部指导下增产煤和铁矿石。希特勒对此置若罔闻，但对戈林来说，这件事已经

关键词　统一领导经济

1938年1月，冬赈活动期间，一群德国妇女拿着碗和勺在"柏林今天喝汤"标语下排队等着领一份汤。纳粹1933年前设立的冬赈组织成了向贫困"民族同志"提供慈善帮助的主要来源。

把冯·勃洛姆堡标记为一个应该除掉的潜在政治对手。第二个政治威胁来自经济部部长亚尔马·沙赫特，他在冯·勃洛姆堡的推荐下，于1935年被任命为战时经济全权代表（Plenipotentiary for War Economy）。他也不满于四年计划的要求及其需要的大量额外公共借款。沙赫特在德国重工业巨头中有良好的人脉关系，巨头们也担心新计划可能意味着国家会更多地干预经济活动。戈林则把问题的重心放在"自给自足"上。希特勒在他的四年计划备忘录中，要求更多地开发利用国内铁矿石资源，这是战时所需钢铁的关键原料。拥有大部分铁矿的重工业部门对此态度冷淡，因为在现有铁矿之外的铁矿品位很低、加工成本昂贵。1936年12月17日，在一次对主要工业家的讲话中，戈林警告他们不要敬酒不吃吃罚酒。1937年3月17日，在与钢铁工业巨头会谈中，戈林发出了赤裸裸的威胁："如果私营企业没有能力经营，就该由政府接管。"

4月30日，希特勒利用向帝国劳动协会（Reich Chamber of Labour）发表讲话的机会，公开宣布只有私营经济合作解决国家存在的问题，才能保持自由地位；如果拒绝，希特勒继续讲道，"它的自由将不复存在"。德国商界终于受到震动。一些大型德国公司，包括军火制造商古斯塔夫·克虏伯（Gustav Krupp）和化工巨人法本，已经订立了慷慨的合同，生产战备需要的材料。许多其他公司更愿意依赖不断扩大的消费和出口市场，以抵制政府日益强调的建立适应一场大战的经济。1937年7月23日，戈林召集重工业巨头到柏林，向他们宣布他要建立一家大型国营企业，开发德国所有剩余铁矿。这个企业将被称作"**赫尔曼·戈林帝国工厂**"（Reich Works 'Hermann Göring'），并且部分资金将来源于从私营企业征收的税款。在接下来的两年时间里，这家帝国工厂吸收了德国占领区的铁、钢、煤和机械工业，成为欧洲最大的联合企业之一。德国工业家普遍对这个闯入资本主义巢穴的国营企业怀有敌意。1937年8月24日，他们开会起草了一份备忘录，拒绝接受这项计划。除了两个人外，那天上午戈林给所有参与者发去电报，向他们指出，反

1937年9月7日纳粹党年度大会开幕前,约瑟夫·戈培尔与戈林正在交谈。他俩当时是德国大权在握的人物,热衷于把更多责任和权力转移到纳粹党头子手里,损害自1933年起与他们合作、支持政府的保守派的利益。

对意味着经济破坏（自 1936 年 12 月 1 日法律颁布后，这是一项最高可处死刑的罪行）。戈林使用了隐藏的录音机和电话窃听装置，以追踪工业家的抵抗活动。他本想逮捕这些人，结果却被说服，没有采取这样激烈的行动，但最终还是用电报达到了同样的效果。由于反对戈林的备忘录没有获得支持，几天后，两位主要反对者来到戈林办公室。他得意扬扬地把他们的秘密会议录音放给他们听。

权力向纳粹党及其支持者的倾斜，是纳粹运动加紧对国内生活各领域控制的一个反映。1937 年头几个月，教会和新政权间的斗争越发尖锐。2 月 15 日，希特勒命令宗教事务部部长汉斯·凯尔准备德国新教大会（General Synod of the German Evangelical Church）选举，希望能产生一个更驯服的宗教代表大会。3 月 21 日，教皇庇护十一世[2]发表教皇通谕《焦急万分》（With Burning Anxiety，德文为 mit brennender Sorge），批评纳粹政权的反基督立场，质疑 1933 年同意的协作，并呼吁所有德国天主教徒重申真理和公正。通谕在德国各地教堂被宣读，随之而来的是一波对天主教教士的大规模逮捕，一些被捕者死于达豪集中营。1937 年夏季几个月里，约有 800 名脱离主义宣信会牧师被安全警察逮捕。1937 年 6 月 27 日，宣信会领袖马丁·尼默勒在柏林作了一次公开布道。4 天后，他被逮捕，并被判处 8 个月监禁。希特勒亲自对此进行干预，确保尼默勒在服刑期满后被送到集中营。幸存下来的他，直到 1945 年才被解救。

为强调宗教和国家社会主义的势不两立，1937 年 6 月 18 日，纳粹政权签发了一项禁令，禁止任何希特勒青年团成员同时参加宗教青年组织。因为到 1937 年，希特勒青年团和德意志女青年联盟成员已超过了 600 万，这项规则使教会只能组织到德国青年中的一小部分。除宗教外，教育同样是纳粹与教会，尤其是与天主教会争夺的领域。1937 年，纳粹又进一步采取措施，建立以纳粹运动为基础的**精英教育**。1937 年 1 月 15 日，希特勒批准建立"阿道夫·希特勒学校"（Adolf Hitler Schools）网络，训练未来的领导人。第一所希特勒学校于 4 月 19 日开

关键词 挑战教会权力

到 1937 年，德国个人崇拜达到新高。照片上，希特勒被围在一帮大声叫嚣的支持者中间，向忠于纳粹党的听众致意。希特勒非同一般的名人身份引得许多妇女给他写信，请他做自己孩子的父亲。但希特勒宁愿把自己表现成一个与德意志事业结婚的单身汉。

学，其目的是向学生灌输对纳粹运动的价值认同和对种族的忠诚，也鼓励培养学生的军事品德和强壮体格。5月3日，希特勒青年团领导人巴尔杜·冯·席腊赫为第一所希特勒青年之家（Hitler Youth Homes）奠基——希特勒计划建设543个青年之家，它们将灌输与希特勒学校同样的价值观。希特勒青年团禁止一切宗教教育。到1939年，几乎所有德国公立学校都取消了牧师授课。面对纳粹党不遗余力的反基督教主张，以及随时准备使用的极端镇压手段，虽有著名牧师不断抗议，但1937年民众的声音比起几年前来要弱得多了。

1937年，德国食品园（German Food Estate）办的一所体育学校里，女孩在练习投掷标枪。尽管纳粹党鼓励女性对男性的从属地位，但还是认为年轻女性应该有一个健康的体魄，以便成为为祖国生育后代的未来母亲。

鲁道夫·赫斯（中）、希姆莱（左）和希特勒青年团领导巴尔杜·冯·席腊赫（右）参加纳粹党希特勒青年团的一个农业服务集会。希特勒青年团每年到农村帮助收割，并从事其他农业劳动。

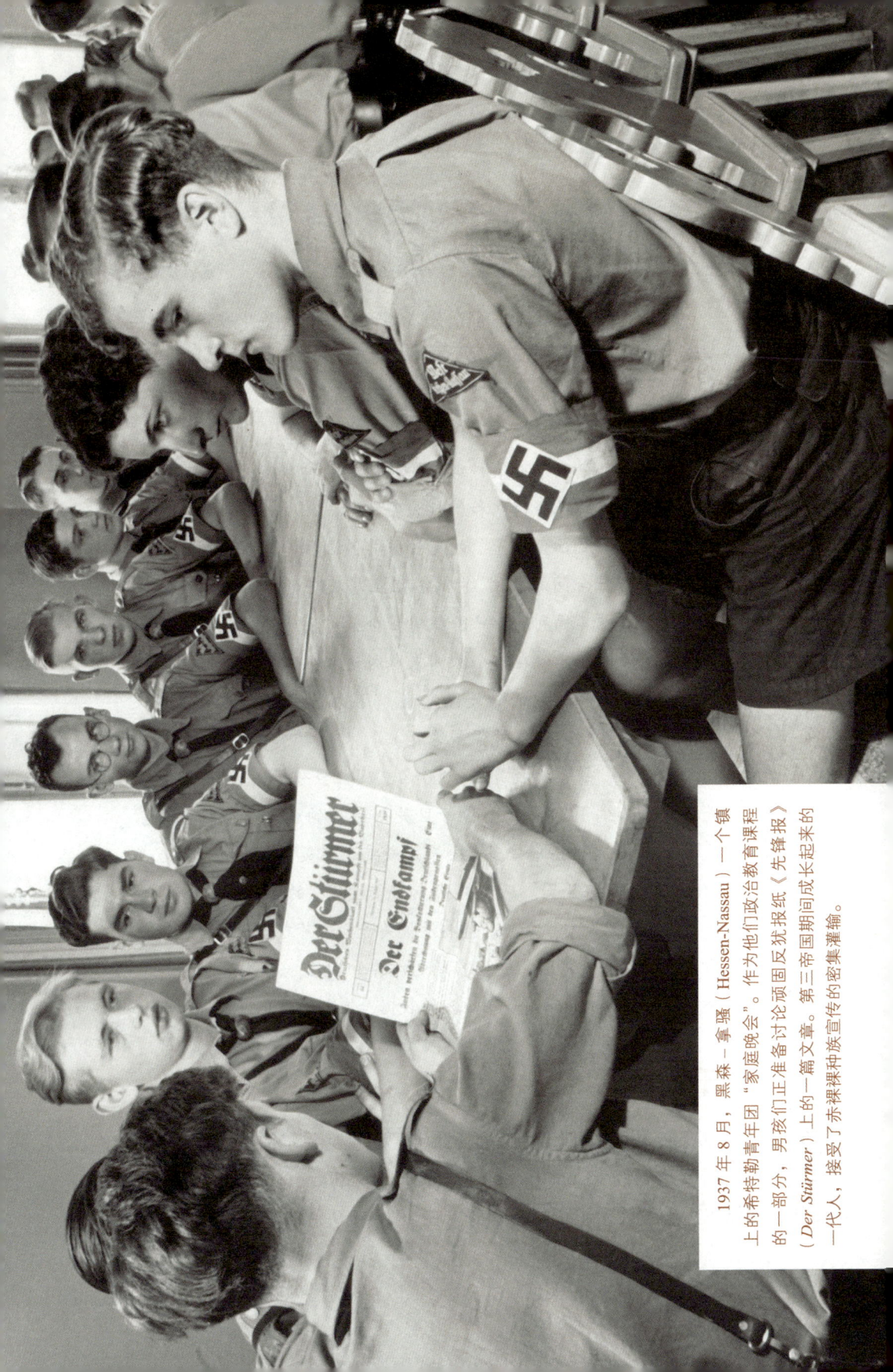

1937年8月，黑森-拿骚（Hessen-Nassau）一个镇上的希特勒青年团"家庭晚会"。作为他们政治教育课程的一部分，男孩们正准备讨论顽固反犹报纸《先锋报》(Der Stürmer) 上的一篇文章。第三帝国期间成长起来的一代人，接受了赤裸裸种族宣传的密集灌输。

"反社会分子"

自始至终，第三帝国都在努力辨别和惩罚居民中被定义为"反社会分子"（Asocials，德文 Asozialen）的那部分人。这些人包括懒惰者、酗酒者、流浪汉、妓女、惯犯。他们被看成是对建设一个纯粹种族国家和保持公共安全的威胁。实际上，他们中很大一部分只是有某种形式的肢体或精神残疾，因而不能完全扮演传统的社会角色和履行义务。

这种对"反社会分子"的关注并非德国独有。在英国，政府挑选出"社会问题集团"，试图阻止居民中的这部分人生育后代，并减少其福利。中产阶级对社会最贫困和最落后部分的担忧，致使他们建议在整个欧洲采取激进和强制行动。德国的区别，在于纳粹政权的种族优先权。"反社会分子"属于强制绝育对象（性犯罪者也被强制绝育）。

1937年，警察抓捕到约7000名"反社会分子"，并将其关进集中营。到1939年，集中营里关得最多的就是"反社会分子"，纳粹指望他们中许多人会累死或病死在集中营，成千上万的人也确实死在里面。从1939年起，重度残疾的"反社会分子"成了"安乐死"对象之一。那些没被关进集中营或监狱的，也经历了严酷的生活考验，受到当局的污辱和欺凌。对第三帝国12年间的死亡人数，没有一个准确的数据，但大约为几万人。

千秋帝国的艺术

关键词 大兴土木

1937年1月30日，希特勒任命年轻建筑师阿尔伯特·施佩尔为**首都更新改造工程**（Construction for the Renovation of the Capital）总监。施佩尔后来设计了新帝国总理府。在1936年9月纳粹党集会上，希特勒承诺将改造柏林，使之适合成为新德意志首都。希特勒认为，建筑有特别的象征意义。他希望兴建壮观的建筑和街道，可以像古希腊和古罗马遗迹那样永久存续。希特勒，这个1914年前维也纳的失败建筑师，打定主意将主导新首都设计。施佩尔只得按希特勒的建造大型新古典建筑的设想进行。对希特勒来说，第三帝国的建筑遗产是他对建设千秋帝国作出的最重要贡献，其中的一些今天还能在德国看到。

重建柏林的法律最终于1937年10月4日公布，成为广泛的"**重建德国城市**"法律的一部分。重建将优先考虑柏林，但希特勒命令另外17座城市为未来的样板城市。最重要的几座中心城市被命名为"元首城市"，它们是慕尼黑、汉堡、纽伦堡和（奥地利并入后的）希特勒家乡城市林茨[3]。纳粹党12个主要地区首府也加入进来，其中有：奥格斯堡[4]、拜罗伊特、布雷斯劳、德累斯顿、杜塞尔多夫[5]、科隆、明斯特[6]、斯德丁[7]、魏玛和维尔茨堡[8]。这些城市将获得额外资金，建设符合其地位的建筑样式。

希特勒曾形容作为未来"世界首都"的柏林，其规划十分宏大。希特勒计划，穿过市中心建设一条宽120米的轴心大道，大道尽头是一座巨大的"人民宫"（People's Hall），其样式将根据希特勒在20年代画的一幅草图来设计。人民宫将能够容纳20万人，有一个250米宽、74米高的穹顶，是罗马圣彼得大教堂穹顶的7倍。柏林和所有其他纳粹党城市将在市中心建设大型广场，用以举行集会和军事游行。柏林广场将容纳50万人，德累斯顿广场容纳30万，等等。为了这个雄心勃勃的建设计划，希特勒终止了那些在新建筑位置上拥有住房或商铺的倒霉蛋的私有财产权。

同样的规则也被希特勒用在贝希特斯加登居民头上，他在那里修建了俯瞰该镇的官邸伯格霍夫。希特勒亲自设计的这座建筑于1936年7月启用。如果纳粹党看上某个商铺或建筑，或者它们离保卫希特勒官邸的围墙太近，他们就会买下它，把主人赶走。1937年3月8日，这些

希特勒与阿尔伯特·施佩尔讨论柏林改造计划。希特勒希望重建所有德国主要城市，模仿古罗马城市的样子，有一个供公开讨论的广场、一个阅兵场和一个巨大的会议大厅。战争期间，柏林的设计模型存放在帝国总理府的一间地下室里。这样，即使当新德意志帝国在希特勒身边土崩瓦解的时候，元首也能够看到它。

人中最后一批之一，一位旅馆主，在到该镇的纳粹党客人的长期抵制下，被迫卖掉了自己的产业。一位被迫放弃摄影生意的年轻摄影师向希特勒当面抱怨，落得个在达豪集中营关押两年的下场。

希特勒的第二个大型项目是柏林的**帝国总理府**，由施佩尔在希特勒密切指导下进行设计。新总理府建在柏林市中心伏斯大街（Voss Street），希特勒希望总理府的规模要让所有到访者对新帝国力量望而生畏。建设计划于1934年开始。到1937年，那条街上半数建筑被买下、拆除。1938年1月11日，希特勒最终任命施佩尔为该项目总监。一年后，在4500名建筑工匠夜以继日的努力下，大厦如期竣工。

1937年，即希特勒对什么是（以及什么不是）第三帝国认可的艺

第四章　建立新秩序　203

关键词：艺术展览

术作出规定的一年。1937年7月18日，在希特勒1933年为之奠基、于慕尼黑新近落成的德国艺术馆（House of German Art），一场德国艺术展正式开展。希特勒主导了展品选择，并在此过程中限定了将来应该创作什么样的绘画或雕塑作品。德国艺术家被要求提交绘画作品，供选择展出。在15000幅作品中，组织者选出其中900幅，请希特勒过目。希特勒剔除了一些他认为过于现代的作品，又从最初因过于感性或单调而被评选人刷掉的作品中重新找回一部分，最终挑选了884幅参展作品；其中大部分是希特勒喜欢的风景画，还有肖像画（尽管只批准了一幅元首画像）。希特勒还选择了一些新古典风格的伟岸裸男雕像，以及

首都更新改造工程总监阿尔伯特·施佩尔设计的新帝国总理府模型。青铜马雕像将由希特勒青睐的雕塑家约瑟夫·托哈克（Josef Thorak）完成。希特勒希望该建筑能让到访者对新帝国的力量望而生畏。

摆出古希腊女神姿势的裸女雕像。开幕当天，希特勒观赏了一场游行，代表2000年德国历史的列队盛装从他面前通过。

第二天（7月19日），在慕尼黑，紧挨着德国艺术馆举办了另一场题为"堕落艺术展"的展览。展览目的是要表明，现代艺术中有很大一部分来自犹太人，它们是对文化的一种病态糟蹋，新德国容不下它们。戈培尔没收了16000件德国现代主义艺术家作品，选出其中650件进行展览，其余的不是卖掉就是付之一炬。展览上还包括一些精神病人的绘画，以此表明现代艺术是精神错乱的产物。接下来几个月里，60万德国人观看了希特勒选择的健康艺术，但有超过200万人

1937年，巴黎世界博览会德国馆。正对苏联馆的德国馆，被当成展示新帝国文化的机会。它的巨大"雅利安"人雕像仿照的是古希腊艺术。

参观了这个有史以来最优秀、收藏最丰富的现代艺术展之一的"堕落艺术展"。

策划战争

1937年6月24日，战争部部长瓦尔纳·冯·勃洛姆堡给武装部队发出一条指令，要求为一场可能发生的对邻国捷克斯洛伐克的战争做准备，但这仅仅是针对这个中欧最激进民主国家的一个可能的计划。捷克收留了大量来自希特勒德国的避难者，这些人利用捷克基地，通过边境向德国偷运反纳粹传单，与社会主义和共产主义抵抗组织保持联系。尽管勃洛姆堡不希望真与捷克开战，但这依然是新德国军队第一次考虑用他们日益增长的军力来打击一个外部敌人。那年夏末，从9月20日到26日，军队进行了年度演习，测试使用坦克和战机作为机动和重型攻击力量的可能性。9月26日，希特勒和墨索里尼观看了演习。墨索里尼提前一天到达，对德国进行了他的第一次国事访问。

墨索里尼的访问使他们离建立未来的二战联盟又近了一步。9月25日，两位领导人当面讨论了各自的利益范围。希特勒同意地中海为墨索里尼势力范围，墨索里尼则准备接受德国吞并奥地利的要求（这个让步是墨索里尼以前一直反对的）。两位独裁者都同意，应努力争取日本的支持。虽然没有签署正式条约，但墨索里尼的到访确立了一年前非正式成立的罗马-柏林轴心。9月28日，两人在柏林滕珀尔霍夫机场发表演讲。墨索里尼试图用德语发表演讲，但一场大雨淋湿了他的讲稿，他费力地用德语宣布，也许有一天他和希特勒将不得不并肩战斗。墨索里尼第二天离开。之后的11月6日，他通知希特勒，意大利将加入德国与日本1936年签署的《反共产国际协定》。这样，在他们对英法日益增长的敌视这一共识之上，又加进了结盟反苏这一条。

11月5日晚，希特勒在总理府召集三军总司令开会。与会者除了戈林、冯·勃洛姆堡和海军总司令埃里希·雷德尔外，还有陆军总司令瓦尔纳·冯·弗立契将军、外交部部长康斯坦丁·冯·诺伊拉特男爵和记录会议内容的希特勒军事副官弗里德里希·霍斯巴赫上校（Colonel Friedrich Hossbach）。会议旨在解决重整军备所需资源方面的争议，但希特勒借机展开他关于德国外交和军事政策方向的构想。他第一次概述了他的明确意愿，要在欧洲采取主动，必要时使用武力，以把奥地利和捷克斯洛伐克并入德国势力范围。他的理由是，这些地区将给德国提供生存空间和资源。虽然没有定下具体日期，但他告诉他的司令官，一些事情最晚必须在1943—1945年前解决。希特勒解释道，如果有适当机会，能够降低夺取奥地利或捷克斯洛伐克的风险，则德国越早行动越好。在其后的短暂讨论中，与会者的反应分成两派。戈林强烈赞同希特勒的观点；勃洛姆堡和弗立契持反对意见，强调激怒强大法国军队的危险；诺伊拉特认为希特勒夸大了国际形势变化带来机遇的可能性。这次会议向希特勒表明（也许是他刻意为之），在重新向欧洲主张德国的大国地位方面，他那帮保守的盟友是多么谨小慎微。

关键词 召集三军总司令

希特勒有明确侵略计划的第一个迹象很不受保守精英欢迎，这些人到目前为止还是一直支持他的。陆军总参谋长路德维希·贝克（Ludwig Beck）在一份备忘录中表达了他对希特勒计划的反对，这份备忘录于总理府会议一周后的11月12日被分发传阅。沙赫特也心怀不满，不仅仅在于他想控制德国重新武装的费用，还在于戈林以四年计划和为未来战争加速进行经济备战的名义，公开侵蚀他的部长权力。沙赫特试图拒绝给自给自足项目发放资金，并对其设置障碍。他不甘心屈居于一个他眼中十足的经济门外汉之下。7月，他故意中止了自己作为战时经济全权代表的活动。但当那样做没有收效的时候，他试图中止自己作为经济部部长的工作，以给希特勒施加压力，让希特勒支持自己。1937年11月26日，经过几个星期的争吵和犹豫，沙

关键词 沙赫特辞职

霍斯巴赫的记录
(1937年11月)

会议从元首的说明开始。他说，此次会议议题十分重要，如果是在其他国家，这样的讨论理当由内阁全体会议进行。[9]但是，正因其重要，他（元首）否定了把它交由人员庞杂的帝国内阁讨论的想法。他接下来阐述了执政四年半来的成果。就在外交事务领域提升德国地位的机遇及其要求，他希望向在座诸位解释他的基本观点。同时他要求，为保持德国政策的连续性，在他遭遇不幸的情况下，他的阐述应当被看作他最后的愿望和遗言。

元首接着说道：

德国政策的目标，是确保种族社区安全，并随时做好使之扩大的准备。因此，它是一个空间问题。

因其巨大的人口数量和欧洲有限的可居住空间，由超过8500万人组成的日耳曼种族社区构成了一个拥挤的种族聚居中心，这在其他国家是闻所未闻的，也表明它需要比其他民族更广阔的生存空间权利。如果从国土上来说，没有与此种族聚居中心相应的政治结果，那是几世纪历史发展的后果。并且，如果这些政治条件继续存在下去，对维持日耳曼种族当前的巅峰状态是最大危险……因此，德意志的前途完全取决于对所需空间问题的解决。而且当然，此等解决只能在一个可预见的一到三代人的时期内获得……

解决德意志问题只能通过武力手段，而此种手段从来都是伴随着风险的。腓特烈大帝（Frederick the Great）对西里西亚的战役及俾斯麦对奥地利和法国的战争，就冒着罕见的风险……如果接受以下所述的基础，即冒险诉诸武力，那接下来就是要回答"时间"和"方式"的问题了……

1号方案：1943—1945年期间

过了这一时间，按照我们的观点，情况就只会向坏的方向转化。

陆海空军的装备，以及军官团体的形成几近完成。装备及武器是现代化的；如果再加延误，它们会有变得落后的危险。尤其是，"特别武器"的秘密不可能永远保持。后备军的征召局限于当前年龄群体；无法再从年龄更大的未经训练的群体中招募。

没有人能在今天知道1943—1945年的形势。能够确定的只有一件事：我们不能再等下去。

一方面，有伟大的武装力量和保持他们目前水平的必要性，以及国家社会主义运动和它的领导人年龄的增长；另一方面，降低生活标准和限制出生率的前景，都使得我们除了采取行动没有其他选择。如果元首依然健在，他不可更改的决心就是，最迟在1943—1945年解决德国生存空间问题。

——摘自：弗里德里希·霍斯巴赫上校于1937年11月5日在帝国总理府召开的一次会议中所做的记录，参见《德国外交政策文件》，系列D，第1卷，第29~39页。

赫特辞职。作为临时措施，戈林接手沙赫特的经济部。当戈林进入经济部部长办公室后，他给沙赫特打了个电话，得意扬扬地告诉他："我现在正坐在你的位子上。"

沙赫特辞职带来了严重政治后果，因为经济是硕果仅存的不受纳粹党人日益增长的参与和控制的几个领域之一。虽然沙赫特还是德国央行行长，但在这个位置上，他几乎没什么机会阻止德国滑向战争经济。1939 年 1 月 20 日，在他公开批评德国重整军备的规模之后，这个位子也被端掉了。军费限制现在已经形同虚设。1937 年，军费刚过 100 亿马克；1938 年，达到 172.5 亿马克；1939 年，达到 380 亿马克。德国在短短几年之内成了一个军事强国。1937 年 12 月 21 日，为响应希特勒在 11 月会议上表明的野心，战争部起草了"绿色方案"（Case Green），一个可能的入侵捷克斯洛伐克的详细战争计划。

勃洛姆堡 – 弗立契危机

军队领导人对希特勒扩张计划表示出的冷漠，最后以一种始料未及的方式克服了。1938 年头几个星期，勃洛姆堡和冯·弗立契一起成了两个纳粹党头子——戈林和希姆莱拙劣阴谋的牺牲品。清除沙赫特之后，戈林下一个野心是摆脱勃洛姆堡，自己接手战争部，为此他用上了希姆莱的安全部门来协助自己。当 1937 年末勃洛姆堡作出一个不幸的决定，要与他的年轻秘书埃娜·格鲁恩（Erna Gruhn）结婚时，机会自己送上门来了。

在上一年 12 月某个时候，冯·勃洛姆堡曾轻率地向戈林透露，他想与一个已有几个月身孕的"有过去的女士"结婚。他想让戈林安排把那位女子的另一个追求者从她眼前弄走，结果那位情敌很不情愿地被派到阿根廷去了。1938 年 1 月，勃洛姆堡正筹备他的婚礼，还不知道此时安全部门已经在戈林的教唆下准备了一份埃娜·格鲁恩的档案。她在 30 年代早期为色情日历拍过照片，警察局也有她做妓女的案底。1938 年 1 月 12 日，婚礼在希特勒和戈林的见证下举行。1 月 26 日，戈林把战争部部长不光彩婚姻的证据交给希特勒。据说希特勒当时大为震惊："如果一个德国元帅能和一个婊子结婚，那还有什么是不可能的！"

陆军元帅瓦尔纳·冯·勃洛姆堡
(1878—1946)

勃洛姆堡是 1935—1938 年第三帝国第一任、也是唯一一任战争部部长。

他年轻时以军人家庭出生的普鲁士官员身份参军，1908 年被调入总参谋部。一战期间，他在西线英勇战斗，战后加入拥有 10 万人的德国陆军。1925 年他成为陆军训练处处长。1927—1929 年，他领导国防部军队办公室，在与苏联的秘密军事合作中发挥了重要作用。1929 年与库特·冯·施赖歇尔将军闹翻后，他被安排到东普鲁士。1931 年他遇到希特勒，对后者支持的民族革命充满热情。1933 年 1 月，他当上国防部部长，被提升为步兵将军（General of Infantry）。

勃洛姆堡是 1933 年后监督德国早期非法重整军备的重要人物，也是希特勒新政权的坚定支持者。1934 年 8 月，冯·兴登堡去世后，让军队宣誓效忠希特勒就是他的主意。在"长刀之夜"的冲锋队危机中，他选择支持希特勒。勃洛姆堡热衷于把军队事务牢牢掌握在军人手中，对德国空军享有的独立地位和后来戈林四年计划对重整军备政策的蚕食心怀怨恨。1935 年 5 月正式宣布重整军备时，他被任命为武装力量总司令，1936 年成为第三帝国第一位陆军元帅。1938 年，他因一桩丑闻辞职，随后到国外四处旅行。1945 年勃洛姆堡被捕，1946 年 3 月死于美国拘留所。

关键词 弗立契被污蔑

同一天发生的另一件事，加深了这次危机。就在那天，希特勒与陆军总司令冯·弗立契进行过一场艰难的谈话，后者成了那两位纳粹头子操纵的另一场诬陷行动的受害者。一份 1935 年的盖世太保旧档案里，包含证明弗立契是同性恋的间接证据。1937 年 12 月,当弗立契去埃及休假,以放松一下他辛苦一年造成的紧张情绪时,德国安全特工跟踪了他。他们没发现弗立契有任何不当行为,但在一场设计好的对质中,弗立契被领到 3 年前与他有牵连的男子面前,这个证人肯定弗立契就是他的同性恋联系人[10]。当希特勒与弗立契面谈时,弗立契认为这是对他名誉的诋毁,拒绝为自己辩护。随后弗立契开始了无限期休假。而那份盖世太保档案,实际上只是一个简单的认错了人的案子,但希姆莱故意篡改了它,利用它为党卫军除掉一个强劲对手。等到弗立契的同事努力为他洗刷了罪名的时候,已经为时太晚。弗立契将军永远没能从这次事件中恢复过来。为了在战场上光荣地死去,他在 1939 年 9 月的战斗中故意走向了波兰人的枪口。

对希特勒来说,勃洛姆堡事件更难解决。勃洛姆堡受到军队同事的压力,要求他因损害陆军名誉而辞职。勃洛姆堡辞职后,希特勒把他和他的年轻新娘送往国外一年,但对于任命新战争部部长的事拿不定主意。勃洛姆堡临走前建议希特勒本人接手这个职位,也算是报了戈林一剑之仇。也有可能希特勒自己已经有了这个打算,因为仅仅一周时间,他就作出决定,彻底改组军事指挥结构。1938 年 2 月 4 日,希特勒宣布由自己担起战争部的责任,并取消了战争部这一机构。作为代替,希特勒建立了一个**武装力量最高统帅部**(OKW, Oberkommando der Wehrmacht),由自己担任现行最高统帅。在设立新统帅部的法令中,希特勒明确表示,他的目的是"亲自直接行使对整个武装力量的指挥权"。在希特勒任命那天,他撤掉 14 名将军,另有 40 名忠诚度可疑分子被降职。新统帅部将由希特勒私人参谋长威廉·凯特尔将军(General Wilhelm Keitel)管理。接替弗立契的陆军总司令瓦尔特·冯·勃劳希契将军(General Walter von Brauchitsch),是一位支持纳粹、个性软弱的人物。戈林虽然没能当上战争部部长,但获得了元帅军衔,成为继勃洛姆堡丑闻之后德国职位最高的军人。

关键词:接手德国军事

最高统帅部接收了众多前战争部官员，几个月之内，它成为一个有12个主要部门、1500人的机构。现在，希特勒处在一个至高无上的地位，可以放手推动他的军事扩张计划了。

关键词 控制外交事务

与宣布成立新军事机构同一天，希特勒作出另一项重大变动。外交部部长冯·诺伊拉特也表现出对希特勒的计划没什么热情。2月4日，他从外交部部长位置上退休，由纳粹党外交事务部门负责人、德国驻伦敦大使约阿希姆·冯·里宾特洛甫接替他。里宾特洛甫1936年8月2日出任驻伦敦大使，希特勒确信他有能力拉近德英关系。虽然他在这项任务上失败了，但这并没有阻止希特勒任命他为诺伊拉特的继任者。作为一名纳粹党领导，里宾特洛甫更有可能支持希特勒的观点，而他虚荣、不自信、立场不坚定的个性，也让希特勒可以实际掌控德国外交政策。随着里宾特洛甫的任命，希特勒完成了第三帝国12年历史中最重要的政治转折之一：德国军事和外交事务控制权转移到一个业余战略家和一个业余外交家手里。在接下来的7年中，这两人将引领德国走向一条毁灭之路。

吞并奥地利

德奥关系突然恶化的背景，是1938年1—2月的政治危机，这也许解释了，希特勒为什么要把军事和外交事务牢牢地控制在纳粹精英手中。自1934年奥地利纳粹分子刺杀奥地利总理恩格尔伯特·陶尔斐斯（Engelbert Dollfuss）之后，德奥关系一直很紧张。奥地利纳粹党遭到取缔，但它还在继续秘密活动。德国企图迫使奥地利接受与新帝国建立更紧密关系，但遭到奥地利新总理、基督教社会党（Christian Social Party）领袖库尔特·冯·许士尼格（Kurt von Schuschnigg）的反对。然而，在1936年7月11日，许士尼格被迫达成协议，承诺奥地利保持对德国"友好"态度、释放奥地利监狱中的纳粹分子，并在联合政府内任命一批纳粹部长。1937 年间，德国加紧施压，力图把协议变成正式合并。那年秋天，墨索里尼向希特勒表明，他对奥地利的命运再也不感兴趣，德国搬走了一块主要的国际绊脚石。

1938 年 2 月间，在是否与德国合并问题上，奥地利国内两派间政治冲突加剧，德奥关系恶化。2 月 12 日，希特勒把冯·许士尼格召到贝希特斯加登，就奥地利背叛德意志路线一事，对许士尼格进行了一大篇猛烈抨击。作为一个奥地利人，希特勒强烈希望通过奥地利与德国的统

关键词 任命赛斯—英夸特

1938 年 3 月 12 日，在开往奥地利途中，一队汽车在迪希塔林村（Dichthalling）附近遇到一队轻型坦克。希特勒迫切希望，在德国军队进入他的故国时不要发生暴力冲突，结果德国人受到上百万奥地利人的热烈欢迎。

一，建设一个泛德意志国家。他强令许士尼格接受他的要求，任命重要纳粹同情者阿图尔·赛斯－英夸特（Arthur Seyss-Inquart）为内政部部长，并使奥地利纳粹党合法化。这项新任命随后于2月16日作出，全奥地利的警察和安全权力都被交给第三帝国的一个亲密盟友。希特勒此时还没打定主意该怎么做，因为直接侵略要冒严重的国际风险。2月24日，在与奥地利重要纳粹分子的讨论中，他指出更希望奥地利与德国实现和平统一。当时里宾特洛甫还在伦敦未归，所以得在没有他的情况下执行外交政策。这次危机是对希特勒德国最高军事统帅新地位的第一个考验。

> **关键词** 奥托行动

促使希特勒采取行动的，是1938年3月9日许士尼格突然宣布的一个决定。许士尼格将于3月13日举行一次全民投票，以获得奥地利人民对奥地利继续独立的支持。希特勒对全民投票的主意大为光火，他害怕投票将使许士尼格获得多数支持。同一天，他与军队领导讨论了这个问题。3月10日，他命令启动"奥托行动"（Operation Otto）。尽管希特勒竭力注意避免流血冲突，但还是动员了位于巴伐利亚的陆军两个军，使它们做好一接到通知就开进奥地利的准备。3月11日凌晨，希特勒决定继续推动德奥合并，要求奥地利政府取消全民投票，奥地利政府不情愿地同意了。对结果一时没有把握的希特勒授权戈林采取主动。戈林给维也纳打了个紧急电话，命令许士尼格辞职、任命赛斯－英夸特为总理。奥地利总统一开始不同意，但后来认识到形势已非他所能控制，只好屈服，于是赛斯－英夸特正式就任总理。晚上8点45分，希特勒命令占领奥地利，但要等到墨索里尼的消息后才下令进军。入夜后，消息来了，墨索里尼将不对德国占领奥地利采取任何行动。尽管这个答复在外交上已成必然，希特勒还是感激涕零。3月12日凌晨2点，德国军队开始越过奥地利边境，没有遇到任何抵抗。同一天，赛斯－英夸特又攫取了总统权力，同时安排国会为一项法案投票，该法案主张废除奥地利主权，宣布它为德意志帝国的一个州。

希特勒飞到慕尼黑，从那里率领一支长长的车队，越过奥地利边境衣锦荣归。边境两侧沸腾的人群向他欢呼致意。希特勒到达离他出生地不远的林茨，探望了父母的坟墓。3月13日，希特勒在林茨一家酒店签署了德奥合并的法案，使之成为法律。3月14日，希特勒抵达维也纳，受到热烈欢迎。面对聚集在英雄广场的巨大人群，希特勒欢迎奥地利回到德国怀抱。3月16日，他飞回柏林，在那里受到民族英雄般的欢迎。希特勒宣布，他现在已经创立了19世纪德国民族主义者梦寐以求的"大德意志"（Greater Germany）。

奥地利公众表现出的对统一的热情，掩盖了奥地利社会对"合并"的不同态度。许多社会主义者和天主教徒反对合并；大量奥地利犹太人等着新德国主子施加同样的歧视与剥削统治，就像德国已经实施的那样。几乎与合并同时，德国安全人员和官员涌入奥地利，执行一波大规模逮捕。一座新集中营在毛特豪森[11]建起，它以驱使犯人做苦力累死而出名。一群乱哄哄的奥地利反犹分子强迫犹太人在维也纳街头打扫卫生。3月26日，戈林在维也纳发表讲话，宣布奥地利经济实行四年计划方案。他的官员开始统一行动，从私人所有者手中接管奥地利大部分大型重工业和机器制造厂。许士尼格本人被盖世太保关了几天，最后被送到达豪集中营，但他在战争中幸存了下来。赛斯–英夸特被任命为帝国奥地利（此时被重新命名，叫做东部边疆，Ostmark）总督。他最后因反人类罪行，于1946年在纽伦堡被绞死。

尽管奥地利国内反对合并，但希特勒还是希望合并能得到公众支持，于是执意命令于4月10日[12]举行（德奥）全民投票。这与第三帝国最后一次一党制国会选举正好在同一天。选举以这种方式进行组织：选民只能选择对元首列出的名单说"同意"还是"反对"，而不是给某个指定的候选人投票。已知的可能反对者，已经被拘留或者被阻止参加选举了；而在投票站内，投了"反对"票的人可以很容易辨别出来。希特勒又摆出一副竞选活动的架势，在14座大城市的集会上演

1938年3月16日，德奥合并后，一群德国民众去柏林威廉广场（Wilhelmsplatz）迎接希特勒的到来。可以看到，有些人为了能更清楚地看到希特勒，还带了凳子。

讲。公决结果是压倒性的支持：99.08%的选民赞成统一（奥地利国内为99.75%）。数字确如希特勒所愿，不过许多地区的真实结果被隐瞒了。在某个选区，纳粹获得了68%的最低支持率，而在其他选区一般获得70%或80%支持率。不过，即使是这些数据，也反映了公众对希特勒政策的广泛认同，标志了战前他受欢迎程度的最高点。

全民投票

对艾伯特·戈林[13]的审讯，纽伦堡，1945年9月25日

问：我只想搞清楚你说的那些"假选举"是怎么回事。它们是在何时、何地举行的？

答：我在谈奥地利合并以后的这些选举。那是奥地利人同意把奥地利并入德国的一次选举。我个人投了反对票，但那是非常困难的，因为在那种窒息人的环境下，选举本身都是假的。一切都安排好了，所以投反对票几乎是不可能的。

问：那你是不是能够选择"同意"或"反对"？

答：整场选举在一个相当大的大厅里进行。大厅有个入口，你进去时，那里有张圆桌，坐着几位选举官员给你登记。他们会给你个信封，里面有张纸，纸上有两个圈，大圈表示"同意"，小圈表示"反对"。大厅另一头有个电话亭，你要做的就是走进去画上大圈或小圈，把选票放进信封，再回来把它投进桌子另一头的选票箱。实际上，有人进来时，选举官会喊着"希特勒万岁"招呼他，然后给他张选票说："你是选'同意'是吧，那就没必要进大厅那头的亭子了。"然后每个人都会在大圈上画个叉，把选票交给一位选举官，让他放进信封，投进投票箱。没人敢走进亭子秘密投票。嗯，我进了这地方，我是几百个人里唯一敢走进亭子的。选举官给我一张纸，告诉我可以直接在那儿填。我告诉他要按法律和规矩来，然后我走进亭子，在"反对"上画了叉，封好信封，投进投票箱。那时候的选举就是这样操作的。

——摘自：《艾伯特·戈林的证词》(1945年9月25日)，第23~24页；存放于帝国战争博物馆外交事务专区（FO Box），编号为156。

捷克危机

关键词
早有预谋

在未受到其他欧洲大国严重抗议的情况下成功吞并奥地利,这标志着希特勒把德国重建成一个能支配中东欧必要生存空间的主要大国的野心完成了第一阶段。作为最高统帅的首次行动,德奥合并反对之声寥寥,这也鼓励他加速进行后面的动作。奥地利的并入,使捷克斯洛伐克问题浮出水面,对此,希特勒在上一年11月就发出过信号。捷克现在处于德国两面包围之中。它的根本困难在于面对强大邻居德国时的软弱,就像奥地利一样。捷克斯洛伐克300万会说德语的居民"苏台德日耳曼人"(Sudeten Germans,前奥地利帝国公民),要求更大程度的自治。根据凡尔赛协议条款,与捷克合并的斯洛伐克民族主义者也渴望获得民族独立。尽管捷克实行议会民主,但与1919年成立的其他国家不同的是,它的议会是一个勉强维持国家统一的脆弱执政联盟。

早在奥地利全民公决之前,希特勒就已经决定,捷克问题将在"不久的将来"予以解决。3月28日,他在柏林与苏台德德意志党领袖康拉德·亨莱因(Konrad Henlein)会晤。亨莱因的政党代表了捷克斯洛伐克日耳曼居民中的绝大部分,他们要求在捷克国内享有自治权;或者,如果自治权被拒绝,他们要求与大德意志进行可能的合并(像奥地利那样)。1938年,德国教唆苏台德日耳曼人提出得寸进尺的要求,迫使捷克政府采取对抗措施。4月24日,亨莱因借此要求苏台德地区自治。但是,希特勒的目的却是为一场可能的战争创造条件,尽管这不是苏台德日耳曼人想要的。作为新的德国最高统帅,希特勒希望能够向胆怯的军人和外交家显示他具有解决德国问题所需的魄力。希特勒还相信,国际形势对他的突然行动是有利的:意大利现在是它的坚定盟友;英法的注意力被其他问题分散,对奥地利的合并也没提出什么像样的抗议。尤其是,他希望德国新武装力量在一场必胜的小规模冲突中经历战争洗礼。

苏台德区

捷克斯洛伐克苏台德德语区,最初是捷克波希米亚[14]王国的一部分,从13世纪起这里就一直居住着日耳曼人。波希米亚并入哈布斯堡帝国(Habsburg Empire)时,苏台德的日耳曼人成为了维也纳皇帝的子民。

19世纪,在苏台德地区,日耳曼人和捷克人之间产生了民族对立,日耳曼人对1848年提出的大德意志民族主义和德国统一运动的认同感不断增加。两个民族之间危险的紧张关系在一战之前就已存在。1918年,当形势表明新成立的捷克斯洛伐克不顾调停人承诺的民族自决权,要保留日耳曼人居住的苏台德地区时,民族紧张变得愈加尖锐。依据1919年的《圣日耳曼条约》条款,日耳曼族人被迫继续接受捷克的统治。日耳曼少数民族从来没有满足于他们的新地位,他们组织了自己的政党,代表其民族利益。到30年代,康拉德·亨莱因领导的苏台德德意志党(Sudeten German Party,德文缩写SDP)公开煽动日耳曼人自治。亨莱因是个体操教练,他最初并不是国家社会主义者。但由于苏台德日耳曼人要求的权利没有得到任何满足,他只得投靠希特勒。1938年4月24日,苏台德德意志党公布了《卡尔斯巴德计划》(Carlsbad Programme),要求承认日耳曼人与捷克人的平等地位。捷克拒绝接受这项计划,这引发了两个民族间关系的进一步恶化,直接导致1938年9月的捷克危机和后来捷克斯洛伐克的分裂。

1938年9月，德国吞并苏台德区之前，在苏台德日耳曼人难民营，宣传栏里的反犹报纸《先锋报》上的一幅犹太人漫画像。标语写着："德意志同胞们，你们的敌人是犹太人！"

关键词 绿色方案

4月21日，最高统帅部命令武装力量准备改进摧毁捷克抵抗的"绿色方案"。计划出来后，希特勒于5月3—9日对罗马做了引人注目的国事访问。与1934年那次访问不同的是，这一次希特勒有了实打实的成果。访问最后一天，他从墨索里尼处得到承诺，后者依旧对德国解决捷克问题保持中立。希特勒回到德国后，形势迅速恶化。5月20—21日的这个周末，捷克政府对德国直接军事威胁有所察觉，命令武装部队部分动员。在那一刻，威胁还只存在于捷克政府的想象中，并非现实威胁。虽然同一天（5月20日），一个新版绿色方案呈交给希特勒，方案明确指出它的目标是"在不远的将来通过军事行动摧毁捷克斯洛伐克"。捷克动员的消息激怒了希特勒，他加快了实际战争计划的步伐。5月28日，希特勒召集里宾特洛甫和他的前任冯·诺伊拉特以及军队指挥员一起开会。会上他要求最迟在1938年10月1日发动对捷克的战争，除非国际形势不允许。两天后，希特勒批准了修正的绿色方案草案，草案计划要在四天时间内，通过联合装甲推进和空中密集轰炸的手段消除捷克抵抗。

在希特勒为对捷克斯洛伐克的小规模战争做准备时，他还于5月28日命令在德国西部边境开始修筑防御工事，即一条被称为"西墙"的主要防线。这项工程的目标是，在国际形势日趋紧张时期，保证法国人不会乘机入侵德国。建设工作委托给托特组织，同时该组织还负责建设德国高速公路。希特勒对炮台的设计提出了建议。整个工程在最高峰时消耗了德国水泥工业一半的产量，雇佣了50万工人。同一时间，希特勒启动了一系列其他重要项目。5月22日，他为慕尼黑地铁新工地揭幕。四天后，他为德国北部沃尔夫斯堡[15]的大型综合性工厂奠基，"欢乐带来力量"（Strength Through Joy）组织将在那里生产大众汽车（People's Car，德文 Volkswagen）。赛车设计师费迪南·保时捷（Ferdinand Porsche）在希特勒的指示下设计的这种汽车价格实惠，连一个熟练工人都能买得起，并且可以生产数百万辆。综合工厂一年后建成，但是大规模生产被战争的到来打断，直到1946年后才恢复。5月31日，希特勒批准在汉堡建设横跨易北河[16]的世界最长悬索桥。6月14日，希特勒为德国旅游大厦（House of German Tourism）奠基。希特勒是想效仿罗马时代的做法，即既作为德国军事首领发动战争，又可以建设雄伟的建筑。

那年夏天，捷克斯洛伐克危机继续深化。6月13日，希特勒与高级将领讨论了捷克行动；28日，又出席了捷克边境附近的军事演习。他的首要考虑是避免西方干涉。5月28日，他就告诉将军们，由于缺乏军事准备，又无干涉意愿，英法都不会对此进行干涉。但是，5月20—21号的"周末危机"[17]使英法两国都对可能的危险有了戒备，并在那个夏天全力斡旋，看捷克政府能否对苏台德日耳曼人作出适当让步，避免一场更严重的危机。和苏联（考虑到最近苏联对军队的清洗，各方都认为它不大可能干涉）一样，法国是捷克斯洛伐克的盟国。捷克政府与苏台德人的谈判陷入僵局后，英国决定直接干涉，并作为中间人提出一项解决方案。8月，在国际联盟的支持下，英国政治家伦西曼勋爵（Lord Runciman）领导的一个代表团被派到捷克斯洛伐克，旨在找到某种方法，以满足苏台德获得更多独立权利的要求，并消除捷克对国家主权的担忧。亨莱因接到指示，不接受任何妥协方案，继续对捷克施压。

随着事态的发展，希特勒在春季嗅到的孤立捷克的时机已经消失殆尽。在国内，军队领导人中的不安日益增长。8月10日和15日，他两次与德国军官讨论即将到来的行动。对捷克防御工事不堪一击的说法，以及一旦法国军队进攻，未完工的西墙能否抵挡得住的问题，军方一些人持怀疑态度。8月18日，陆军参谋长路德维希·贝克将军突然辞职，以抗议希特勒的军事冒险计划。他的继任者，弗朗兹·哈尔德将军（General Franz Halder）私底下也对行动的风险忧心忡忡，甚至有过发动政变取代希特勒的想法（但他最终还是保持了对自己职责的忠诚）。9月的前几周，军事计划一直在进行，而捷克斯洛伐克国内形势有滑向内战的危险。继希特勒在年度纳粹党集会上就捷克"威胁"发表煽动性演讲后，9月12日，苏台德地区发生暴力冲突。捷克政府作出反应，宣布在全部德语区实行戒严。几天后，不想激起全面内战的亨莱因和其他苏台德领导人逃到德国。

关键词 张伯伦来访

9月14日，离希特勒计划的入侵只剩下两个星期，英国首相张伯伦（Neville Chamberlain）表示希望自己可以飞到德国，与希特勒当面商议找到解决捷克问题的办法。这是张伯伦方面一个极不寻常的姿态——他以前从没坐过飞机。希特勒同意了，即使英国的干涉可能会使对孤立的捷克发动战争变得更加困难。一路上，德国人群向张伯伦欢呼。[18] 希特勒在贝希特斯加登以隆重的礼节迎接了他。两人同意给予苏台德日耳曼人民族自决权，希特勒承诺立即停止侵略。一周后，两人分住在隔莱茵河相望的两家酒店，并在巴特哥德斯堡[19]再次会谈。这一次，希特勒决心迅速解决问题，如有必要，不惜使用武力。在一场针尖对麦芒的交锋中，

德国陆军总参谋长弗朗兹·哈尔德将军的一幅铅笔素描。从1938年起,他担任陆军总参谋长这一关键角色。直到1942年7月,与希特勒因为战略问题发生争论之后,他被免职。哈尔德曾发动针对希特勒的军事政变,后来被关押在达豪集中营,直到战争结束。

"坚决反战"
（1938年9月27日）

柏林，9月27日

今晚夜幕降临时，一个摩托师开过这座城市的街道，向捷克边境进发。我来到菩提树下大街拐角，队列正从那里转向威廉大街。

我期待着看到一场大规模游行。我脑中浮现出1914年见到的场景：同样在这条大街上，欢呼的人群向行进的士兵抛掷鲜花，女孩子跑上来亲吻他们。毫无疑问，今天选的这个时辰，就是为了赶上一天工作结束后成百上千柏林人从办公室涌出来。但人们避到地下通道中，不愿意围观。即使有几个站在人行道上，也是一声不出，想不出什么话来为走向光荣战争的大好青年欢呼。这是我见过的最不寻常的反战游行。据说希特勒本人暴怒不已。我在街角站了一小会儿，看到一个警察从总理府方向来到威廉大街，向站在人行道上的几个人大喊，说元首在阳台上检阅部队。没几个人挪动一下。我走过去看了看。希特勒站在那儿，街上或者说巨大的威廉广场上只有不到200人。希特勒看上去情绪低落，接着转为愤怒，很快就进去了，留下没人检阅的部队继续游行。今晚的所见所闻，几乎让我重新燃起了对德国人民的一丝信心：他们是坚决反战的。

——摘自：威廉·夏伊勒（William Shirer）所著《柏林日记：二战驻德记者见闻（1934—1941）》，伦敦哈米什-汉密尔顿出版社（Hamish Hamilton）1941年版，第119页。

希特勒告诉张伯伦，如果捷克政府不能对他的全部要求作出让步，他将在八天内武力占领苏台德区。9月23日，在另一场陷入僵局的争论之后，希特勒表示他将把行动推迟到10月1日，张伯伦则承诺向捷克施压使其放弃苏台德地区。但捷克政府和张伯伦自己的内阁都不接受希特勒的最后通牒。9月26日，以及随后一天的上午，希特勒接见了张伯伦的特使霍勒斯·威尔逊爵士（Sir Horace Wilson）。他使希特勒相信，德国的单边暴力行动将招致英法为捷克利益进行干涉。

到9月27日下午，整个欧洲形势异常严峻，各国人民认为战争随时都会爆发。那个下午和晚上，希特勒不得不考虑一个现实，即他的小规模战争也许会引发一场欧洲的全面大战。晚上，他得到消息称，（英国）皇家海军已经动员。第二天上午，戈林领着一个代表团来见他，促请他重新考虑全面战争的危险。普通民众的担忧显而易见：经历几年的"不流血的胜利"，一场真正战争的前景引不起他们的任何热情。当墨索里尼（在英国鼓动下）宣布他愿意从中调停、召开国际会议解决苏台德问题时，希特勒极不情愿地同意了。一个有德国、英国、法国和意大利（但没有捷克）参加的国际会议，定于9月29日在慕尼黑召开。那天余下的时间里，接近希特勒的人发现他情绪糟透了，因为自己的劝告者和其他大国的压力迫使他不得不放弃发动他的第一场战争。希特勒作为新德国军事首领的第一次考验，还没有开始就结束了。

关键词 墨索里尼调停

第二天，在慕尼黑进行的会议又重新回到9月15日希特勒–张伯伦会议的议题。尽管对苏台德地区的确切地理界限还有不少争议，但会议同意了苏台德的民族自决，意味着该区与德国实际上的合并。希特勒接受从10月1日起和平占领苏台德地区。协议于9月30日凌晨1点半正式签字。希特勒稍后在他的私人住处简单招待了张伯伦。在那里，希特勒同意签署一份文件，宣布两国间放弃战争、协商解决一切重大分歧。尽管希特勒和张伯伦都没把这份文件当回事，但英方打算用这份文件说明，《慕尼黑协定》之后几个月里，德国可能采取的行动违背了它自己的承诺。希特勒的

关键词 和平占领苏台德

1938年9月23—24日，在巴特哥德斯堡的德雷森酒店（Hotel Dreesen）的一次午夜会议后，忧心忡忡的英国首相张伯伦与希特勒在一起。他们没能就解决苏台德日耳曼人问题达成明确协议，希特勒希望通过对捷克斯洛伐克发动战争来解决它。

诚意是有限的，慕尼黑非但没有满足他的胃口，反而吊起了他更大的胃口。10月2日，他告诉戈培尔，一有可能，他就会摧毁捷克余下的地区。10月21日，他命令军队起草一份新的应变计划，目的是占领捷克剩余地区，并夺取1919年割让给立陶宛的梅默尔区[20]。三天后，他要求里宾特洛甫启动与波兰的谈判，讨论建立一条穿越波兰走廊[21]的公路和铁路线，以及把但泽港交还德国统治的可能性。在10月初被德国占领的苏台德地区，官员迅速行动，占领了关键经济设施，安全人员则搜捕留在德占区的反希特勒分子。该地区并入大德意志后，1939年5月，康拉德·亨莱因被任命为苏台德区政府首脑和纳粹党地区领导人。

里宾特洛甫看着希特勒在臭名昭著的《慕尼黑协定》(Munich Agreement)上签字。协议允许希特勒在1938年10月1日占领捷克斯洛伐克德语区。希特勒右边站着张伯伦，身后是意大利独裁者墨索里尼，左边是法国总理达拉第。

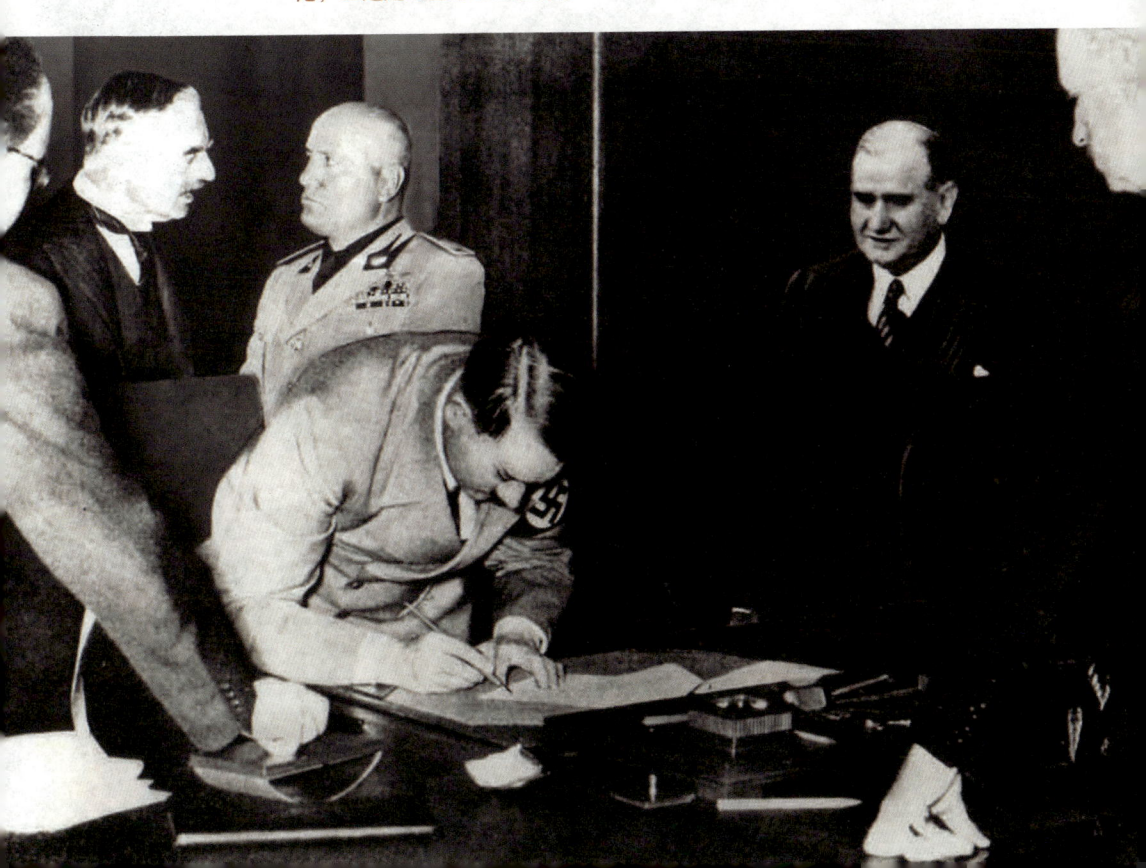

1938年10月1日，在海德穆勒（Haidmühle，今立陶宛克莱佩达[Klaipėdos]地区），德国士兵行军经过一群苏台德日耳曼人。《慕尼黑协定》签署后，德军占领了苏台德地区，之后该地区并入大德意志帝国。二战后，苏台德日耳曼人被逐出这一地区，不得不定居在德国。

慕尼黑会议
(摘自秘密档案)

慕尼黑大街上,看不到一丝迹象能表明有四个大国参加的一次会议就要举行。根据希特勒的命令,在接下来的几天里,禁止所有热情的公众游行。希特勒之所以这样做,是想让外国政治家明白,纳粹德国对国际会议没什么兴趣。对国会会议和国际大会,他只有一句话——"空谈作坊"(Talking Shops)。

张伯伦在慕尼黑附近的欧伯维森菲尔德(Oberwiesenfeld)机场下了飞机,里宾特洛甫和穿着党卫军队长制服的巴伐利亚州议员克里斯蒂安·韦伯(Christian Weber)前往迎接。后者是一位慕尼黑企业家和狂热反布尔什维克分子,被看成是迎接英王陛下的首相的合适人选。张伯伦及其随从人员在皇后酒店(Hotel Regina)预订了房间。戈林在机场迎接法国总理达拉第,他下榻于四季酒店(Hotel Vier Jahreszeiten)。会议于9月29日在纳粹党总部棕屋举行。

大会开始前,希特勒请来墨索里尼,与他一起驱车到"元首楼"(Führer Building,纳粹党总部的一部分),在希特勒的书房等待张伯伦和达拉第到达。下午1点左右,党卫军仪仗队的鼓声宣布了张伯伦的到来,陪同他的是里宾特洛甫。张伯伦让人拿走外套,登上鲜花装饰的楼梯,来到希特勒的书房。走廊两边立着面无表情的党卫军队员,他们被命令要给人留下一个他们随时准备进军的印象。党卫军高喊"希特勒万岁!",张伯伦友好地点头回应。希特勒努力表现出军人风度,像他的党卫军士兵一样。每次露面,他都想给张伯伦留下他被捷克人激怒了的印象。希特勒与墨索里尼坐在书房中间等着张伯伦走近,直到后来,在摄影师霍夫曼（Hoffmann）的闪光灯照射下，他才冷冷地伸出手，从座位上站起来。墨索里尼也矜持地招呼了张伯伦。这时门开了，达拉第走进房间，希特勒用同样的方式迎接了他。

希特勒直截了当地请英、法、意政府首脑在靠近壁炉的桌旁就座。希特勒一如往常背对着窗户坐下，让他的脸处在阴影里。张伯伦坐在他左边的扶手椅上，表情忧虑，有点不知所措。达拉第和墨索里尼也坐在希特勒左边的沙发上，他俩看上去庄严、果断。臭名昭著的慕尼黑会议就这样开始了。

——摘自：亨里克·埃伯利（Henrik Eberle）、马蒂亚斯·乌尔（Matthias Uhl）所著《希特勒档案：为斯大林准备的秘密档案，来自对希特勒最亲密个人助手的审讯》，伦敦约翰－默里出版社（John Murray）2005年版，第33～34页。

"水晶之夜" [22]

1938年间，纳粹政权把大量精力放在外交政策上，但它时刻没有忘记解决"犹太问题"这一首要任务。1937年11月，就在希特勒形成对奥地利和捷克斯洛伐克的作战计划时，他告诉戈培尔，他不但要把犹太人逐出德国，还要把他们逐出整个欧洲。奥地利并入德国后，政府立即开始行动，强迫奥地利犹太人移居国外，并没收他们的产业。对奥地利犹太人的暴力，比德国国内有过之而无不及，但参与不受限制的反犹暴力的自由也很快传入德国。1938年夏，暴力活动之甚最终到了希特勒不得不亲自出面干涉的地步。1938年6月22日，由于受到来自国际社会的批评，希特勒命令停止暴力活动。慕尼黑会议后，纳粹党活跃分子又开始了针对犹太商业和犹太教堂的暴力活动。正是在这种不断增长的种族仇恨背景下，11月9—10日夜间对犹太人的迫害就顺理成章了。

这场战前最严重反犹暴力的直接原因，是一个年轻的犹太籍政府反对者在巴黎刺杀了德国外交官恩斯特·冯·拉特（Ernst von Rath）。11月9日晚，拉特伤重不治。此时，希特勒正在慕尼黑参加1923年啤酒馆政变的周年庆祝活动。拉特的死讯激起了反犹骚乱，而希特勒在戈培尔的怂恿下，决定警察将不干预这次活动。"这一次，"希特勒告诉戈培尔，"该让犹太人尝尝公愤的滋味。"

戈培尔当晚在慕尼黑发表了一次煽动演说，鼓励纳粹党表达它对犹太人发自肺腑的愤怒。那一夜，德国各地商店被捣毁、劫掠，犹太教堂被烧毁，犹太人遭到殴打或谋杀。在大部分德国大城市人行道上，到处都是破坏商店留下的碎玻璃，因此这次迫害得到一个广为人知的名字**"碎玻璃之夜"或"水晶之夜"**。到第二天暴力活动逐渐平息时，至少有90人被杀害，300座犹太教堂被烧毁，7500家商行受损或被毁掉。与此同时，还有约2万名男性犹太人被抓捕，并送到集中营进行短期惩罚性关押。

德国公众对这次迫害的反应是复杂的。许多人感到震惊，倒不是因为它的反犹主义，而是因为它释放出的混乱和暴力。迫害受到国际社会的强烈谴责。作为四年计划负责人，戈林对迫害导致的大量商业财产损失颇为心痛。但11月9日的此次事件，为德国加紧实行反犹措施铺平了道路。11月12日，希特勒委托戈林负责处理所谓"犹太问题"。在航空部一次会议上，戈林与戈培尔、海德里希和一批其他部长，讨论了针对犹太人的进一步措施。会议的结果是，命令所有犹太人必须清理街道，自负费用修理他们的所有物，并且对所有犹太财产额外征收10亿马克税收，作为对已发生事件的补偿。同一天，一条法令禁止犹太儿童进入德国公立学校，犹太人还被排除在商业活动之外。12月3日确立最终规定，命令强制收购犹太公司，使其"雅利安化"。另外，还有许多针对德国犹太人的次要限制，诸如不允许他们使用火车上的餐车和卧铺车厢、禁止进入公共泳池和浴场，以及尽可能远离"雅利安"公寓区和居住区。1938年12月6日，戈林对纳粹党魁们宣布了这批新举措。根据他的说法，希特勒要那些抱怨德国犹太政策的国家对犹太移民打开大门："为什么你们在那儿不住口地大谈特谈犹太人？那你们就收下他们吧！"

"雅利安化"

第三帝国成立之初，就对犹太执业者、店主和专业人士施加压力，要求他们把相关产业卖给日耳曼族人。这一步骤被称为"雅利安化"，即由"雅利安"德国人接管犹太的业务。这一计划还包括：政府和纳粹党对日耳曼人拥有的企业施压，要他们驱除犹太董事和股东。它的总体目标是，清除德国经济中的所有犹太参与成分。

这种做法一开始并没有任何法律依据。犹太商号、商店和工厂因官方或公共命令而受限，或者时不时遭到抵制，或者受到人身威胁。第三帝国头几年，许多犹太业主以大大低于市价的价格卖掉财产。1938年4月，法律规定德国犹太人有义务登记他们所有固定资产和流动资产。1938年12月3日，第二项《犹太财富调配》（The Deployment of Jewish Wealth）的法令建立了对犹太商业强制实施"雅利安化"的法律基础。其后几年，约有10万家犹太企业被关闭或出售。犹太人的珠宝、黄金、白银仅以象征性的价格被迫卖掉，用于购买德国工业发展所不可或缺的进口产品。在整个战争期间，这一程序在德占区不断重复，他们千方百计剥夺欧洲犹太居民的财产。据估计，纳粹从德国犹太人手中共攫取了70亿—80亿马克财产，在欧洲其他地区对犹太人的掠夺数量则没有任何准确估计。犹太人的资产，对支持1939年后德国的战争行动发挥了重要作用。战后，这些财产只归还给犹太人一小部分。

水晶之夜
（1938年11月11日）

到目前为止，从国家警察总部获得的报告，给出了1938年11月11日的总体情况：在许多城市发生了对犹太商店和企业的抢劫。为避免更多劫掠，警察采取了强硬行动。同时，174人因抢劫被捕。对犹太商业和房屋的破坏程度还无法用数字来表述。报告的数字有：815处企业被毁，29座仓库被烧或以其他方式被毁坏，171处住房被纵火或被毁坏。而这些只是已知破坏的一部分。因为急于写成报告，到目前为止，已知的报告不得不局限于一般性说明，如"大量的"或"大部分商业被毁"。

因此，实际数据很有可能大大超过这里给出的数字。191座犹太教堂着火，另有76座被完全损坏。此外，有11座公用房屋、殡仪馆和类似建筑被纵火，还有3座被完全损毁。约2万名犹太人、7名雅利安人和3位外国人被逮捕，后者是为他们自身安全着想而拘留的。报告36例死亡，36人重伤。死亡和重伤的都是犹太人。一名失踪犹太人还没找到。死亡犹太人中包括一位波兰公民，伤者中有两名波兰人。

——摘自：安全警察总监海德里希1938年11月11日给戈林的报告，参见《罪行档案：1933—1945》（第2卷）（*Dokumente des Verbrechens:1933–1945, Band II*），柏林迪茨出版社（Dietz Verlag）1993年版，第152~153页。

1938 年 11 月 10 日，纳粹在"水晶之夜"对德国犹太人及其商铺施加暴行，图中是一个被砸烂的商店橱窗。许多普通德国人不喜欢暴力和对财产的破坏，但很少有人甚至根本没有人抗议对犹太人的迫害。

比反犹措施的快速推进更让人不寒而栗的，是希特勒谈到犹太问题时的用语。1939 年 1 月，他与捷克外长讨论犹太问题时说："在德国，犹太人将被消灭。"他解释道，这是对他们在 1918 年从背后捅了德国一刀的报复。1939 年 1 月 30 日，在纪念他担任总理职位的年度讲话上，他公开表明了这一点。希特勒告诉帝国国会，如果犹太银行家成功地把欧洲拖入第二次全球战争，结果将不会是"犹太人的胜利"；恰恰相反，它将是"犹太种族在欧洲的灭绝"。

占领布拉格

对希特勒来说，1939 年将是德国不顾两个西方大国（英、法）的态度，在中欧扩大"生存空间"的一年。这两国的干涉，阻止了他梦寐以求的对捷克的那场小规模战争。1938 年 11 月 24 日和 12 月 17 日，他签署了军事占领捷克斯洛伐克、但泽自由市和梅默尔地区的命令和指示。没有了位于原苏台德区的德捷边境防御工事，希特勒现在对捷克斯洛伐克的目标是，利用斯洛伐克民族主义者的野心，分裂现有国家，把德国的有效控制延伸到捷克残余地区。与此同时，他开始设法诱使波兰放弃它在凡尔赛协议之后获得的德国地区。希特勒并不觉得把波兰走廊、但泽和上西里西亚[23]归还大德意志会导致战争，他满以为，德国显而易见的军事和经济实力将足以迫使他的弱小邻邦向现实低头。

捷克的事态正向着希特勒预期方向发展。2月12日，斯洛伐克人民党（Slovak People's Party）的一位领导人伏伊特赫·都卡（Vojtěch Tuka）和斯洛伐克日耳曼少数民族发言人弗朗兹·卡马辛（Franz Karmasin）到柏林面见希特勒。希特勒鼓动他们宣布独立、分裂捷克斯洛伐克国家。在德国武装力量为占领捷克地区寻找借口时，斯洛伐克骚乱的暴力程度促使布拉格政府于3月10日宣布戒严。希特勒派出两位使者到斯洛伐克首府布拉迪斯拉发（Bratislava），向斯洛伐克民族主义分子施压，要求他们立即宣布独立，但他们还是犹豫不决。3月13日，希特勒把斯洛伐克人民党领导人约瑟夫·提索（Józef Tiso）召到柏林，对他痛批了一顿。提索承诺第二天宣布斯洛伐克独立，然后得到了一份德国外交部为此拟定的文件。

3月14日，德国军队在捷克边境就位，希特勒把捷克总统埃米尔·哈查（Emil Hácha）和捷克外长弗朗吉席克·契瓦尔科夫斯基（František Chvalkovský）召到柏林。3月15日凌晨1点，希特勒和与凯特尔、里宾特洛甫、戈林一起接见了这两位来访者。戈林的任务是，如果捷克人不肯屈服，并接受斯洛伐克独立以及德国对捷克省份波希米亚和摩拉维亚[24]的保护的话，就向他们描述德国战机轰炸布拉格的残酷场面。想到首都就要被毁灭，哈查吓得晕了过去，只得由希特勒的医生救醒。两位来访者最终同意放弃捷克主权，交出捷克军事装备。凌晨4点，投降文件刚一签署，凯特尔立即命令对捷克进行军事占领。两个小时后，德国军队开进捷克。

希特勒几乎马上就为自己进入布拉格做了安排。但这一次，他将不会

关键词 斯洛伐克宣布独立

有胜利进入维也纳的那份荣耀。他在一场暴风雪中到达波希米亚，随后乘车到达前皇宫赫拉德恰尼城堡（Hradčany Castle），几乎没人注意到他的到来。在希姆莱和海德里希（他们的工作是组织逮捕数以千计的捷克危险分子，这些人被认为会对新的德国占领者构成威胁）陪同下，希特勒在那里接见了该市的日耳曼社区领导人。3月16日上午，他正式宣布对波希米亚和摩拉维亚的保护。两天后，希特勒任命前外交部部长冯·诺伊拉特为"帝国保护者"（Reich Protector）。3月17日，希特勒抵达维也纳，在那里起草了德国和现已独立的斯洛伐克间的《保护条约》（Treaty of Protection）。

第二天，经过了四天的紧张忙乱，希特勒一回到柏林，就马上命令把立陶宛的梅默尔区并入德国，立陶宛政府乖乖从命。3月23日，希特勒到达梅默尔港，向当地日耳曼居民发表讲话。仅仅一周时间，德国战略形势就完全改观，非日耳曼人第一次被强行纳入德国控制中，同时德国迈出了建立德国主导的欧洲新秩序的第一步。

波兰计划的实现，就没那么容易了。1月5日，希特勒邀请波兰外交部部长约瑟夫·贝克（Józef Beck）到柏林谈判。德国要求建一条穿过波兰走廊的铁路和公路，同时达成一项协议，终止但泽"自由市"地位，并将其归还德国。直到1939年，德波关系还很密切。1934年两国签署了《德波互不侵犯条约》（German-Polish Non-Aggression Treaty），波兰还利用《慕尼黑协定》的机会分得一份赃物，强迫布拉格政府割让捷波边境名叫特斯臣（Teschen）的一小块地区。德国领导人希望波兰成为一个驯服的卫星国，乖乖让出他们认为理当属于德国的地区，并且加入《反共产国际协定》，反对苏联这个大部分波兰人眼中的长期安全威胁。

然而，当贝克于1月5日到达时，德国人的策略昭然若揭：德国想得寸进尺，先提出有限要求，再逐步变成更重大、更咄咄逼人的要求。贝克指出，德国人提出的问题没有谈判余地。里宾特洛甫要求贝克在3月20日再来柏林，商谈把但泽归还德国事宜。此时德国刚刚成为捷克保护国（Czech Protectorate），贝克能看出德国的意图已经越来越明确，于是拒绝去

关键词：波兰白色方案

柏林。3月26日，波兰大使约瑟夫·利普斯基（Józef Lipski）通知里宾特洛甫，任何单方面改变但泽作为自由市地位的行为都将引发战争，谈判之路就此走到尽头。直到德国侵略波兰的前夜，波兰驻柏林大使都没法见到希特勒或里宾特洛甫。4月3日，希特勒签发了一条指令，要求军队准备入侵波兰的**"白色方案"**（Case White），预期进攻日期为1939年9月1日。

但泽

但泽是一个属于古老汉萨同盟[25]的德国港口，位于东普鲁士波罗的海[26]沿岸。1918年德国战败时，它属于德意志帝国[27]一部分。取得战争胜利的协约国强迫德国放弃该港，并将但泽设立为"自由市"，用作新成立的波兰国的贸易出海口。1920年，又加入一小块内陆地区，成立自由邦（Free State），由一个国际联盟三人委员会和一个常任联盟托管人（League Commissioner）管理。居民大部分为日耳曼人。1933年5月，但泽纳粹党在但泽参议会（Danzig Senate）上获得多数席位。

其后，但泽经历了一些与德国已经发生的变化一样的转变，尽管这个自由市不可能采用第三帝国那种程度的政治恐怖和一党专政。1938年，但泽政府违背联盟托管人意愿，把臭名昭著的《纽伦堡法案》适用于但泽，禁止日耳曼人和犹太人结婚或发生性关系。30年代，许多但泽犹太人逃到国外。波兰少数民族和日耳曼多数人口之间的关系，从最初的紧张，到经历一段时间的稳定合作，最终在1933年以后变成怨恨与对立。但泽的日耳曼居民公开活动，要求加入希特勒德国。1939年9月1日二战爆发时，他们最先宣布的就是与德国重新统一。

走向战争

希特勒决定准备进攻波兰，这表明他强烈需要发动一场战争，来证明其德国最高军事统帅资格。未能发动对捷克斯洛伐克的快速战争，希特勒本来就有点失望；而一旦事态表明德国对波兰的要求不会轻而易举地得到满足，那么，这种失望就有可能促使他想与波兰人打一仗。1939年1月和2月，他在许多场合对军方人员宣扬发动战争的价值，战争不仅是为德国争取"**生存空间**"，也是再次全面主张德国作为欧洲最强大国家的历史使命所必需的。征服的幻想，对希特勒决心与波兰一战起到了重要作用，即使是在国际后果变得越来越严重的时候。

像一年前的捷克问题一样，波兰问题不可能与更广阔的国际背景孤立开来。3月31日，张伯伦在议会下院（House of Commons）对波兰的独立作出单方保证。4月13日，英国又和法国一起，为罗马尼亚和希腊的独立提供了保证。英国的保证激怒了希特勒，他立即发出"白色方案"指令。在保证宣布的第二天，德军最高统帅部就开始准备这一方案。不管怎么说，这一次希特勒决定孤立波兰，不让它获得任何可能的援助，确保战争局限为一场短期的地区性冲突，而不是欧洲全面战争。1939年5月23日，希特勒召集军队领导人，开会讨论波兰战争。会上他宣布决定孤立波兰，并说："但我们决不能与此同时与西方对抗。"然而实际上，希特勒却没有作出多少努力，避免与西方对抗。4月28日，希特勒向德国国会发表了一次重要演说，宣布废除《德波互不侵犯条约》和1935年签署的《英德海军协议》。与此同时，他拒绝了美国总统富兰克林·罗斯福（Franklin Roosevelt）4月5日发出的一个呼吁，后者要求德国和意大利作出一项保证，在十年之内不侵犯他列在名单上的欧洲邻国。与此相反，在意大利的诱使下，5月22日德意签署一项协议，在一国或另一国卷入战争情况下，互相提供军事援助。柏林对这份**《钢铁条约》**（Pact of Steel）并不是特别欢迎，但仍然希望两国结盟会进一步阻止英法干涉东欧事务。至于自己的波兰战争计划，希特勒则对墨索里尼守口如瓶。

希特勒和英格兰问题
（1939年4月）

希特勒一想起"背信弃义的阿尔比恩[28]"，就觉得自己听到一声坚决的、毫无余地的"不"，这让他充满了英勇的、不可冒犯的愤怒。他的神情举止不再如往常，他的声音变得沉重险恶，眼中闪现出奇特的光芒。愤怒让他失去自控，他的灵魂一时摆脱了自我控制，显出它的本来面目：暴力、放纵……

"噢，行啊！如果英格兰想要战争，它会得到的。战争不再像英国想的那样不痛不痒了，因为世界格局不是原来的那个样子了。英格兰不再拥有整个世界，至少半个世界在我们这边。这会是一场无法想象的毁灭战争。还有，英格兰凭什么进行一场现代战争？它甚至没法在任意一条战线上布置两个师！

"而我们，我们的不幸就是我们的优势。我们的武器将不是1914年可比。我们将毫不犹豫地无情战斗到最后一刻。我们从没有现在这样强大。除了不可战胜的军备，我们还有技术人员、工程师和化学家的才能。我们将用我们的办法和发明创造震惊世界。所以，他们凭什么制止我们？空军？他们也许能成功地炸掉几个市镇，但怎么可能和我们相提并论？我们的空军世界领先，将夷平敌方每一座城镇！"

像是为了事先给自己免除责任，元首伤心地加上一句：

"想到是我，一个在德国被指责为寡廉鲜耻的不列颠帝国的崇拜者，一个总是力图在德英之间建立长期谅解（至今我依

> 然认为这种谅解对保护欧洲文明是不可或缺的）的人，想到必须面对这样一场冲突的人是我！而这一切完全是出于大不列颠领导人的无知和冷酷！"
>
> ——摘自：格里戈雷·加芬库（Grigore Gafencu）所著《欧洲最后的日子：1939年一次外交旅行》，伦敦弗里德里克-穆勒出版公司（Frederick Muller)1947年版，第65～66页。

关键词 激化德波关系

那年夏季的几个月里，军队为即将到来的战争做着准备，同时德国方面别有用心地挑拨激化德波关系，鼓动波兰日耳曼少数民族在居住地制造地区动乱，就像以前鼓励苏台德地区日耳曼人和斯洛伐克人所做的那样。在但泽，日耳曼多数人口开始蓄意阻挠波兰港口的官员和海关人员，妨碍他们管理波兰人在但泽港的贸易。在德国新闻界，戈培尔操纵了持续不断的反波兰宣传，这不仅成功地培养了民众对波兰人的愤慨，也为计划中8月底或9月初的入侵准备了欺骗德国人民的理由。

整个夏天，英法发表的一些公开声明都清楚地表明，它们越来越反对德国采取针对波兰的任何行动。英法与苏联的接触使这个联盟有可能形成对德国的包围，阻止它征服波兰。但希特勒依然确信，这一次他已经摸清了英法的底细：他们在1938年抛弃了捷克，眼睁睁看着德国占领布拉格。在希特勒看来，这些都有力地证明了西方是"语言的巨人、行动的矮子"。

对上一年冒险进军捷克，德国国内一帮保守派领袖本已不满。而希特勒要对波兰动手的明显决心，更是刺激他们与国外建立联系，鼓动外国政府强硬应对希特勒的波兰政策；并且暗示，如果得到外部支持，他们有可能推翻希特勒政权。持这个观点的主要代表有：前莱比锡市长卡尔·格德勒（Carl Goerdeler）、前陆军参谋长路德维希·贝克，以及德国外交官亚当·冯·特罗特·楚·佐尔茨（Adam von Trott zu Solz）等。然而，西方国家没有利用这些迹象来进一步反对德国，而是用这些说服自已相信，如果他们在支持波兰问题上采取坚定立场，希特勒也许会屈服或者被一次高层政变推翻。

希特勒不得不考虑的一个因素是，苏联也许会决定与西方达成一项协议，恢复一战时的旧联盟。1939 年，虽然希特勒渴望战争，但他并不想引发一场世界大战，因为德国经济、军事还未对此做好充分准备。经过多年公开宣传犹太－布尔什维克是欧洲文明最大威胁，那一年年初时，德国领导人开始考虑与苏联修好的可能性。到了 4 月，带着准备与波兰一战的坚定决心，争取苏联中立甚至合作的前景变得更为诱人。那个月，对苏联的攻击从德国媒体和希特勒演讲中消失不见了。5 月，德国驻莫斯科大使弗里德里希·冯·舒伦堡伯爵（Count Friedrich von Schulenberg）开始向苏方发出暗示。5 月 30 日，他接到指示，要他设法启动有限[29]谈判。谈判异常艰难，部分原因是，英法代表团同时也在努力争取与苏联形成反德联盟；还有一部分原因是，苏联领导人难以相信德方的诚意。直到 1939 年 8 月，在（德国）对波兰的战争已迫在眉睫、与英法的谈判又陷入僵局时，苏联领导人才最终认识到，有关签署德苏协议的暗示也许是真的。

1939 年 8 月 2 日，里宾特洛甫告诉苏联贸易官员格奥尔基·阿斯塔霍夫（Georgi Astakhov），两国从波罗的海到黑海[30]的利益都可以调和。三天后，一个德国贸易谈判代表建议，在两国间可能达成的经济协议之上，附加一项秘密政治议定书，将罗马尼亚、波罗的海国家和波兰划入苏联利益范围。8 月 11 日，一个英法军事代表团抵达莫斯科，他们是来商讨可能采取的联合行动的。同一日，苏联外长维亚切斯拉夫·莫洛托夫（Vyacheslav Molotov）最终向德方透露有达成协议的可能。接下来一周，与英法谈判破裂。8 月 17 日，莫洛托夫交给舒伦堡一份附有秘密政治议定书的《互不侵犯条约（草案）》。两天后，两国签署《综合贸易协定》，苏联向德国提供农产品和石油，德国给予苏联现代化的军事装备和机器。协定签署后，希特勒询问，是否可以让里宾特洛甫紧急赶赴莫斯科。8 月 21 日，在最终确信德国方面不是虚言诡诈后，斯大林同意了。

8月22日，里宾特洛甫登上一架开往莫斯科的飞机，去签署《互不侵犯条约》，那份现在看来是两大势力间的历史性协议。

《德苏互不侵犯条约》
(*The German–Soviet Non-Aggression Pact*, 1939年8月23日)

德意志帝国政府和苏维埃社会主义共和国联盟政府，本着巩固德国与苏联间和平事业的愿望，从德国和苏联1926年4月缔结的《中立协议》(*Neutrality Agreement*) 基本规定出发，达成下列协议：

第一条 条约缔结双方保证不单独或联合其他国家彼此间施用武力、侵犯或攻击行为。

第二条 缔约一方如与第三国交战，另一缔约国不得给予第三国任何支持。

第三条 为协商之目的，缔约双方政府将保持与对方政府的持续接触，就影响双方共同利益的问题交换信息。

第四条 缔约双方决不参加任何直接、间接反对另一缔约方的任何国家集团。

第五条 缔约双方如在此种或彼种问题上发生争议或冲突，双方应排他性地通过友好方式交换意见。如有必要，可通过建立仲裁委员会解决这些争议或冲突。

第六条 本条约有效期十年；并且，只要缔约双方中未有任何一方在期满前一年声明废止，本条约有效期将自动延长五年。

第七条 本条约应尽可能在最短时间内批准。应在柏林互换批准书。本条约自签字之日起立即生效。

德意志帝国政府代表　　　　　苏联政府全权代表

冯·里宾特洛甫　　　　　　　维亚切斯拉夫·莫洛托夫

1939年8月23日，莫斯科

附加议定书

在德意志帝国和苏维埃社会主义共和国联盟《互不侵犯条约》签字之际，在严格保密的会谈中，就各自在东欧的势力范围划分问题，双方全权代表进行了讨论。会谈形成如下结论：

1. 波罗的海地区（芬兰、爱沙尼亚、拉脱维亚和立陶宛）如发生领土或政治变动时，立陶宛北部疆界将成为苏德势力范围界限；在这方面，双方将承认立陶宛在维尔诺（Vilna）地区的利益。

2. 如若波兰发生领土和政治变动，苏德将大致以纳雷夫河[31]、维斯瓦河[32]和桑河[33]为势力分界。维持波兰独立是否符合双方利益，以及如何划界，只能在进一步的政治发展过程中才能确定。在任何情况下，双方政府都将通过订立一项友好协议的方式解决此问题。

3. 在东南欧方面，苏联关心它在比萨拉比亚[34]的利益，德国宣布它在该地区完全没有政治利害关系。

4. 双方应对本议定书严格保密。

——摘自：《纳粹–苏维埃关系（1939—1941）》（存放于美国国务院华盛顿特区），1948年版，第76~77页。

在里宾特洛甫飞往莫斯科时，希特勒召集其军事领导人为即将到来的战争作最后指示。将领们可能还对冒险发动全面战争心存疑虑，这次会议就是想消除这种顾虑。希特勒向他们保证，英法不会为波兰而战。"我们的敌人只是些小蛆虫，"他说，"我在慕尼黑已经领教过了。"希特勒宣称，与苏联的协议将使西方噤若寒蝉。他命令，"对波兰的摧毁"于8月26日凌晨开始。第二天，8月23日，里宾特洛甫和莫洛托夫谈判达成最终协议。晚上，里宾特洛甫给希特勒打电话，请他批准将另外两个波罗的海港口划入规划中的苏联势力范围。因为希特勒并不打算长期遵守这份协议，所以这个让步对他来说无关紧要。8月23日午夜，两国签署**《德苏互不侵犯条约》**，条约另附一份秘密议定书，规定了各自的势力范围，并把波兰一分为二。一小时后，里宾特洛甫打电话把签字的消息报告给希特勒。第二天上午，希特勒正期待着听到英法政府垮台的消息[35]，结果等来的却是张伯伦重申英国对波兰的支持。晚上，希特勒回到柏林，去准备快速征服波兰的战争了。

战事降临

从签署《德苏互不侵犯条约》到9月1日入侵波兰，这期间一周的紧锣密鼓的活动，又一次反映了希特勒面对西方大国行动不确定性时的犹豫不决。入侵前几天，他更坚定地确信，英法将只是走走过场，不会真的进行军事干预。而他身边的人，则对能否将波兰冲突局限为地区性的疑虑更深。

与莫斯科谈判那一周，德国军队已经开始进入阵地。8月19日，第一批部队开始向波兰边境移动；24日，第二梯队领命进军。德军计划不经正式宣战，于8月26日凌晨开始直接入侵。8月25日，柏林总理府忙作一团，希特勒等待最后的部署就位。上午，希特勒会见英国大使，提出如果英国不加干涉，让他解决波兰问题，他将保证不列颠帝国的安全。下午3点，希特勒命令于第二天清晨4点半发动进攻。但接下来几小时又出现了新困难。5点半，法国大使前来确认，法国将履行对波兰的承诺；5点45分，意大利大使不得不告诉希特勒，虽有《钢铁条约》条款，但墨索里尼目前还没有做好参战准备。这位意大利领导人直到 8 月中旬才知道入侵计划，对此异常恼火，同时，意大利军队尚不具备加入一场大战的能力。最后，6 点，里宾特洛甫报告希特勒，英国和波兰刚刚签署了《英波协定》(Anglo-Polish Treaty)，确立了在德国进攻的情况下英国的战争义务。一时被接踵而至的不利消息打了个措手不及的希特勒，晚上 7 点半决定取消入侵指令。该命令那天很晚才被送到军队各部门，但还是有效中止了进攻（一支部署在斯洛伐克的部队实际上已于 8 月 26 日越过波兰边境）。

对于不得不停止入侵，希特勒极不情愿，但他需要时间评估这些来自各国的不利消息的影响。在接下来几天时间里，他加紧努力，试图使英国解除对波兰的义务。但到第二天（8 月 27 日）上午，希特勒又变得信心十足，认为可以在没有墨索里尼的协助下独立成事，而英法不过是在玩一个危险的虚张声势的游戏。8 月 27 日，军队又准备进入攻击状态。28 日，希特勒确认，新入侵日期为 9 月 1 日上午。在西方，认为希特勒是在虚张声势的想法正在滋长。8 月 28 日，当希特勒表现出愿意接受英国建议，开始与波兰谈判时，和平又现出一丝曙光。但是，29 日，当会见英国大使尼维尔·汉德逊爵士（Sir Nevile Henderson）时，希特勒坚持，波兰全权代表必须在 24 小时之内抵达柏林，并做好立即签署协议的准备。西方国家和波兰拒绝了给波兰人的这个实际上的最后通牒，他们不愿走这一年早些时候捷克人受胁迫的老路。

8 月 30 日，波兰政府命令总动员。第二天，希特勒在《第一号作战指令》(War Directive No 1 for the Conduct of the War) 中确认了摧毁波兰的目标，并在下午 4 点发出进军命令，要求于 9 月 1 日清晨 4 点 45 分开始进攻。晚上，希姆莱的安全部队策划了由穿着波兰军装的党卫军发动一次对德国在格莱维茨[36]边境的设施的假攻击。一群穿着波兰军装的集中营犯人被杀死并被留在现场，以使这场冲突看起来真有其事。这次伪造的袭击，被希特勒用来作为德国进攻的借口。

1939 年 9 月 1 日，德国进攻波兰的最初几小时，德国士兵在拆除德波边境佐波特 (Zoppot) 和格丁尼亚 (Gdingen) 之间道路上的一根界桩。尽管许多德国人都不喜欢大战，但还是普遍对波兰战争表示了热情。

德军从三个不同方向进攻。与德国 150 万大军和超过 1500 架战机对阵的，是一支不仅人数上少得多，而且只有 400 架战机（其中许多是过时的旧飞机）的军队；而波兰方面数量极有限的装甲车，面对的是德国的 5 个装甲师。德国的第一个战果，是夺取了但泽，它在 9 月 1 日一大早被宣布成为德国的一部分。虽然在接下来几天里，波兰军队顽强抵抗，但根本不是德国战术和战机无情轰炸的对手。

早上，入侵消息传到伦敦和巴黎。英法当晚在柏林提交正式照会，要求德国停止进攻并撤回部队，但没有发出最后通牒或者宣战。开始，希特勒认为西方不会真打，并且直到波兰行动开始前最后一刻，他还在向他的同事这样保证。9 月 2 日，还是没有来自西方各国的明确消息。直到 9 月 3 日上午，两份最后通牒才被最终送达，英国的通牒上午 9 点到来，法国的 12 点半到达。英国最后通牒明确，如果得不到德国回复，则于上午 11 点到期；法国的最后通牒于下午 5 点到期。希特勒现在面对的，是一场他目前还不希望发生的全面战争。晚上，他出发去前线，临行前给忐忑不安的戈培尔打气，说西方只想打一场封锁战，而不是真正的冲突。

关键词 英法最后通牒

德国奴役下的波兰
（1939年10月）

10月10日

　　德国人好像要在这儿长期待下去。他们在寻找一个可以住150人的地方。我们有了一位新市政长官。从一开始，他们就赶着犹太人清扫大街。今天，是几周来市场第一次正常开放，就像以前每周二通常都有的那样。许多村民来卖他们的东西……

10月11日

　　城里挤满了德国人。他们占据了所有大房子。大部分德国人来自奥地利，一些来自维也纳。总的来说，德国人试图清理这座城市的卫生环境。这个星期，他们只让犹太人做这种活儿。犹太人得打扫街道、清洁所有公共厕所，并且填平街上所有的沟坑。到处贴着德国人的通知，告诉我们今后要怎么做。

　　我们必须上缴所有武器。必须报告所有传染病。晚上10点到早上5点半是宵禁时间。对犹太商店的限制一天一个花样，有时候会允许犹太人开门营业，有时候又不许。似乎大部分命令都是针对犹太人的……

10月13日

　　德军指挥官告诉市长，可能要在什切布热申[37]建一座集中营。这真是个不幸的消息……

　　德国人贴出几条新规定。我在这里只写下其中几条：

　　"所有15到60岁信仰犹太教的男子，必须在10月14日上午8点到市政厅报到，并携带扫帚、锹和水桶。他们将清洁本市

> 街道。"
>
> "所有犹太教人士，只有在上午6点到下午6点之间才能在市内街道上自由行动。他们应随时保持住房和公寓大门敞开，供警察检查。"
>
> "所有收音机应在两天内交到市政厅，并附上所有者姓名。犹太人签名时应在其姓名下加上'犹太人'。"
>
> "犹太人须待在屋内，禁止外出。"
>
> ——摘自：格鲁格·克鲁科夫斯基（George Klukowski）所著《占领期日记（1939—1944）：齐格蒙特·克鲁科夫斯基（Zygmunt Klukowski）亲历记录》，芝加哥伊利诺伊大学出版社（University of Illinois Press）1993年版。（来自兹维日涅茨镇[Zwierzyniec]的日记。）

波兰覆灭

关键词：波兰溃败

事实证明，面对德国大军，波兰军队实在不堪一击。德国人用精心计划的大规模钳形攻势包围了大量波兰士兵。9月17日，在里宾特洛甫催促下，当苏联终于援用《德苏互不侵犯条约》条款侵入波兰时，已经遇不到什么有效抵抗了。到9月第3周，波兰军队被赶到华沙[38]和莫德林[39]一带的中部地区。9月25日，德国轰炸机和俯冲轰炸机袭击了华沙，造成大规模破坏。9月27日，华沙投降。一天后，在莫德林的军队跟着投降。到10月5日，最后抵抗也逐渐平息。约有7万名波兰人被杀，69.4万被俘。据估计，有约9万人逃离波兰，其中许多人设法逃到了西方国家。德国死亡和失踪总数为1.3万。苏联损失750人左右。9月28日，德国和苏联代表在波兰中部会商最终分界线。同一天，里宾特洛甫再次抵达莫斯科，签署《德苏边界友好条约》（German-Soviet Treaty of Borders and Friendship），确定了对波兰的分割，并把立陶宛划入苏联势力范围。

1939年9月4日，德国士兵押着两名波兰平民路经卡托维兹 (Katowice)。波兰行动伊始，被怀疑从事反德活动的人士、波兰政府人士和知识界精英，就被德国军队和安全力量抓捕起来。成千上万人在随后的几个月里被谋杀。

对波兰的战争不仅仅是一次军事冲突。入侵的几周前，希特勒同意希姆莱建立由安全人员组成的一批特别行动分队（Special Action Squad, 德文 Einsatzgruppen），并随军行动，处理后方的安全问题。实际上，这些分队获得了直接逮捕和处决的权力，成为谋杀波兰精英、高官、教士及知名犹太人士的工具。这个代号"坦能堡"（Tannenberg）的行动，标志着罪恶的种族战争的开始，而党卫军将成为随后这场长达整整 6 年战争的主导。9 月 27 日，全部安全机构被改组为一个安全部——**帝国中央保安局**（Reich Main Security Office，德文缩写 RSHA），由海德里希领导。早在 9 月 3 日，海德里希就已经签署了一道密令，授权盖世太保可以不经审判，处决破坏分子和人民公敌。随后，盖世太保在整个新占领区残酷地行使了这项新权力。10 月 7 日，希姆莱又获得额外权力，处理波兰和其他德占区的种族重组问题，作为保护大德意志帝国的代表，他负责驱逐一些种族团体。这些团体占用着指定给德国新殖民者的

关键词 平息波兰反抗

进攻但泽邮局大楼的过程中，一群但泽党卫军作战部队躲在一辆坦克后。1939 年 9 月 1 日，但泽被占人口多数的日耳曼人夺取后，在这里的一群武装波兰人拒绝投降。当天晚些时候，邮局最终被攻破，而波兰的抵抗也被限制在维斯特布拉德要塞（Westerplatte Fortress）。

土地，而这些新殖民者，则来自散居在大部分东欧国家的一些大的德语少数民族。最终，希姆莱一共把 60 万日耳曼族人迁回德国或前波兰地区。

欧洲种族重组的成功，与近 300 万波兰犹太人的命运密不可分，他们现在受着德国人的控制。9 月 21 日，海德里希命令所有波兰犹太人定居在指定的犹太聚居区。波兰的其他领土本身也将遭到解体：西里西亚、波兹南[40]和普鲁士[41]三地的西部地区以及但泽市，全部于 1939 年 10 月 8 日并入德国。10 月 12 日，波兰的其他残余地区被划归新成立的 **"波兰总督府"**（Generalgouvernement）管辖，由汉斯·弗兰克（Hans Frank）领导，首都设在克拉科夫[42]。他们准备在这里安置大部分波兰犹太人，以及从德国、奥地利、捷克保护国驱逐出的犹太人。12

月 1 日，总督府命令治下所有犹太人佩戴黄星标志。当月，从并入德国的波兰地区迁入约 8.7 万名犹太人。12 月 21 日，党卫军青年军官阿道夫·艾希曼（Adolf Eichmann）受命管理帝国中央保安局 IV D4 [43] 部门，负责"移民和驱逐"。该部门后改为 IV B4，负责犹太及驱逐事务，成为后来进行大屠杀的中心部门。

帝国犹太移民总局
（Reich Central Office for Jewish Emigration）

1938 年秋，德国建立了党卫军头子艾希曼领导的犹太移民总局，加紧了迫使德国和奥地利犹太人移民的工作。艾希曼生于德国，但在奥地利长大，并在那里加入奥地利纳粹党和党卫军。1933 年 7 月，他回到德国，在柏林党卫军安全部门找到一职位。他负责解决犹太问题，并以此身份与犹太复国组织建立联系，甚至跑到巴勒斯坦去调查犹太移民的前景。1938 年 8 月，他建立并管理维也纳中心（Centre in Vienna），负责给所有奥地利犹太人发放出境签证。为得到可以离境的特权，犹太人被迫留下大部分财富和私人财物。如果他们付不起自己的赎身费，就得从愿意赞助他们的富有犹太人那里筹款。几个月之内，约有 10 万犹太人离开奥地利。1939 年 3 月，艾希曼在布拉格设立犹太移民办公室第二家分支机构。由于奥地利办公室的成功，1939 年 1 月 24 日在柏林建立了一个由海德里希监督的帝国犹太移民总局。到 1939 年，约有 28.6 万犹太人离开了德国，其中 6 万人根据党卫军和德国犹太复国运动达成的一项协议条款，去了巴勒斯坦。1933 年，德国有近 50 万犹太人。到 1941 年，只有 16.4 万还留在第三帝国。

Chanukah-Tage im jüdischen Do

Palästina
Bild-Beilage
der Jüdischen Rundscha
Berlin W 15, Meinekestraße

Nr. 5 99 vom 12. Dezember 193

חנכה

20世纪30年代，德国反犹政策致力于把德国犹太人移居到巴勒斯坦或其他西方地区。这份德国犹太事务当局发行的增补刊物，鼓励犹太人考虑移民。到1939年，超过半数德国犹太人离开了第三帝国。

在残酷平息波兰反抗的同时，希特勒还得决定如何应对英法宣战。因为这两国在 9 月份都没有采取任何实际行动支持波兰，希特勒又回到了他的旧有观点，认为英法并非真心实意要挑起战争。出席华沙的成功阅兵后，10 月 5 日希特勒归国，并于第二天对西方大国宣布了一项和平建议，其首要目的是希望在德英之间达成一个特别协议。虽然一部分西方领导人不反对妥协（因已无力拯救波兰），但西方政府还是拒绝了这一和平提议，理由是他们已经宣布，战争目的是消除希特勒主义对欧洲的威胁，而不是承认希特勒的胜利。10 月 9 日，希特勒不惜破坏卢森堡、荷兰和比利时三国对战争的中立原则，[44] 签发了对法战争"第 6 号作战指令"（War Directive No. 6），代号"**黄色方案**"（Case Yellow）。10 月 18 日又对它作了修改，并把发动日期定为 1939 年 11 月 12 日。几乎所有希特勒的高级指挥官，都认为行动时机远未成熟：军队疲惫不堪、装备不整，恶劣的冬季气候也不利于作战行动。但希特勒依然固执地认为，敌人的作战准备更不充分。直到 11 月 7 日，面对不利天气条件的现实，希特勒不得不同意把进攻推迟到 12 月中旬。最终，行动被推迟了至少 29 次，直到 1940 年 5 月 10 日才开始。

关键词 **进攻法国**

希特勒要在那年秋季不惜一切代价进攻法国的决心，刺激了一帮军事指挥员考虑采取切实行动，反对他们的最高统帅。不少将领提交报告，批评"黄色方案"；另一些人则对德国安全人员在波兰对犹太人和波兰精英的所作所为大为震惊。在 10 月末和 11 月间，保守抵抗运动中的极端分子开始考虑，要在希特勒为一场无法取胜的战争而不顾一切之前，发动一场针对他的实际政变。一位 1939 年 9 月召回现役的老战士，库特·冯·哈迈斯坦因-埃克沃德男爵（Kurt von Hammerstein-Equord）将军计划邀请希特勒到他设在科隆的指挥部，想在那里逮捕或者谋杀希特勒。但是，希特勒拒绝了邀请。另一伙密谋分子秘密会面交换看法，在谈到希特勒对德国人民的控制时唉声叹气，却又想不出办法冒险推翻他。11 月 20 日，路德维希·贝克写下一份备忘录，预言德国在已经开始的战争中将彻底失败。但

关键词 **谋杀希特勒**

是，在能够接近希特勒的一帮将领中，他却找不到一个身体力行者。

最终采取行动的是一个单打独干的刺客，一个名叫格奥尔格·埃尔塞（Georg Elser）的心怀不满的木匠。他设法在著名的慕尼黑啤酒馆地下室的柱子套里安了一个爆炸装置；希特勒每年都会在那里召集一群纳粹老党员发表讲话，纪念失败的啤酒馆政变。1939年11月8日，希特勒像往常一样讲了话，但决定比原定计划提前离开。炸弹在他走后13分钟爆炸，炸死7人，另有63人受伤。希特勒在回柏林的路上得到了该消息，便把自己提前离开啤酒馆的决定看成是上帝之手在保佑德国救世主。埃尔塞没有被马上处决，而是作为"希特勒的特别犯人"，被盖世太保关押在萨克森豪森集中营。最终于1945年4月9日，在他试图阻止的世界大战结束前不久，埃尔塞被希姆莱下令谋杀。

注释

[1]　译注：大恐怖（Great Terror），指斯大林于20世纪30年代进行的大清洗，旨在平息反布尔什维克的阴谋和破坏。

[2]　编注：庇护十一世（Pope Pius XI，1857—1939），1922—1939年任教皇，历史上对他的评价毁誉参半。

[3]　译注：林茨（Linz），奥地利北部工业城市，位于多瑙河上，是上奥地利州首府。

[4]　译注：奥格斯堡（Augsburg），德国南部城市，位于巴伐利亚。

[5]　译注：杜塞尔多夫（Düsseldorf），德国西北部工业城市，位于莱茵河畔，北莱茵－威斯特伐利亚州首府。

[6]　译注：明斯特（Münster），德国西北部城市，威斯特伐利亚州前首府。

[7]　译注：斯德丁（Stettin），波兰语为Szczecin，现为波兰西北部一城市。

[8]　译注：维尔茨堡（Würzburg），德国南部巴伐利亚州美因河畔工业城市。

[9]　译注：从这句话来看，希特勒作为一个流氓政治家，并不是完全不懂法律和政

治的，他刻意践踏法律的行为只是个人独裁野心的表现之一。

[10] 译注：同性恋联系人，不是同性恋对象。这个证人叫汉斯·施密特，一个专门窥探同性恋活动并以此敲诈的惯犯。他声称认出冯·弗立契就是一直付给他封口费的陆军军官。事实上，付给他封口费的那个人叫弗立许。但是秘密警察指使他诬陷弗立契。

[11] 译注：毛特豪森（Mauthausen），奥地利小镇，在林茨以东约20千米。

[12] 译注：请注意在这之前的一段文字，希特勒已于3月13日签署了两国合并的法律，4月10日却又来搞关于德奥合并的全民投票。这种既要做婊子（强吞奥地利），又要立牌坊（把合并说成是民意）的做法在当时也成为一桩国际笑话。

[13] 编注：艾伯特·戈林（Albert Göring），赫尔曼·戈林之弟，人道主义者，救助了大量犹太人。

[14] 译注：波希米亚（Bohemia），捷克共和国西部一地区，原为一斯拉夫（Slavic）王国，后根据1919年《凡尔赛条约》，成为新成立的捷克斯洛伐克的一个省。

[15] 译注：沃尔夫斯堡（Wolfsburg），德国西北部的一座工业城市，位于下萨克森州米特尔兰运河（Mittelland Canal）河畔。

[16] 译注：易北河（Elbe），欧洲中部河流，发源于捷克共和国，经德累斯顿、马格德堡和汉堡绵延1159千米，最后注入北海。

[17] 译注：周末危机（Weekend Crisis），指上文发生于5月20—21日这个周末的捷克部分动员事件。

[18] 译注：从对张伯伦这位"和平使者"的欢迎来看，德国人民是不想要战争的，这一点呼应了下面的背景资料"坚决反战"。

[19] 译注：巴特哥德斯堡（Bad Godesberg），德国北莱茵–威斯特伐利亚南部波恩市（Bonn）的一地区。

[20] 译注：梅默尔区（Memelland），今立陶宛克莱佩达（Klaipėdos）地区，二战时位于东普鲁士与立陶宛边境地区，今位于立陶宛与前苏联边境梅默尔河及梅默尔镇之间的一处地区。

[21] 译注：波兰走廊，Polish Corridor。该地区与以下的但泽自由市的历史背景是：德国在1919年根据《凡尔赛条约》割让给波兰的一块狭长领土，今为波兰领土。也叫

"但泽走廊"。一战后，波兰复国，根据《凡尔赛条约》，把原属德国领土的东普鲁士和西普鲁士间，沿维斯瓦河下游西岸划出一条宽约80千米的地带，称为"波兰走廊"，作为波兰出波罗的海之通路，并把河口附近的格但斯克港（Gdansk，但泽港），划为"但泽自由市"（Free City of Danzig），归国际共管，使德国国土分成两个不连接部分。

[22] 译注：水晶之夜（Kristallnacht，Night of Broken Glass），又译为"碎玻璃之夜"。

[23] 译注：上西里西亚（Upper Silesia），西里西亚地区的东南部分。

[24] 译注：摩拉维亚（Moravia），捷克共和国一部分，西靠波希米亚，东临喀尔巴阡山脉（Carpathians），主要城市为布尔诺（Brno）。11世纪起为波希米亚一省，1848年划为奥地利一省，1918年起成为捷克斯洛伐克一部分。

[25] 译注：汉萨同盟（Hanseatic），德意志北部城市之间形成的商业、政治联盟。

[26] 译注：波罗的海（Baltic Sea），位于北欧，几乎为陆地包围，在瑞典、芬兰、俄罗斯、波兰、德国和丹麦之间，通过卡特加特海峡（Kattegat Strait）和厄勒海峡（Øresund Channel）与北海相连。

[27] 译注：请注意此处"德意志帝国"（German Empire）与本书其他地方"德意志帝国"（German Reich）的不同。此处指的是从1871年1月18日普鲁士统一德国到1918年霍亨佐伦王室最后一任皇帝威廉二世退位为止的德国（第二帝国）。本书其他地方则是指希特勒的第三帝国。

[28] 译注：阿尔比恩（Albion），诗歌中常用，指英国或英格兰。多指古代或历史时期的英国或英格兰。

[29] 译注：原文为definite，这一词既有"有限"，又有"明确、肯定"含义。史学界对德苏关系转折点是否为1939年5月30日尚存争议，争议的焦点就是如何理解这个definite。如译为"明确、肯定"，则5月30日应为德苏关系转折点，似与下文情况不符。

[30] 译注：黑海（Black Sea），欧洲内陆海，其周边为乌克兰、俄罗斯、格鲁吉亚、土耳其、保加利亚及罗马尼亚，通过博斯普鲁斯海峡和马尔马拉海与地中海相连。

[31] 译注：纳雷夫河（Narev），欧洲布格河右岸支流。源自白俄罗斯西部沼泽地区，西流经波兰东部马佐维亚－波德拉谢低地，在华沙以北注入布格河。全长438千米。

[32] 译注：维斯瓦河（Vistula，波兰语名 Wisła），波兰一河流，起源于喀尔巴阡山脉，大体向北，流程940千米，流经克拉科夫和华沙，在格但斯克附近注入波罗的海。

[33] 译注：桑河（San），维斯瓦河右岸支流。发源于贝斯基德山中，在桑多梅日东北注入维斯瓦河。全长444千米，绝大部分在波兰境内，小部分在乌克兰境内。

[34] 译注：比萨拉比亚（Bessarabia），前苏联欧洲部分西南部一地区。作为俄罗斯通向多瑙河河谷的通路，几世纪来一直是亚洲到欧洲的必经之路。该地区1812年成为俄国一部分，但1918年宣布独立，后通过投票与罗马尼亚联合，1940年被迫退出罗马尼亚加盟前苏联。

[35] 译注：其时英法政局不稳，政府国内支持率很低，已经岌岌可危。希特勒满以为，再加上外交上的巨大失败（没有争取到苏联的结盟，反倒让德国把它拉拢过去），足以让它们下台。

[36] 译注：格莱维茨（Gleiwitz），波兰西南部城市。又译作格利维策。

[37] 译注：什切布热申（Szczebrzeszyn），波兰东南部卢布林省的一个小镇。

[38] 译注：华沙（Warsaw），波兰首都。

[39] 译注：莫德林（Modlin），华沙附近一座村庄，那里有曾作为莫德林军（Modlin Army，保卫华沙的部队）司令部的莫德林要塞（Fort Modlin）。

[40] 译注：波兹南（Posen，或 Poznan），波兰城市名。

[41] 编注：此处指一战后原普鲁士东部被划入波兰领土的一部分。

[42] 译注：克拉科夫（Cracow，波兰语为 Kraków），波兰南部维斯瓦河河岸的工业城和大学城，1320年开始作为波兰首都，1609年被华沙取代。

[43] 译注：帝国中央保安局下的部门（Ämter，缩写 AMT）分类。第四部门（AMT IV）是盖世太保，其下有 A、B、D、E 四个分部门，各分部门下又按数字分出支部门。IV D 分部门负责占领区，IV D4 是西方地区支部门。后文的 IV B 负责教派和教会，IV B4 是犹太部门。

[44] 译注：因德国要入侵法国，需经过这三国的领土。

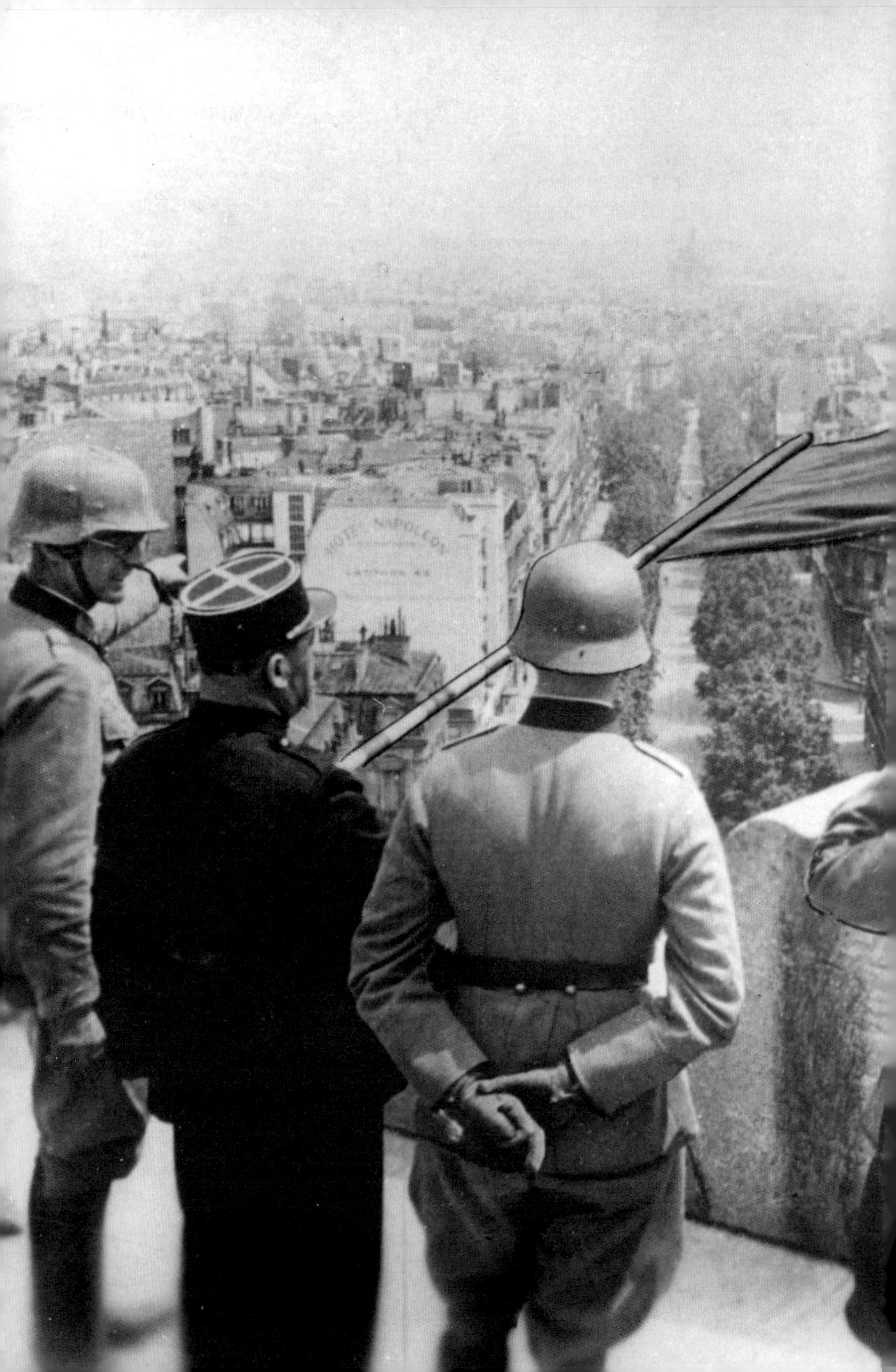

第五章
战争初期的胜利
1940—1941

1939年9月的波兰战争，让希特勒面临着一场世界大战的前景，这是他所不想要的。1940年，他孤注一掷，希望能在一次对英法防线的冒险正面进攻中击败他们。1940年6月，法国战败，英国人被赶出欧洲大陆，希特勒的冒险取得巨大成功。西线的胜利，为希特勒开启了建立所谓欧洲"新秩序"的可能性。然而德国领导人知道，英国及其帝国还没有被打倒。1940年夏，希特勒尝试按他的条款向英国提出和平建议。建议被拒绝后，起初，希特勒研究了1940年9月入侵（英国）的可能性；随后，又放弃入侵，转而试图通过轰炸使英国屈服；然而德国却最终失败了。同时，希特勒又担心斯大林领导的苏联对东欧的野心。1940年12月，为解除共产主义威胁，消除英国可能与一个强大国家结盟的最后希望[1]，希特勒批准于1941年初夏，对苏联发动全面攻势。希特勒认为，自己要在东方建立一个伟大的德意志帝国是上天注定，这个伟大帝国有能力保证德国的世界超级大国地位。打败法国后，德国人兴高采烈，满以为战争该结束了。没想到，1941年冲突扩大，德国投入军队，帮助墨索里尼击败希腊；1941年4月，又为消除贝尔格莱德[2]反德政变的威胁，而入侵南斯拉夫。德国人民面临着一个时间更久、代价更大的战争。1941年6月德国对苏联的入侵，是史上规模最大的军事行动，伟大胜利开始向他们招手。但到了12月，当大军止步于莫斯科，并由此转入退却时，轻松获胜的日子结束了。

前页图片：1940年6月14日，巴黎向德军投降后，一群德国士兵和法国警官俯瞰巴黎。

德国后方

在战争的第一个冬季，德国没有大的战事。但是，为保证后方能够比 1914 年更好地为大规模战争做准备，德国居民从一开始就被迫接受了更广泛的动员、控制和有限的供给。因为天气恶劣和准备不足，希特勒被迫推迟了 1939 年 11 月对西方的进攻。之后，他希望在 1940 年 1 月 17 日发起这次攻击。不巧的是，1 月 10 日，一架德国飞机[3]在比利时迫降，详细的进攻计划落入盟国手中。于是，进攻被迫再次推迟到春季，计划也被全面修改，同时希特勒也给军队分配了更多军事资源。在

关键词　配给制度

帝国建筑组织负责人弗里兹·托特为工人颁发铁十字勋章，表彰他们在德国西墙防线维护、建设中提供的杰出服务。托特是一位民用工程师、狂热纳粹分子，1940 年成为军需部部长，1942 年 2 月因飞机坠毁而丧生。

这额外的几个月里，德国社会为一场冲突做好了准备。许多人预计，这场冲突会像 1914 年到 1918 年的西部战线[4]一样僵持不下。

和其他民族主义者一样，希特勒认为，后方是对战争起决定作用的因素。一战老兵拒绝接受德军在战场上被打败的观点，他们把战败归咎于国内社会主义卖国贼和犹太分子所谓的"从背后捅了一刀"。这一观点的结果就是，战争伊始，政府就特别注意对食物的分配，以防止居民抗议，并且着力清除居民中被看成是国内安全威胁或国家战争负担的那部分人。

战争甫一开始，德国就实行了配给制度，并且涵盖了很大的商品范围。食品、肥皂和纺织品从 1939 年 8 月 28 日开始实行配给，但是肉和

德国经济部部长瓦尔特·冯克（Walter Funk，右）与意大利贸易和财政部部长拉斐尔·里卡尔笛（Raffaello Riccardi）在汽车里。冯克说服了其他轴心国，同意他建立由轴心国控制的新经济秩序。

食用油的配给在这之前就已经实行了。1939年9月4日《战争经济法令》(War Economy Decree) 颁布，配给制度获得了牢固的法律基础，范围也进一步扩大。至今依然有人认为，德国居民当时不受严格配给制度的限制。但现实却完全相反。为规范各种商品的购买、保证各类居民获得充足的食品，政府采用了一个复杂的积分分配制度。重体力劳动者（煤矿、钢铁工人等）得到额外供给，儿童得到较少配给。军属获得相当于战前收入[5]60%的福利，由军队和地方政府分担。福利的主要部分以配给券形式分配，这些配给券可以用于购买煤、土豆、牛奶和面包，以及支付房租、学费等。给全部德国消费者的食物数量算不上丰富，一般消费者每周能得到500克肉（尽管到战争结束时，这个数量几近减半）、125克黄油、250克甜菜糖和一只鸡蛋。土豆供应没有限制，结果就是，大部分德国城镇居民在战时不得不长期依靠以淀粉为主的食物度日。消费者被迫接受千篇一律和掺杂造假的食物，称之为"统一"（Einheit）产品，包括果酱、人造黄油、奶粉、布丁粉和咖啡代用品等。新鲜食品和鱼类难得一见。军队有权优先得到各种奢侈食品，包括巧克力。在餐馆，各种食物都得用配给券支付，盘中每种食物要支付不同的券。

所有其他消费品，要么通过配给，要么通过控制销售，来限制消费。许多非必需品展示在商店橱窗里，给人一种正常经营的感觉，但是实际上，这些东西在战时并不出售。客车生产从1938年高峰期的27.6万辆，减少到1940年的6.7万辆，军队占用了其中的42%。服装配给于1939年11月1日实行，每年每人的服装定量为100个积分，只够他们买两到三件衣服。一件男式大衣或套装要用掉60个积分，而且买时还得把旧的一件上交。鞋类实行严格配给，优先保证供应工作鞋，法律禁止在机关和工厂以外穿这些鞋。在旧鞋子磨破后，许多德国人只得穿木屐或木拖鞋。在废物回收方面，德国公众也受到严格管理。所有家用废物必须分成五类：纸、旧衣服、瓶子、废金属及坏家具。所有这些限制，在整个战争期间一直保持了效力。

经济"新秩序"

德国军队迅速占领了欧洲大陆大片地区，这给德国的许多计划造成了混乱。他们需要在短期内组织、整合占领区经济，使之适应德国战争经济的需要。1940年夏，德国经济部部长瓦尔特·冯克宣布，在欧洲建立一个经济"新秩序"。他的目的是，使德国马克成为欧洲大陆的主要货币，并最终使柏林成为超越伦敦的金融中心。德国公司开始探索建立以德国利益为主导的、覆盖欧洲大陆的贸易协议。1941年3月，一个覆盖全欧洲的保险公司成立了，承保传统上由伦敦劳埃德保险公司（Lloyd's of London）所负责的保险业务。同月，戈林批准建立大陆石油公司（Continental Oil Company），用以接管欧洲石油工业的大部分，将其并入一个单一综合机构。德国还在所有占领区征收特别税，在柏林建立限制账户，以保证在战争结束之前，无须为进口商品支付硬通货。战争期间，占领区支付了530亿马克，大部分来自富裕的法国西部、荷兰和比利时。在各占领区，工人不是被送到德国工作（到1944年，在德国工作的人数超过500万），就是在占领区的工厂或农场为德国人生产。据估计，除送往德国工厂的数百万人外，约有2000万欧洲人在战时为德国人工作。德国当局还四处搜刮黄金，为无法强夺或赊购的货物提供资金，用于在世界市场进行采购。大部分黄金窃自犹太人，或者取自灭绝营[6]死者的假牙。黄金被铸成金锭，大部分被运往瑞士，并在那里用于支付国际采购。直到20世纪90年代，瑞士银行被迫披露了这些交易的历史时，用掠夺黄金进行的贸易才被曝光。

1939年9月的《战争经济法令》，还为经济资源转向战时生产状态打下了基础，这意味着重新分配劳动力，从生产民用产品转换为各种形式的军用产品生产。1940年2月3日，作为四年计划的组织负责人，戈林命令，接下来一年的武器生产要达到最大产出。3月20日，一项新法命令暂时关闭非必需的商业和机关，释放劳力，用于战备。戈林与劳工部合作，下令采取经常性的"扫除"（Combing-Out）行动，强迫公司在战时解雇不需要的工人。1940年间，直接或间接参与军工生产的工人比例，从1939年5月的22%，跃升到一年后的超过50%。在德

关键词　重新分配劳动力

在一家面包房，德国妇女排队领取配给供应的面包。面包是战争伊始就实行配给的多种主食之一，是整个战争期间普通德国人的主要食物。

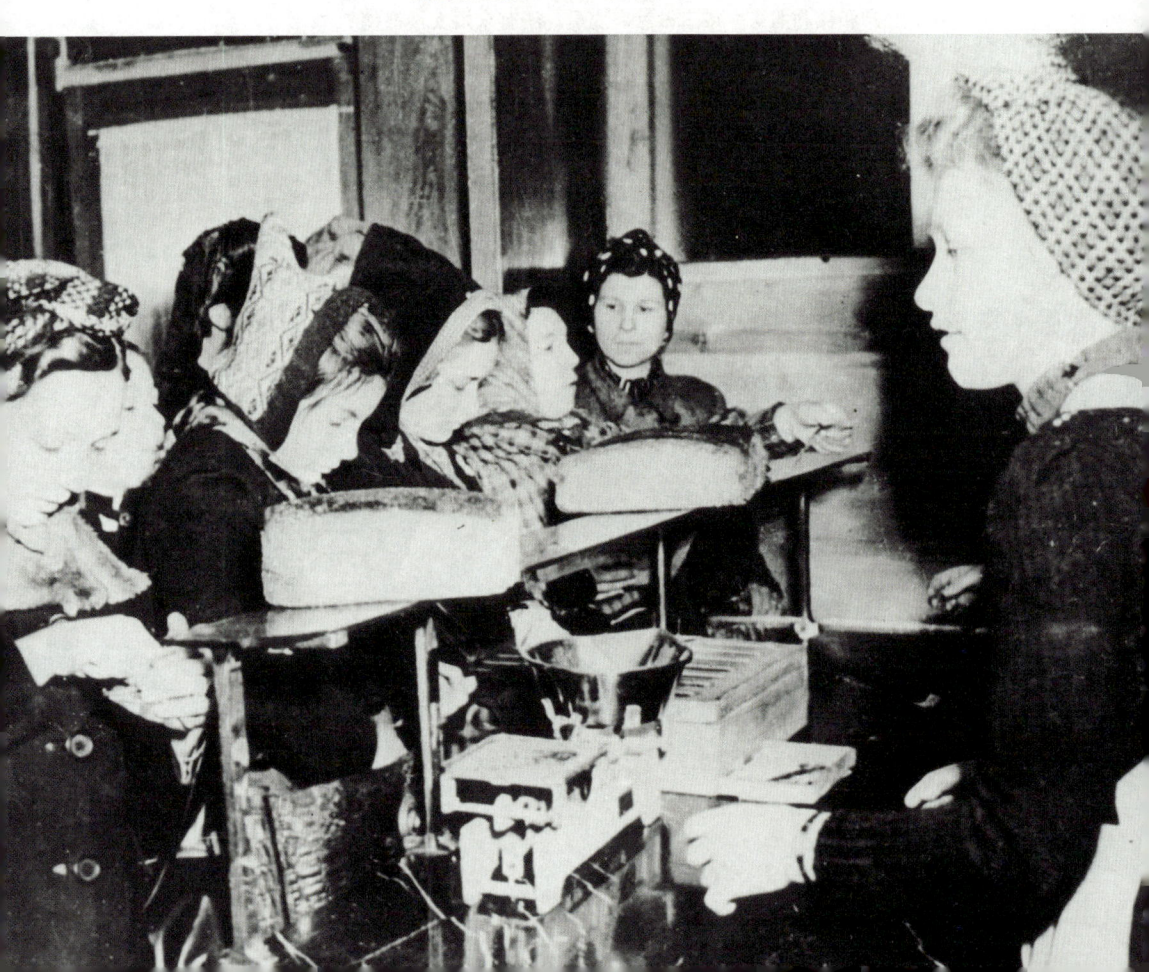

国的庞大手工业部门，男性雇员的减少尤其明显。1940年1月，其数量比上一年7月减少了近100万，大部分进入军备生产企业或参了军。从1939年到1941年春，在重工业部门工作的妇女人数增长超过三分之一，反映了女性工作方式的转变。整个战争期间，这种转变一直在继续。1940年，妇女已经令人瞩目地干起驾驶公共汽车、投递邮件和指挥交通这类事情。在地头，农村男性劳力应召入伍后，大量妇女自己打理农场。1940年间，履行法定"义务劳动年"（Year of Duty）义务的女青年，通常都被派去从事农业劳动。要是没有这一大批田间地头的女性

20世纪30年代后期，一群德国女青年赶往一家农场劳动。"义务劳动年"在所有18岁德国女青年中推行。她们被派去协助农业生产和福利服务，或者做家庭雇员。所有未婚女性都需要对战争有所贡献，而进行农业劳动是其中最重要的。

劳力，势必会危及 1940—1941 年间的城市食品供应。

把经济转到以战备为基础的轨道上来，也因具体执行负责人的规定不够明晰，而造成了一些损害。这曾是一战的败笔之一：没有在 1914 年建立一个中央管理机构，保证后方提供前线所需。1940 年春，军方促请希特勒解决这个问题，任命一个武器生产负责人。1940 年 3 月 17 日，希特勒任命弗里兹·托特为**军需部部长**，他曾在 30 年代负责建设高速公路网。一些困难拖了托特的后腿。比如，飞机生产依然在托特控制之外，由戈林管理，后者把这当成他个人政治王国的一个重要部分，根本不打算交出。托特也没法控制一些主要工业材料（煤、钢、化工品和机器等）的产出，它们依然由戈林的四年计划组织松散地管理着。尽管如此，对托特的任命还是实实在在地对德国的战时生产起了些作用。托特决定按系列产品链重新组织生产，并成立一批委员会，每个委员会负责一种重要武器或部件的生产，并尽量由内行的工业家和工程师来管理。托特面临的主要问题是军队建制，军队自身有一个庞大的、发展完善的组织，用来管理武器生产。它以希特勒的最高统帅部的格奥尔格·托马斯（Georg Thomas）上将为中心。军队不愿为了增加产量而牺牲自身的技术优势，或者减少战术要求。托特不断抗争，防止军方破坏自己推动德国生产集约化努力的成果。

关键词：**生产集约化**

就在居民承受着更大的限制、经济转向战时生产的时候，纳粹政权开始了一项计划，以确保德国的战争努力不因内部抵抗或破坏而削弱。1940 年间，德国集中营犯人数量增加了两倍，从 1939 年 8 月的 2.1 万，达到一年后的约 6 万。盖世太保抓捕了已知的共产主义者和社会民主党人，其中不少是 30 年代从集中营释放的，现在他们又被关到铁丝网后面。预计到犯人会大量增加，希姆莱命令扩大集中营建设项目。1939 年 9 月，在但泽附近的**施图特霍夫**[7]建起一座新集中营。1940 年 4 月 27 日，希姆莱命令，在波兰占领区开始**奥斯维辛**[8]**集中营**的建设工作。5 月 4 日，党卫军军官鲁道夫·霍斯（Rudolf Höss）被任命为该集中营第一任指挥官。建设工作于两周后的 5 月 20 日开始。最初，这所集中

关键词：**抓捕异党徒**

营计划用于关押波兰战俘和政治犯，但在 1940 年和 1941 年，随着犯人越来越多，它的功能也在不断扩展。为建成主要战时集中营系统，这一年还增加了其他一些集中营。

关键词 杀害异族人

更多反社会分子也在新一波犯人之列，因为当国家处于战争中时，他们在德国居民中的存在被看成是一个威胁。1940 年，政府下达命令，开始把吉普赛人驱逐到东方，他们被认为是天生的不可靠分子。5 月，超过 2000 名吉普赛人被赶到波兰占领区，这是战争头几年多次大规模驱逐中的第一批。战争也为加速实施希特勒 1939 年 10 月批准的"安乐死"计划提供了契机。蓄意杀害肢体或精神残疾者的目的，是把医疗资源留给德国士兵，但这也与纳粹党的一个偏见密不可分：当健康的"雅利安"人在前线牺牲时，凭什么残疾人却可以活着？1940 年 1 月，启动正式安乐死项目，依首字母缩写称作"**T4 行动**"[9]。第一批安乐死在符腾堡[10]的格拉芬埃克[11]实施。T4 行动以伪装方式秘密进行，柏林总部假借慈善病人运输公司（Charitable Patient Transport Company）名义活动。最终，仅德国一地，项目就导致 8 万残疾人死亡。承担项目的医生和官员研究出的方法，后来被用于灭绝犹太人：病人被关在一个密封室内，然后，向密封室输入一氧化碳，直到医生证实病人已全部死亡。1940 年初，三个灭绝中心被建立，9 月又增加了两个。1941 年，安乐死项目扩大，适用于谋杀集中营内所有精神病患者和刑事犯。1940 年 6 月，所有犹太精神病人，不管残疾与否，一概列入受害者名单。

纳粹政权最关注的还是犹太问题。希特勒早就把德国 1918 年的战败归咎于犹太人，德国领导人同意他的看法，认为必须极度注意，确保犹太人不会再这样做。在东方占领区，德国当局开始为当地犹太居民建立封闭的犹太聚居区。2 月 8 日，在罗兹[12]建立了犹太聚居区，并在周围筑起围墙；1940 年 5 月 19 日发出命令，建立华沙犹太聚居区，该聚居区被高墙与外界隔绝。周边地区的大量犹太人被迫迁入，区内居民则面临着足以致死的饥饿和疾病。希特勒还想把犹太人逐出德国，1939

拉文斯布吕克妇女集中营视察日

按来访者的级别和重要程度，柯格尔（Kogel，集中营指挥官）会穿着便服，或挂着他全部叮当作响的奖章的礼服。我会跑过来，碰一下脚后跟、两手垂在身边，做出一个漂亮的立正姿势，合宜地低声下气地向他报告：

"宿舍区长官玛格利特·布德尔（Margarete Buber），4208号。谨向您报告，3号宿舍区住有275名基督徒和3名政治犯。其中260人正在工作，8人在棚屋值班，7人获准做内务工作。"

柯格尔会用无神的蓝眼睛瞪着我，刮得铁青的下巴抽搐着，嘴里含混不清地嘟囔着。接着我会去做例行检查，挨个儿开门，再打开前三个储物柜。我们走近时，犯人们规规矩矩地待着，我大喊一声"立正"，他们马上跳起来，就像玩偶匣里自动弹起的玩偶一样。所有参观者，不管是男是女，是冲锋队队员、党卫军还是其他什么人，都不约而同地对擦得锃亮的马口铁和铝皮印象深刻。通常，柯格尔是唯一一个向犯人提问的人，如果有其他人想这样做，他会马上过来干涉。每次他都会问在场的某个女犯人："为什么抓你？"而每次的回答都是如此："因为我是耶和华见证会的一员。"这就是全部的提问，因为经验告诉柯格尔，这些无可救药的基督徒从不放过任何可以表现的机会。"接着干。"他会命令道，然后犯人们就继续他们的编织，或者做任何其他为这样一个场合特别准备的活计。

当然，在来访者看过宿舍后，他们无一例外，都会对宿舍的井井有条大声赞叹，柯格尔会大喊：

"舍长！从吹起床号到点名，给犯人多长时间？"

"三刻钟,长官。"

然后,柯格尔会指着床,"三刻钟。女士们,先生们,"他会骄傲地宣称,"看看我的犯人在这点时间里做了多少事:整理床铺、穿衣、洗漱、清理柜子、喝咖啡,然后去点名。看看这些可以当作样板的床。也许你们会以为毯子下面有板撑着?"然后他会走到一张床前,把铺盖翻过去,用鞭子敲敲床垫,"看看这些草袋,看看它们是怎么灌起来的。这只是我们这里的工作成果之一。我们在这里做的,就是教育犯人重新回到有条理的、整洁的生活中。"

然后,他通常会踱到窗前。窗户正对着下一个棚屋的窗户,而那个屋另一面的窗户又正对着再下一个棚屋的窗户。就这样,顺着这条窗户线,参观的人可以一眼望穿那边所有的棚屋,看到一排没有尽头的床铺。柯格尔会骄傲地伸出胳膊,做出把这一切全包进来的样子,并用令人印象深刻的语气说道:"所有这些棚屋都和这间一样整洁,我可以向你们保证。"

他的来访者会围挤在窗口,向前看过去,并对拉文斯布吕克集中营伟大成就的证据赞赏有加。国家的敌人和其他劣等分子在这里受到教育,成为对国家社会主义社会有用的好公民。

"A"区之后,完全相同的仪式又在"B"区举行。这帮叼着烟、穿着皮靴、挂着叮当作响饰物的家伙一走开,锁在卫生间里的犯人就会跟跄着走出来,一个个如释重负。那些装模作样的活计被抛在一边,装着食物的锅又出现在桌子或者炉子上。我们又通过了一次检查的考验。

——摘自:玛格丽特·布德尔—纽曼(Margarete Buber-Neumann)所著《在两个独裁者统治下:斯大林和希特勒的囚犯》(爱德华·菲茨杰拉德 [Edward Fitzgerald] 翻译,伦敦皮姆利可出版社(Pimlico)2009年版,第198~200页。

年10月，他授权艾希曼领导的盖世太保犹太办公室，命令他们开始驱逐奥地利和捷克地区的犹太人，后来又扩大到驱逐所有居住在大德意志的犹太人。10月17日，第一列满载奥地利和捷克犹太人的火车，抵达波兰占领区的卢布林[13]。后来希特勒才认识到，这样做可能造成大量犹太人聚集在他希望发动对苏战争的地方，于是收回成命。但在1940年，驱逐再次启动，2月12—13日，第一批犹太人从德国被转移到卢布林周边地区。这里被指定为保留区，用来安置来自该地区以外的犹太人。随后驱逐行动又一次停止。两年后，全面驱逐计划才启动，这一次采用的名称是更致命的**"最终解决方案"**。

西线战争

1939—1940年冬的几个月里，德军领导层一直在考虑一个问题，即发动一场针对英法军队的战争有没有获胜的希望。开始，军方领导人认识到与装备精良的敌人作战的风险。但后来，1940年6月，德军取得了惊人胜利，就把这种风险意识抛到了九霄云外。1月份，德国的进攻计划落入比利时人之手，此次冒险行动的潜在风险陡然增加。如果不是希特勒坚决要求发起侵略行动，德国将领很可能还待在德国，等着英法先采取攻势呢。

设计新进攻计划的难题最终得到解决。部署在西线的A集团军群（Army Group A）参谋长埃里希·冯·曼斯坦因[14]将军，与希特勒讨论了他自己设想的一个更新颖的进攻计划。陆军领导人青睐于取道比利时、进攻法国北部平原的传统攻击路线。而曼斯坦因没有采用这一路线，他倾向于集中德国装甲进攻力量，再往南一些，穿过阿登森林[15]。一般认为，重型车辆无法通过阿登森林，所以法国边境这一地区的防守较为薄弱。曼斯坦因希望能在此给盟军出其不意的一击，把他们的防线撕成两半。希特勒抓住了这个想法，因为（他是这样宣称的）他也有类似的思路。不顾德国高级将领的反对，希特勒坚持实施代号"**镰刀行动**"（Operation Sicklecut，德文Sickelschnitt）的计划。1940年2月24日，这个设想成为德国的正式作战计划，准备在4月或5月的某个时刻发起攻击。

然而，进攻日程再次受到其他因素影响。希特勒的注意力被斯堪的纳维亚[16]发生的事件吸引，这让他感觉德国北翼受到了威胁。1939年11月30日，苏联军队入侵芬兰北部边境，开始了**苏芬战争**。苏芬战争让整个北部地区的问题变得越发明显。希特勒同情芬兰人，但又受制于与苏联的条约。1940年1月27日，希特勒命令军队开始为占领挪威和丹麦准备应急计划。德国海军领导层强烈支持这一计划，因为占领挪威和丹麦后，他们可以获得一条漫长的海岸线，并从那里发动对盟军运输船的进攻。德国人担心，盟军可能抢在德国的计划之前占领这一地区，而盟军对芬兰人的非正式援助，让德国人对此更为担心。3月12日，苏芬战争结束。3月26日，希特勒最终决定，在西线进攻之前发动斯堪的纳维亚战争。此时，英法已经开始认真计划他们自己的行动。4月2日，希特勒命令"威塞演习"[17]于一周后开始。4月9日，德军未受抵抗地进入丹麦，同时发动对挪威的海上和空中进攻。到4月底，尽管德国舰队损失惨重[18]，但还是达到了这次行动的大部分目标[19]。

攻下挪威后，西线战争的最后准备也已就绪。3个集团军群在德国西部边境集结。南方的C集团军群（Army Group C）将与布置在马其诺防线[20]的法国军队交火，并将其牵制住，让A集团军群44个师的装甲部队穿过阿登。拥有29个师的B集团军群（Army Group B），将通过荷兰和比利时侵入法国北部平原。格特·冯·伦德施泰特（Gerd von Rundstedt）将军的A集团军群的任务，是攻破盟军防线，并快速推进到英吉利海峡[21]沿岸，包围英国远征军（British Expeditionary Force）和法国第1集团军群（French First Army Group）。进攻信号是良好的天气。最初，计划于5月5日发动进攻，但最终改为5天以后，那天预报显

入侵斯堪的纳维亚

1940年4月9日，德军占领丹麦，开始入侵挪威。这一事件是1月末推迟入侵西方之后，在希特勒要求下策划的。当时各种情报信息强烈表明，英国可能抢先占领挪威，对德国从瑞典进口军备生产必需的优质铁矿石构成威胁。3月1日，希特勒批准"威塞演习"行动。月底，苏芬"冬季战争"（Winter War）结束。为保证北翼安全，希特勒决定在原定计划的西线战役之前发起北线行动。4月2日，希特勒命令，行动于一周后开始。几乎与此同时，时任英国海军大臣（First Lord of the Admiralty）的温斯顿·丘吉尔命令在挪威水域展开布雷行动。

行动开始后，德军用两个师夺取了丹麦，几乎没遇到有效抵抗。一支大型舰队驶向挪威，空中伞兵负责夺取挪威南部机场。南部入侵取得成功，但是舰队受到重创。受到攻击沉没的军舰中，有重型巡洋舰布吕歇尔号（Blücher），上面载有大批负责占领工作的盖世太保官员。在北方，英法军队试图坚守纳尔维克[22]及特隆赫姆[23]周围地区，但在德军的猛烈空袭之下，他们最终被迫于6月8日撤退。6月10日，挪威投降。尽管希特勒巩固了北翼，但这是以本就弱小的德国海军的巨大损失换来的。海军失去了3艘巡洋舰、10艘驱逐舰，还有3艘主力舰受损，从此再也没有能力在海上发起任何真正的挑战了。

示天气晴朗，有利于德国空军有效支持陆军。从数字上看，力量对比对西方国家有利：盟军144个师（包括荷兰和比利时）对德军141个师；大炮是盟军13974门对德军7378门；坦克是盟军3384辆对德军2445辆。德军的主要优势在空中，但那也只是因为，德军为这次进攻集中了几乎全部空军力量，而法国和英国的战机都部署在战线后方，以保卫英法其他地区。德国有3254架轰炸机、俯冲轰炸机和战斗机，盟军有3562架；德国空军几乎把它的全部力量都投入到了这次行动中，盟军只零散地投入1800架飞机。在解释获胜原因时，没有其他因素比德方在战场上精心使用空中力量这一事实更有说服力了。

　　5月9日，希特勒告诉他的指挥官们，准备迎接"史上最著名的胜利"。第二天清晨，德国大军强力推进。德国人创造性地使用了伞兵，几乎立刻打垮了荷兰的抵抗。5月14日，荷兰港口鹿特丹[24]遭到密集轰炸，该城市想要投降，却又无法通知天上的德国飞机。荷兰政府于此时放弃了战斗。5月15日，荷兰军队投降。在比利时，德国滑翔机部队对重兵把守的埃本埃马尔要塞[25]发动大胆奇袭，打乱了比利时人的阵脚。比利时军队撤到迪莱河[26]，与进军至此的法国第1集团军群会合，遭到从荷兰进攻的德国集团军群的猛攻。盟军误以为这就是德国的攻击中心，因此未能观察到南边的情况。虽然地势为德军带来了一些困难，有时候给部队造成50英里长的交通拥堵，但到5月12日，冯·伦德施泰特还是成功带领7个装甲师的德军精英穿过阿登森林，并进一步抵达默兹河[27]东岸。在德军最南端靠近色当[28]的，是海因兹·古德里安（Heinz Guderian）将军的第1装甲师（1st Panzer Division）；在最北边迪南[29]的，是埃尔温·隆美尔少将[30]的第7装甲师（7th Panzer Division）。直到第二天，这支装甲部队开始大规模渡过默兹河时，盟军才认识到，这支强有力的装甲铁拳是一个直接威胁。这次攻击切断了盟军防线。德国装甲部队向英吉利海峡沿岸快速推进，于5月19日抵达目的地。法国军队大部分被牵制在马其诺防线，对德国的威胁反应迟缓、低效。法国空军几乎被摧毁，它的强大装甲部队又布置得太分散，德国"镰刀"长时间暴露的侧翼一直没受到任何有力的攻击。到了5月

1940年，一队容克Ju-87俯冲轰炸机在飞行。这种俯冲轰炸机是一种非常有效的战场支援力量。除炸弹外，该机还装有警报器，俯冲时能发生呼啸声，地面人员听到这种声音会产生极大恐慌。不列颠战役期间，Ju-87因速度慢、易受高速战斗机火力攻击，而最终退役。

底，显而易见，法国正面临着战场上的完全溃败。

就在整个英国远征军和大量法国部队被逼到敦刻尔克[31]一带，背对大海，很有可能被迫投降的时候，安全地待在埃费尔山区[32]前敌司令部的希特勒作出决定，让德军停止前进。这是惯常的说法。但实际上，这两道分别于5月22日和23日发布的停止命令，并非由希特勒作出，而是由一线指挥官作出的，希特勒只是同意了他们的判断。此时，经过两周苦战，德国装甲部队发现进军越发困难；5月21日，英国人在阿拉斯[33]的强硬反击，给德军指挥部敲了警钟，第一次迫使他们放慢进攻步伐、重新集合部队以消除英国威胁。两天后，德国第4集团军指挥官京特·冯·克鲁格（Günther von Kluge）将军告诉集团军群指挥官冯·伦德施泰特，他的部队精疲力竭，实力尚不足以冒险向被包围的盟军小块地区强力推进。第二道停止进攻命令就在此时发出，并于第二天的5月24日上午得到希特勒的批准。当然，希特勒也确实担心过早投入德国装甲部队的风险，然而，是否停止前进的关键决定还是前线指挥官作出的。5月26日，停止命令取消，大量德国装甲和步兵编队终于发动了对盟军小块地区的最后进攻。但到此时，被困守军已有能力构筑一道防线。并且经过8天的紧张行动，在德国空军的不断攻击下，防线后的约33.8万盟军（大部分为英国士兵）完成了撤离。虽然**敦刻尔克大撤退**给盟军挽回了一点面子，但这依然是盟军的一场大败。到6月4日撤离结束时，有超过4万的英国士兵被俘。

关键词 法国投降

打败北部敌军后，德军转向南方，以最后摧毁法国的抵抗。激烈的战斗依然在持续；但是，一方面，由于法国面对的是占压倒性优势的德国空军，另一方面，法军自己又需要留住用来防守马其诺防线的后备力量，因此，法军指挥部重新组织一条坚固防线的能力已经大大削弱。6月5日和9日，埃瓦尔德·冯·克莱斯特（Ewald von Kleist）将军和古德里安指挥两支装甲部队强力推进，突破了支离破碎的法国防线，直扑巴黎。6月3日，德国轰炸机已经轰炸了巴黎，炸死250位市民。为防

1940年6月23日早上5点,希特勒平生唯一一次访问巴黎。他只待了一小段时间,但对巴黎建筑极感兴趣。图中可以看到,他在埃菲尔铁塔前。在他右边的,是他喜爱的建筑师阿尔伯特·施佩尔,左边是党卫军指挥官卡尔·沃尔夫(Karl Wolff)。

止首都遭到更大破坏，法国政府宣布巴黎为不设防城市（Open City）。6月14日，德国军队胜利地进入几乎已是一座空城的巴黎。现在，已经没有什么能阻止德军在法国实施铺天盖地的进攻了。6月19日，德军在布雷斯特[34]抵达大西洋沿岸，6天后到达波尔多[35]。这一打击导致法国政府垮台，菲利普·贝当（Philippe Pétain）元帅组织了一个新政府，并于6月17日寻求停战。希特勒坚持，要在法国小镇贡比涅（Compiègne）的一节铁路车厢里签署投降文件；因为1918年，德国就是在同一节车厢里被强迫签字的。在希特勒这个一战老兵看来，这是个大快人心的报复。6月21日，一个法国代表团抵达，并被告知了胜利方德国的要求。第二天，双方在停战协议上签字。6月23日早上5点，希特勒在他喜爱的建筑师阿尔伯特·施佩尔陪同下，短暂访问了巴黎，欣赏巴黎建筑。在荣军教堂（Church of the Invalides）的拿破仑墓前，希特勒久久伫立。7月6日，希特勒凯旋，返回柏林接受数百万同胞的欢迎。他下午到达，纳粹党和军方领导人前来迎接。在音乐声和隆隆的教堂钟声中，他的车队缓缓驶过欢呼的人群，到达帝国总理府。在那里，希特勒站在一扇打开的窗前，向数万聚集在威廉广场举手敬礼的群众致意。全德民众极度快乐的情绪反映了德国人的普遍看法：战争结束了，生活就要回归正常了。

> 关键词
> 对英"和平建议"

希特勒还指望，他在法国的胜利将说服英国人乞求和平。他告诉身边的密友，他一点也不想毁灭大英帝国，在他看来，这对德国一点好处也没有。他告诉陆军参谋长弗朗兹·哈尔德将军，他倾向于采用"政治和外交步骤"带来和平，而非采取侵略手段，他认为后者"危害极大"。但7月7日，他还是指示军队为可能的入侵开始做初步计划。与此同时，他开始准备一个给英国的"和平建议"，打算当月晚些时候在德国国会宣布。两国之间不断进行的非正式接触，增强了德国的信心，德国觉得有可能与英国谈判达成协议。因为一些非正式接触从1939年末就开始了，所有这些接触都表明，英国精英可能不想进一步让战争置帝国于险地。

1940 年 5 月底到 6 月，就与德国关系有没有可能获得一些回旋余地，丘吉尔政府内部发生了一场争论。希特勒面临的问题是，德国不再是独自与英国战斗。6 月 10 日，意大利独裁者贝尼托·墨索里尼对英法宣战，希望能在其后的和平协议中分得一杯羹。这年年初，希特勒与墨索里尼之间闹了点不愉快，希特勒的轴心伙伴当时试图说服他放弃西线行动。德国领导层并不愿意意大利参战，因为这有可能坚定英国人为保卫地中海及其非洲领地而继续交战的决心。"意大利能给我们提供的最大帮助，"1945 年战争结束前几周希特勒反思道，"就是远离这场冲突。"[36]

1940 年 7 月 19 日，希特勒在挤得水泄不通的德国国会[37]上，提出了他的和平建议。戈培尔确保讲话将向全世界广播；德国战机在空中巡逻，以防止英国轰炸机试图作破坏性进攻。希特勒借机对德国六周打败法国的赫赫战功颂扬了一番，指责犹太人驱使西方参战，并且提议，如果英国同意终止敌对行动，他愿意尊重大英帝国。他说他"作为一个征服者"，向英国发出呼吁。同一天，希特勒提拔了十几位将军为陆军元帅，并授予戈林独一无二的帝国元帅（Reichsmarschall, Marshal of the Reich）军衔。英国人没有立即对希特勒的和平建议作出反应，但三天后，英国外交大臣哈利法克斯勋爵（Lord Halifax）通过无线电广播声明，拒绝接受这一建议。第二天，在（德国）宣传部组织的每日新闻发布会上，一位官员宣布："先生们，战争来了！"

转向英国

早在希特勒提出和平建议之前，他就已经决定，如果英国人还是冥顽不化，那就非入侵（英国）不可。7 月 16 日，希特勒为"**海狮行动**"（Operation Sea Lion，德文为 Seelöwe）签署第 16 号作战指令。这个想法是 5 月 21 日在一次会议上，德国海军总司令、海军元帅（Grand Admiral）埃里希·雷德尔第一次提出的，海军自 1939 年 11 月起，就一

第16号作战指令——"海狮行动"

元首、武装部队最高统帅　　　　元首总部，1940年7月16日

16号指令——入侵英格兰的准备

到目前为止，尽管军事地位优势不再，英格兰也已经表明，它不愿意达成任何妥协。因此，我决定开始为入侵英格兰做准备，必要时付诸行动。这次行动的必要性在于，消灭作为发动反德战争基地的大不列颠，并且，必要时占领英格兰岛。

为此，我发布以下命令：

1.登陆行动必须做到，在一条广阔战线上发动出其不意的渡海作战，该战线将大致从拉姆斯盖特[38]延伸到怀特岛[39]以西某个位置。空军各部承担炮兵任务，海军承担工兵任务。我要求有关单位从各自立场出发，考虑在全面入侵之前进行早期行动的优势，如占领怀特岛或康沃尔郡英王领地[40]，然后告知你们各自的想法。我将负责作出最终决定。大规模入侵的准备工作须在8月中旬完成。

2.为实现在英格兰的登陆，应做好以下准备工作：

（a）须消灭英国空军，使其没有能力对我方入侵部队进行任何有效抵抗。

（b）须扫除海上航线的水雷。

（c）多佛海峡[41]两侧以及英吉利海峡西部入口航道，大致在奥尔德尼岛[42]到波特兰岛[43]一线，应密集布置水雷，使之完全无法从外部进入。

（d）海岸重炮必须控制和保护整个沿海前线。

（e）渡海前夕，拖住北海[44]和地中海英国舰队（地中海

> 舰队由意大利人牵制）将大为有利。为达到此目的，应对此刻在英国港口和沿海水域的海军力量实施空中打击或鱼雷攻击。
> 3.……入侵行动代号为"海狮"……
>
> 签名：希特勒
>
> 草签：凯特尔、约德尔（Alfred Jodl）
>
> ——摘自：《关于海军事务的元首会议（1939—1945）》，伦敦格林希尔图书公司（Greenhill Books）1990年版，第116页。

直在准备入侵（英国）的应变计划。但希特勒此时还不肯相信，政治压力、空中打击和海上封锁联合行动竟然不能迫使英国接受和平。1940年7月11日，雷德尔再次提出入侵问题，但希特勒认为入侵应该是"最后的手段"。4天后，因为迄今未知的原因，希特勒改变了主意，命令海军做好8月15日之后随时发动侵略的准备。第二天签发的作战指令，要求在苏塞克斯[45]和肯特[46]进行海上登陆，但任何入侵的前提都是消灭皇家空军（Royal Air Force，RAF），使之不能威胁到登陆行动。海军参谋人员评估了"海狮行动"面临的困难：水面舰队力量不足，缺乏登陆地点和英吉利海峡水雷分布的详细信息。这一结果让雷德尔最初的热情逐渐消退，他告诉希特勒，入侵行动要想有一丝成功的希望，"绝对制空权"是必不可少的。

希特勒对"海狮行动"到底动了多大真格，今天尚有不少争议。他倾向于英国人自动放弃战争，为此目的，他支持经济封锁的间接战略。1940年夏，德国海、空军不遗余力地持续袭击了英国运输船和港口。1940年，德国战机击沉58万吨英国商船。德国潜艇，尽管为数不多，但开始了针对大西洋英国护航船队的3年消耗战。一度中止的空中打

关键词 经济封锁

1940年7月6日，打败法国后，从西线归来的希特勒在柏林率领一个庆祝凯旋的列队游行。可以看到他站在头车上，一个电影摄制组在他前面。如潮的人群赶来庆祝胜利，一个他们希望会结束战争的胜利。

击，自 7 月重启，这一次英国南部港口成为主要目标。随后的 1940—1941 年冬，在轰炸英国行动中，很大一部分目标都是针对英国主要贸易港口、仓库和储存设施。按一战期间的潜艇战思路，德国人认为，如果切断足够多的英国食品和原料进口，英国政府将被迫放弃战争。德国领导层也渴望充分利用德国空军力量，认为它与英国空军相比拥有巨大优势。8 月 1 日，希特勒指示德国空军"尽快打垮英国空军"，之后又命令空军转为摧毁英国港口和食品库存。希特勒自己保留了是否发动进攻的决定权，并且，只有在德国空军成功创造条件、使付出小代价或快速胜利成为可能时，他才愿意这样做。

夏季的几个月里，由于德国的军事目标可能出现新转向，德国的对英战略越发混乱了。7 月 31 日，在贝希特斯加登举行的德国司令官会议上（表面上是讨论对英战争的），希特勒宣布，他正在考虑对苏联发动全面进攻，"用一次重击粉碎这个国家"。希特勒并没有因《德苏互不侵犯条约》，而放弃在东方发动战争以争取德国"生存空间"的想法。早在 1939 年 10 月，希特勒就在一次聚会上告诉纳粹党领导人，他在等待再次转向东方的合适时机。1940 年 6 月间，就在德军收拾法国军事残余的时候，苏联正式吞并了波罗的海诸国和罗马尼亚北部的比萨拉比亚。6 月末，德国陆军就已经开始实行应急计划，准备实施对苏军的有限进攻，试图阻止苏联进一步侵蚀。现在，希特勒希望比这更进一步，部分原因是（他这样宣称），要一劳永逸地结束悬在欧洲头上的布尔什维克主义威胁；另外一个原因是，如果苏联战败，就会使英国获得苏联支持、继续进行战争的希望破灭。从现在开始，打败苏联被看成是最终打败大英帝国的一个前提条件。早在打击英国的行动开始之时，德国陆军计划人员就在周密准备一场东线战争。这些陆军计划人员由弗里德里希·保卢斯（Friedrich Paulus）将军领导，他后来兵败斯大林格勒。为适应这个新的优先战略，7 月 28 日，希特勒命令建立一支 180 个师的陆军，包括 37 个大量扩编的装甲师和摩托化师，并于 1941 年春准备就绪。

关键词 迂回策略：对抗苏联

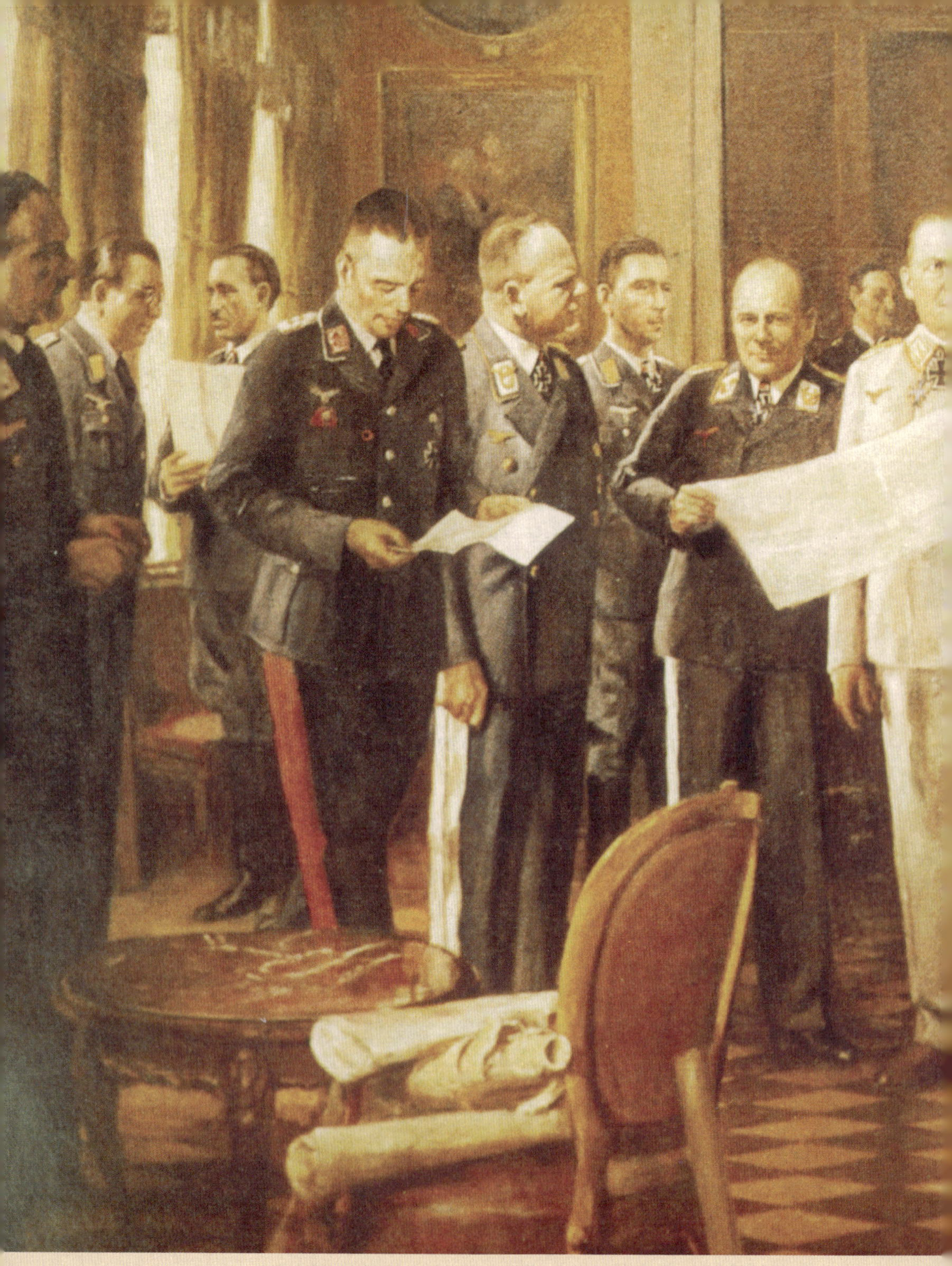

一幅油画。位于柏林莱比锡大街的航空部大厅里,帝国元帅戈林(中,穿白衣)与政府官员和航空部官员在一起。戈林右边的是空军采购负责人恩斯特·乌德特(Ernst Udet),他在这一职位上的无能,很大程度上造成了德国飞机生产和技术进步的停顿。

关键词　绝对制空权

1940年夏，明显混乱的策略目标也许很好地解释了，为什么最终德国既没能打败英国皇家空军，也没有建立起对不列颠群岛[47]的有效封锁。希特勒命令，德国空军从8月5日起开始进攻英国空中力量，具体发动日期取决于天气条件。戈林命令其部队，用4天的密集进攻摧毁皇家空军及其位于英格兰南部的组织。但是，因受云层影响，代号为"鹰日"（Eagle Day，德文Adlertag）的进攻开始日期被迫推迟到8月13日。德国空军由3个空军大队（Air Fleets）组成，大部分战机部署在比利时和法国北部的第2和第3空军大队，一小部分在以挪威为基地的第5空军大队。最终，进攻于8月13日开始，因组织不善、天公不作美，直到8月18日才开始全力猛攻皇家空军基地。在3个星期的激烈空中对抗行动中，德军共对皇家空军基地发动了53次大型攻击，还发动了几次对雷达站的攻击。在4天内打败皇家空军的想法，很快被证明只是个幻想。但到9月初，依据德国飞行员的夸张报告，德国空军情报人员作出估计，认为敌人现在只剩下100架能用的战斗机。戈林自信地认为，皇家空军已经被彻底消灭，于是命令其部队继续进行第二阶段行动，猛烈攻击英国的经济和军事目标，尤其是伦敦。戈林9月2日发出这一命令，3天后得到希特勒批准。第一次对伦敦的密集轰炸发生在9月7日，348架轰炸机袭击了伦敦码头区。在这之前的8月末，为报复对伦敦的轰炸，皇家空军曾对柏林进行了几次小规模的袭击。希特勒利用这个借口，在9月4日的演说中宣布，将从地图上抹去英国城市。但这只是宣传，转向轰炸城市的决定早已根据"海狮行动"日程作出，其日期定为9月15日。

在对真实形势缺乏了解的情况下，德国空军采用了这个新的战略目标，[48]目的是要为两周后的入侵创造条件。德国飞行员根本不相信皇家空军快要战败的看法。8月8日到31日间，德国空军损失了900架战机，包括443架战斗机，这是到目前为止德国遭受的最大损失。到9月初，皇家空军可投入战斗的飞机达到738架，超过了8月份的672架。其后果就是，当德国轰炸机转向袭击港口和伦敦市内的目标时，英国空军有能力给德军造成巨大损失。9月第一周，德国空军损失了298

空军王牌飞行员阿道夫·加兰德（Adolf Galland）与其他军官在交谈。他因早期战功获得快速提拔，1942年，成为战斗机部队的将军。不列颠战役期间，他与赫尔穆特·维克（Helmut Wick）和维尔纳·默尔德斯（Werner Mölders）比赛，争当击落敌机最多的德国飞行员。

架飞机。9月15日，在后来所称的"不列颠战役日"（Battle of Britain Day），大批德国轰炸机和战斗机分3波袭击了伦敦，但却损失了25%的进攻力量。那一天的战斗表明，不仅皇家空军没有被击败，德国空军也无法再承受如此大规模的损失。小规模日间袭击又持续了几周，但大部分轰炸行动都转到夜间进行。[49]

最终，消灭英国空军的努力明显失败，迫使希特勒推迟"海狮行动"，直到来年条件许可时再进行。8月30日，行动日期从原定的9月15日推后5天。9月6日，雷德尔认为，既然没有获得空中优势，就应取消入侵，并为此与希特勒发生争执。9月14日，希特勒召集三军总司令，宣布入侵条件还不成熟。3天后，他确认行动延期。10月12日，希特勒命令武装力量在表面保持即将入侵的姿态，同时实际上缩小全部准备活动的规模。希特勒告诉他们，如果到来年春天，空袭和封锁还没使英国屈服，将重新考虑入侵。

德国现在转而考虑，获得西班牙对德国占领直布罗陀[50]的默许，并打败在北非保卫苏伊士运河[51]的大英帝国军队，以破坏英国在地中海的地位。秋天的几个月里，空战胜利的消息和即将入侵英国的前景，鼓舞着德国民众。但现在，他们开始接受令人失望的现实（根据德国后方情报人员的报告）：现在英国又得以在一个战争的冬天幸存下来了。

我看到的不列颠战役

加来[52]，8月15日

我们在格里斯－尼兹角（Cap Gris-Nez）悬崖边的草地闲逛，打发午后闲暇时光。德国轰炸机和战斗机轰鸣着，不断驶向多佛[53]。通过军用望远镜，你可以清楚地看到多佛的悬崖，有时甚至能看到英国用来保护多佛港的圆柱形气球。我注意到，去的时候，德国轰炸机排着整齐的队形高高飞过，飞行高度通常有约1.5万英尺；回来的时候，不仅飞行高度低得多，队形也不整，甚至有的单机飞回。我们注视着，想看到一场空中格斗，或者看到一队喷火式战斗机拦截返航的德国轰炸机。这一切都是白费力气，整个下午我们没看到一架英国飞机。今天，德国人绝对控制了海峡上空。围绕这边海岸的是德国巡逻艇，大部分是小型鱼雷艇，要是有一架英国飞机冒险飞过来，它们就是极好的靶子。海上水平如镜，机翼上画着巨大红十字的德国水上飞机频繁起降，它们的任务是救起海峡上被击落的飞行员。大约下午6点，我们看到60架轰炸机——亨克尔和容克82（88）系列——在上百架梅塞施米特战斗机的掩护下，从头顶高高飞过，驶向多佛。三四分钟后，我们清楚地听到多佛一带的英国高射炮向它们开火。根据低沉的怒吼声判断，英国人有不少重型高射炮。还有一种更沉闷的声音，我们几个军官中的一位，认为那是落下的炸弹发出的。一小时后，在我们看来，是同一个轰炸机中队返航。在最初去的60架飞机中，我们只数到18架。是不是其余的都给英国人干掉了？这很难说，因为我们知道，德国人常常命令飞机回到与它们起飞时不同的机场。这样做的一个原因，很明显是确保德国飞行员不知道他们到底损失了多少飞机。

　　布瓦耶（Boyer）和我一直盼望着喷火式战斗机的出现。但现在，红日西斜、海平如镜、天空一片沉寂。此时悬崖上的景象，看起来更像是乡间郊外，而不是空战前线的场景。这是一场与我们在比利时和法国北部看到的同样一边倒的战斗，没有一架英国飞机飞过，没有一枚炸弹丢下过。

　　——摘自：威廉·夏伊勒所著《柏林日记——二战驻德记者见闻（1934—1941）》，伦敦哈米什－汉密尔顿出版社1941年版，第372～373页。

缔造轴心国

关键词 政治"新秩序"

当德国武装部队寻求征服英国的方法时，德国领导人面临着重组欧洲占领区政治的挑战。仅仅几周时间，就有六个国家（丹麦、挪威、荷兰、比利时、卢森堡和法国）被征服，这个结果是德国领导人始料未及的。1940年夏秋之际，他们设计出后来被叫做"**新秩序**"的政治形式。他们的野心，不仅仅是要实施临时军事占领，还要改变欧洲大陆的政治版图、经济结构和种族制度。

在东方，波兰战败后，德国已经决定把但泽、波兰西里西亚和瓦尔特兰行政区[54]并入大德意志；并在波兰中部设立**波兰总督府**，管辖残余的波兰地区，由国家社会主义律师协会领导人汉斯·弗兰克管理，首都设在克拉科夫。在西方，第三帝国吸收了卢森堡、阿尔萨斯－洛林及比利时南部的一小片地区；这片地区原属德国，1919年并入比利时。德国还委任代表人管理挪威和荷兰，在丹麦设立德国权力机构，监督丹麦政府工作。比利时和法国南部、西部地区，被宣布为军事占领区，仅在卢瓦尔河[55]以南留下一个很小的独立法兰西国家，以维希[56]为首都。成千上万的德国官员和安全人员被派到占领区，组织攫取欧洲资源，管理镇压机器，以及反对一切形式的抵抗。

关键词 三国同盟

为了使德国关于新秩序的设想获得国际支持，9月间，德国外交人员努力与意大利和日本建立一个坚强的轴心联盟。经过多轮东京谈判，1940年9月27日，在柏林正式签署一项条约，通称《**三国同盟条约**》（*Tri-Partite Pact*）。它的主要条款是，各方互相承诺，尊重德国和意大利在欧洲建立新秩序的权利，以及日本在亚洲的同样权利。三国同意，"应用一切政治、经济和军事手段"，合作建设新秩序。但是实际上，不管是1940年，还是随后几年，各方都并没有相互提供多少支持。[57]条约签署后，德国领导人尽力拉拢其他欧洲国家加入条

德国的轴心国同盟

在1941年的战争中,德国并不完全是孤军奋战。早在1940年,德国的意大利盟友就坚持派出一个战机小分队,参加不列颠战役的后期战斗,但是它几乎没作出任何贡献。1941年春,证据表明,意大利部队已经无力独自征服希腊,于是德国陆军在那里和他们并肩作战。为入侵苏联,希特勒需要确保他能得到部分新轴心伙伴的支持。1940年11月到1941年3月间,匈牙利、斯洛伐克和保加利亚加入《三国同盟条约》。保加利亚虽然提供了政治支持,但它是唯一没有派兵参与入侵苏联的国家。这些德国轴心盟友提供了约69万人的部队,包括芬兰军队。芬兰没有与德国签署条约,但作为"联合交战国"参战,芬兰所希望的,是夺回"冬季战争"中被苏联侵占的国土,而不是加入德国的侵略行动。提供部队最多的,是匈牙利和罗马尼亚。罗马尼亚陆军随德国南方集团军群(Army Group South)行动,而匈牙利部队则作为中央集团军群(Army Group Centre)的一部分。墨索里尼也希望加入这场战争,他不顾希特勒对此所持的保留态度,派出一支有3个师、6.2万人的意大利远征军。到1942年,在德国人面临更大压力时,他把援助增加到9个师、23万人,并把这支部队重组为意大利第8集团军(Italian 8th Army)。轴心国参战的部分原因,是想增强他们在希特勒心目中的政治影响,或者捞取政治油水,但强烈的反共情结也是轴心国这样做的推动力之一。后来,西班牙和一些德占区志愿者也参加了对苏联的战斗。1942年后期,斯大林格勒战役的沉重失败,打击了罗马尼亚、意大利和匈牙利的军队。从此以后,德国轴心伙伴的对德援助,就越来越微不足道了。

1940年10月4日，意大利独裁者贝尼托·墨索里尼在奥地利–意大利边境的勃伦纳山口 (Brenner Pass) 迎接希特勒。两人见面讨论轴心国未来的战略发展，包括使维希法国加入轴心国战争行动的可能性。对于自己将要进行的入侵苏联计划，希特勒对墨索里尼守口如瓶；而墨索里尼也没告诉希特勒自己进攻希腊的计划，其日期就定在几周后的10月28日。

约，成为德国盟友。11月20日，在维也纳一个有希特勒亲自参加的仪式中，匈牙利在条约上签字，明确表示将致力于轴心国事业；11月23日，罗马尼亚加入；一天后，斯洛伐克加入。在这之前，这些国家已经通过贸易协议或军事援助的手段，与德国的利益拴到了一起。第二年的3月1日，保加利亚也加入条约，一个德国主导的牢固国家集团最终在东欧建立了。

1940—1941

第五章 战争初期的胜利 293

关键词 拉拢西方

希特勒也希望能够在西方扩展联盟网络。赢得维希法国和西班牙的支持，对秋天提出的地中海战略至关重要。**西班牙**现在由取得内战胜利的弗朗西斯科·佛朗哥统治。10 月 23 日，希特勒与佛朗哥在西班牙与法国边境的小镇昂代（Hendaye）见面。他试图说服佛朗哥，允许德国部队通过西班牙领土，占领直布罗陀。经过几小时毫无成果的谈判，佛朗哥依然固执地反对任何有损西班牙中立的行动。希特勒后来抱怨说，他宁可让人拔了他的牙，也不愿再与佛朗哥谈判。第

1940 年 10 月 23 日，希特勒和西班牙独裁者弗朗西斯科·佛朗哥在法国与西班牙边境小镇昂代检阅仪仗队。希特勒希望争取到佛朗哥对轴心国事业的支持，作为对德国在西班牙内战期间援助佛朗哥的报答，但遭到佛朗哥拒绝。

二天，希特勒在蒙都瓦[58]会见维希政府的贝当元帅和**法国**首相皮埃尔·赖伐尔（Pierre Laval），但在试图说服法国人加入德国的反对大英帝国的联盟系统时，他又一次空手而归。第三次尝试是对**苏联**作出的，他想试探能否诱使斯大林加入三国条约，将苏联的精力转向破坏英国的印度殖民地，而不是继续在欧洲争夺权力。10月13日，德国邀请苏联外长维亚切斯拉夫·莫洛托夫来柏林。11月12日，莫洛托

1940年11月，苏联外长维亚切斯拉夫·莫洛托夫访问柏林期间，在皇宫酒店为他举行的一个非正式招待会。莫洛托夫（左）正与德国内政部部长威廉·弗里克交谈。在照片右方坐的是约阿希姆·冯·里宾特洛甫（左）和海因里希·希姆莱（右）。尽管双方作出大量友好表示，但德国人还是拒绝了莫洛托夫扩充《德苏互不侵犯条约》条款的要求。

夫抵达柏林，开始进行国事访问。里宾特洛甫请苏方将其利益转到印度和波斯湾[59]，但莫洛托夫清楚地表明，苏联感兴趣的是可能建立的保加利亚和土耳其军事基地，以及对多瑙河河口和黑海与地中海之间的达达尼尔海峡[60]的控制。两天后，莫洛托夫离开，没有签署任何协议。11月25日，斯大林写信给希特勒，列出苏联加入《三国同盟条约》的条件，但希特勒拒绝答复。

德国试图建立联盟系统、孤立和打败大英帝国的努力毫无成效。11和12月间，希特勒发布指令，要求为下列目标准备详细作战计划：占领直布罗陀（"费利克斯行动"[Operation Felix]）；在法国与英国合作的情况下，占领维希法国（"阿提拉行动"[Operation Attila]）；若有需要，则援助巴尔干地区[61]和北非的意大利军队（"马里他行动"[Operation Marita]）。这些指令中，12月13日发布的第三条指令，是墨索里尼入侵希腊造成的后果：他在没有征询希特勒意见的情况下，决定于10月28日入侵希腊。意大利军队的入侵很快就遇到困难。虽然希特勒对意大利人把他蒙在鼓里很不痛快，但他还是认为，英国随后对希腊的干涉是更大的威胁。希特勒没有急于作出援助墨索里尼的决定，想看看意大利军队能不能把英国人赶出埃及，并打败希腊。但是，希腊战争的形势打乱了他的估计，并最终表明，德国人借助德－意－西联合行动、把英国人赶出地中海的努力已经失败。12月7日，佛朗哥确认西班牙将不会参加轴心国军事行动。

12月末，希特勒搁置其地中海策略，将注意力转到进攻苏联的计划上。12月18日，他签署第21号作战指令——**"巴巴罗萨方案"**（Case Barbarossa）。巴巴罗萨是中世纪德国皇帝腓特烈一世（Frederick I）的名字。指令要求在几周之内，以一次大规模进攻消灭苏联的抵抗。它的目标是占领沿AA线（AA-Line）[62]的苏联地区，即从最北端的阿尔汉格尔斯克，到伏尔加河[63]河口的南部城市阿斯特拉罕，只给苏联留下封闭在西伯利亚[64]的一片地区，使其勉强维持基本生存。

第21号作战指令——"巴巴罗萨方案"
（元首统帅部，1940年12月18日）

　　无须等待英格兰战争结束，德国武装力量须做好准备，在一场快速战役中击溃苏联（"巴巴罗萨方案"）。

　　为此目的，陆军需要投入所有可用兵力，但应留足后备力量，保证占领区不致遭受突袭。

　　空军需要为这次东方行动提供支持力量，其力度要达到使陆军能够迅速结束地面战斗，同时保护德国东部尽量少受敌方空袭的破坏。空军在东线的集结，仅限于满足下列需要：保护整个战区及我方控制的资源地区免遭空袭，同时保证不会中断对英格兰尤其是对其进口物资的攻击。

　　即使是在东线战争期间，海军仍将继续针对英格兰作战。

　　在特定形势下，在设定的进攻开始时间的八周前，我将发布针对苏联的部署命令。

　　尚未完成、需时超过八周的准备工作应立即开始，并在1941年5月15日前完成。

　　我们的进攻意图应严格保密，这一点极为重要。

——摘自：休·特雷弗—罗珀（Hugh Trevor-Roper）所编《希特勒的作战指令（1939—1945）》，伦敦西杰威克-杰克逊出版社（Sidgwick and Jackson）1964年版，第93～94页。

炸服不列颠

　　就在希特勒为打败英国而另辟蹊径时，德国空军只能独自进行这场与英国的战斗。1940年9月14日,"海狮行动"实际上已经中止。希特勒把机会留给空军,看看仅凭"不间断空袭"能否迫使英国投降。空军参谋长汉斯·耶顺内克(Hans Jeschonnek)上将请求允许空军开始空袭行动,这次空袭的目的是在英国城市居民中制造巨大的恐慌。但希特勒坚持,空袭应具有某种表面上的经济或军事意义,把是否发动恐怖袭击的决定权留给自己。

在英国人看来,名为"**闪电战**"[65]的德国轰炸行动,在很大程度上是以施加恐怖为出发点的。但德国的行动有一套固定模式:他们最大的进攻重点在港口,目的是摧毁那里的食物和原料库存,以及运输更多食物和原料的商船。受到最猛烈轰炸的港口,有伦敦、普利茅斯、南安普敦、普茨茅斯、赫尔、利物浦和布里斯托尔。[66]另外,进攻还指向大型工业目标,尤以飞机工业为重点。11月14—15日夜间著名的**考文垂空袭**[67],就是以飞机工业为对象的,那次空袭造成554人丧生。德国空军领导人发现,在日益恶化的天气条件下进行夜间行动,很难实现其战略价值。德国损失了600多架战机,许多是因为意外事故。而德军对英国生产只造成了极短期影响:虽然轰炸导致4.3万平民死亡,但它对士气的影响在很大程度上却是适得其反。戈培尔和许多接受他宣传的德国民众依然深信,轰炸是一个制胜法宝。"丘吉尔什么时候投降?"他在11月的日记里写道。12月11日,戈培尔听到希特勒告诉集会的党魁,战争实际上已经取得胜利:"英国已经完全孤立,将一点一点被夷为平地。"

关键词 闪电战

实际上,轰炸只是增强了英国的决心,激起了美国民众的反感,打击了执行轰炸的德军机组人员的士气。1940年11月,经过英国情报科学家的努力,德国无线电导航信号被成功屏蔽,轰炸变得不那么精确。载弹量有限的中小型轰炸机为达到最大效果,携带了大量燃烧弹。12月29日,一场大火在伦敦码头和市区燃起,在一场毁灭中结束了灾难的一年。对德国居民来说,轰炸英国的消息也没有让他们轻松多少,因为英国对德国的轰炸次数也日益增多。1940年5月,英国第一次发动对德国城市门兴格拉德巴赫[68]的袭击。夏秋两季,断断续续的

关键词 计划泡汤

一幅德国艺术家的绘画作品,描绘的是1940—1941年"闪电战"期间对伦敦的轰炸。背景是伦敦塔桥(Tower Bridge),天上飞的是容克Ju-88中型轰炸机。到1940年末,轰炸造成27450人丧生,大部分死于对港口和沿海城市的袭击。德国希望通过袭击这些地方来封锁英国,以迫使它投降。

空袭一直在进行。尽管袭击普遍不够准确、攻击力不强，但战争还是打到德国人民头上来了，这让他们记起戈林早先夸下的海口：任何盟军飞机都不可能侵犯德国领空。1940 和 1941 年，德国空军对英国投下 5.8 万吨炸弹，但同一时期，英国皇家空军轰炸机指挥部（RAF Bomber Command）对欧洲投下 5 万吨。入侵英国的计划泡汤了，英国对德国的空袭造成的损失也越来越大。到 1940 年底，德国公众对那一年会取得胜利的看法更加模糊，而就在 7 月份，这似乎还是很有可能的。

听希特勒演讲：一个美国人在柏林运动场
（1941 年 1 月 30 日）

人群中传出阵阵低语。一个军乐队一路吹打过去。戴着雪亮头盔的冲锋队成员从后门进来，走到台前，在金鹰[69]下站定。在冲锋队之后，出场的是穿着纳粹党褐色制服的旗手，其中一些扛着长长的铁杆，杆头是硬硬的标语牌；一些人举着飘扬的纳粹旗帜。我看到的是一场纳粹帝国的盛典。

纳粹党和军队领导人走进来时，人群起立、欢呼。神气地走在前面的，是挂满勋章的将军，包括冯·勃劳希契、凯特尔和约德尔等。随后是身宽体胖的戈林，他穿着华丽的天蓝色制服，满面笑容。矮小的戈培尔旁若无人般一瘸一拐地走进来。戴着眼镜、留着整齐小胡子、小鼻子的希姆莱，看上去更像个会计，而不像是令人生畏的盖世太保头子。还有雷博士[70]、浓眉毛的鲁道夫·赫斯，最后是希特勒本人。

元首步态僵硬，有点左摇右晃，一只手僵硬地垂在身侧，另一只手怯生生地举在身前行纳粹礼。他从不把手举得比别人高。希特勒一点也算不上做作。我觉得他看上去跟我见过的许多纳粹小厮没什么两样。他穿着灰色军用雨衣和尖顶帽，比他的同伴都要朴素。我注意到他带着一丝奇怪的微笑。我提及此事，旁边一个纳粹告诉我，这并不常见。

"难得见到元首的笑容，"他说道，"他今天一定是感觉良好。"

人群唱起纳粹歌曲，最后在"希特勒万岁！"的喊声中结束。体育场里一片喧嚣。希特勒在台上前排落座，手臂张开，摊在身前桌子上。戈培尔起立，用充满激情、铿锵有力的声音，说德国人民在八年前就做出决定，要万众一心，团结在元首周围，不惧艰难险阻追随他。

这时人群又一次起立，起劲欢呼。希特勒走到舞台中央，站了一会儿，接着开始讲话。他的声音开始是缓慢的、低沉的。随着讲话的进行，他变得慷慨激昂，他的话突然充满了激情，手臂大幅挥动。他讲话时攥紧拳头，直到一句话结束。听众对每个高潮报以掌声，一些人发出一长声"噢——"，我最终听出来，是某种类似于"好哇！"之类的意思。还有些人在跺脚。我看了看过道里的冲锋队成员，他们中大部分人都没有参与鼓动这种感情。很明显，希特勒确实激起了听众的狂热情绪。他继续讲下去，我也更仔细地进行了观察，并最终相信，这个人的讲话有一种催眠般的力量。同时我也禁不住体会到，查理·卓别林[71]在《大独裁者》中多么完美地模仿了希特勒，他对希特勒姿势的表现真是惟妙惟肖：在一大段单调的讲话中间，希特勒突然把自己投入一阵语言和姿势的狂风暴雨中，然后又像开始一样突然迅速平静下来。这幅画面堪称完美。

——摘自：哈里·W. 弗兰诺雷（Harry W. Flannery）所著《柏林任务》，伦敦迈克尔－约瑟夫出版社（Michael Joseph）1942年版，第107～108页。（弗兰诺雷于1940年10月接替哥伦比亚广播公司[CBS]驻柏林记者威廉·夏伊勒。）

巴尔干插曲

一旦希特勒下定决心，认为1941年的当务之急是对苏联的战争，那么在接下来的几个月里，他就大部分时间都蛰居在贝希特斯加登的伯格霍夫。他在那里接见络绎不绝的军方人员和国外政客、外交官，前者来汇报战争的准备情况，后者则渴望在德国主导的新欧洲获得一席之地。1月13、14日，希特勒会见保加利亚沙皇鲍里斯（Tsar Boris of Bulgaria）和罗马尼亚领导人扬·安东内斯库（Ion Antonescu），告诉两人即将到来的进攻苏联的行动。安东内斯库承诺，罗马尼亚将给予支持；但鲍里斯不愿被拖下水，并在随后的整个战争过程中保持了非交战国地位。几天后，墨索里尼和意大利外长加莱阿佐·齐亚诺来访，与希特勒讨论地中海战略。访问期间，1941年1月19—20日，希特勒确认，德国将援助在希腊和北非节节败退的意大利军队。这一次，希特勒没有向他的轴心伙伴透露自己计划的东线行动。但承诺援助墨索里尼，让希特勒把保护巴尔干的义务揽到自己身上，这将对计划中的5月份大规模入侵苏联的准备工作造成极大损害。

早在1940年12月，希特勒就已经做出决定，在转向东方之前，也许有必要稳定地中海局势。1941年1月11日，他签署第22号作战指令，即"向日葵行动"（Operation Sunflower，德文Sonnenblume），开始一项德国援助计划。一支空军部队，德国空军第10军（Fliegerkorps X），已经被派到西西里岛[72]，以协助攻击马耳他[73]和英国运输船。1月12日，法国战争中的坦克战英雄隆美尔将军，被希特勒任命为德国非洲军团（German Afrika Korps）总司令，进一步加重了德国承担的责任。虽然在名义上，德国部队受意大利战区指挥官领导，但他们的行动却越来越独立。这反映出了战场的实际情况，即德国人的能干和意大利人的涣散。隆美尔立即着手稳定非洲战线。3月24日，他不顾柏林的命令，对英联邦军队发动攻势，把他们一路赶出利比亚。4月11日，隆美尔包围了托布鲁克[74]。之后，尽管来访的保卢斯将军命令他保持战线现状，但他还

关键词：入侵南斯拉夫

是继续进军。到 6 月中旬，隆美尔已经打到埃及边境，剑指苏伊士运河。

但在希腊战场，问题依然存在。大量英联邦增援部队源源不断赶到希腊。德国的计划是，派兵到保加利亚，从东北方向进攻希腊。从 3 月 2 日开始，德国部队越过保加利亚边境。两天后，希特勒会见南斯拉夫摄政王保罗（Prince Paul of Yugoslavia），后者同意加入《三国同盟条约》，条件是他的国家不必参加对希腊的入侵。3 月 25 日，在维也纳举行了一场仪式，以庆祝南斯拉夫对条约的拥护，希特勒参加了此仪式。但两天后，南斯拉夫政府被塞尔维亚人支持的政变推翻，条约也被废止。希特勒非常愤怒，立即命令做好入侵南斯拉夫的军事准备，作为针对希腊的"马里他行动"的延伸。在极短的时间内，行动准备就凑合完成。4 月 6 日，德国对南斯拉夫首都贝尔格莱德进行毁灭性空袭，南斯拉夫战争开始。同一天，陆军元帅威廉·李斯特（Wilhelm List）的第 12 集团军进入希腊和南斯拉夫南部。两天后，德国、意大利和匈牙利军队发动全面入侵。到 4 月 12 日，入侵部队已经打到贝尔格莱德。6 天后，**南斯拉夫投降**。100 多万人的南斯拉夫军队，仅仅造成 150 名入侵德军死亡。轴心国军队继续进入希腊，并迫使它在 4 月 23 日投降。英联邦部队则撤退到克里特岛[75]。

1941 年 4 月 6 日，闪电战"马里他行动"期间，德国重炮正被运过边境，进入南斯拉夫。南斯拉夫军队虽然人数众多，但抵挡不住快速机动的德军和猛烈的空中打击，于 4 月 18 日投降。

入侵苏联期间，党卫军特别行动队 D 分队指挥官、党卫军旅队长奥托·奥伦道夫（Otto Ohlendorf）博士。他是拥有学术背景和专业资格的众多党卫军领导人之一，后来成为经济部一名官员。在第一年的行动中，他的小组对约 9 万人执行了死刑。

德国对克里特岛的占领

（1941年5月）

就在德国调兵遣将、准备入侵苏联之际，地中海冲突还在继续占用着德国的兵力和资源。地中海冲突是希特勒坚持占领南斯拉夫、协助墨索里尼平定希腊而引发的。1941年4月末，英联邦军队撤退到希腊的克里特岛。从此以后，从英军手里夺取该岛的联合作战，成为地中海战役中最艰难的战斗之一。

主要进攻任务交给了现代伞兵先驱库特·斯图登特（Kurt Student）将军。1940年春，在入侵比利时和挪威的战斗中，他领导的伞兵部队立下了大功。克里特岛约有3.5万盟军部队，包括一部分希腊军队，数量远超德国进攻部队，但缺乏重型装备和足够的空中力量。1941年5月20日，德国伞兵登陆该岛，但遭受重大伤亡。第二天，马里门机场[76]陷落，德国人得以利用容克Ju-52运输机，运来德国第5山地师（5th Mountain Division）。该师指挥官尤里乌斯·林格尔（Julius Ringel）将军接替了斯图登特，后者在进攻开始阶段的惨重损失令希特勒大为失望。接下来一周，德军数量增加到17500人，这已经足够打败四分五裂、士气不振的盟军了。5月31日，除了5000名盟军士兵，其他士兵都在新西兰指挥官伯纳德·弗赖伯格（Bernard Freyberg）中将命令下撤出，标志着轴心国对欧洲大陆的最终控制。但斯图登特的精英部队有1653人丧生，而德国在克里特岛的伤亡超过了巴尔干战争中的全部伤亡。近200架运输机的损失，也给初期阶段的苏德战争带来了一些影响。从此以后，希特勒不再让斯图登特承担大型伞兵行动。战争结束时，斯图登特作为地面指挥官在德国东部继续战斗。

巴尔干和地中海战争的后果是，占用了计划用于入侵苏联的资源和时间，这些入侵准备工作主导了那一年最初几个月的德军工作。事实证明，尽管配备37个装甲师和摩托化师的要求根本无法满足，但其数量还是比投入法国战争（共30个师）的多得多。德军指挥官认为，苏联武装力量虽然要庞大得多，但对大规模进攻毫无防范，在战术和技术上也非德国人对手。1941年4月，京特·布鲁门特里特（Günther Blumentritt）将军告诉德国总参谋部，将在两周内打败苏军；陆军总司令、陆军元帅瓦尔特·冯·勃劳希契估计"最多四周"。敌军被看成劣等民族，是"没受过教育、半亚洲化的"，布鲁门特里特如是说。德军极其强调突袭这一因素，为此，在2月到5月间，第一批德国陆军师分几个阶段转移到东线[77]，试图掩盖行动规模；并且，直到1941年6月，快要发动进攻前夕，作为进攻主力的装甲师和大部分攻击战机才抵达东线。直到5月的第三周，德国轰炸机还在进行对英国军事目标的夜间袭击。

关键词 计划袭击苏联

既然希特勒已决意要摧毁苏联，他就希望进行一场完全的毁灭战争，摧毁一个他认为是活生生的犹太－马克思主义威胁的敌人。1941年3月30日，在一次对德军将领的讲话中，他解释说，即将到来的冲突是一次意识形态的极端碰撞，它必须作为一场"毁灭战争"来打。随后几个月里，从希特勒最高统帅部发出一系列指令，现在一般总称为《刑事命令》（The Criminal Orders）。希特勒希望他的士兵和安全部队放开手脚，在毁灭敌人时，不受他们心中尚存的一点道德和法律原则的约束。

5月13日，希特勒发布了一个《军队应采取的特别措施》（Special Measures to be Taken by the Troops）指令，在军人对苏联士兵和平民实施犯罪行动时，免予追究法律责任，以鼓励极端报复行为。5月19日，他发布《在俄部队行为准则》（Guidelines for the Conduct of Troops in Russia），批准军队可以自由采取残酷措施，对付"布尔什维克煽动者、非正规军、破坏分子和犹太人"。6月6日，发布最终准则，允许士兵当场射杀随苏军工作的苏维埃政治委员。与此同时，3月13日，希特

《刑事命令》
(1941年5月)

元首、最高统帅　　　　　　　　　　司令部，1941年5月13日

有关在"巴巴罗萨行动"地区适用战时军事司法（Wartime Military Jurisdiction），及军队应采取特别措施的法令

实行德国武装力量军事司法的首要目的，是维护军纪。

如今，东方战线进一步扩大。随之而来的，是作战方式的转变。再考虑到敌人的特性，这些变化将大量的工作摆在武装力量军事法庭面前。在平定占领区之前的整个行动期间，军事法庭仅能履行其主要职责。此时，这些工作只能由有限的人员予以解决。因此，面对敌方平民构成的威胁，只有军队本身对其进行无情斗争，才有可能解决这一问题。

据此，在"巴巴罗萨行动"地区（战区、集团军后方地区和非军事统治区）特别适用以下行动准则：

I

对敌方平民实施侵犯行为的处理：

1. 如未接到进一步通知，针对平民的侵犯将不受军事法庭和战地军事法庭管辖。

2. 敌方非正规军若参与战斗或逃跑，应毫不留情地对其进行处决。

3. 应使用最强有力的方式，镇压敌方平民针对德军成员及随从人员的攻击行为，直至消灭袭击者。

4. 任何未能或不积极实施此等措施者，将被视作嫌疑分子，并立即交由一名军官处理，由该军官决定是否进行处决。当地居民以背信弃义[78]或秘密方式袭击德国军队的，如果由

于条件限制，导致无法迅速抓获袭击者，应由营或营以上军官授权，立即执行联合报复措施。

5. 在对平民重新进行司法管辖情况下，明令禁止为将嫌犯提交法庭之目的，而对他们实施保护。

6. 在已完全平定的地区，集团军群最高指挥官经与空军和海军负责长官协商一致，可以对平民重新适用军事司法。

II

针对德军成员及其随行人员对敌方平民实施侵犯行为的处理：

1. 德军成员及辅助人员，若对敌方平民实施违法行为可免予处罚；即使此等行为同时构成军事罪行或军事违法行为。

2. 在审理上述行为并作出裁判的过程中，时刻不要忘记1918年的失败，随之而来的德国人民的长期苦难，以及国家社会主义面临的困境（国家社会主义运动为此付出大量流血牺牲的代价）。所有这一切的源头都可以追溯到布尔什维克的影响。所有德国人都不应忘记这一点……

——摘自：西奥·舒特（Theo Schulte）所著《俄国德占区的德军和纳粹政策》，牛津柏格出版社（Berg）1989年版，文件C，第321~322页。

勒授予帝国保安负责人海因里希·希姆莱特别权力，允许他在占领区按自己的想法建立必要的安全措施。4月28日，陆军最高指挥部被告知，希姆莱将招收特别安全部队。安全部队在德国战线后方活动，任务是搜寻并摧毁反德势力。这支被称作"特别行动队"的部队，从安全警察、保卫官员和武装党卫军中招收人员，作为流动屠杀分队成员。为迎接即将到来的冲突，该行动队共成立了4个组，总人数为3000人。"巴巴罗萨行动"前几个月里，希姆莱及其手下还在做着另一件工作。根据一个

克劳斯·卑尔根（Claus Bergen）创作的一幅描绘德国战列舰"俾斯麦号"（Bismarck）最后时刻的油画。"俾斯麦号"于1941年5月27日在法国沿海沉没。

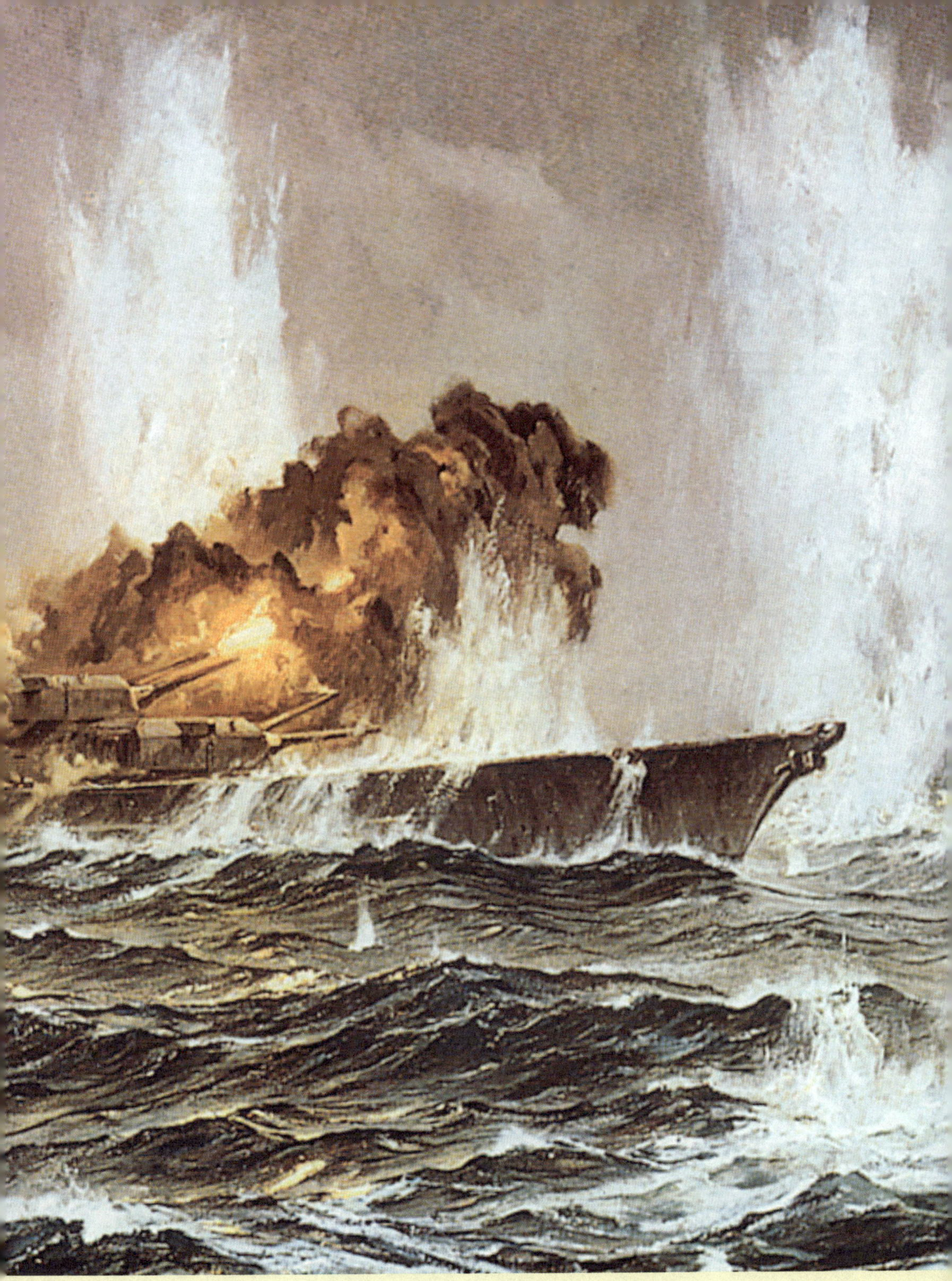

击沉"俾斯麦号"
（1941年5月）

"俾斯麦号"是二战中德国最大的战列舰。以德国著名"铁血宰相"名字命名的这艘4.1万吨重舰，于1939年2月14日下水，1940年8月24日进入德国海军服役。30年代后期，德国海军总司令埃里希·雷德尔元帅规划建立一支大型远洋舰队，以帮助德国重振世界大国雄风。但事实上，飞机出现之后，传统海军舰队时代已经一去不返。德国没能发展起航空母舰或有效的海军航空兵。1941年5月，德国海军引以为傲的"俾斯麦号"的毁灭，就是因为一架小小的飞机。德国计划利用这艘战列舰，再加上其他主要海军部队，包括新战列巡洋舰"格奈森瑙号"（Gneisenau）和"沙恩霍斯特号"（Scharnhorst），作为攻击力量，打击盟军的大西洋海上运输线。因这两艘战列巡洋舰受创，而崭新的"提尔皮茨号"（Tirpitz）战列舰还无法使用，因此，1941年5月18日，"俾斯麦号"由巡洋舰"欧根亲王号"（Prinz Eugen）随行，从挪威驶向大西洋。这次所谓"莱茵演习行动"（Operatipn Rhine-Exercise）的最高长官，是德国战列巡洋舰舰队司令京特·吕特晏斯（Günther Lütjens）海军中将，他因敌视纳粹主义而闻名。吕特晏斯对行动没什么信心，几天之内，他的舰队就被发现，与英国军舰交上了火。5月24日，"俾斯麦号"在丹麦海峡成功击沉战列巡洋舰"胡德号"（HMS Hood）、击伤皇家海军新战列舰"威尔士亲王号"（Prince of Wales），但自己也严重受损，无法全速行驶。吕特晏斯立即起航驶向德国占领的法国海岸，以对该军舰做必要修理。一路上，"俾斯麦号"设法避免被敌方发现。直到5月26日，一条

> 卡特琳娜飞船[79]追踪德国司令部的长波无线电信号,发现它正向德国空军控制的安全区域和法国行驶。一架从皇家"方舟号"(HMS Ark Royal)航母起飞的剑鱼式鱼雷轰炸机,炸坏了"俾斯麦号"的舵。第二天上午,皇家海军战列舰"罗德尼号"(HMS Rodney)和"乔治五世国王号"(King George V)赶来围歼"俾斯麦号"。上午10点39分,"俾斯麦号"沉没,2222名船员中,仅115人幸存。后来对沉船残骸的研究表明,它是德国船员自行凿沉的。"俾斯麦号"的陨落,表明旧式战列舰队时代的终结;它被飞机发现、被一架小型双翼飞机击损,见证了舰艇和飞机之间力量平衡的改变。

名为**《东方总规划》**(*General Plan East*, 德文 *Generalplan Ost*)的计划,希姆莱的专家组提议,对德国拟占领和殖民的整个地区的种族、经济和地域的重组事项做出规划。这项规划中最激进的部分是,决定驱逐多达3000万斯拉夫人[80](包括占全部波兰人的80%)至西伯利亚,以便为德国殖民者腾出土地,减轻食物供应压力。这样做是指望其中很大一部分人会被饿死。所有这些计划和命令,依据的都是种族优越原则。希特勒希望在东方开辟一个永久的德意志帝国。"俄国,"他告诉同党,"将是我们的印度。"[81]

"巴巴罗萨行动"

起初,希特勒希望在1941年5月发动苏德战争,但巴尔干危机和缓慢的准备工作迫使他将行动推迟到夏初的好天气之后。4月30日,希特勒最终决定,行动开始日期为6月22日。虽有大量情报对即将到来的进攻发出警告,但斯大林害怕激怒德国人,于是没有采取任何大的动员行动。入侵开始前不久,几个同情共产主义的德国士兵叛逃到

关键词 凌晨突袭

1941年6月26日,对苏联的入侵开始4天后,德国车辆、士兵和后勤马车在尤里诺夫－索卡尔（Urinov-Sokal）附近越过苏联边境。在苏德战争中,德国陆军使用了超过70万匹马,用它们运送补给、拖曳火炮,并帮助把车辆从苏联的泥地里拖出来。

苏方,但斯大林认为,他们的说法看起来更像是故意误导。6月22日（星期天）凌晨3点,德国战机对苏联机场发动一波袭击,摧毁了几百架没有任何伪装、大摇大摆停在机场上的飞机。黎明时分,一支包括65万轴心国盟军在内的400万德国大军,分成北、中、南三路庞大集团军群,大举侵入苏联。这是史上最大规模的入侵行动。

最初的入侵几乎大获全胜。一些苏军部队在前线顽强抵抗。然而,德国对苏联的作战计划与对法国一样,即在战斗机和俯冲轰炸机的强力支持下,派遣大量装甲编队快速推进,在敌方防线上打开缺口,随后以庞大的包围态势进攻,两翼包抄。苏联部队很快被包围击溃,苏联指挥官失去了对战场的控制。在南路,大量罗马尼亚军队与德国盟友并肩作战,进展缓

关键词
兵分三路

围困列宁格勒
(1941—1944)

在整个苏德战争期间，苏联第二大城市列宁格勒（圣彼得堡）一直在德军包围之下。1941 年 9 月初，北方集团军群到达列宁格勒郊外。8 月 30 日，该市与外界的最后铁路联系被切断。9 月 8 日，最后的陆路联系中断。9 月初开始，德国陆军和空军对列宁格勒进行了频繁的炮击和轰炸。在整个包围期间，15 万发炮弹倾泻到这座城市，一刻也没有停止。

列宁格勒有约 350 万人口，这些市民们不得不自己生产武器、寻找一切可充饥的食物。11 月，苏军在拉多加湖（Lake Ladoga）冰面成功打开一条通往列宁格勒东部的道路。通过这条脆弱生命线的供应，整座城市的生存得以维持，但也付出了高昂的代价：约 100 万人因营养不良、疾病和严寒丧生。1942 年苏军的几次突围，虽然阻止了德国在 1942 年秋强攻这座城市的计划，但本身却没有获得成功。希特勒希望在 1942 年占领列宁格勒，部分原因是把它作为一个政治奖励，[82] 同时也是为德军能够与列宁格勒战线北部的芬兰人会合。攻占列宁格勒的"北极光行动"（Operation Northern Lights，德文 Nordlichte）定于 9 月开始，由陆军元帅冯·曼斯坦因指挥，他在这年早些时候成功夺取了塞瓦斯托波尔（Sebastopol）。后来，由于苏方的一次突围行动，"北极光行动计划"失败，曼斯坦因南下试图挽救斯大林格勒。1943 年 1 月 18 日，苏军进行第二次突围，解放了拉多加湖以南一块狭窄的瓶颈地区，得以向列宁格勒正常运送补给。直到 1944 年 1 月 27 日，苏联方面的一场总攻打退了列宁格勒周边地区的德军，这座城市才最终解围。希特勒把列宁格勒夷为平地的野心，从来没有实现。

慢。但是，由于苏军粗糙的战术、糟糕的通信和制空权的快速丧失，轴心国部队得以在北路和中路快速推进。到6月底，陆军元帅威廉·冯·勒布（Wilhelm von Leeb）指挥的北方集团军群已经越过立陶宛，并于7月1日到达拉脱维亚首都里加（Riga）。8月19日，先头的数个装甲师到达列宁格勒郊外，并于几周后完成对它的合围。往南，陆军元帅费多尔·冯·博克（Fedor von Bock）的中央集团军群进展更为神速，他们越过波兰东部，于6月28日包围了白俄罗斯首都明斯克。陆军元帅格德·冯·伦德施泰特指挥的南方集团军群虽然进展较慢，但到7月中旬，也已接近乌克兰首都基辅，到8月5日，包围了黑海沿岸的敖德萨[83]。

德国入侵苏联早期阶段，一个俄国农妇站在她燃烧着的房子外。德军摧毁了所有被怀疑有游击队或民兵活动的村庄。1945年，苏联宣称，战争期间共有7万座村庄被摧毁。

苏联战场捷报频传、战果逐步扩大之际，德国人的快乐情绪也在增长。6月23日，希特勒到达他的新司令部。它建在东普鲁士腊斯登堡[84]附近的一片树林中，代号为"狼穴"（Wolf's Lair，德文Wolfsschanze）。在这个大本营中，每天希特勒都会收到参谋人员呈送的轴心国军队进展的报告。陆军总参谋长弗朗兹·哈尔德在7月初的战争日记中写道，战争"已经在两周内取胜"，并期待苏联的抵抗将逐渐消失。几周之内，西部的苏联空军（约1万架战机）大多数已被摧毁。到秋季，苏联失去了90%的坦克力量，伤亡或被俘的苏联士兵超过500万。希特勒满怀信心地认为，他预言的胜利就要实现。7月8日，他宣布将把列宁格勒和莫斯科夷为平地，使它们永远不能成为反对德国的抵抗中心。对苏联的灭亡，希特勒信心十足。7月14日，他确立了军备生产新重点，即优先考虑海空军，以满足与大英帝国和日益偏离中立的美国发生冲突的需要。他还向晚间随从人员描绘了自己对战后德意志帝国的设想：高速公路穿过广阔的俄罗斯大草原，把德国游客送到克里米亚[85]海岸；还要沿乌拉尔山脉[86]建起一条坚固的德国防线。

战争其实远未结束。虽然损失惨重，但苏军依然在顽强战斗。到9月底，苏军造成轴心国军队55万人伤亡。这是开战两年来，德国遭遇的最大伤亡。由于路途遥远、补给困难，德军被迫放慢进攻步伐，但并没有停止进攻。7月30日，希特勒决定暂缓中央集团军群的推进，集中力量清除南北两翼的敌人。希特勒之所以决定要从东南方向进入乌克兰，很大程度上是觊觎这一地区充裕的工农业资源。希特勒希望，在发动对莫斯科的最后攻击前，先把这个地区攥在手里。南方集团军群继续向**乌克兰**推进，到9月15日，包围了基辅和一支65万人的苏联军队。3天后，这座乌克兰都城陷落，德国占领南部工业带的通道打开了。

关键词：**基辅陷落**

希特勒谈希特勒：1941年10月的闲谈
（1941年10月13—14日夜）

我养成了天一黑就尽量避免各种恼人事务的习惯，要不然，我一整夜都没法摆脱它……

目前，我每天会花十来个小时考虑军务，再花两三刻钟发布命令。但最重要的是，每个行动都得研究清楚、考虑透彻。有时，一个想法要经过半年时间斟酌、完善。毫无疑问，终有一天，我将不必为东线战争费心劳力，因为那只是把已经预料到的和规定好的事情做好而已。这样，当这些行动完成时，我就可以全神贯注地考虑其他问题。

值得庆幸的是，我懂得如何放松自己。上床之前，我会花点时间欣赏建筑、看看图片。我会转移兴趣，做些和整个白天所思所想截然不同的事情，不然我就没法入睡。

如果没有身边这些亲信帮我做自己无暇顾及的事情，我的生活将是无法想象的。这些辛勤的人，他们表现得和我一样精力充沛。对我而言，最理想的人是能为我分担最多的人、能替我做出95%决定的人。当然，总会出现需要我亲自作出最后决定的情况。

至于有没有更强烈地感觉到自己在这场战争期间必不可少，我可说不上来。但可以肯定的是，如果没有我，就不会有带给我们今天这一切的那些决定。

——摘自：休·特雷弗－罗珀所编《希特勒的闲谈（1941—1944）》，伦敦韦登菲尔德出版公司1973年版，第56～58页。

一个德国士兵在东方前线
（1941年7月）

关键词：苏联包围圈

维特伯斯克[87]

  大毁灭。尸体的恶臭。

  维特伯斯克周围地区，有80到100辆被毁的俄国坦克。

  坦克堆积如山。

  已经有很多俘虏。他们成群结队。

  平民乡巴佬也在大量退却。

  常有些被害得无家可归的人，从我们旁边匆匆行过。

  你可以看到各种各样最奇怪的事情。

  房子无一例外都是用木头建成。

  人们的生活还不如我们的牛马。

  跟这里比起来，法国就是天堂。

  俄罗斯人都是些恶棍。商店和房屋到处遭到劫掠。

  我们继续进军，1941年7月17日，直接通过斯摩棱斯克[88]以北燃烧着的迪米特洛夫（Dimitrov）……

1941年7月17日

亲爱的妈妈：

  我躺在刚支起的帐篷前，匆匆给您写几行字。虽然我们最近度过了一些不眠之夜，但我昨天又能够睡个好觉了。这边确实是一切顺利。暑气已经减轻。俄国人在撤退。

  致给您简短但真心的问候。

您的汉斯－艾伯特（Hans-Albert）

——摘自：康拉德·艾姆萧塞（Konrad Elmshäuser）、扬·卢卡斯（Jan Lokers）所编《"男人只能坚强……"：战时信件和家庭照片（1934—1945）》，不来梅台门编辑出版社（Edition Temmen）1999年版，第96～99页。（汉斯-艾伯特·吉斯（Hans-Albert Giese）的日记和他写给母亲的信件，1941年7月17日条目。）

9月6日，希特勒命令中央集团军群准备月底向莫斯科进军。9月30日，古德里安的装甲部队开始向苏联首都和最终胜利的希望进军。夺取莫斯科的"台风行动"（Operation Typhoon）于10月2日正式开始。第二天，希特勒乘火车到柏林，发表苏德战争开始以来的第一次公共演说。在柏林运动场，面对兴高采烈的听众，希特勒宣布，苏维埃巨龙已经被屠杀，并且"再也站不起来了"。当晚，他回到司令部。10月

1941年6月22日，作为代号"巴巴罗萨"入侵苏联行动的一部分，德国部队渡过一条界河。他们把苏联人打了个措手不及，成功地快速越过未完工的"斯大林防线"（Stalin Line）工事。

9 日，希特勒指示首席新闻官奥托·迪特里希，在宣传部召集一个国际新闻发布会。"希特勒对战争实际上已经结束这一点深信不疑。"迪特里希后来回忆道。第二天，在柏林，一张巨幅苏联地图上标出了深入苏联地区的德军战线。迪特里希站在地图前，告诉召集来的记者，战争就要结束，德国军队正收紧对苏军残余部队的最后包围圈。第二天，德国报纸登出了头号大标题："东方战争胜负已决！伟大时刻已经来临！"

最终解决方案

就在最初几周苏德战争如火如荼地进行时，努力找到有关犹太问题"最终解决方案"的正式决定也已做出。7 月 31 日，帝国中央保安局头子、希姆莱副手海德里希收到一条指令，命令由他负责，一次性解决一切有关德国及其欧洲占领区犹太人口的问题。虽然在文件上签字的是戈林，但它实际上是由盖世太保犹太事务办公室起草，之后交给戈林签字的。这样做的目的是，为一个对纳粹领导层至关重要的问题，提供一条清晰的行政指挥链。

纳粹政权对德国控制下犹太居民的处理，经历了一个混乱时期，这个文件就是在该时期结束时出台的。在东方，犹太人被迫迁入人满为患的犹太聚居区，经济来源被没收或窃取。1940 年 11 月，希特勒批准一项计划，将犹太人从德国东部和波兰地区迁到波兰总督府治下的残余地区。总督府的德国统治者弗朗克，反对将其辖区作为犹太保留区的想法。如何处理过剩犹太人口的争论，持续到 1941 年春夏。打败法国的那段时间，另一个选择浮出水面。1940 年 5 月 25 日，希姆莱建议，可以把欧洲犹太人流放到一个非洲殖民地。对于把 400 万欧洲犹太人送到法国殖民地马达加斯加岛[89]的主意，希特勒一时大为赞同；这样，岛上的犹太人要么作为德国魔爪下的人质，要么因疾病和饥荒慢慢死去。但是，将大量犹太人运过英国皇家海军巡逻水域显非易事，这一想法很

莱因哈德·海德里希
（1904—1942）

在1942年被捷克游击队刺杀之前，海德里希是希姆莱安全机构的关键成员之一。

海德里希是德累斯顿一个音乐教师的儿子，也是熟练的小提琴手。因为年龄太小，海德里希无法参加一战。后来，他加入自由军团，吸收了战后德国右派的大量种族主义和激进民族主义思想。海德里希于1922年加入德国海军，但在1931年因一桩私生活丑闻被迫退伍。

加入纳粹党和成立不久的党卫军组织后，他英俊的外貌、无穷的精力和野心，为他博得了希姆莱的青睐。1932年7月，他被任命为纳粹党党内保卫部门的领导人。在1934年"长刀之夜"期间，他为希特勒立下的功劳使他获得提拔。1936年，已是党卫军中将的海德里希成为全体安全警察的总头目。1939年，他成为新成立的帝国中央保安局头子，负责全国所有安全保卫、情报和治安活动。他还在清除德国和欧洲犹太人的计划中，承担了关键责任。1941年7月，他接到戈林命令，要他找到一个犹太问题"最终解决方案"。他在1942年1月负责召集万湖会议[90]，在那次会议上，他做出将全部犹太人驱逐到东方的决定。终其一生，对自己有部分犹太血统的恐惧，一直是海德里希心头的一块巨石。他对安全机构受害者毫无人性的对待，很可能部分源于他对自身身世的不安全感。9月23日，他还被任命为波希米亚和摩拉维亚的帝国保护长官副手，在那里从事残酷镇压。1942年5月27日，他在布拉格驾车时，被从英国人那儿得到武器支援的捷克抵抗战士射中。6月4日，海德里希因枪伤毙命，纳粹为他举行了国葬。

快被弃之不用。第二年的目标，还是要为犹太人找到一个目的地，可以把他们作为整体流放到那里，留下一个没有"犹太威胁"的欧洲。1941年1月，希特勒最终授权海德里希和帝国中央保安局作为负责机构，解决驱逐犹太人的目的地和方式问题。首选方案是，战争结束后，将所有犹太人迁到战败国苏联的不毛之地；在那里，大量犹太人几乎必然面临死亡。1941年3月26日，海德里希把这个计划提交给戈林。对一些行政安排做出修改后，该计划成为**"最终解决方案"**文件，并于7月31日签字。该驱逐计划产生了一个后果，即对苏联的战争和对犹太人的斗争已经捆绑在一起。军事上胜利了，种族计划的实现也就成为了可能。

  显而易见，驱逐不会是唯一的政策。尽管希特勒或希姆莱都还没有就灭绝犹太人发出明确命令，但对"巴巴罗萨行动"的准备表明，在德国进攻的地区，犹太人将成为杀戮目标。基于犹太人和布尔什维克实际上是一回事的假定，苏德战争的最初几天，四支党卫军特别行动分队开始大批屠杀男性犹太人。党卫军分队也鼓动波兰东部和巴尔干国家的当地居民，对犹太居民实施野蛮迫害。随着暴力活动的扩大，党卫军部队也开始屠杀犹太妇女。8月15日，在对白俄罗斯首都明斯克的一次访问中，希姆莱告诉党卫军头目，杀害妇女和儿童现在是允许的。到1941年9月末，特别行动队又吸收了其他一些警察和党卫军部队，在党卫军埃里希·冯·德姆·巴赫–齐列夫斯基（Erich von dem Bach-Zalewski）将军的统一指挥下，德国开始有组织地灭绝在苏联占领区发现的所有犹太人。1941年9月29—30日，最臭名昭著的一次大屠杀发生在基辅市外的巴比谷（Babi Yar）。为报复所谓的恐怖袭击，33771名犹太男女和儿童被押到一条长长的反坦克战壕边。特别行动分队强迫他们脱去衣物，抢走其贵重物品，随后让他们站在坑边，对着后脑开枪，尸体一层层叠在坑里。屠杀结束后，分队在尸体上撒上生石灰，再用土把坑盖上。据估计，到1941年末，50万苏联犹太人遭到冷血谋杀。"最终解决方案"，标志着对欧洲犹太人大屠杀的开始。

关键词 屠杀

1942 年的一幅德国海报宣称，"敌方势力的幕后操纵者——犹太人！"希特勒和其他纳粹领导人逐渐接受了这样的观点：这场把美国也卷了进来的战争在全世界的扩散，是犹太阴谋的结果。这个观点对 1942 年做出以集中营为基地开展大屠杀的决定，起了重要推动作用。

战后，很多人作出不少努力，试图找到一份有希特勒签字的灭绝犹太人文件。几乎可以肯定的是，这样的文件并不存在。从驱逐到大规模屠杀的计划转变，是一个渐进的过程，是在东方战争的残酷条件刺激下，是在党卫军战场指挥员以反游击战为借口、试图无节制杀戮苏联犹太人意愿的助推下，一步步形成的。几乎可以肯定，希特勒对此是知情并且同意的。然而，无论是针对犹太人还是斯拉夫人，苏德战争的大屠杀性质已经在大量初期战争计划中体现出来。从在波兰占领区建立专门灭绝营的决定中，也可以明显看出这一点。灭绝营主要目的就是，以不像特别行动队公开大规模屠杀那样刺眼的方式谋杀犹太人。灭绝营和大规模谋杀手段的形成，与谋杀残疾人的 T4 行动的终止，都发生在 1941 年 8 月。谋杀消息在精神病院和医疗机构以外的传播，引发了民众的极大忧虑。谋杀行动因此终止，虽然后来证明只是暂时中止。1940 年 7 月 19 日，符腾堡的新教主教提出第一个正式抗议；8 月 1 日，德国天主教主教全体向希特勒提出抗议。但是，直到明斯特天主教主教克莱门斯·冯·盖伦（Clemens von Galen）1941 年 8 月 3 日做出公开抗议三周以后，安乐死项目才正式终止。拥有长期毒气室杀人经验的 T4 项目人员，则被转移到东方，协助建设和发展新的大规模谋杀设施。

毒气技术最初被用于毒气车。毒气车是一种可以被改装成用于谋杀车内人员的移动货车，通过一个简单装置附加一根连接尾气的管子，就可以让车厢内充满一氧化碳气体。1941 年 9 月，毒气车在莫吉廖夫[91]进行第一次试验；到 12 月，所有四支特别行动分队都用上了毒气车，以杀害精神病人、战俘和犹太人。在波兰东部的海乌姆诺[92]，一座永久基地建立了。1941 年 12 月 8 日，特别行动分队在那里用毒气车杀害了第一批犹太人。海乌姆诺成为六个主要灭绝营之一。10 月 13 日，希姆莱批准一项计划，在贝乌热茨[93]建设一座以毒气为基本手段的灭绝中心；12 月，一批 T4 人员抵达该中心。在 1941 年 8 月末或 9 月初，奥斯维辛集中营也开始了毒气杀人试验；9 月 3 日杀害了

关键词 毒气车

1941年夏，在东方前线，德国士兵在旁边看着一具尸体被扔进墓坑里。德国警察、安全部队和军队不得不接受在苏联作战的艰难环境。在这场苏德战争中，数百万犹太人、游击队员和共产党员死亡。

德国人来了
（1941年7月，一个犹太人的日记）

拉脱维亚普莱利镇[94]

7月19日，星期六。一项命令发布了，要求犹太人必须佩戴黄色的识别标志。它是一个黄色五角星，长宽各12厘米。男人要把它戴在背上、胸前和大腿上；妇女要把它佩在胸前和背后。不久，很多人被逮捕，投入监狱……

7月25日，星期五。早上5点，我们在火警瞭望塔附近的市集广场集合。点名之后，我们离开那里。从那儿到泥炭厂有10千米。8点半，他们给我们分好组。我们10人一组工作：8个女孩、2个男孩。我们的工作是把切下的泥炭翻过来。这是个重活。一个守林人随时会跑来催促我们继续工作。下午7点，我们收了工。他们让我们在一个谷仓里过夜。凌晨2点，一帮陌生人围住我们，好像是游击队（为德国人做事的拉脱维亚民兵）。其中一个人叫所有犹太人出去，但没人答应，于是他们开了枪。谷仓里是一幅可怕的景象。大家挤在一个角落里，人人都在向上帝祈祷。幸运的是，他们只是拿我们寻开心。枪响过后，还是没人吱声。围着谷仓的人走了，但我们那一夜都没睡。早上5点，我们又回去工作……

7月27日，星期天。对拉脱维亚犹太人来说，这是个血腥的星期天。上午，所有德文斯卡亚（Dvinskaya）大街的犹太人都接到命令，要穿上最好的衣服、带上必需品到街上去。他们搜查了房子。12点，所有犹太人都被带到犹太教堂。他们派了一群年轻犹太人到墓地后面挖墓坑。随后又有两条街上的犹太人被赶到这座教堂。

> 下午3点半。所有犹太人都被赶到墓地外，并被当场射杀。包括全部250名犹太人：男人、女人和儿童。
>
> 太可怕了。没想到事情是这样收场。几个幸存者也随时面临着死亡。
>
> ——摘自：塞纳·格拉姆（Sheyna Gram，1941年8月9日被杀害）的日记，参见约舒亚·鲁宾斯坦（Joshua Rubenstein）、伊利亚·奥特曼（Ilya Altman）所编《未知黑名单：苏联德占区的屠杀》，布卢明顿印第安纳大学出版社（Indiana University Press）2008年版，第324～325页。

约900名苏联和波兰犯人。这些人被关在一个密封的地下室，室内被投入了齐克隆-B（Zyklon B）杀虫剂的氰化物颗粒。温度上升到26摄氏度时，这种颗粒就会变成剧毒气体，并且只需很少的量就可以产生很强的毒性。同时，该集中营还杀害了少数犹太工人。但奥斯维辛还不是一个灭绝中心。1941年9月26日，上面发布了命令，在靠近奥斯维辛的比克瑙（Birkenau）开始建设一座大得多的集中营。就是这座集中营，在1943年成为屠杀犹太人的主要场所。

莫斯科战役

1941年的最后三个月，是德国战争的一个重要转折时期。10月份，德国人还满怀信心，认为"巴巴罗萨行动"几乎已经取得胜利。当德军向莫斯科的推进逐渐慢下来，并在苏联的反攻下退却的时候，德国的这一信心开始动摇。1941年10月2日发动的**"台风行动"**，目的是完全消灭防守在通往苏联首都道路上的四分五裂、士气低落的苏军部队。三个装甲战斗群组成的德国进攻核心，迅速摧毁了苏联防线大部。到10月

1941年12月，在德国进攻莫斯科行动的最后阶段，一辆覆盖着卐字标志的德国坦克。德军打到离克里姆林宫只有几千米的地方，但已经没有向这座都城发动最后进攻的资源了。

17日，在布良斯克[95]和维亚济马[96]的大型包围行动中，德国又掳获70万战俘。德军认为，能投入战斗的苏军已经所剩无几了。80万防守在莫斯科通道上的苏联部队，只剩下9万人。就在此时，大雨开始了，俄国人所说的"无路可通"（Rasputitsa）时期到了。德军被迫放慢了前进步伐。尽管如此，到10月18日，德军还是占领了莫斯科以北的加里宁（Kalinin）和南边的卡卢加（Kaluga）。10月底，霜冻期来临，德军又得以再次前进。德国指挥员认为，他们现在可以夺取斯大林的首都了。

关键词　城门受阻

最后的推进，几乎把德军带到了莫斯科城门。到11月28日，在严寒的天气和恶化的补给条件下，第3和第4装甲集团军已经抵达莫斯科–伏尔加运河（离克里姆林宫只有12英里）。尽管苏军力量受到削弱，但还是能拼凑起足够的后备力量，以阻止德军轻易占领这座城市；同时，在莫斯科以南的图拉（Tula），苏联防线依然坚固。接下来，

在夺取苏联首都莫斯科的"台风行动"期间，德国士兵试图推动一辆陷在苏联泥泞道路中的摩托车。在道路泥泞的雨季，车辆几乎无法开动，德国陆军开始越来越多地依赖于马匹。

12月5日，在德国人毫无察觉的情况下，朱可夫（Georgii Zhukov）大将组织苏联部队突然发动反攻，把德军足足打退150英里，让他们又回到了11月份的战线。12月8日，希特勒命令陆军沿东方战线转为防守。12月18日，中央集团军群请求允许继续撤退，希特勒却命令部队死守，作"极其顽强"的战斗。为应付突如其来的危机，希特勒重组了他的最高统帅部。陆军元帅冯·博克被放了假，由冯·克鲁格将军接替。古德里安被解除第2装甲集团军（Second Panzer Army）司令职务。最重要的变化是，12月19日，希特勒决定接替陆军总司令冯·勃劳希契，自己担负起对整个德国陆军的直接指挥，目的是使它更加纳粹化。

未能打垮苏军、拿下莫斯科，原因是多方面的，这其中天气肯定起了一定作用：德军有13.3万人被冻伤；在低于零度的气温下维护车辆和坦克非常困难；许多德国士兵没有足够的冬衣。但最大的问题，是战争开始以来的巨大伤亡。在1941年最后3个月中，德国陆军损失了11.7万人（伤亡、被俘）；从6月到12月，有30.2万德国军人丧生。漫长的补给线、低劣的维修设备和繁多的车辆型号，导致战机和坦克大量磨损、毁坏。到1941年10月，德国陆军已经极端依赖随军配备的70万匹马了。许多德国将领私底下埋怨希特勒，怪他为夺取南部资源暂停进军莫斯科；希特勒自己则怪罪墨索里尼迫使他转向地中海，未能在5月中旬开始他的东线战争。希特勒宣称，这个"灾难性的迟延"，妨碍了德国陆军获得它应得的胜利。

就在德国军队为苏德战争的第一个冬天挖战壕的时候，远东形势再次使战争性质发生了改变。[97]1941年12月7日，日本航母战机袭击了珍珠港[98]的美国太平洋舰队（US Pacific Fleet），**太平洋战争爆发**。4天后，希特勒在国会发表讲话，对美宣战。根据与日本的协议条款，德国并没有义务这样做；而美国总统富兰克林·罗斯福也不想在遭到日本突袭的震惊之后，这么快地把他的国家扯进欧洲战争。有许多原因促使希特勒做出对美宣战的决定。有一段时间，德国领导人认为，美国属

关键词　对美宣战

于敌方阵营，因为它"租借"[99]物资帮助英国和苏联，在冰岛和格陵兰岛部署军队，并且美国舰只在大西洋战争[100]中帮助了英国人。宣战可以使德国人在回击美国时不再缩手缩脚，从而使德国对美政策变得简单。[101]希特勒的外长冯·里宾特洛甫后来声称，强权大国不是等着别人向他们宣战，而是自己向他人宣战。[102]

希特勒的决定还有更邪恶的一面。1941年8月12日，丘吉尔和罗斯福在纽芬兰[103]的一次会议后，签署了《大西洋宪章》（Atlantic Charter）。该文件要求双方承担义务，在欧洲重建民主和人权，摧毁"纳粹暴政"。两天后，希特勒得到宪章详细条文，不由得暴怒如雷。他把宪章当作是进一步的证据，说明犹太人正在进行国际阴谋，要挑起一场世界大战，以打败德国。8月18日，希特勒与戈培尔讨论了这个问题。他告诉戈培尔，自己1939年1月30日的预言已经成真。希特勒的那个预言是，世界战争的到来将意味着犹太人的毁灭。他批准戈培尔开始清除所有柏林犹太人。9月中旬，希特勒命令，把所有德国犹太人赶到东方的犹太聚居区和集中营。从这里开始，我们可以观察到希特勒想法的迅速转变。现在，希特勒对犹太人煽动和支持战争的破坏性作用的歪曲理解，已经大大影响了战争进程。1941年10月15到18日间，新一轮驱逐德国犹太人的行动开始。高官和政客们开始讨论解决犹太问题的新途径。1941年11月18日，东方占领区事务部部长（Minister for the Occupied Eastern Territories）阿尔弗雷德·罗森堡通知，立即在东方进行"全部欧洲犹太人的肉体消灭"的行动。12月12日（对美宣战第二天），在与纳粹地方领导人的一次会议上，希特勒宣布，针对德国的世界大战的到来，意味着"犹太人的灭绝将是无法避免的后果"。希特勒要对手无寸铁的欧洲犹太人进行不懈战争的决定，是在什么时候或者说以何种形式做出的，可能永远无法确知，但可以肯定的是，到1941年末，一个全面大屠杀计划已经形成。

注 释

[1] 译注：希特勒认为，英国之所以还未投降，是因为它还抱着与苏联结盟、夹击德国的一线希望；如果苏联也像法国一样被打败，英国将不战而降。

[2] 译注：贝尔格莱德（Belgrade），1918—2003 年为南斯拉夫首都，现为塞尔维亚首都。

[3] 译注：1940 年 1 月 10 日的德国飞机为 BF-108，机上是德国空军负责研制空降进攻的军官，莱茵贝格尔少校。

[4] 译注：西部战线（Western Front），指一战期间的西欧战线。在该地区，德国军队向其西部，即法国、英国及其领地推进。在一战的大部分时间里，该战线从法国东部的孚日（Vosges）山脉经过亚眠（Amiens），一直延伸到比利时的奥斯坦德（Ostend）。

[5] 译注：此处指军人的战前收入。战时要动员比常备军数量多得多的军队，主要从工作人口中征召。

[6] 译注：灭绝营（Extermination Camps），也是集中营，但灭绝营概念强调它的主要功能是屠杀，对象绝大部分为犹太人。

[7] 译注：施图特霍夫（Stutthof），波兰村庄名，在但泽以东约 38 千米。

[8] 译注：奥斯维辛（Auschwitz），克拉科夫以西 50 千米的一座小镇，因奥斯维辛集中营而闻名。

[9] 原注："T4 行动"（Aktion T4），T 即 Tiergarten，指柏林动物园，是项目管理处所在地。

[10] 译注：符腾堡（Württemberg），德国西南部一地区。

[11] 译注：格拉芬埃克（Grafeneck），德国西南部斯图加特市（Stuttgart）西南一村庄。纳粹把这里用于收容残疾人的格拉芬埃克城堡（Grafeneck Castle）变成一座灭绝设施。

[12] 译注：罗兹（Lodz），波兰中部城市。

[13] 译注：卢布林（Lublin），波兰东部制造业城市，也是波兰的一个省份。

[14] 编注：埃里希·冯·曼斯坦因（Erich von Manstein），德国军队的指挥官，具

体介绍见本书第 357 页。

[15] 译注：阿登森林（Ardennes Forest），自古为中欧战略要地。位于法国北部、比利时东南部及卢森堡北部、默兹河东西两方的高原。

[16] 译注：斯堪的纳维亚（Scandinavia），位于西北欧，岛上有挪威、瑞典和芬兰三个国家。北、西、东及南分别为北冰洋、大西洋和波罗的海。

[17] 译注：威塞演习（Weser Exercise），德国对斯堪的纳维亚发动军事行动的代号。

[18] 译注：指遭到英国海军舰艇的攻击。

[19] 译注：没有达到的目标之一，是俘虏挪威王室。挪威国王后乘英国军舰到达英国。

[20] 译注：马其诺防线（Maginot Line），二战前由马其诺提出建造的法德边境防线。马其诺，法国政治家，曾于 1922—1931 年期间四次出任法国陆军部长。

[21] 译注：英吉利海峡（The Channel，The English Channel），分隔英国与法国、连接大西洋与北海的海峡。

[22] 译注：纳尔维克（Narvik），挪威北部港口城市。

[23] 译注：特隆赫姆（Trondheim），挪威中部港口城市。

[24] 译注：鹿特丹（Rotterdam），荷兰城市，位于默兹河河口，距北海 25 千米，是世界第一大港和主要炼油城市。

[25] 译注：埃本埃马尔要塞（Eben Emael Fortress），位于列日（Liège，比利时城市）和马斯特里赫特（Maastricht，荷兰城市）之间，是比荷边境的一座炮台。

[26] 译注：迪莱河（River Dyle），比利时中部一条 86 千米长的河流。

[27] 译注：默兹河（River Meuse），西欧河流，源自法国东北部，长 950 千米，流经比利时、荷兰，在多德雷赫特（Dordrecht）以南注入北海。

[28] 译注：色当（Sedan），法国东北部城市。

[29] 译注：迪南（Dinant），默兹河畔的比利时小镇。

[30] 编注：埃尔温·隆美尔少将（Brigadier Erwin Rommel），后成为德国陆军元帅，具体介绍见本书第 367 页。

[31] 译注：敦刻尔克（Dunkirk，法语名为 Dunkerque），法国北部港口。

[32] 译注：埃费尔山区（Eifel Mountains），德国西部和比利时东部的一大片土地，

从波恩、科隆、亚琛南边一直到特里尔、科布伦茨北面。这是一个丘陵低山地区，也是一个远古火山地区。

[33] 译注：阿拉斯（Arras），法国东北部城市。

[34] 译注：布雷斯特（Brest），法国西北部布列塔尼（Brittany）半岛大西洋沿岸港口城市和海军基地。请注意下文"布列斯特"与此处 Brest 的拼写一致，那是白俄罗斯的一座与波兰接壤的城市。

[35] 译注：波尔多（Bordeaux），法国西南加仑河（Garonne）上的一座港口城市，阿基坦省（Aquitaine）首府。

[36] 译注：这句话还有一个重要含义，我们将在下文看到，在此不作情节透露，下文会用注释提示。

[37] 译注：除了所谓议员外，为扩大影响，此次国会会议还请了不少记者和其他人员（如各国驻柏林外交官等）。

[38] 译注：拉姆斯盖特（Ramsgate），英格兰肯特郡东部小镇。

[39] 译注：怀特岛（Isle of Wight），位于英格兰南海岸附近，首府为纽波特（Newport）。

[40] 译注：康沃尔郡英王领地，The Duchy of Cornwall。康沃尔郡，英格兰半岛西南端郡名。

[41] 译注：多佛海峡（Straits of Dover），英吉利海峡最窄处，海峡两面分别是英国多佛与法国加来。

[42] 译注：奥尔德尼岛（Alderney），英吉利海峡群岛中的第三大岛，位于根西岛（Guernsey）东北。

[43] 译注：波特兰岛（Portland, Isle of Portland），位于英格兰多塞特郡（Dorset）英吉利海峡沿岸的半岛。

[44] 译注：北海（North Sea），大西洋位于欧洲大陆和不列颠岛海岸之间的部分。

[45] 译注：苏塞克斯（Sussex），英国郡名，位于英格兰南部。

[46] 译注：肯特（Kent），英国郡名，位于英格兰东南海岸。

[47] 译注：不列颠群岛（British Isles），位于欧洲西北近海，与欧洲大陆之间隔有

北海和英吉利海峡，包括不列颠岛、爱尔兰岛、马恩岛（Isle of Man）、赫布里底群岛（Hebrides）、奥克尼群岛（Orkney Islands）、设得兰群岛（Shetland Islands）、锡利群岛（Scilly Isles）和海峡群岛。

[48] 译注：这是德国的一个重大误判而导致的策略失误。实际上，此时英国战机损失惨重，飞行员伤亡极大、疲惫不堪，德国本可趁此机会盯住英国空军目标（包括它的基地、雷达站和指挥系统）并一举消灭它；那样的话，战争形势和"海狮行动"的结局可能又是另一个样子了。但转向轰炸伦敦和其他目标的策略给了英国空军喘息的机会。

[49] 译注：英国战斗机当时还无法在夜间发动攻击。

[50] 译注：直布罗陀（Gibraltar），当时英国的属地，位于伊比利亚（Iberian）半岛南端，直布罗陀海峡东端。

[51] 译注：苏伊士运河（Suez Canal），在塞德港（Port Said）处连接地中海与红海的航运运河。

[52] 译注：加来（Calais），法国北部港口城市，位于英吉利海峡最窄处，与英国多佛隔海相望。

[53] 译注：多佛（Dover），位于肯特郡港市，临英吉利海峡，是英国本岛距欧洲大陆最近之处，距法国加来市仅35千米。

[54] 译注：瓦尔特兰行政区（Warthegau 或 Reichsgau Wartheland），最初叫波兹南行政区。由波兰中西部的大波兰（Great Poland）及其周边地区构成。

[55] 译注：卢瓦尔河（River Loire），法国中西部河流，为法国最长河流，从中央高原（Massif Central）起源，向西北在圣纳泽尔（St Nazaire）流入大西洋，全长1015千米。

[56] 译注：维希（Vichy），法国中南部城镇，著名温泉疗养胜地。

[57] 译注：举例来说，德国在入侵苏联过程中，多次要求日本从背后进攻海参崴（符拉迪沃斯托克）等苏联东部沿海地区，以夹击苏联，但日本却遵守了1941年4月13日签订的《苏日中立条约》，一直敷衍塞责，最终没有发动德国要求的进攻。

[58] 译注：蒙都瓦（Montoire, Montoire-sur-le-Loir），法国中部一座村镇。

[59] 译注：波斯湾（Persian Gulf），阿拉伯海的一个狭长海湾，通过霍尔木兹海峡和阿曼湾（Gulf of Oman）与阿拉伯海相连，在阿拉伯半岛和伊朗西南海岸间向西北延

伸，也叫阿拉伯湾（Arabian Gulf）。

[60]　译注：达达尼尔海峡（Dardanelles Strait），亚欧分界线之一，连接马尔马拉海和爱琴海。

[61]　译注：巴尔干地区（Balkans），欧洲三大半岛之一，战略位置极其重要。西临亚得里亚海（Adriatic）和爱奥尼亚海（Ionian），东临爱琴海和黑海，南为地中海。

[62]　译注：下面的两城市名首字母均为A，所以叫AA线。阿尔汉格尔斯克，（Archangel），前苏联位于欧洲的西北部城市。阿斯特拉罕（Astrakhan），前苏联位于欧洲的东南部城市。

[63]　译注：伏尔加河（Volga），欧洲最长的河流，发源于俄罗斯西北部，流程3688千米，大体向东至喀山（Kazan），并在此转向东南，到达里海。

[64]　译注：西伯利亚（Siberia），俄罗斯的一片广阔地区，从乌拉尔山延伸至太平洋，从北冰洋海岸绵延至哈萨克斯坦、蒙古和中国北部边界。因严冬而出名，传统上是流放之地。

[65]　译注：闪电战（Blitzkrieg，缩写为Blitz。请注意这个"闪电战"与德国陆军利用装甲部队快速推进的闪电战作战方法不是一回事。此处的闪电战是德国对英国发动空袭行动的代号。

[66]　译注：普利茅斯（Plymouth），英格兰西南部德文郡的沿海港口和海军基地；南安普敦（Southampton），英格兰南海岸的一个工业城市和海港；普茨茅斯（Portsmouth），英格兰南海岸边上的一港口城市和海军基地；赫尔（Hull），英格兰东北部一港口城市；利物浦（Liverpool），英格兰西北城市及港口；布里斯托尔（Bristol），英格兰西部港口城市。

[67]　译注：考文垂（Coventry），英格兰中西部工业城市。

[68]　译注：门兴格拉德巴赫（Mönchengladbach），德国城市，位于莱茵河以西，杜塞尔多夫与荷兰边境之间。

[69]　译注：金鹰（Golden Eagle），鹰是德国的标志，现在德国的国徽图案就是一只雄鹰。

[70]　译注：雷博士（Dr. Ley），即罗伯特·雷，劳工阵线负责人。

[71]　译注：查理·卓别林（Charlie Chaplin），美国著名喜剧电影演员。后面的《大

独裁者》（ The Great Dictator ）是他主演的一部电影。

　　[72]　译注：西西里岛（Sicily），地中海上的一座意大利大岛，位于意大利西南端外海，首府巴勒莫（Palermo）。墨西拿海峡将它与意大利大陆分开。

　　[73]　译注：马耳他（Malta），既是一个国家，也是一个海岛。本书中指的是马耳他岛（其国家到1964年才取得独立，是二战期间英国在地中海的重要海军基地。

　　[74]　译注：托布鲁克（Tobruk），地中海沿岸港口，位于利比亚东北部。

　　[75]　译注：克里特岛（Crete），位于地中海中部，属希腊。

　　[76]　译注：马里门机场（Airfield at Maleme），希腊城镇和机场，位于克里特岛西北部。

　　[77]　译注：一部分是以换防名义进行的。

　　[78]　译注："背信弃义"是战争法禁止采用的作战方式，如以诈降、假示好等方式取得作战利益。

　　[79]　译注：卡特琳娜飞船（Catalina Flying Boat），一种美国产水上飞机。

　　[80]　译注：斯拉夫人（Slavs），中东欧斯拉夫语民族。

　　[81]　译注：印度那时还是英国殖民地，它与苏联的另一个相似之处是（如果苏联成为德国殖民地的话），国土面积都比自己的宗主国大得多。

　　[82]　译注：列宁格勒以列宁的名字命名，有政治上的象征意义（希特勒是极端仇视苏维埃政权的），因此该地的得失也会影响交战双方的士气。

　　[83]　译注：敖德萨（Odessa），乌克兰南部沿海港口城市。

　　[84]　译注：腊斯登堡（Rastenburg），今波兰肯琴（Kętrzyn）。

　　[85]　译注：克里米亚（Crimean），亚速海（Azov）和黑海之间的半岛，属于乌克兰。

　　[86]　译注：乌拉尔山脉（Ural Mountains），位于苏联北部，是欧洲和亚洲传统分界线。

　　[87]　译注：维特伯斯克（Vitebsk），白俄罗斯东北部城市。

　　[88]　译注：斯摩棱斯克（Smolensk），俄罗斯处于欧洲的西部城市，位于第聂伯河畔，近白俄罗斯边境。

　　[89]　译注：马达加斯加岛（Madagascar），世界第四大岛，位于印度洋，与非洲东南部的莫桑比克（Mozambique）隔莫桑比克海峡（Mozambique Channel）相望。1960年独立。

[90] 译注：万湖会议（Wannsee Conference），1942 年 1 月 20 日，德国官员在柏林郊区的万湖（Lake Wannsee）湖畔召开的所谓犹太问题"最终解决方案"的会议。会议由海德里希组织，15 位纳粹官员参加。

[91] 译注：莫吉廖夫（Mogilev），白俄罗斯东部城市。

[92] 译注：海乌姆诺（Chelmno），波兰北部靠近维斯瓦河的一座小镇。

[93] 译注：贝乌热茨（Belzec），又译为贝尔赛克，位于波兰东南的卢布林地区。

[94] 译注：普莱利镇（Preyli Shtetl），又名 Preili Shtetl。Shtetl 在中东欧表示有大量犹太居民的小镇。

[95] 译注：布良斯克（Briansk），前苏联城市，位于莫斯科西南。

[96] 译注：维亚济马（Vyazma），前苏联城市。

[97] 译注：到目前为止，这场战争还主要局限性于欧洲，美国也还没有正式参战，因此还不能称其为世界大战。

[98] 译注：珍珠港（Pearl Harbor），夏威夷瓦胡岛（Oahu）港口，美国海军的重要基地。

[99] 译注："租借"（Lend-Lease），依据美国 1941 年 3 月 11 日签署的《租借法案》（*Lend-Lease Program*），美国在不卷入战争的同时，为英、苏、中、法等盟国提供大量战争物资。

[100] 译注：大西洋战争（Battle of the Atlantic），德国和英国主要围绕运输线进行的封锁和反封锁战，在此期间，德国主要利用潜艇击沉了大量盟国运输船。

[101] 译注：在此之前，因为处在与英国和苏联的战争之中，虽然德国与美国海军在公海上屡有冲突，希特勒一直尽力避免与美国直接对抗，这让他的海军进退两难，所以有"宣战以后，政策变得简单"一说。

[102] 译注："珍珠港事件"后，希特勒匆匆忙忙做出宣战决定，也有一个原因是要赶在美国对德宣战之前先对美国宣战。

[103] 译注：纽芬兰（Newfoundland），加拿大东海岸的一个岛屿。

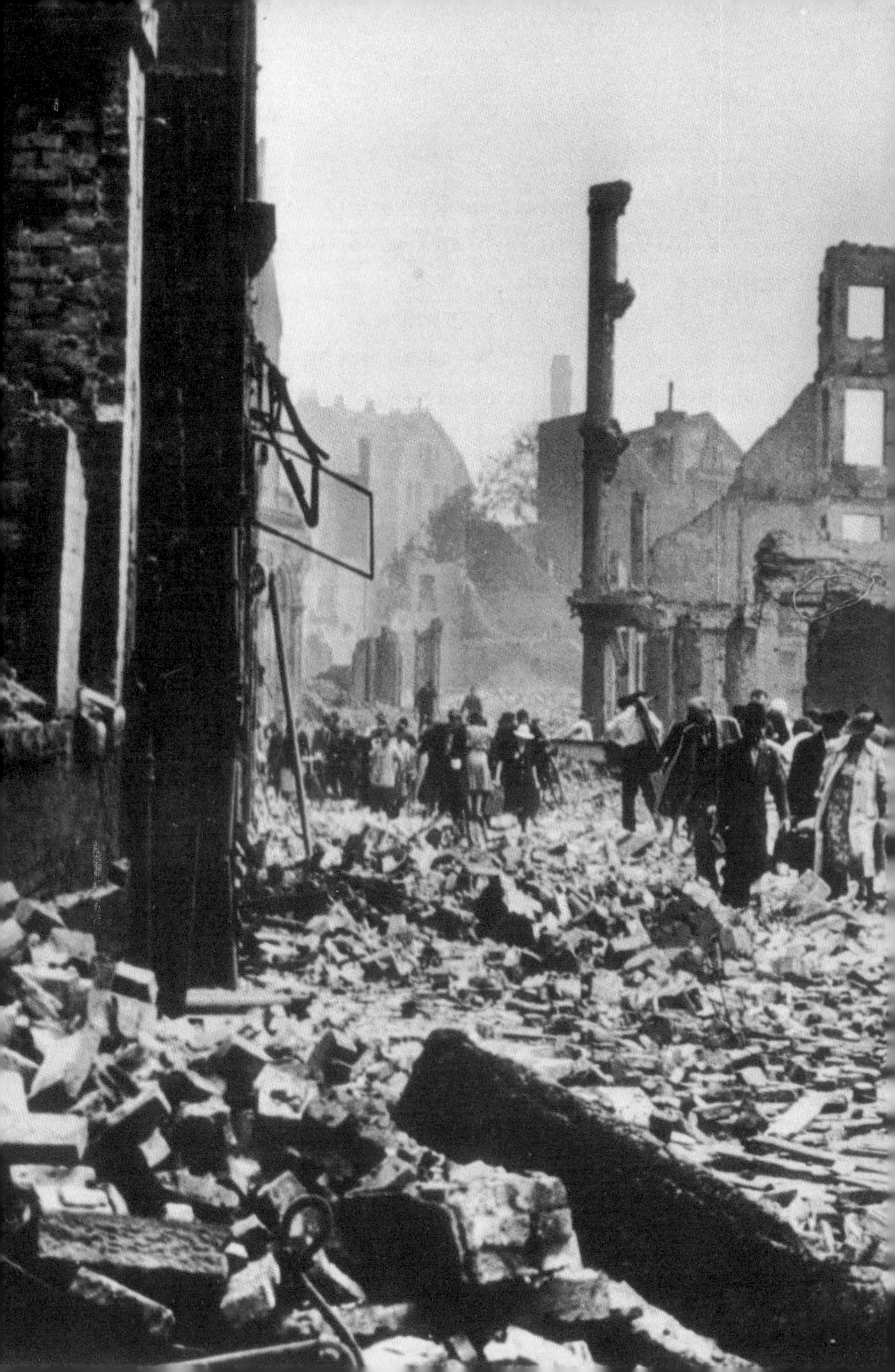

第六章
大屠杀与溃败
1942—1943

1942年，德国的最终失败还并非显而易见。战争经济开足马力，提高效率和产量；在欧洲占领区，德国剥夺维持战争所需要的一切资源。德国对总体战[1]的动员甚至达到了更高的水平。而国内居民不得不接受更长的工作时间、更少更差的食物，以及来自盟军的不断轰炸。自1942年春起，轰炸成为一个严重威胁。1943年7月，在导致4.5万人死亡的由轰炸造成的汉堡大火灾中，这个威胁达到了顶峰。为镇压占领区的抵抗运动，以及与国内的失败主义作斗争，集中营数量开始扩张。同时，德国还从欧洲占领区强征数百万工人到工厂和农场劳动。

　　1942年，在苏联、太平洋和北非战场，德国及其盟友的军队还处于攻势。直到那年岁末，胜利的风向才有所转向。在埃及的阿拉曼[2]，轴心国军队被击溃，被迫撤回突尼斯，并于1943年5月在那里投降；在海上，德国潜艇损失日益严重，到1943年5月不得不放弃大西洋战场。德军深入苏联腹地，双方军队展开了一场巨型战役，争夺伏尔加河畔城市斯大林格勒。1943年1月，德军在斯大林格勒投降。虽然这没有确定德国的败局，但是预示着胜利的天平倾向了盟军。就在军队努力稳定军事局面的时候，德国采取了一些最初步骤，执行所谓对犹太问题的"最终解决方案"。1942年春，德军不再像1941年那样对苏联犹太人进行大规模射杀，而是有组织地将他们集中运往专门建立的灭绝中心。到1943年末，大部分大屠杀受害者已经遇难。希特勒和纳粹领导人，把对同盟国的战争看成是对犹太敌人更广泛战争的一部分。谋杀犹太人动用了德国大批本可用在别处的资源，但是，由于对犹太人的灭绝跟战争的形势已经联系在一起了，这种资源浪费对德国来说也就微不足道了。

前页图片：德国幸存者走过汉堡的废墟。这座城市毁于1943年7月末的轰炸袭击。

施佩尔时代

德国未能在 1941 年打败苏联的部分原因，是没有充分利用德国及其占领区丰富的技术和劳力资源。受阻于不合理的资源配置和缺乏中央组织，德国在 1941 年间军备生产的增长没有达到希特勒的预期。经过对军队和工业部门施压，要求他们更有效地利用获得的资源，希特勒最终于 1941 年 12 月 3 日公布了《军备生产简化增效》元首令，要求德国工厂减少其生产设备的种类，提高生产率。希特勒自身对使战争经济更有效地适应战争需要很感兴趣。在 1942 年 3 月 21 日的另一份命令中，他解释说，"要用最少的资源消耗，获得最大的产出"。

改革战争经济是一个艰难缓慢的过程。1941 年 12 月 20 日，军需部长弗里兹·托特建立了工业"主要委员会"（Main Committees）系统，每个委员会负责一种武器，比如枪炮、装甲车、炸药等等。委员会人员主要由工程师和工业管理人员组成，他们比军方更了解复杂的工业经济运行规律。在飞机制造方面，戈林副手、汉莎航空公司（Lufthansa）前总裁、陆军元帅埃哈德·米尔契（Field Marshal Erhard Milch）建立了一个相对集中的飞机生产产品链系统，其中每个主要制造商负责控制外围的供应商和承包商。1942 年 2 月 6 日，托特召集委员会首脑，讨论建立一个中央组织，用于控制战备生产和资源分配。两天后，托特在从希特勒的腊斯登堡司令部飞回德国途中，因座机在空中爆炸致死。虽然该事件被怀疑是有人做了手脚，但却从未得到证实。后来，希特勒在柏林为托特举行了国葬。

> 关键词 托特丧生

与托特丧生同一天，当希特勒喜爱的建筑师阿尔伯特·施佩尔（他是托特副手，负责建筑工程）经过希特勒司令部时，希特勒把他叫到自己的书房，任命他为托特的继任者，给了他一个武器装备与军需部部长（Minister for Armaments and Munitions）的新头衔。施佩尔提出，他没

> 关键词 施佩尔上任

希特勒论德意志千秋帝国
（1942年4月）

关于德国政府，我得出如下结论：

1. 帝国须为共和国，由一个经选举产生的首脑作为领导人，领导人应具备绝对权威。

2. 尽管如此，必须有一个代表人民的机构，以纠正领导人的错误。它的作用是支持国家首脑，但是在必要之时应有干预能力。

3. 选举首脑的任务，不应委托给人民议会，而应委托给一个参议会。但重要的是参议会权力应有所限制，它的议员不应是永久性的。而且，其议员应依其职业而非个人能力任命。这些参议员必须经过训练，并且秉持这样的想法，即权力决不能委托给一个懦夫，选出来的领袖永远必须是最合适的人。

4. 首脑的选举决不能公开进行，相反，它应当秘密进行。众所周知，在教皇选举中，大众就不知道幕后发生了什么。有一次，媒体报道了红衣主教互相殴打的事情。从那以后，在教皇选举期间，红衣主教被剥夺了与外界的一切接触。由此看来，在领袖选举期间也应遵循如下原则：在整个选举过程中，选举人之间的任何交谈都将受到禁止。

5. 党、军队和全体官员，应在选举后三小时内向新首脑宣誓效忠。

6. 新首脑必须将此作为最高法律，即国家立法和执法机关应严格分立。就像在党内，冲锋队和党卫军只是一个工具，只能接受委托，执行权力机构所做的决定一样。同样，国家的行政机构并不需要关心政治，他们的作用仅限于，保证立法权

> 威所颁布的法律的施行，并在必要时诉诸国家机器。尽管依此原则建立的国家不能保证世代永续，但是它也会延续八九个世纪。有上千年历史的教会就是这一点的明证，但整个教会组织却不是建立在理性基础之上的。我所说的这些，对于一个建立在理性基础上的组织，就更不成问题了。
>
> ——摘自：休·特雷弗—罗珀所编《希特勒的闲谈（1941—1944）》，伦敦韦登菲尔德出版公司1973年版，第388~389页（1942年3月31日晚餐上的谈话）。

有军备生产方面的经验。但希特勒不顾施佩尔反对，坚持认为自己需要一个值得信赖的经济总管。希特勒向施佩尔保证，在后者与其他纳粹党领导和军方有任何不一致意见时，他将支持施佩尔。施佩尔刚任命没多久，戈林就过来提出要求，认为应由他继任托特的职位，但希特勒拒绝收回成命。

施佩尔开始着手托特生前一直在进行的工作。1942年3月22日，他建立了"中央计划"机构。这是一个内部经济内阁，它的工作是管理整个经济，决定稀缺资源和材料要优先分配给哪些部门。施佩尔还为上一年12月成立的"主要委员会"增设了无线电、飞机发动机、飞机、船舶和车辆委员会。每个委员会又下设一系列的专门委员会，各自只负责一种型号的飞机、坦克或车辆。上任时年仅37岁的施佩尔，在其组织的机关里安排了大量年轻人。1942年的口号是"**合理化与集约化**"（Rationalization and Concentration），施佩尔持续不断地推进集中和简化计划。梅塞施米特Me-109战斗机的产量，从7家工厂每月制造180架，提高到两年后的3家工厂每月生产1000架。同时，工厂布局的改善，流水线和大规模生产的采用，以及原材料使用上的节约，意味着同样数量的资源可以生产更多的武器。在接下来的3年中，军备生产增加了两倍。

> 关键词
> 集约生产

武器装备与军需部部长施佩尔向托特组织成员发表讲话。他们将参加 1943 年 5 月 17 日夜间被英国空军炸毁的慕恩大坝（Möhne Dam）的重建工作。施佩尔担心，对德国水利供应系统的破坏，会给军备生产带来灾难性后果。

苏德战争开始不久，希特勒的私人医疗队成员、党卫军医生卡尔·勃朗特（Karl Brandt），在一座集中营为苏联战俘做检查。党卫军的科学家和种族专家热衷于对东方各种各样的种族进行分类，希望能找到一些适合被"日耳曼化"（Germanization）的类型。

强制劳工 _{关键词}

1942年，德国战备面临的最大瓶颈是劳动力的缺乏。数百万工人被武装力量征召（在德国9600万人口中，最终有1700万人应征入伍），超过1400万德国妇女从事工业、机关和农业工作，这一比例比英国和美国都要高。虽然征服欧洲带来了由德国控制的额外劳动力，但也吸收了管理占领区所需的成千上万德国人。对这个问题的解决方法，是把劳动者送到德国的工厂和农场去劳动。1942年3月21日，纳粹党图林根州领导人弗里茨·沙克尔（Fritz Sauckel）被任命为劳工分配全权代表（Plenipotentiary for Labour Allocation）。和施佩尔一样，沙克尔也得到了希特勒全面和直接的政治支持。没有这种支持，集中招收和分配劳工就很难进行。沙克尔的主要工作是，在德国国土以外找到工人。他们中的一些人，是受德国工厂的高工资和正常工作机会的吸引而自愿过来的，但绝大部分是不情愿地被送到德国的，或者是从战俘中招收的。

第一批强制劳工中，一些人来自苏联德占区。1941年，希特勒本不愿意批准把苏联战俘或工人转移到德国，因为他担心这些人会造成破坏，或威胁到德国人口的种族纯洁。但是，劳动力的极端短缺，迫使希特勒改变了想法。1941年10月31日，他原则上同意使用苏联劳动力。为此，他花费了几周时间来制定安全规定，以管理工人向德国的转运，设定他们在德国工厂的待遇。直到1942年2月20日，这项规则才正式公布。在此期间，在条件恶劣、人满为患的东方集中营，330万苏军战俘大部分已经死于疾病、遗弃和故意杀害。向德国大量运送战俘的工作，直到1942年4月才开始，与第一批大规模苏联工人被网罗并被运输到德国是在同一时间。1942年，148万工人和45.6万犯人被送到德国工作，他们受到严格的监督，薪水很少，而且面临着残酷惩罚的威胁。

这一时期，沙克尔也开始从西欧招收工人。他们中有一小部分是自愿的，而大部分则是被强迫招来的。到1942年末，德国有61.7万来自

东方前线某地，一片苏军战俘组成的巨大海洋。苏德战争的前 6 个月，德军俘虏了超过 300 万苏军。这些苏军只能得到极少的供应。在德军决定将他们转移到德国作为劳动力之前，至少有三分之二的人死于疾病、日晒雨淋和营养不良。

这样的场景在东方占领区随处可见。此处为波兰人质在波兰的兹敦斯卡沃拉（Zdunska Wola）被吊死。为了报复平民抵抗者和游击队战士发动的所有袭击，德军和安全人员抓捕了大量人质。德军获准可以为每个死去的德国士兵杀死 50—100 名波兰人。

比利时、荷兰、法国和意大利的工人，以及 93.1 万法国战俘——本来按照《日内瓦公约》规定，战俘是应予以遣返的。[3] 到战争结束时，有超过 700 万外籍男女在德国工作；而在施佩尔的军备帝国，外国工人的比例达到了约三分之一。

"莱因哈德行动"

希特勒对犹太人的战争，与在战区大后方促进战事的努力同步进行。1942 年 1 月 30 日，在柏林运动场庆祝自己上台的一次讲话中，希特勒公开宣布，战争将意味着"犹太人的毁灭"。几天前，在柏林西郊万湖边的一座大型别墅中，海德里希召集德国各部首脑开会讨论犹太人问题。会议原定于上一年 12 月 9 日进行，但因故不得不推迟。海德里希借机告诉在场的党员和各部官员，希特勒已经改变了犹太政策，从原来的迫使犹太人移民，变为将全部德占区和轴心国地区的犹太人流放到东方。这个"最终解决方案"，目标是在整个欧洲清除全部犹太人，包括在英国和中立国的犹太人。据德国官员估计，总人数约为 1100 万。而要实现最终解决方案，则完全依赖于德国获得全面胜利。另一方面，流放（潜台词是"灭绝"）计划可适用于所有不幸碰巧在德国势力范围直接控制下的犹太人。虽然计划将如何执行还是个问题，但是，决定向东方转移所有犹太人，为第二轮灭绝屠杀打开了大门。

1942 年上半年，对犹太人的谋杀就像一条河流，由大量不同的支流逐渐汇成一条系统性大规模谋杀的大河。在**苏联**德占区，对当地犹太人的灭绝沿袭 1941 年的老路继续进行；安全警察和特别行动分队不分东西南北，只要发现犹太人就一律射杀，或者用毒气车将其毒死。在**波兰**总督府，弗朗克认为，希特勒 1941 年 12 月的评论[4]是一个信号，标志着可以开始清除该地区的大量犹太人。他治下约有 250 万犹太人，有的是本地居民，有的是从东欧其他地方运到卢布林一带犹太聚居区

关键词
第一轮谋杀

大屠杀密令

威斯里舍尼[5]：艾希曼当时声称，让斯洛伐克委员会到访卢布林地区，是不可能的。我问他为什么。经过一阵推迟和大量的讨论后，他说，根据希姆莱的一个命令，所有犹太人都要被消灭。我问他谁对这个命令负责，他说可以给我看这份希姆莱签字的书面命令。于是，我要求他给我看。这是一份归为"最高机密"的命令。我们的这次谈话在他柏林的书房进行。他坐在桌旁，我坐在他对面，就像现在我在中校你对面一样。他从他的保险柜里拿出这份命令。这是一个很厚的文件夹，他从里面找出这份命令。这份命令是给安全警察和保安部门总监（海德里希）的。我发过誓，不能透露详情。但是，它大意如下："元首决定立即开始对犹太问题的最终处理。'最终处理'这个代号就表示对犹太人肉体上的消灭。希姆莱在这份希特勒的命令上加了一项限制，即可以用来做工的体格健壮的犹太人目前不包括在内。"

布鲁克哈特：是希姆莱把那个限制加到希特勒的命令上，还是它本来就包括在希特勒的命令里？

威斯里舍尼：上面写道，"我指派安全警察和保安机构总监及集中营督察执行此令"。集中营里属于劳工计划方案需要的一小部分人不在此列。这项计划的细节由保安机构和安全警察总监与集中营督察商议确定。"应向我汇报执行此令的有关情况。"我亲眼看到希姆莱在命令上签的字。

布鲁克哈特：这份命令的日期呢？

威斯里舍尼：我说不准，不过，肯定是1942年4月底或5月初。

——摘自：1945年11月15日在纽伦堡对威斯里舍尼的审讯，参见理查德·奥弗里（Richard Overy）所著《审讯：纳粹精英的思想》，伦敦企鹅图书公司2001年版，第359～360页。

的。在波兰，对犹太人的大规模谋杀，由腐败和狂热的反犹党卫军指挥官奥迪路·格洛博奇尼克（Odilo Globocnik）组织。希姆莱让他负责在4个特设集中营实施"莱因哈德行动"（以海德里希名字命名）。这4个集中营分别是贝尔赛克(Belzec)、索比堡[6]、特雷布林卡[7]和海乌姆诺。海乌姆诺集中营已经于1941年12月开始了屠杀；贝尔赛克在1942年3月建成，索比堡建于5月，特雷布林卡建于6月。对于在波兰的犹太人，除了一些被认为适合劳作至死的外，其余的都被这4座集中营执行了迅速的大规模谋杀。7月22日，将犹太人从华沙聚居区转移到集中营的工作也已开始。到9月，已有超过25万犹太人被杀。据估计，到1943年秋，在"莱因哈德行动"中，4个集中营共屠杀了175万犹太人。

关键词 第二轮谋杀　　从希特勒做出在大德意志帝国（包括奥地利）、前捷克斯洛伐克和其余**西欧**国家开始大规模转移犹太人的决定起，第二轮谋杀也开始了。最初，一些流放者被安置在犹太聚居区，那里的波兰犹太居民已经被清洗了。渐渐地，这一过程变成直接杀害，只留下一小部分犹太人（通常在20%左右）作为东方集中营和劳工营的劳工。1942年3月，新一轮转移的德国犹太人中的第一批开始运到；第一批对斯洛伐克犹太家庭的驱逐，开始于4月11日；第一批1000名法国犹太人，于3月27日到达奥斯维辛集中营；从西欧和**南欧**大规模转移犹太人，则直到1942年夏才开始。此时，另外两个灭绝中心，即马伊达内克[8]和奥斯维辛的比克瑙，已经建成。比克瑙集中营成为所有集中营里杀人最多的一个。据估计，它造成了110万犹太人、政治犯、吉普赛人和战俘的死亡。比克瑙开始使用毒气室实施屠杀的准确日期，目前还不知道；不过，1942年春，该处的两座农场建筑"地堡1"和"地堡2"，都被改造成简单的毒气室。这两个地堡可一次性容纳约2000名受害者，尸体随后在主要集中营火化，或被坑埋。1942年7月，第一座新设施"2号火葬场"做好了运行准备。更多的新设施分别在1943年3月、4月和6月启用。之后，比克瑙每天可以处理4746具尸体。

鲁道夫·霍斯回忆奥斯维辛

我不得不对一些事情表现得冷酷和无动于衷,这些事情肯定会让任何一个有人性的人感到痛苦。我甚至都不能在害怕的时候转过脸去,因为我担心自己的天性会占了上风。在母亲带着或笑或哭的孩子走进毒气室时,我不得不冷酷地看着……

我得看着那里的一切。一小时接一小时、夜以继日,我得看着尸体被挪走、焚烧,牙齿被拔出、头发被剪掉,看着这一切没完没了的可怕行径。我得在可怕的恶臭中连续站上半天,看着万人坑被打开、尸体被拖出来烧掉。

我得通过毒气室的窥视孔注视死亡的过程,因为医生想要我看到它。

我不得不做这一切,因为每个人都在看着我;因为我得向所有这些人表明,我不仅仅签发命令、制定规则,而且随时准备出现在我分配给下级的任何工作现场。

帝国党卫军领袖派了各种纳粹和党卫军高官到奥斯维辛,让他们能亲眼看到灭绝犹太人的过程。所见所闻让他们受到极大触动。一些曾经最坚决支持灭绝犹太人的官员,一旦真的看到"对犹太人问题的最终解决"时,也沉默了。我一次次被问及,我和手下怎么能一直看着这些行动、怎么能忍受它。

我的回答永远都是,我们执行希特勒命令的坚强决心,只有通过窒息一切人类情感才能获得。这些绅士个个都声称,很高兴这份工作没交给他们自己。

——摘自:《奥斯维辛集中营指挥官:鲁道夫·霍斯自传》,伦敦菲尼克斯出版社1995年版,第154~155页。

第一次有记录的对犹太人的计划屠杀，可以追溯到1942年5月；但是，3月25日，满载受害者的第一列火车就已到达，名义上是让他们从事强迫劳动。在接下来4个月中，载有西方（包括德国）犹太人的列车开始到达。7月17、18日，希姆莱视察奥斯维辛集中营，观看了毒死装满一个列车的荷兰犹太人的过程。他给集中营指挥官霍斯升了职，并对自己目睹的整个过程表示满意。自那以后，注定要遭到灭顶之灾的波兰以外的大部分犹太人，不是被运到奥斯维辛的比克瑙，就是被送到1942年8月开始运行的位于马伊达内克的劳动和灭绝联合设施中。

对**东欧以外**犹太人的运输，要经过登记、聚集和出境的一套复杂程序。大部分程序，由柏林盖世太保大楼的艾希曼犹太事务办公室（IV B4）负责。艾希曼派出代表到占领区和德国盟友地区，与地方当局谈判驱逐犹太人事宜。保加利亚是唯一拒绝交出犹太原住民的国家，但索非亚[9]政府愿意交出色雷斯[10]地区的犹太人；1941年希腊投降后，保加利亚占领了该地区。结果证明，在所有占领区找到反犹合作者是可能的。这些合作者中许多人是反犹分子，如果没有他们的协助，从欧洲其他地方大规模转移犹太人的工作将不可能进行。在德国本土，自1942年起对犹太人的驱逐没招来什么反抗。在主要城市，犹太人的家具和服装被拿到市场上出售，顾客心满意足地用低价将它们买走；其他一些货物则被储存起来，以分发给因轰炸而无家可归的人。在德国和其他国家，成千上万犹太人被邻居和朋友藏起来，不让盖世太保发现。但是，一旦暴露，包庇者就会受到严厉惩罚，包括有可能与他们帮助的犹太人一起被运到东方集中营。德国的残酷报复，在5月27日海德里希遭到捷克特工袭击受伤事件中，表露无遗。6月4日，海德里希伤重毙命。作为报复，6月9—10日，捷克村庄利迪泽[11]被夷为平地。192名男人和7名妇女被枪杀，余下的妇女被送到拉文斯布吕克集中营，儿童被送到孤儿院。1000名捷克人被审判处决，3000名犹太人被从波希米亚的特莱西恩施塔特（Theresienstadt）集中营驱出并被消灭。

全线进攻

1942 年的大部分时间里，德军胜利的希望依然存在，他们还在进攻。由于没能打败英国，德国人被迫在多条战线作战：在海上，与大英帝国和美国运输船进行战争；在空中，对抗英国皇家空军发动的有限战略轰炸行动；在北非，争夺苏伊士运河控制权；在苏联，进行大规模多兵种联合作战。这些不同的战场，对德国的资源和人力提出了巨大要求；不过，那一年的前 9 个月，德国军队似乎还能胜任他们不得不面对的这些任务。

1942 年上半年，大西洋战争的优势转向德国一方。德国潜艇总司令卡尔·邓尼茨（Karl Dönitz）海军上将，希望能以 1941 年 12 月达到的水平击沉敌船，即每月击沉至少 50 万吨吨位的盟军商船。他相信，这样的损失程度将使英、美军事行动减缓甚至停止。美国加入战争后，德国潜艇群可以航行到美国东海岸。在那里，没有经验的美国船长依然在独自航行，而不是随护航船队行动；美国船只因滥用无线电而暴露方位；由于尚未实行灯火管制，军舰在夜里被海滨城市的灯光照亮。德军的"鼓声行动"（Operation Drumbeat，德文 Paukenschlag），在 1942 年前 4 个月击沉了 120 万吨吨位的商船。在 1—4 月份，盟军共损失 260 万吨吨位的商船，超过了 1941 年全年的损失。德国潜艇损失，1 月份是 3 艘，2 月份只有两艘。1942 年，德国在标准 7 型潜艇（Type VII，作战半径 8000 英里，可携带 11 枚鱼雷）基础上，又补充了新的 9 型潜艇（Type IX），它的作战半径达到 13450 英里，可携带 22 枚鱼雷。

德国海军在其鼎盛时期拥有一项优势：从 1941 年 9 月起，他们的情报部门（B-Dienst）能读取皇家海军二号密码（Cypher No. 2）；

关键词 海军

1942 年开始的时候，还可以破译三号密码（Cypher No. 3）。1942 年 2 月，德国海军改变了自己的特雷顿（Triton）密码，英国人因此失去了通过截取德国恩尼格玛（Enigma）密码机的加密信息读取德国信号的能力。情报中断一直持续到当年年底。1942 年全年，德国潜艇在全部水域击沉了 780 万吨吨位的商船，致使英国的进口跌到战前三分之一的水平。

其中，一些盟军船舶是在地中海被击沉的。德国战机和潜艇在那里游弋，以打击盟军商船和基地——主要是马耳他岛。以西西里岛为基地的德国空军第 10 军与意大利轰炸机共同行动，连续的轰炸把马耳他许多地区炸成一片瓦砾。1942 年 1 月 1 日到 7 月 24 日，这座岛上只有一天没落下过炸弹。到 1942 年 5 月，德国空军战区司令阿尔贝特·凯瑟林（Albert Kesselring）元帅宣布，马耳他的威胁已经被有效解除。要想维持对利比亚的意大利军队和隆美尔非洲军团的补给，轴心国就必须打败地中海的同盟国海空军。轴心国军队在这一地区的形势摇摆不定。1941 年后期，隆美尔被打出昔兰尼加[12]地区，退到阿盖拉[13]港。1942 年 1 月 21 日，在得到地中海补给线的增援后，隆美尔发动了一次强大反攻，把轴心国部队又带回格查拉[14]，接近托布鲁克港。经过一段时间修整，并得到进一步补给之后，隆美尔于 5 月 26 日发动了第二次进攻，目标是打到埃及。这次进攻的惊人成功，打开了通往苏伊士运河的道路。6 月 21 日，德军占领托布鲁克，与它一起陷落的还有 3.5 万英国战俘。德、意军队继续推进，直到他们遇上盟军重新形成的防线。这条防线位于阿拉曼和阿拉姆哈勒法[15]一线，深入埃及地区，离开罗只有 150 英里。到那年仲夏，隆美尔做好了向苏伊士运河和中东石油地区做最后突破的准备。

德国地面部队的主要部分依然在苏联作战，希特勒希望他们能完成他 1941 年没有完成的打垮苏军的任务。1941 年 12 月，莫斯科危机过后，德军稳定了前线，德国士兵也适应了苏联冬天艰苦的作战条件。

1942年，德国元帅隆美尔与他的非洲军团战士站在利比亚沙漠中。隆美尔改变了北非战场的形势。只要从此处再前进几百英里，他就能夺取苏伊士运河、获得英国控制的中东石油。

陆军 关键词

1942年4月5日，希特勒发布"蓝色行动"（Operation Blue）第41号作战指令，首要目标是"最终摧毁一切苏联的军事力量残余"。希特勒希望，通过夺取高加索[16]的石油和其他资源，以及南部大草原地区实现这一野心。这样将有可能切断苏联所有的石油供应，使苏军失去它最重要的资源。此时，还没有提到斯大林格勒，但向南推进计划隐含的假设是：随着苏军部队的失败，德军将到达伏尔加河，然后掉头北上，在莫斯科后方切断苏联部队。德国指挥员倾向于正面进攻莫斯科，占领这个敌方首都，以鼓舞士气。但是，希特勒决心夺取油田；并且，如有可能就利用南方的胜利，来打通与隆美尔部队的联系，从埃及向中东推进。

在发动"蓝色行动"之前，还有其他一些战役要打。当确信德国军队已经在冬季的几个月受到削弱后，斯大林命令苏军重新占领南方前线的哈尔科夫[17]。5月12日，进攻开始。但德军预先得到情报，给进攻的苏军布下了天罗地网。10天后，苏军果然中了计，相当于3个集团军的苏军被包围、俘获。苏联在哈尔科夫损失了17.1万人，与上一年的损失规模相当。在克里米亚半岛，苏联做了另一次打退德军的尝试。1942年初，3个苏联集团军越过冰面，到达克里米亚东端的刻赤半岛（Kerch Peninsula）。1943年2月27日，他们发动对冯·曼斯坦因集团军群的战役。这一行动并没有达到预期结果。5月8日，曼斯坦因发动**"猎鸨行动"**（Operation Bustard Hunt，德文Trappenjagd），开始反攻。两周后，曼斯坦因摧毁苏联阵地，抓获17万战俘，并将其残部赶回刻赤海峡[18]对面。随后，曼斯坦因转向克里米亚黑海沿岸的塞瓦斯托波尔[19]港。在沃尔夫拉姆·冯·里希特霍芬指挥的德国空军第8军（Eighth Air Corps）轰炸下，在攻城重炮[20]打击下，这座城市最终于7月4日投降。作为塞瓦斯托波尔战役的胜利者，冯·曼斯坦因将军被提拔为陆军元帅。

陆军元帅埃里希·冯·曼斯坦因
（1887—1973）

冯·曼斯坦因是一位普鲁士将军的儿子，出生时叫埃里希·莱文斯基（Erich Lewinski）。父母去世后，他被冯·曼斯坦因家庭收养，改为他们的姓。

1906年，他成为下级军官，一战时参加了东线和西线的战斗。战后，曼斯坦因留在德国的小规模军队里。1933年，他在总参谋部谋得职务，爬到上校军衔。1938年，他成为陆军总参谋长贝克将军的助手，升到中将。贝克解职后，曼斯坦因被派到德国东部指挥一个师。在波兰战争中，他被召回做冯·伦德施泰特的参谋长。在法国战役中，他指挥一个步兵集团军。他对装甲部队的潜力有敏锐理解，在形成进攻法国的计划中起了决定作用。

入侵苏联时，他指挥一个坦克集团军，并率部包围列宁格勒。之后，他被派到南方，作为德国第11集团军司令，夺取了克里米亚和塞瓦斯托波尔港。后来，他指挥顿河集团军群（Army Group Don），试图拯救斯大林格勒的保卢斯。在1943年3月的一次大胆行动中，他夺回了哈尔科夫。曼斯坦因常与希特勒争论。在1944年的溃退中，希特勒最终对他失去耐心。3月，他被解除了南方集团军群司令的职务，回到自己的庄园，直到战争结束。1945年，曼斯坦因被英国人抓获，并因针对平民的战争罪行受审。1949年，他被判18年监禁，但在1953年因健康原因被释放。许多西方士兵把曼斯坦因看成德方的杰出指挥官。他将德国的战败归因于希特勒在战略上的无能。

一幅罕见的彩色照片。照片上显示的是，1942年夏，希特勒的三位部长在乌克兰文尼察的前线司令部。右边是航空部部长戈林，中间是经济部部长瓦尔特·冯克，左边是外交部部长约阿希姆·冯·里宾特洛甫。在建设欧洲政治经济新秩序方面，这三人起了至关重要的作用。

1942—1943
第六章 大屠杀与溃败 359

  1942 年最初几周的战斗表明，轴心国陆军将获得与上一年一样轻而易举的成功。乐观情绪在希特勒设于乌克兰文尼察[21]的新前线大本营滋长。1942 年 6 月 28 日，在陆军元帅冯·博克全面指挥下发动的**"蓝色行动"**，证实了这一判断。这次行动投入了大量兵力，包括第 1 和第 4 装甲集团军，以及强大的空军支持。为了这次行动，整个南方集团军群的力量得到加强。这造成了对抗莫斯科的中央集团军群实力受到削弱，并被迫在夏天挖战壕固守。几天之内，已经在哈尔科夫和刻赤溃败中遭到削

  1943 年 1 月的一幅海报，上面是一门用于镇压抵抗的巨型大炮。这幅画来自纳粹墙报《每周推荐》(Words of the Week)。上面的标语写着："元首的军事天才、我们英勇无畏的战士和如此优越的武器，决定这场战争的胜利！"

DAS FELDHERRNGENIE DES FÜHRERS, DIE TAPFERKEIT UNSERER SOLDATEN UND DIE ÜBERLEGENHEIT SOLCHER WAFFEN ENTSCHEIDEN DIESEN KRIEG!

弱的南方苏军溃不成军。到 7 月 23 日，德军占领了从哈尔科夫以北的沃罗涅什[22]到南方沿海顿河[23]河畔罗斯托夫[24]一带整个地区。希特勒对获胜信心十足。7 月末，他把军队分成两路：陆军元帅威廉·李斯特指挥的 A 集团军群向南方推进，占领高加索油田；先后由冯·博克和马克西米利安·冯·魏克斯（Maximilian von Weichs）将军指挥的 B 集团军群，则东进伏尔加河上的斯大林格勒，再推进到里海边的阿斯特拉罕。两路大军指向的整个高加索地区的石油年产量，是德国年消费量的四倍多。

1942 年秋，一个穿雪地服的德国机枪手守在高加索山脉的厄尔布鲁士山[25]山顶。这座山峰成为德国对这一地区扩张的极限，几周之内，德军被迫撤退。

在这两路行动中,夺取斯大林格勒似乎更为简单直接。从辽阔的顿河大草原,一直到伏尔加河,沿途散布着残余的苏军部队,他们士气低落、组织涣散。德国第6集团军在弗里德里希·保卢斯将军的指挥下,强行通过顿河大草原,于8月21日越过顿河,两天后在斯大林格勒以北的伏尔加河沿岸,撕破了一个5英里宽的口子。在两个月的夏季战斗中,苏联又损失了37万将士。已经没有多少力量拦在保卢斯夺取斯大林格勒的路上了。在南方,代号"雪绒花行动"(Operation Edelweiss)的高加索战役,在初期获得了同样神速的进展。8月初,第1装甲集团军(First Panzer Army)向石油城市迈科普[26]和格罗兹尼[27]进军。8月9日,迈科普在德国的进攻中陷落。随后,因不利天气以及沙漠、山脉和崎岖草原的恶劣地势,德军放缓了进攻步伐。南下高加索山脉的德军到达了一些山峰,但无法再前进一步。在东路,第1装甲集团军试图到达格罗兹尼和里海边的石油之都巴库[28]。但由于苏方的抵抗越来越顽强,加上补给线路途遥远、困难重重,妨碍了德军的快速进军。到9月,德军在各条战线的进攻都停了下来。德国人占领的油井,都被撤退的俄国人放火烧掉或炸毁,夺取苏联石油的计划泡汤了。

就在德国正规军向俄罗斯南部推进时,在德军后方,零散隐藏在苏联西部森林和沼泽地带的苏维埃游击队打响了另一场战争。这场战争带有针对苏联犹太人的种族战争的成分,因此激起了德国的一轮残酷报复。在很多情况下,这些报复由安全部队和党卫军指挥官操纵,这批人还领导了1941年针对犹太人和政敌的斗争。德国人实施大量暴行的基本依据,是1941年的刑事命令。1941年9月16日,陆军元帅威廉·凯特尔(希特勒统帅部参谋长)签发指示,又对刑事命令做了补充。该指示表明,要为每一个死在平民或游击队手上的德国人,枪杀50—100名"共产主义"人质。1942年间,这种报复性惩罚手段通常包括烧毁整个村庄,以及枪杀男性村民。到7月,全部反游击战任务都交给了希姆莱。他命令不再使用"游击队"(partisan)这个字眼,代之以"土匪"(bandit)——

作为陆军总司令的希特勒
（1942）

　　虽然，现在希特勒直接对东线陆军的生死存亡负责，但这似乎并不妨碍他一连几周或几个月待在伯格霍夫（希特勒的巴伐利亚别墅）。在这期间，陆军总参谋长与整个陆军最高指挥部（OKH, Army High Command）远在东普鲁士，希特勒也许会一周去一次。与此形成对比的是，他与东线将领的讨论越来越频繁。为此，东线将领总是不得不跑到最高统帅部来，通常是在危急时刻。

　　这些倒不是说，希特勒有意忽视指挥陆军的工作——他在这上面所花的时间和精力足以说明这一点。不管怎么说，这也证明了他和一个军事指挥员的差别有多大。后者在整个生涯中，为这样一个伟大责任做好了准备，他们的生命中没有其他目标。你不能指望希特勒这种人能完全了解他接手的这项工作的重要性。在许多方面，他对指挥权行使的基本原则也一窍不通，因为他还担负着许多其他责任；而且，指挥作战也非他所长。敌情方面，他只接受自己爱听的，甚至常常拒绝听取令他不快的消息。如往常一样，时间和空间对他只是个模糊的概念，他决不会让它们影响一个有明确目标的人的决心。作为一战士兵，希特勒认为自己比他的任何一个顾问都更有资格评价部队的能力，这成了他老生常谈的话题。然而最终，这个话题被推到一旁，被遗忘了。过往经历已经表明，在战略上，他不理解在决战时刻集中力量的原理；现在，事实证明他也没有能力在战术上运用它。而且，他很害怕自己会在某些方面遭受攻击。多年来，他突然冒险做出的决定让整个世界提心吊胆。但是现在，当意外情况发生时，他已经证明自己没有能力迅速做决断。他越来越没有能力给高级将领发布长期指令，好让他们在一个宽泛的范围内自行采取行动。甚至在他的司令部之外，现在也表明，他缺乏作为一个军事领导人最重要的品质，那就是对人的了解，以及由此而来的理解和互信。

——摘自：瓦尔特·瓦利蒙特（Walter Warlimont）所著《希特勒司令部内幕（1935—1945）》，伦敦韦登菲尔德及尼可森出版公司（Weidenfeld & Nicolson）1964年版，第244～245页。（瓦利蒙特中将是希特勒最高统帅部的战时参谋部人员。本文标题的背景是，1941年9月，希特勒撤掉陆军总司令，由自己直接指挥陆军。）

词。1942年12月16日，他为反游击战起草了新准则，其中包括对杀害妇女和儿童的特别许可。1942年，在对白俄罗斯和乌克兰反游击队大扫荡期间，数万人被谋杀，其中很大一部分为犹太人，他们成了特别打击的"土匪"目标。"哪里有游击队，哪里就有犹太人"，党卫军将军埃里希·冯·德姆·巴赫－齐列夫斯基这样声称。他是1942年中央集团军群后方反游击战的指挥官，自1943年起担任全苏反游击行动总司令。他的部队用受害者数量作为胜利的衡量标准，无情地毁灭了一个又一个村庄。

沙漠和空中的失败

在轴心国部队扩张到其最大地域范围后，仅仅几周时间战争风向就转到了敌方。第一次大败，是在遥远的埃及沙漠中进行的两场战役。交战双方是意大利－德国混合部队和他们的英联邦敌人。1942年夏末，在隆美尔5月和6月的非凡胜利之后，双方暂时停战，以加强各自防线，准备争夺苏伊士运河的最后战役。随着大批战机和坦克（包括英国人现在得到的美国谢尔曼[Sherman]坦克）被派到中东，防守方占了上

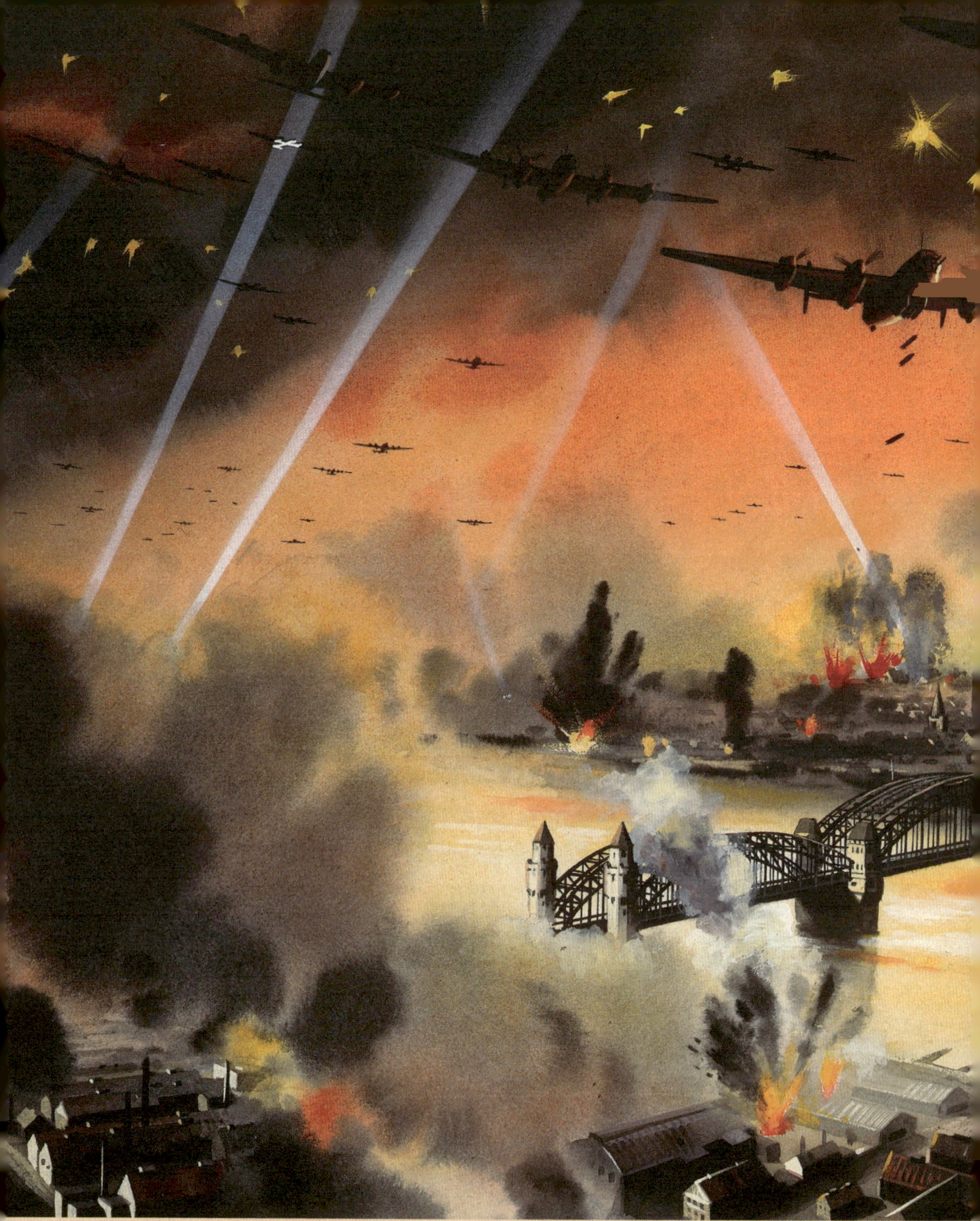

德国艺术家克鲁格曼（W. Krogman）的一幅油画，描绘了1942年5月30日英国人空袭科隆的景象。这是皇家空军轰炸机指挥部进行的第一次大规模空袭，它大大震惊了德国民众。直到接下来对埃森和不来梅的猛烈空袭发生之后，德国空军指挥官才开始相信这样的事情真的发生了。

风。同时，因为盟军在地中海海战中取得主动权，隆美尔的补给线不断遭到潜艇和战机的骚扰。敌方的第二个变化是，丘吉尔决定，任命伯纳德·蒙哥马利（Bernard Montgomery）中将为英国第 8 集团军（British Eighth Army）司令，与隆美尔对决。第一场大型战役，于 1942 年 8 月 30 日打响。隆美尔率领一支德意混合部队，试图打破阿拉曼和阿拉姆哈勒法山脊间的盟军防线。他的目标是，用 4 个装甲师（两个德国的、两个意大利的）强行推进，穿过沙漠，然后掉头北上，向沿海进军，最后包围敌军。但防守方做了精心准备，隆美尔的坦克部队被两股强大的火力夹击，损失了 450 辆坦克和车辆，被迫于 9 月初撤退。现在，到了盟军反攻的时候。力量的天平已对蒙哥马利极为有利，他指挥 23 万人和 1030 辆坦克，对阵德国和意大利的 10 万人和 500 辆坦克（其中 282 辆是战斗力较弱的意大利型号）。10 月 23 日，战斗开始时，隆美尔正在休短期病假。两天后，当他返回时，发现自己的部队已经被逼回阿拉曼一带。11 月 2 日，当蒙哥马利按计划试图对薄弱的意大利防线发动第二轮进攻时，隆美尔认识到败局已定。希特勒起初拒绝同意他撤退，但两天后，希特勒接受了现实。隆美尔从盟军包围中撤出其军队大部，在蒙哥马利军队的一路紧追和盟军的不断空袭下，向西溃逃，穿过利比亚。11 月 13 日，盟军夺回托布鲁克。到 1943 年 1 月 23 日，利比亚首都的黎波里落入盟军手中。第二次阿拉曼战役结束，轴心国部队损失了 400 辆坦克，3 万士兵被俘。这是迄今为止，德军在西线经历的损失最惨重的失败。

隆美尔被迫一路撤回到法国殖民地突尼斯。在那里，他的部队停了下来，在一条法国人早期建设的马雷斯防线（Mareth Line）坚守。就在他到达时[29]，地中海战略形势进一步恶化。11 月 8 日，一支英美联军发起"火炬行动"（Operation Torch），经水路在西北非的法国殖民地阿尔及利亚和摩洛哥登陆。行动很快获得成功。现在，隆美尔面临着被正在进军的蒙哥马利和从西方逼近的盟军两面夹击的危险。从意大利开始、经由地中海的脆弱补给线，也受到连续不断的空中和海上袭击。占压倒性优势的盟军地中海空军力量，保证了到1942年底，整个战区的制空权无可挽回地转到了盟军一方。为对抗盟军的一切突然行动，11月11日，希特勒命令占领维希法国，德军转移到法国地中海沿岸。

陆军元帅埃尔温·隆美尔
（1891—1944）

隆美尔是最有才华、最耀眼的德国将领之一。他作为坦克指挥官而闻名，但他的最初贡献是在步兵战术领域。

隆美尔是一个教师的儿子。他1910年入伍，一战中在罗马尼亚和意大利服役，表现优异。作为步兵教官，战后他留在德国军队，并写了一本步兵战术手册。入侵波兰期间，隆美尔指挥希特勒的警卫营。他于1940年离开警卫营，开始负责指挥第7装甲师，并带领该师成功打到英吉利海峡。1941年1月，他被提升为中将。2月，他作为非洲军团司令，被派到北非。占领托布鲁克后，1942年6月22日，因为沙漠战争的巨大成功，他被晋升为陆军元帅。他带领德意联军边战边撤，退回突尼斯，随后转战意大利，在那里指挥B集团军群。隆美尔深得希特勒的宠信，在民众和自己的部队中也很受欢迎。他不是狂热的纳粹分子，但职责要求他不得不接受希特勒的领导。1944年，他被派去防守法国北部地区，试图组织部队打退盟军登陆。他知晓"七月密谋"[30]，但并不同意该计划的目标。7月17日，隆美尔在一次空袭中受伤，之后回到德国养伤。当一位被捕并受到拷打的阴谋分子供出隆美尔与阴谋有牵连时，隆美尔被要求选择自杀或接受审判。他在1944年10月14日服下氰化钾毒药。后来，在柏林，德国为他举行了国葬。

关键词　本土面临空中威胁

1942年间，空中威胁也出现在德国本土上空。早期，对鲁尔和沿海地区德国城市的轰炸收效甚微，但自1942年春起（此时由阿瑟·哈里斯 [Arthur Harris] 空军元帅指挥英国轰炸机指挥部），轰炸袭击的规模和强度不断升级。1942年5月30—31日夜，轰炸机指挥部派出1050架轰炸机袭击科隆，只有868架成功轰炸了这座城市，造成500人丧生，1.2万住房和公寓被摧毁。6月2日，956架轰炸机袭击了埃森。25日，1006架飞机被派去摧毁不来梅港[31]。虽然轰炸造成的损失有限，但作为报复，希特勒下令对英国的一些文化中心进行所谓贝德克尔[32]袭击。对巴斯[33]、埃克塞特[34]、坎特伯雷[35]和约克[36]的轰炸造成了巨大破坏，但没给英国的策略带来任何影响。整个1942年，英国对德国的轰炸一直在持续，精确性也越来越高，这要归功于Gee无线电导航系统和新式重型轰炸机。轰炸对德国城市居民产生了相当大的影响。这些居民本认为，有强大的防空火力和德国战斗机部队，他们几乎不会受到轰炸威胁。为阻止这波轰炸浪潮，德国空军现在被迫做起了1940年英国皇家空军的行当，即在约瑟夫·卡姆胡贝尔（Josef Kammhuber）将军的指挥下，以日间战斗机、夜间战斗机和一个复杂的雷达网为基础，建立了一条贯穿德国北部和西部的空中防线。在波罗的海沿岸的佩内明德（Peenemünde）研究所，导弹开发工作一直在进行，德军指望它可能扭转空战形势。1942年10月14日，韦纳·冯·布劳恩[37]的A-4火箭第一次成功发射。希特勒得到这一消息后，大为振奋，命令立即生产5000枚。不过，这种火箭依然处于不成熟阶段，需要继续改进，于是又推迟了两年才投入战争使用。

通往伏尔加之路

就在隆美尔竭力挽救北非败局的时候，在俄罗斯南部战役中，德军也开始遭到更顽强的抵抗。在1942年7、8月份，德国满怀胜利希望地开始了这场战役。战役初期，德军不费吹灰之力，越过广阔平原，向伏尔加河挺进。一个老兵后来回忆，那是一片"荒凉、贫瘠、了无生气的大草原，没有一处灌木、一棵树，好几英里都没有村庄"。8月19日，保卢斯将军率领德国第6集团军到达斯大林格勒外围，准备发动强攻。在他的北边，德军突破苏联防线，占领伏尔加河沿岸。8月23日，德国空军出动600架轰炸机，袭击斯大林格勒，4万人（据苏联估计）因此丧生。但后来证明，轰炸造成的断瓦残垣是进行城市游击战的理想地形。保卫这座城市的苏联第62和第64集团军（Soviet 62nd and 64th Armies），就采用了这种游击战术。保卢斯预计将在几天之内占领这座城市，在乌克兰的希特勒司令部里（他在那里受着炎热和无数昆虫的困扰，不耐烦地等着）传递出一种"狂喜的情绪"。斯大林格勒以斯大林的名字命名，占领"斯大林城市"的象征意义不仅最初使希特勒狂喜，也促成他以后决心不惜一切代价守住这座城市。

8月末，保卢斯攻入斯大林格勒，却发现它并不是那么轻而易举就能占领的。9月7日，他发动了一场联合进攻，将一小股苏军部队驱逐到伏尔加河。9月26日，德军采取行动，以夺取该市北部地区。行动获得成功，苏军的抵抗力量被围困到一座废弃工厂，战斗不得不逐街逐屋进行。尽管火力和人数远不及对手，但苏军学会了如何利用破坏的市区环境。白天，他们躲起来；夜里，他们渗透到德军防线，重新夺回失去的建筑，杀死发现的每个德军士兵。苏军还招募了狙击手，造成那些露出头的傻帽德国士兵大量伤亡。虽然苏军英勇抵抗，但到10月中旬，他们只能在伏尔加河对岸的苏联炮群和火箭炮火力的掩护下，在仅有的几座小型桥头堡[38]坚守。此时，空中力量的天平开始向苏联空军倾斜。到10月，苏联战机从战役开始时的300架，增加到1500架。而德国空军兵力经过几个月的战斗后，面临着不断增加的损耗。双方在严寒中战斗，又得不到充分增援，兵员和战斗力都在下降。11月9日，德军第6集团军终于在残余苏联战线上，打开一块巨大缺口，夺取了半英里长的伏尔加河岸，但是3天后，双

关键词 斯大林格勒战役

方部队都精疲力竭,停止了进攻,战斗再次逐渐平息。

关键词 苏联大反击

保卢斯此时不知道的是(整个德国陆军指挥部也被蒙在鼓里),对手苏联策划并准备了一个惊天大反击。9月,斯大林的军事副手朱可夫大将和陆军参谋人员制订了计划,准备对德军从大草原到斯大林格勒的漫长战线中暴露的侧翼,发动一次大规模攻击。该计划代号为"天王星"(Uranus),这是这年秋天一系列以行星命名的行动之一。这些行动包括了"火星行动"(Operation Mars),一次针对已经削弱的德国中央集团军群的大规模正面进攻。10到11月间,苏军成功地瞒过德国人,调动了上百万士兵、1.4万门大炮、979辆坦克和1350架战机。行动日期确定为1942年11月19日,届时苏军将从北部进攻侧翼,一天后从东南方向进攻。第一波进攻沉重打击了罗马尼亚和意大利军队,他们守在通往斯大林格勒的防线上,是德国盟友中的最薄弱部分。轴心国部队被打了个措手不及,加之装备不足,结果迅速溃败。到11月24日,两支苏联进攻力量在顿河大草原会师,保卢斯和他的33万士兵被包围在斯大林格勒。随着德国打破包围圈的努力归于失败,很快,保卢斯离友军的距离就超过了200英里。11月24日,他请求希特勒批准从斯大林格勒突围,但遭到拒绝;一个月后的第二次请求也是如此下场。他得到承诺,由德国运输机每天给他空运300吨补给。戈林已经向希特勒作出保证,说这是可行的。希特勒命令冯·曼斯坦因组织一支顿河集团军群,以打破苏联包围圈,提供一条通向保卢斯的生命线。在恶劣天气条件下,顶着俄国人的坚决抵抗,拯救行动于12月12日开始。到12月24日,曼斯坦因被迫撤退,以防止面临更大的包围。3天后,希特勒被迫批准A集团军群从高加索撤退,而不是冒着在那里也被包围的危险。苏军则开始"小土星行动"(Operation Little Saturn),把轴心国部队赶回大草原,即3个月前轴心国部队胜利越过的这片大草原。

1942年最后几周,希特勒面临着一个突然的、戏剧性的命运转变。12月18日,意大利外长到达希特勒的腊斯登堡司令部,给他带来一封墨索

1942年10月，德国士兵在斯大林格勒的废墟中缓缓前进。苏军采取打一枪换一个地方的游击战术，而城市废墟为此提供了极好的地形条件。苏军的狙击和突然伏击，给德国人造成了重大伤亡。

轴心国部队指挥官弗里德里希·保卢斯将军被围困在斯大林格勒。他此刻所在的机场，是斯大林格勒战役后期仅存的几座还能运行的空军基地之一。被苏军俘虏后，保卢斯成为"自由德国委员会"（Free Germany Committee）的要员，该组织由被苏联俘虏的德国军官管理。战后，保卢斯在共产主义的东德定居。

1942 年 9 月，一辆德国"III型"坦克（Panzer III）行进在斯大林格勒以北的卡尔梅克大草原。德国装甲车可以快速行进，穿过开阔的草地，但在斯大林格勒的废墟中只能缓缓爬行。而且，路途遥远也带来了额外的保养和供应问题。

关键词 墨索里尼提议

里尼的信。墨索里尼在信中建议，轴心国应谋求与苏联单独媾和，以集中力量打败西方盟国。第二天，他们讨论了从北非撤退的可能性。希特勒断然拒绝了这两个提议，他依然决心在东方，尤其在斯大林格勒咬牙坚持。11 月 8 日，他就早早地宣布要占领此地。他 1941 年不情愿地被牵扯进去的地中海战场，现在被他看成是一个紧要的防区。在 1942 年大部分时间里还处于攻势的德意志帝国，到这一年结束时，已经四面楚歌了。

斯大林格勒

整个 1943 年 1 月的焦点，都集中在斯大林格勒战役和它所代表的德国的战争前途上。伏尔加危机[39]，淡化了再往北一些、莫斯科对面的防守战的胜利。"火星行动"造成苏方 7 万人伤亡，苏联依然没能打破德国防线。保卢斯军队在斯大林格勒的生存，靠的是它能够源源不断地获得空运补给。戈林承诺每日空运 300 吨物资，但大部分日子里，这一水平要低得多（平均每天只有 100 吨），而且德军还为此损失了 488 架运输机。到 1 月，在斯大林格勒作战的轴心国士兵的食品供应，降到每天两盎司面包加一盎司糖。部队深受冻伤和痢疾之苦，约有 3 万名伤员被空运走。到 1943 年 1 月 10 日，苏联对城市发动全力进攻的"光环行动"（Operation Ring）时，留下的德国士兵的战斗力几乎已经丧失殆尽。

很快，德军被赶出西部草原，并被封锁在城市废墟中。他们在绝望和恐惧中战斗，补给枯竭、士气低落。1 月 22 日，陆军总参谋长库尔特·蔡茨勒（Kurt Zeitzler）将军请求希特勒同意保卢斯投降，但希特勒坚持第 6 集团军应该战斗到最后一人一弹。1943 年 1 月 30 日，希特勒提拔保卢斯为陆军元帅，可能是希望元帅军衔能给予他更大的勇气坚持下去[40]。但是，第二天，保卢斯就投降了。第 4 装甲集团军（Fourth Panzer Army）坚持得稍久一些，但也在 2 月 2 日投降。斯大林格勒的损失，令以往经历的一切损失都相形失色：德军阵亡 14.7 万人，9.1 万人被俘，其中只有极少数[41]战后回到了德国。这场灾难规模巨大，无法对德国公众隐瞒。经过几天推迟，2 月 3 日，伴着一段瓦格纳歌剧《黎恩济》，这个消息通过无线电广播宣布了。在司令部，希特勒无法掩盖他的愤怒和失望，尤其对保卢斯没有自杀殉国而是被俄国人俘虏一事。这是一个早期迹象，它预示了两年后，希特勒自己在柏林将如何面对失败。

关键词：保卢斯投降

斯大林格勒战役后的公众情绪

帝国保安部（SD），发自帝国的报告（第356号），1943年2月4日

I. 概述

有关斯大林格勒战斗结束的报道，又一次对全国人民产生了深刻影响。1 月 30 日的演讲和元首公告，因为这次事件而黯然失色。在公民的严肃谈论中，它们的位置及不上与斯大林格勒事件相关联的一系列问题。首先，公众问及流血牺牲的规

模。据估计约在 6 万到 30 万人之间。因此，公众推断，在斯大林格勒的很大一部分战士已经牺牲。关于被俄国人俘虏的部队，公众在两种看法间摇摆。一些人声称，被俘不如战死，因为布尔什维克分子不会人道地对待战俘；另一些人则坚持认为，没有全部牺牲是一件幸事，这样还有一线希望，其中一部分士兵以后还有可能回家。这两种意见分歧，以及随之而来的不确定，尤其让那些战士的家人备受折磨。

  同时，所有人都在谈论，斯大林格勒的事态发展是不是无法避免，以及如此巨大的牺牲是否值得。具体来说，公民忍不住想问，留在斯大林格勒的德军所面临的威胁本身是否得到充分认识，因为空中侦察一定已经发现，派往斯大林格勒的苏联军队正向此处靠近。也有人问到这样一个问题，在时间还来得及的时候，为什么没有及时撤出这座城市。他们尤其谈到，军队一定低估了敌人的力量，否则不会在被包围以后还冒险在斯大林格勒坚守。民众没法理解放弃斯大林格勒是不可能的。一方面，因为缺乏对东方战线南方部分总体形势的准确把握，他们无法正确理解这场战斗的战略意义；另一方面，他们对斯大林格勒守军最终拖住了大量敌军这一点表示怀疑。

  公民谈论话题围绕的第三点，是斯大林格勒争夺战对整个战争进程的意义。普遍观点是，斯大林格勒代表了这场战争的一个转折点。那些富有战斗精神的人，认为斯大林格勒事件对于最终动员前线和后方的全部力量是必不可少的，他们希望通过动员获得胜利；而怯懦的公民则倾向于从斯大林格勒这件事看到毁灭的开端。

  ——摘自：海因兹·勃比拉赫（Heinz Boberach）所编《帝国报告：党卫军帝国保安部秘密情况报告（1938—1945）》，赫尔辛珀夫拉克出版社（Pawlak Verlag）1984年版，第 12 卷，第 4750～4751 页。

斯大林格勒战役结束时，约有 9 万轴心国士兵成为苏联的俘虏。小小的苏联战俘营很快人满为患，成千上万德国俘虏死于饥饿和寒冷。直到 1943 年，抓获的德国俘虏增加以后，苏联才建起额外的特设战俘营，让德国俘虏为苏联的战争工作出力。

德国不惜牺牲一切，一心努力夺取最后的胜利。从这里，可以明显看出，第三帝国已经到了一个转折点。持这个观点的主要代表，就是宣传部部长约瑟夫·戈培尔。1942 年末到 1943 年初，他努力说服其他纳粹领导人，应该将国家转化为一座"军营"，消除其中一切平民生活的痕迹。不论在前线还是后方，战争都将指导每个人的活动。1942 年 10 月及 12 月，当两次试图用这个提议引起希特勒兴趣的时候，他却发现后者正全神贯注于军事形势，而无暇他顾。但是，在 1 月初的大难临头之际，希特勒同意签署一项法令，促使德国人民接受总体战的残酷现实。戈培尔拉拢到希特勒的秘书马丁·鲍曼[42]、总理府秘书汉斯·兰马斯（Hans Lammers）和武器装备与军需部部长阿尔伯特·施佩尔，请他们参与自己的计划。1 月 13 日，希特勒签署了由该四人小组起草的一项法令，号召以高于既往的水平，强制动员后方

关键词 总体战

约瑟夫·戈培尔
（1897—1945）

约瑟夫·戈培尔是第三帝国最重要的政治人物之一，是整个独裁期间全部宣传机器和文化事业的领导人。他出生在莱茵兰一个天主教工人阶级家庭。戈培尔学生时代就才华横溢，后进入海德堡大学（Heidelberg University）学习历史和文学，20年代获得博士学位。戈培尔儿时患过小儿麻痹症，一只脚落下终生残疾，为此他在一战期间无法在军队服役。他个性易动摇、激进，极端仇视小资产阶级的德国社会、仇恨马克思主义，并把后者与犹太人联系在一起。1922年，戈培尔加入纳粹党。

他支持党内左派，强烈反对资本主义。他的聪明才智和偏激见解，让他很快获得提拔。

1926年，他被任命为柏林-勃兰登堡[43]地区领导人。第二年，他开始发行期刊《进攻》（Der Angriff, The Attack），该期刊一直出版到1933年后。1929年，戈培尔成为纳粹党帝国宣传领袖，到1945年他一直担任该职务。1933年，他被任命为宣传和大众教育部部长。在这个位置上，他不仅控制了所有广播和出版物，还控制了所有其他形式的文化产品——艺术、戏剧、电影和文学等。戈培尔是1938年11月"水晶之夜"事件的重要策划者，他对希特勒本人的反犹主义思想也有重大影响。戈培尔是个不知疲倦的工作狂，一心兜售希特勒神话，反击国外对第三帝国的所有负面观点。他一直致力于极端的战争努力，1944年夏，他获得一个越来越没有实权的职位，即总体战全权总代表（General Plenipotentiary for Total War）。1945年5月1日，他与妻子和几个孩子一起在希特勒的地堡自杀。

男女公民。五天后，1月18日，希特勒任命一个由鲍曼、兰马斯和军事统帅部参谋长凯特尔组成的三人委员会，指导采取必要措施。

这个新委员会没有任何实权，也从未起到一个有效动员机构的作用。戈培尔不断要求自己参与到总体战运动中去，2月18日，他为柏林运动场的一次会议准备了一番长篇大论，计划推出他的新口号。戈培尔乘着他的新奔驰防弹轿车到达运动场。这辆车是去年12月，他躲过一次刺杀之后，希特勒送给他的圣诞礼物。大厅里挤满了纳粹信徒，一幅写着"总体战——最快的战争"的标语横贯房间。戈培尔充满激情的演讲不时被热烈的掌声打断。在演讲中，他描绘了如果苏联获胜将会出现的骇人听闻的景象，"恐怖、饥荒的幽灵、欧洲的彻底混乱"。最后，他以一个问题结束演讲，即问听众要不要实行总体战，他们回以雷鸣般的赞同声。听众的反应是喧闹的、歇斯底里的。德国电台直播了该演讲，让德国公众能感受到狂热的赞同情绪。但戈培尔并没有因此与使德国后方服务于总体战的目标更近一步，总体战的观念也没有像他精心设计的演讲显示的那样深入人心。秘密情报人员对德国的民意调查报告表明，斯大林格勒战役失败后，德国居民的恐慌和怀疑在增长。在大多数德国人看来，过去两年的巨大奉献和不懈努力已经预示了总体战的开始。斯大林格勒战役的失败，第一次清楚地表明，这是一场德国及其盟国无法取胜的战争。

反抗与迫害

斯大林格勒战役的失败，还有另一重效果，即促使少数考虑抵抗纳粹政权的德国人，采取更大胆的行动。整个战争期间，抵抗行动一直没有中断。这些行动通常由反纳粹分子组成的地下小组织进行，常遭盖世太保破坏，其参与成员也常被处死或送到集中营。大部分地下组织属于社会民主党或共产主义同情者，但也有些团体明显不是马克思主义的。慕尼黑的"白玫瑰"（White Rose）集团就是一个例子。它的名字取自30

关键词 地下抵抗行动

白玫瑰：最后的传单
（1943年2月）

同学们！

　　斯大林格勒的战士倒下了，我们的人民震惊了。经由世界大战下士[44]的聪明战略，33万德国人被无谓地、不负责任地引向死亡和监禁。

　　德国人民提出了这样的问题：我们要不要再次把我们军队的命运交给一个业余军事家？我们要不要因为一个政治集团毫无远见的直觉，而牺牲我们剩下的德国青年？决不！清算之日到了，这是德国青年对我们人民曾经历的可怕暴政的清算。以全体德国人民的名义，我们要向希特勒的政权讨回德国人最珍贵的财产，即个人自由。对此，我们曾经不知廉耻地进行自我欺骗。

　　我们在一个无情压制一切言论自由的国度长大。在我们成长的黄金时期，希特勒青年团、冲锋队和党卫军努力使我们成为一个模子，努力改变我们、毒害我们。"思想教育"意味着用令人憎恨的方法，以一堆含糊空洞的辞藻，窒息我们不断增长的自我意识和自尊心……

　　对我们来说，只有一个口号：与纳粹斗争！远离纳粹阵营，因为在那里，他们会让我们在政治上更加沉默。远离党卫军大小头目和纳粹党马屁精的讲堂！我们需要的是真才实学和真正的精神自由！任何威胁也吓不倒我们，即使是关闭我们的高中。这是我们每个人的斗争，为我们的未来！那时候，我们将在一个意识到其道德责任的国度，享受自由和尊严……

　　同学们！德国人民在看着我们！他们期待着我们，就像1813年推翻拿破仑暴政一样，用精神力量打破纳粹恐怖！……

　　——摘自：弗雷德·布瑞尼斯德夫（Fred Breinersdorfer）所编《索菲·朔尔：最后的日子》，法兰克福（美因河畔）费希尔出版社（Fischer Taschenbuch Verlag）2005年版，第29～31页。

年代的一本流行小说，而主要成员是一对兄妹，汉斯·朔尔[45]和索菲·朔尔[46]，他们的父亲是一位1933年遭罢黜的市长。汉斯加入了希特勒青年团，但后来退出，转而参加一个小型青年反对团体，并为此坐过一阵牢。他在医疗部队服过役，于1942年后期来到慕尼黑，与妹妹和民乐学者库特·胡伯（Kurt Huber）一起，起草了抗议专制政权的传单，并在市内各处墙上张贴。1943年2月18日，由于一个大学看门人的告密，朔尔兄妹被捕，四天后被砍头杀害。胡伯被关的时间长一些，但也在7月被杀害。

大部分抗议，都以抗议者被杀害或监禁而告终，虽然当局有时候不确定该怎么处理。莱比锡和西北工业区持不同政见的青年团体（其中最为知名的自称"雪绒花海盗"[Edelweiss Pirates]）从事暴力反对

汉斯·朔尔和妹妹索菲1941年的肖像。

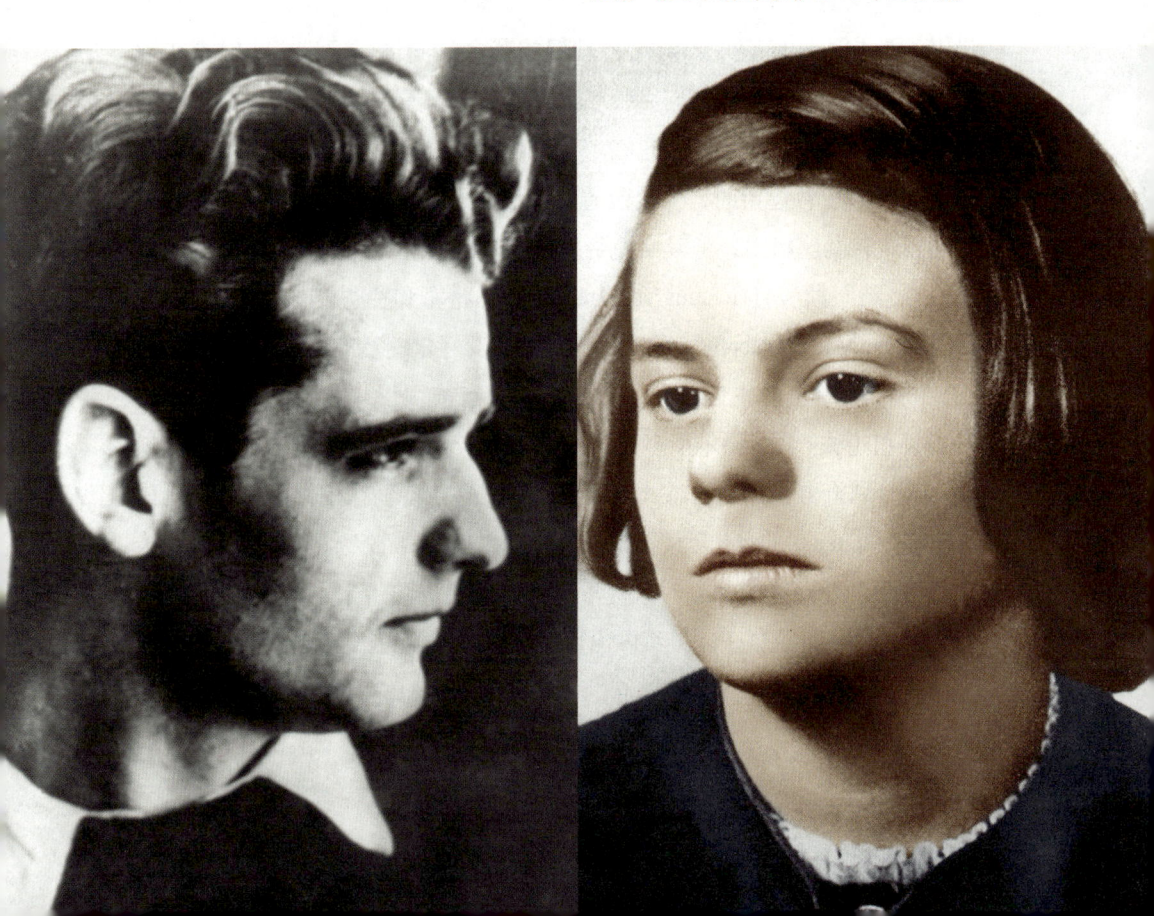

希特勒青年团的活动,他们在墙上刷标语,听被禁的爵士乐。1942年12月,盖世太保扫荡了鲁尔和莱茵兰各个城市,抓获739名青年男女,其中许多被关进青年集中营。

关键词 纳粹内部的反抗

最重要的反对活动,不是来自传统左派或心怀不满的青年,而是来自纳粹政权的中心内部。陆军、政府各部和司法系统保守分子对希特勒的反抗,其根源可以追溯到1938和1939年战争来临前推翻希特勒的失败企图。在德国不断取得胜利时期,许多保守反对分子暂时蛰伏起来,转而观望形势发展。但到1943年,以前陆军参谋长路德维希·贝克和前莱比锡市长卡尔·格德勒为中心的一个重要集团,把即将到来的军事灾难看成一个信号,那就是他们应该推翻希特勒,并设法改变德国的政策方向,尤其是改变对西方的政策。为此他们曾做出努力,为抵抗运动争取西方支持。

同情抵抗者的圈子比真正参与者要广泛得多,但在高级军官中,不少人愿意探讨政变的可能性,甚至付诸行动。这些人中,有些是民族主义者。最初,他们表现出对希特勒民族革命的同情。但后来,对希特勒会毁灭德国的担忧,让他们克服了阴谋推翻国家元首和军事统帅的道德顾虑。第一次实施刺杀企图,是在1943年3月13日。当希特勒在中央集团军群司令部短暂逗留时,一个装着两瓶法国君度酒(Cointreau)的篮子被偷运到希特勒座机上,但其实瓶身里装的是准备好的炸弹。两位军官,海宁·冯·特莱斯科(Henning von Treschkow)将军和费边·冯·施拉勃伦道夫(Fabian von Schlabrendorff)负责给瓶子设好定时引信,并将其在飞机上放妥。希特勒飞往腊斯登堡,但装置没有被引爆[47]。几天以后,3月21日,鲁道夫·冯·格尔斯多夫(Rudolf von Gersdorff)上校尝试第二次刺杀,他计划将自己作为自杀式炸弹袭击者,趁希特勒在柏林作英雄纪念日(Heroes' Memorial Day)年度演讲时炸死他。但是,那天他一直没有机会接近希特勒,直到他的刺杀对象提早离开。这些失败带来了一些失望情绪,直到第二年,抵抗分子才继续做出更多努力,以便为德国除掉希特勒。

将保守抵抗分子团结在一起的一个因素,是他们对纳粹谋杀犹太人的

"人民法庭"

1942年8月20日，司法部（Ministry of Justice）的纳粹部长罗兰德·弗莱斯勒（Roland Freisler）被任命为人民法庭庭长（President of the People's Court），他的前任奥托·提拉克（Otto Thierack）被任命为司法部部长。

设在柏林的人民法庭，成立于1934年4月24日，任务是审判一切有关叛国罪或危害国家的案件。在各州首府还设有特别法庭，负责审理政治罪。战争期间，根据1941年12月7日的《"夜雾"法令》[48]，人民法庭也负责审理欧洲占领区的抵抗案件。《"夜雾"法令》允许德国当局在欧洲北部和西部逮捕反对者和抵抗者，对他们进行无限期拘留或施以司法谋杀[49]。在弗莱斯勒的领导下，人民法庭判处的死刑数量开始不断增加。1941年有102例死刑判决，1942年有2572例，1943年有3338例，1944年达到4379例。1944年的数字，包括"七月密谋"失败后被判死刑的那些人。人民法庭也审判所有被冠以"破坏国防"的失败主义者案件。斯大林格勒战役失败后，这类案件的数量大幅增加，1943年是241例，1944年有893例。在一个案子中，汉堡被轰炸后，一男子宣称，德方的问题在于战斗机不能飞到足够的高度迎战。1943年9月6日，此人被判处死刑。在1945年2月3日的一次盟军空袭中，弗莱斯勒自己在法院内被炸死，其时他正在主持对"七月密谋"同谋者的进一步审判。

1943 年 3 月 19 日，在位于苏联的斯摩棱斯克中央集团军群司令部，陆军元帅冯·克鲁格将希特勒介绍给指挥员。正是在这次会议上，两个装着爆炸物的瓶子被放置在希特勒的座机上，但没能引爆。后来，冯·克鲁格因牵涉"七月密谋"中而自杀。

关键词 迫害犹太人

反感。1943 年头几个月，驱逐和灭绝系统延伸到整个欧洲占领区，抓捕德国国内残余犹太人的进程也在加速。戈培尔没能获得梦寐以求的总体战负责人职位，之后不久，他亲自组织了把柏林犹太人向死亡营的最终放逐。作为柏林纳粹党地方领导，他拥有广泛的权力。1 月下旬，希特勒决定，结束在德国工厂使用熟练犹太劳动力的做法。随后，1943 年 2 月 27 日，戈培尔命令党卫军抓捕在德国工厂工作的所有剩余犹太人，并将其运往东方。到 3 月中旬，住在柏林的 6.6 万犹太人中的 3.6 万，已经被送到东方；还有 1.5 万上了年纪的犹太人，被送到特莱西恩施塔特的"模范"集中营。到 5 月 19 日，戈培尔宣布柏林为"无犹太人"城市。5 月 23 日，希姆莱发布一项命令，将依然留在国内其他地方的德国犹太人全部转移到东方。在德国以外，这张驱逐网现在已经扩张到地中海。1943 年 1 月份，出台了计划，将向北方流放希腊犹太人。到 5 月，约有 4.5 万萨洛尼卡[50]犹太聚居地区居民被送到奥斯维辛。1942 年 12 月下旬，占领维希法国后，希特勒允许希姆莱开始有组织地驱逐所有法国犹太人。搜捕从 1943 年 1 月开始，第一批载有犹太人的列车于 2 月驶往东方。法国当局并不是人人都愿意执行德国的计划。5 月，希姆莱要求，剥夺 1927 年以后到达的所有法国犹太人的国籍，并在 7 月底前将他们运到德国。5 月，向东方大规模转移荷兰和克罗地亚犹太人的工作也开始了。与此同时，为清除匈牙利的 80 万犹太人，与匈牙利霍尔蒂海军上将[51]政府的谈判也已开始。

1943 年初，波兰德占区形势也变得严峻。1 月，德国发布命令，清除波兰总督府卢布林地区余下的 54 个犹太定居点。同一月，希姆莱批准消灭华沙犹太人聚居区。3 月，波兰总督府首都克拉科夫的犹太聚居区被关闭，居民被杀害。将犹太人转出华沙聚居区的工作，于 1942 年就已开始，并以极其残忍的手段迅速推行。到 1942 年末，有 30 万犹太人

1943 年 4 到 5 月，华沙犹太人聚居区起义期间，一位女战士被抓住。后来，这些被捕者不是被枪杀，就是被送到灭绝营。起义期间，至少 400 名德国士兵和警察被打死。

被送到特雷布林卡。余下的 6 万人组织了一个小型犹太战斗组织，准备武力反抗对聚居区的最后摧毁。4 月 19 日，在党卫军队长于尔根·施特罗普（Jürgen Stroop）的指挥下，约 3000 名党卫军成员和警察逼近，准备清除聚居区。但迎接他们的是机枪扫射、"莫洛托夫鸡尾酒"[52] 和手榴弹（这些是 1000 名犹太战士的所有武器）。男男女女组成的武装小组，与党卫军进行着一场艰苦的战争。德军逐屋推进，摧毁一切有抵抗迹象的建筑，消灭所有犹太抵抗者。到 5 月中旬，余下的居民没法再战斗下去了，他们被抓获，并被送到特雷布林卡和马伊达内克遭受灭绝。约 1.4 万犹太人战死，但这场战斗也给德国人造成估计 1400 人伤亡的代价。

犹太人并非越来越残忍的种族政策的唯一受害者。1942 年 12 月 16 日，希姆莱命令转移吉普赛居民，包括辛提人和罗姆人，到奥斯维辛。他

1943 年，一群欧洲犹太人到达奥斯维辛 – 比克瑙集中营和灭绝营的车站。一位党卫军医生会从到达者中选出适合工作的人，将其送到奥斯维辛劳工营；余者则从月台走向比克瑙的灭绝建筑。

们被集中在奥斯维辛一座所谓的"杂种"吉普赛人特别集中营,这里的人被认为比纯种吉普赛人更邪恶、更反社会。1.3 万多名吉普赛人从德国,另外 1 万名从欧洲其他地方被送到奥斯维辛。很多人死于在集中营感染的斑疹伤寒,5600 人死于毒气。在东方,吉普赛人被看成潜在的游击队成员或间谍,与犹太人一起遭到谋杀,这部分人的总数估计为 6.47 万人。由于以上这些行动,以及其他类似的活动,1943 年间,集中营的人口数量急剧增加。1942 年 8 月,达到 11.5 万人,到 1943 年 6 月已经有 19.95 万人。新增犯人主要是非德国人:被送来受罚的东方战俘,来自全部欧洲占领区的政敌,以及持所谓破坏性的或危害社会的政治观点的外国强制劳工。因疾病、营养不良和恶劣的工作条件,集中营的犯人死亡率很高。1942 年 12 月,党卫军当局发现,最近收押的 13.6 万犯人中已经死了 7 万人。他们坚持要保证更高的生存率,以便让犯人充作劳工,为战备服务。1943 年,集中营条件稍有改善,月死亡率从 10%—20% 降到 2%—3%。但是,大多数犯人所面对的现实,是每天 10 到 12 小时的繁重体力劳动、微薄的食物,以及可能因违反纪律而受到的残忍惩罚或折磨。

关键词 谋杀吉普赛人

最后的华沙犹太人聚居区
(1943 年 4 月)

华沙,1944 年 4 月 19 日:一周年纪念日

  星期六(4 月 17 日),哨兵在聚居区外设岗。星期天,德国警察部队从纳勒维基(Nalewki)大街进入聚居区。在遭到火力攻击后,警察部队撤退出来。星期一,他们又开始围攻。德国发出一份新的最后通牒,要求犹太人无条件投降,听凭德国人处置。最后,通牒被明确拒绝。犹太人不想上火车,他们以战斗作为对这份通牒的回答。为数不少的店员看不到任何出

路,他们没有武器。难道要他们赤手空拳地战斗?他们没有选择,于是投降了。他们被送往转运中心(Umschlagplatz),再从那里中转到特拉维尼基[53]和坡尼亚图夫[54];在这两个地方,他们活不过六个月。其余的人则决定战斗,直到只剩最后一个犹太人,口袋里只剩最后一颗子弹。

将来一定有人会讲述这场战斗、描绘那些抵抗到最后一息的战士:扛着步枪的孩子,拿着汽油弹冲向坦克的老翁和少女,抱着婴儿冲进着火的建筑以免被捕的母亲。他们会讲述十几个男人冲向整整一个连的德国兵,讲述夜袭者扮成德国士兵,讲述那些胜利和失败。最后,他们会告诉你,那些建筑是怎样一个个被空投的炸弹炸掉、烧毁,抵抗地点怎样一个接一个被夷平。他们会颂扬这场战斗及参与其中的战士,颂扬他们的事迹和他们的杰出英雄主义……

战士们选择了死亡,前赴后继。那是他们的选择。然而其他人怎么办?他们的妻子会与他们并肩战斗。但他们的父母呢?他们的孩子呢?难道要让他们自生自灭?如果是这样,他们不会经受毒气室的折磨,而是会被活活烧死。要把他们丢弃在火焰中?这是无法想象的!那怎么办?自己杀死他们?这很难——每一颗子弹都太珍贵,决不能浪费,每一颗都要留给德国人。用煤气?煤气已经被切断了。还有氰化钾毒药——但如何找到足够的氰化钾?什么时候用它?

所以,当人们把这一切与其他伟大的历史事例相提并论、谈论"杰出英雄主义"的时候,请不要觉得惊讶。他们需要做出的决定、他们所进行的战斗,绝对不是件容易的事。

——摘自:扬·马乌特(Jan Mawult)1944年写的证词,参见迈克尔·格林伯格(Michael Grynberg)所编《留给后人的话:来自华沙犹太人聚居区目击者的描述》,伦敦格兰塔出版社(Granta)2003年版,第254~255页。

地中海的退却

斯大林格勒的失败刚刚过去，北非失败的阴影渐行渐近。1942年12月，轴心国部队向突尼斯的撤退表明，他们再也无法有效防守这一战场。但是，在乔瓦尼·梅塞（Giovanni Messe）元帅指挥的意大利第1集团军的协助下，德军建立了两条坚固防线：一条是由非洲军团防守的南方防线，另一条是沿突尼斯西部边境部署的防线，由汉斯-于尔根·冯·阿尼姆（Hans-Jürgen von Arnim）上将的第5装甲集团军（Fifth Panzer Army）防守。轴心国军队共有近25万人，但缺乏坦克、

1943年2月，奥斯维辛的一名政治犯写给母亲的信。信封正面印着集中营指挥官管理犯人通信的规则。犯人每月可以收到和发出各两封信或明信片。信必须书写清楚，不超过15行，信封不能封上。

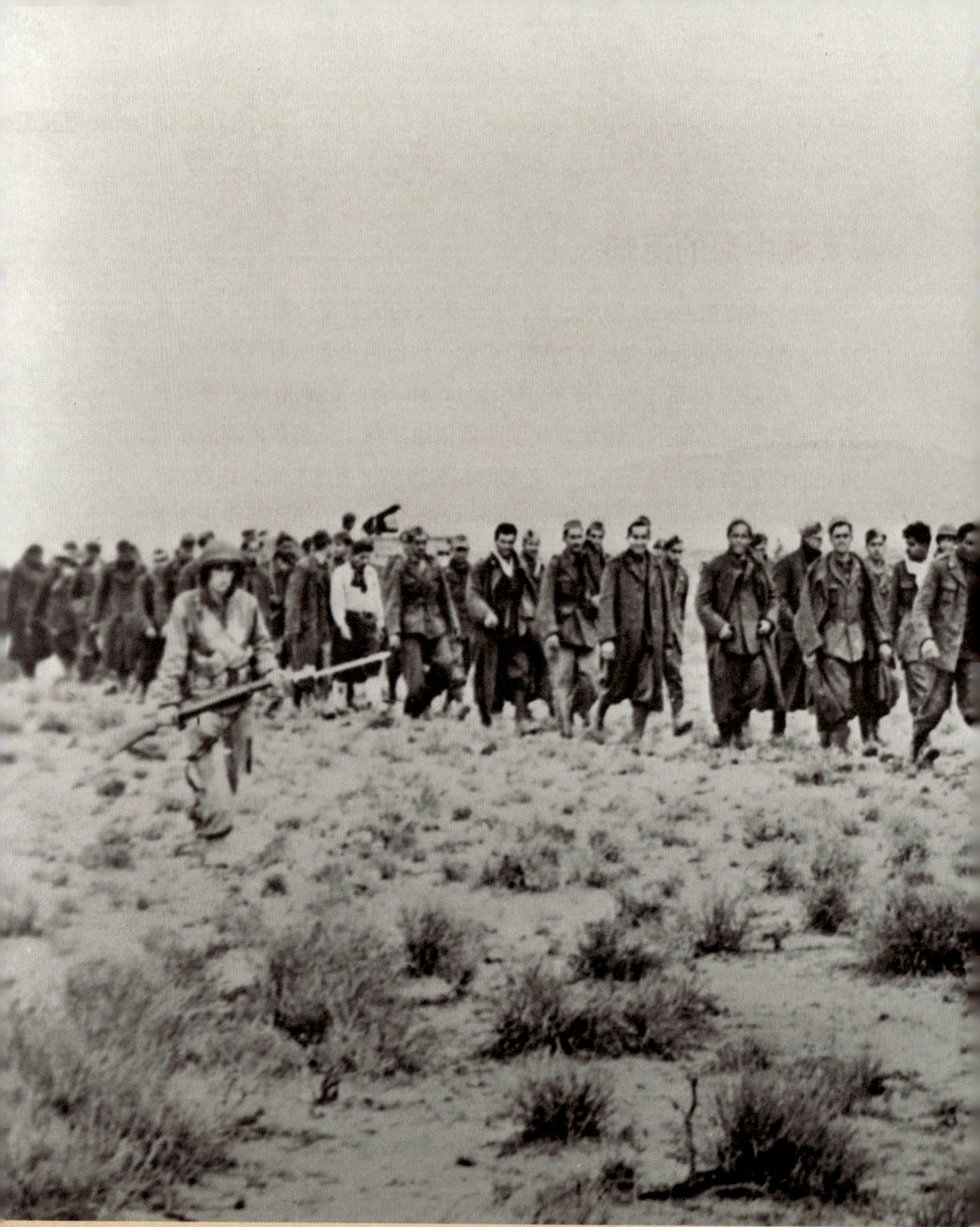

突尼斯战争期间，被捕的德国和意大利战俘排成长队。该战争中有 23.8 万人投降。这是开战以来，一次性俘虏到轴心国士兵最多的一次。此次投降，也打破了希特勒坚持地中海阵地的希望。

重型装备和战机。1942年12月，希特勒做出决定，要求不惜一切代价守住北非。这让突尼斯成为一个被围困的堡垒。

关键词 突尼斯之战

"火炬行动"后，美军从西方进军。他们计划通过突尼斯中部直插入海，把轴心国军队分开。但结果事与愿违，没有经验的美国指挥官发现，自己被两个德国装甲集团军群发动的突然进攻打退。2月20日，隆美尔在凯瑟琳山口[55]获得了德国在非洲的最后一场胜利。两天后，德国的进攻陷于停顿，隆美尔把他的部队撤回南部**马雷斯防线**，准备防守蒙哥马利第8集团军的进攻。这一次，隆美尔又想以攻为守。1943年3月6日，他派3个装甲师向盟军战线推进。由于截获了德方的恩尼格玛通信信号，蒙哥马利事先得到警告，于是布下陷阱。隆美尔被迫撤退。3月9日，他乘飞机去见希特勒，要求增援。希特勒拒绝了他，让他休病假，他在突尼斯的指挥权也由冯·阿尼姆接替。3月20—21日，蒙哥马利进攻马雷斯防线，从侧翼迂回到西方，迫使德军快速撤退。到4月初，轴心国部队被包围在突尼斯西北角的比塞大[56]和首都突尼斯市的周围地区。4月8日，希特勒和墨索里尼在奥地利的克莱斯海姆城堡（Klessheim Castle）会面，他们命令冯·阿尼姆和梅塞坚持到最后一刻，不许投降或撤退。不成功便成仁的心态，成为希特勒处理战争结果的典型方法。两天后，在克莱斯海姆，他告诉罗马尼亚领导人，除"确定的胜利或绝对的毁灭"以外，没有任何其他出路。

突尼斯的最后战斗一边倒到几乎荒唐的程度。轴心国军队投入150辆坦克，对阵盟军的1500辆。盟军空军占据了绝对优势，击落432架轴心国战机，自己只损失了35架。1943年5月6日，一场总攻自西部和南部发动。第二天，比塞大和突尼斯市全部落入盟军手中。各处坚持了几天孤立的小规模抵抗。但是，到1943年5月13日，冯·阿尼姆投降，约23.8万德国和意大利士兵被俘，这成为一场规模堪比最近苏联灾难的大败。仅仅3天后，英国皇家空军炸坏了鲁尔水坝。5月24日，接替雷德尔担任德国海军总司令的邓尼茨海军元帅，由于无法承受舰艇和水兵的巨大损失，中止了大西洋潜艇战。5月31日，在贝希特斯加登，邓尼茨把这个消息告诉了希特勒。

在一个月的时间里，德国的地位无可挽回地受到削弱，主动权易手到盟军方面。突尼斯灾难后，地中海战场形势继续恶化。德军部署到西西里岛和意大利大陆，以协助阻止盟军登陆，防止墨索里尼政权垮台或发生严重内乱。由于德国空中力量在这一战场的消失，意大利港口和城市受到盟军的猛烈轰炸。1943年7月9—10日，盟军从海上发动"爱斯基摩"行动，大规模进攻西西里岛。而希特勒因为受到盟军情报的欺骗，以为巴尔干地区会爆发某些行动，于是增强了那里的德国驻防部

关键词：**西西里岛**

盟军登陆西西里岛的最后几天里，大部分德国部队成功渡过墨西拿海峡，撤退到意大利大陆。照片上显示的是1943年8月16日，一艘渡船到达卡拉布里亚海岸（Calabrian Coast，位于意大利半岛南端），准备卸下德国士兵。

队力量。在西西里岛，约 5 万人的德国部队和 27 万人的意大利部队面对的，是 18 万美国和英联邦士兵组成的进攻力量。意大利部队毫无斗志，夺岛战斗很快结束。到 7 月 22 日，巴勒莫[57]到了盟军手里；8 月 5 日，东海岸的卡塔尼亚[58]失陷。德军机智地承担了后卫任务，当盟军出现在意大利大陆对面的墨西拿[59]时，10 万人的轴心国部队已经撤出，其中很大一部分为德国士兵。

关键词 意大利：墨索里尼垮台

就在地中海战役进行期间，7 月 19 月，盟军轰炸了罗马的铁路交通线。6 天后墨索里尼被推翻并被逮捕。以佩特罗·巴多里奥（Pietro Badoglio）元帅为首的意大利新政府，继续与德国人并肩战斗，但是，他的目的却是为了找到某种方法，让意大利从这场战争中脱身。1943 年 9 月 3 日，盟军部队进入意大利大陆。9 月 8 日，意大利宣布停战。在意大利的德国部队立即解除了意大利士兵的武装，把意大利当成它的另一个占领国。65 万意大利士兵和 10 万平民，被作为强制劳工送到德国；同时，意大利北部的工人被迫继续为德国战争生产原料和武器。9 月 12 日，在一次大胆的营救行动中，一支党卫军滑翔机小队救出了墨索里尼。党卫军上尉奥托·斯科尔兹尼（Otto Skorzeny）指挥了这次行动，他是帝国中央保安局 1942 年成立的一个称作"和平谷捕猎队"（Friedenthal Hunting Units，德文 Friedenthaler Jagdverbände）的特别突击队的创建人。墨索里尼被从阿布鲁奇[60]山区大萨索山（Gran Sasso）监禁地救出后，希特勒扶植他在萨罗[61]成立了一个法西斯意大利社会共和国（Italian Social Republic），使他完全成为德国占领者、德国司令凯瑟林元帅的傀儡。在意大利南部，英联邦和美国的军队遭到德国人越来越顽强的抵抗，只能缓缓向北推进。10 月 1 日，那不勒斯[62]落入盟军之手，德军后撤到那不勒斯港以北一条准备好的防线处。历时 18 个月、北上狭窄多山的意大利半岛的艰苦争夺战，开始了。

轰炸下的德国

在斯大林格勒和地中海危机期间,英国皇家空军和美国空军开始更频繁、更猛烈地轰炸德国的欧洲占领区和德国本土。同盟国间召开的卡萨布兰卡会议[63],确定1943年1月发起"联合轰炸进攻"(Combined Bomber Offensive)行动,试图白天袭击军事和重工业,以摧毁德国的战争能力;夜间袭击主要工业城市,以打击劳动人口的士气。进攻以"直接行动"(Operation Pointblank)为代号。1943年春,英国皇家空军轰炸机指挥部发动名为"鲁尔战役"(Battle of the Ruhr)的第一阶段进攻。

鲁尔和莱茵兰地区的城市,在1941年和1942年遭到多次打击,但造成的损失有限。鲁尔战役中的袭击比以往更为猛烈,造成的伤亡和城市破坏也更大。自1943年1月起,美国空军开始对德国进行常规轰炸。现在,德国市民在白天还要遭到空袭警报的骚扰,这干扰了他们的正常工作,让他们长期处在疲惫和压力之下。自1943年春起,德国很大一部分战争精力被迫转移到对付敌军轰炸上来。约70%的德国战斗机力量集中在西部。为了应对轰炸,一系列技术和战术创新不断涌现。德国夜间战斗机装备了称作"利希滕斯坦"(Lichtenstein)的雷达装置,可以探测到大规模的轰炸机群。当这种雷达受到英国科技情报人员的干扰后,德方又采用了效果更好的新型号设备SN-2。单引擎战斗机也被用于战斗,它们采用一种被称作"母野猪"(Wild Sow)的战术,借着探照灯发出的锥形光束,锁定轰炸机位置,并对其进行攻击。这些革新措施的结果,就是给进攻的空军造成重大损失。在地面,德方则努力减少轰炸对德国社会的破坏。人们被大规模疏散转移到德国南部和中部更安全的农村和小城镇地区。1943年1月,戈培尔获得任命,管理一个负责"空袭损失救济"(Relief of Air Raid Damage)的"部际委员会"(Interministerial Committee)。他巡视各个遭到轰炸的城市,试图鼓舞当地居民的士气。那年末,1943年12月10日,希特勒任命戈培尔为中

为应对盟军轰炸，德国组织了一个大型官方疏散项目，将市民从大城市转移到更安全的农村和小城镇。同时，非官方的城市人口撤离也开始了。到 1945 年，共有近 900 万德国人从受威胁地区疏散。

央民防措施督察团（Inspectorate of Civil War Measures）团长。

  那年春夏的几个月里，轰炸袭击的强度不断增加。1943 年 5 月 17—18 日夜，英国皇家空军的一支兰开斯特式（Lancaster）轰炸机特别部队，袭击并破坏了鲁尔峡谷的慕恩大坝和埃德河（Eder）大坝。袭击造成河水泛滥区长达 50 英里，估计导致 1650 人丧生，包括 1026 名战俘和外国劳工。损坏很快被修复，到 6 月 27 日，该地区供水完全恢复。5 月 24—25 日夜，主要由四引擎轰炸机组成的 800 架飞机，在一夜之内投下了 2500 吨炸弹。这是开战以来多特蒙德（Dortmund）遭受的最猛烈袭击。几天后，5 月 29—30 日，巴门 [64] 第一次尝到轰炸引起的火灾的滋味，3500 人在火灾中丧生。6 月 28—29 日，轰炸造成科隆 4370 人丧生，成为到目前为止轰炸袭击导致伤亡最大的一次。3—7 月间的大型空袭超过了 43 次。7 月，罗伯特·雷领导的德国劳工阵线成立了一支特别"鲁尔行动团"（Ruhr Action Group），向无依无靠和无家可归者提供帮助。

1943 年 7 月 24 日到 8 月 2 日，汉堡遭到一连串代号为"蛾摩拉[65]行动"的袭击；与之相比，鲁尔战役的死亡人数只能算小巫见大巫。"蛾摩拉行动"由英国皇家空军轰炸机指挥部和美国空军第 8 军协同作战，目的是使这座城市遭到日夜不停的轰炸。英国皇家空军采用了一种新战术来对付德国雷达，他们投下成千上万个细小铝箔片（称为"窗户"）。7 月 24－25 日夜间的首次进攻，扰乱了德军防守。并且，在盟军 7 月 27—28 日发动的进攻中，德军依然没能恢复主动。盟军在这次袭击中携带了大量燃烧弹，轰炸造成的大火无法控制，很快连成一片。大火产生的巨大热量吸收了周围地区的冷空气，生成一股时速达 240 英里的强大热气流，吞噬了行经路途上的一切。死于汉堡轰炸的人数，估计达到 4.5 万；10 平方英里的城区被夷为平地。然而，仅仅经过几个月，该地又恢复了生产。到 1943 年末，它的生产水平恢复到火灾前的 82%。

汉堡的毁灭，强烈地震撼了德国民众，大难临头的谣言传遍全国。逃离汉堡的难民描绘出一幅离奇的恐怖景象。阿尔伯特·施佩尔在他的回忆录中承认，这次攻击"让我产生了对上帝的敬畏"。他告诉希特勒，再有 6 次汉堡这样的攻击，军备生产就将陷于停顿。德国空军总参谋长汉斯·耶顺内克将军对他的部队未能阻止这一次和其他几次攻击痛苦万分，于 1943 年 8 月 19 日开枪自尽。

然而，汉堡空袭让人意想不到的战果，只是 1943 年的一次例外。在接下来几个月里，主动权又一次转到德国防空军方面。英军轰炸机指挥部 1943 年 11 月发起的"柏林战役"（Battle of Berlin），造成己方轰炸机的重大损失，导致英国人暂时中止了战役。德国对美国轰炸机的战斗获得了更大成功。在深入德国、对施韦因富特[66]滚球轴承工厂的两次日间

轰炸起火后的汉堡
（1943年8月）

我曾经坐车或者步行到过所有这些地区。只有几条大街被清理出来了，但连着几英里都见不到一栋有人住的房子。并且，如果你想从大街两边的废墟中找到出路，你会马上失去一切时间感和方向感。在我觉得很熟悉的地区，我完全迷了路。我努力寻找那条闭着眼也能认出来的街道。我站在自己认定的这条街上，却不知从何下脚。我掐指数着瓦砾上的沟痕，但再也找不到那条街。若是经过几小时的寻找，你可能会碰到一个人，但那只可能是另一个穿过这无尽荒凉的梦游者……一周后，汉堡的这些部分全部被封闭，一堵高墙把它们围上——当然，这里石头多的是。武装卫兵守在入口处……你可以看到穿着条纹衣服的犯人在里面干活，他们是去收尸的。人们说，那些尸体，或者随便你叫它什么，被当场烧掉或者就在地窖里用火焰喷射器毁掉。但实际情况比这更糟糕。密密麻麻的苍蝇让清理人员无法走入地窖，他们踩在手指粗的蛆身上一次次滑倒。为了能到达那些被烧死的人，不得不用火焰清出一条路来。

老鼠和苍蝇成为城市霸主。旁若无人的硕鼠把家搬到大街上。更令人恶心的是苍蝇，它们体形硕大、绿油油的，从没人见过这样的苍蝇。它们密集成群地在路边飞上飞下，停在断墙上交配、晒太阳。肚子吃大了、累了，就趴在窗玻璃碎片上休息。当它们再也飞不动时，就跟在我们后面爬着，穿过最狭窄的裂缝，弄脏所有的东西。它们的嗡嗡声是你早上听到的第一个声音。这一切直到10月才结束。

——摘自：汉斯·诺萨克（Hans Nossack）所著《毁灭：1943年的汉堡》，约耳·阿吉（Joel Agee）译，芝加哥大学出版社2004年版，第42～44页。（第一稿写于1943年11月。）

轰炸行动中，美军进攻力量遭受了巨大伤亡：1943年8月17日的一次袭击中，德国战斗机和高射炮火击落了19%的进攻飞机，损伤了约30%的其余飞机；10月14日，300架美国轰炸机回到施韦因富特进行攻击，但结果又损失了60架轰炸机，损伤了138架。日间攻击也暂时中止了。

从库尔斯克[67]到基辅

斯大林格勒战败后，德军被迫收缩南方战线，为即将到来的春季和夏季战斗重新集结。对这个战略问题，顿河集团军群司令冯·曼斯坦因跟腊斯登堡大本营的希特勒有过艰难的讨价还价。最终，希特勒同意从罗斯托夫撤退，向西退至一条易于防守的防线。从高加索退却的德军在苏军到达前撤出。再往北一些，在1月份的另一次大型攻击下，德军B集团军群残部被赶出一年前他们进行"蓝色行动"的沃罗涅什，几乎退到大草原城市库尔斯克。2月2日，苏军乘此次突破的有利时机，开始了一次大型攻击，于2月8日攻取库尔斯克和别尔哥罗德[68]，16日夺得哈尔科夫。苏联指挥官信心膨胀，认为这是将德军战线赶出乌克兰的机会。随后，2月19日，冯·曼斯坦因投入三个装甲集团军和一支党卫军装甲集团军，发动了一次出其不意的大规模反攻，于3月14日重新夺回已成一片废墟的哈尔科夫，一直打回别尔哥罗德。这样，苏军就在德军战线上留下一块以库尔斯克市为中心的、巨大的突出部。就是在这个时候，经希特勒同意，德军指挥官决定在此打响1943年的决定性

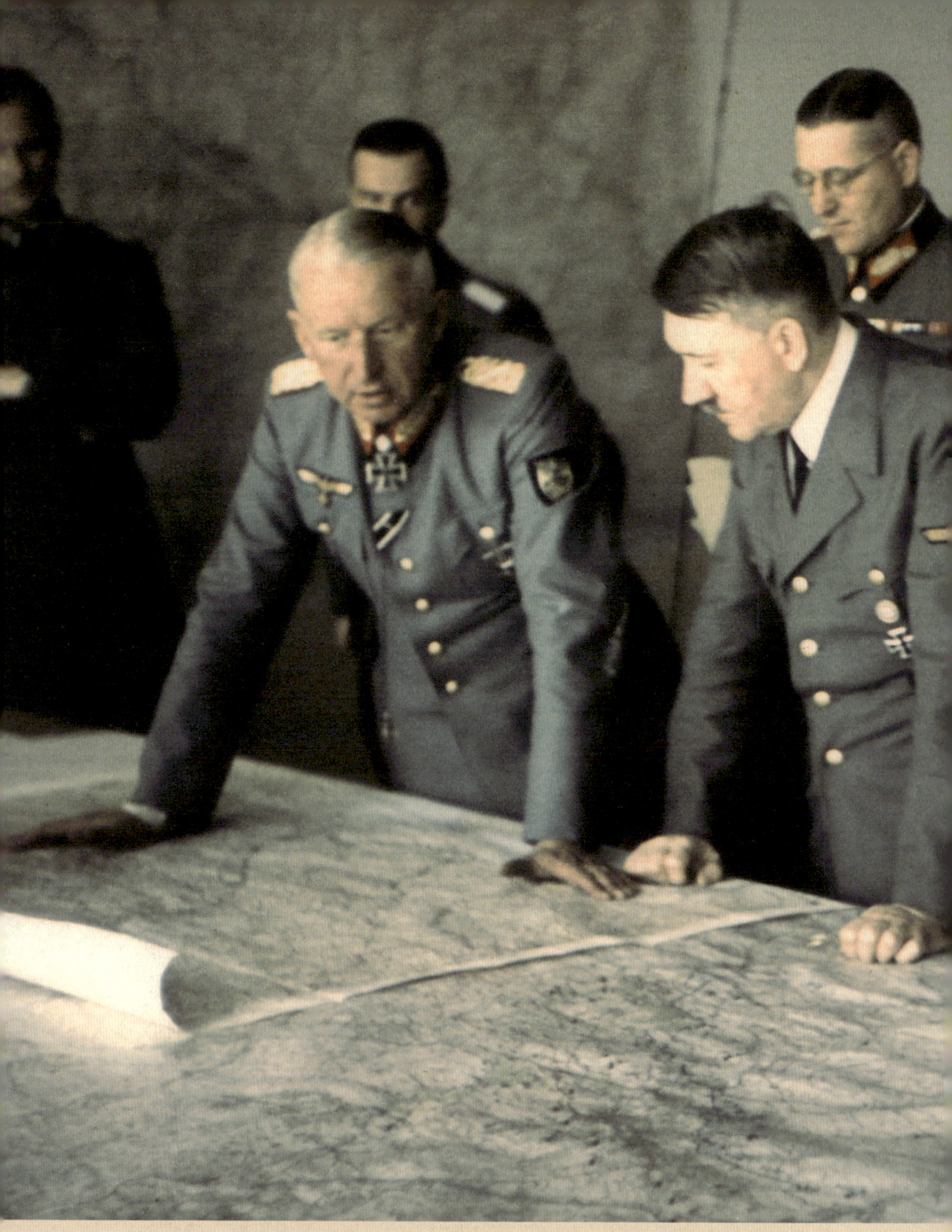

1943年2月19日，苏联在哈尔科夫一带反攻的高峰期间，希特勒、陆军元帅埃里希·曼斯坦因（希特勒右）和陆军参谋长库尔特·蔡茨勒将军（希特勒左）正在讨论。曼斯坦因被公认为苏联战场最有天赋的战地指挥官，但他不愿接受希特勒的观点，并常常与之争论，这导致他在1944年被解职。

战役。

关键词：库尔斯克战役

切断这块巨大突出部、包围大部分苏军的计划，在1943年3月中旬最初形成。但是这一次，希特勒异乎寻常地犹豫不决，他不愿意在地中海危机正在发展的时候冒另一场灾难的危险。这次战役的目标，是在突出部两侧附近一带集中大量德国机动力量，切断突出部，包围阵地内的敌军，为下一步进军莫斯科做准备。起初，希特勒批准曼斯坦因代号"堡垒"（Citadel）的新行动于4月或5月进行，赶在苏军来得及建立坚固防线之前。但是，希特勒希望确保行动能够取得决定性胜利，因此要求做更长期的作战准备。4月15日，他将"堡垒行动"的开始日期设定为5月3日，但后来又推迟到6月中旬。6月21日，他最终定下进攻日期为7月初。在此期间，德军给各部队分配了新的重型坦克"虎式I型"（Tiger I）和"豹式"（Panther）坦克，以及自行火炮"菲迪南德"（Ferdinand），增加了装甲部队的力量和数量。到7月，这一带集结了大量德国部队，共有50个师、90万人，以及2000架战机和2700辆坦克。苏联指挥官正确估计到德国意图，并且第一次在突出部周边地区全面准备了纵深防御。苏军向库尔斯克地区投入130万人、3440辆坦克和自行火炮，以及2170架战机。德国人不知道的是，苏军还准备了一支巨大的后备力量，先在库尔斯克后方按兵不动，待德军进攻势头减弱后再展开行动。

库尔斯克战役对双方都是决定性的。从德国方面看，在这个本土受到轰炸、意大利受到威胁的时刻，胜利将对德国人心理产生巨大影响，这也解释了希特勒产生不同寻常的焦虑的原因。7月4日，"堡垒行动"前夕，希特勒向部队发出消息，告诉他们，库尔斯克将具有"决定战局的重要性"，必须"给战争带来一个转折点"。对苏方来说，库尔斯克的失败将危及苏联40%的人力和75%的武器装备。苏方冒着相当大的风险，因为在1941年和1942年的两次夏季作战中，苏军都没能阻止德国人的进攻。1943年7月4—5日夜，德军进入最

战争期间，在荷兰散发的一则党卫军征兵海报。在整个欧洲占领区，成千上万青年志愿者参加了对苏战争，一些人希望避免被苏联占领这个最坏情况的发生。海报上的是南非布耳人（Boer）领袖保罗·克鲁格（Paul Kruger），他在1899—1902年的南非战争（South African War）中，领导了布耳人抵抗英国人。

终位置，准备于拂晓发动进攻。苏军指挥官朱可夫元帅事先得到警报，于是命令先发制人，发动炮击和空袭。德方一开始就被打了个晕头转向，但很快恢复了过来，按计划开始行动。7月5日凌晨4点半，瓦尔特·默德尔（Walter Model）的第9装甲集团军（Ninth Panzer Army）向突出部北翼进军。与以往苏军一触即溃的战况不同，该部队与防卫严密的苏联守军猛烈交火。默德尔部只推进了十几英里。到7月9日，推进停止了。

在突出部南翼，赫尔曼·霍斯（Hermann Hoth）将军的第4装甲集团军派九个装甲师，包括三个党卫军精英师，即"阿道夫·希

1943年7月"堡垒行动"期间，一辆德国虎式I型坦克正在作战。切断库尔斯克周围地区巨大苏军突出部的企图虽然失败了，但德方的坦克损失比苏方要少得多。据估计，德方损失了278辆坦克和自行火炮，而苏方损失在1600辆左右。

德国坦克

1933年后生产的早期德国坦克重量轻、装甲薄、火力有限。到战争末期，德国装甲部队装备了所有交战国中最大、装甲最厚的坦克。

这一重大改变，发生在东线战争期间。德军在交战中发现，苏联T34/76A型坦克火力胜过了自己的型号。希特勒亲自过问新型战车发展情况，这些战车多以食肉动物命名。1942年，虎式Ⅰ型加入现役，它拥有100毫米装甲和一门88毫米火炮，但重量过大、行动迟缓。1942年末到1943年初，快速研发成功的豹式D型（Panther D）坦克，于1943年7月投入库尔斯克战役。它有一管75毫米长的炮筒，装甲比虎式要轻。1944年，拥有150毫米装甲（美国谢尔曼坦克是76毫米）和88毫米炮筒的庞然大物，虎式Ⅱ型（TigerⅡ）坦克投入战斗。在希特勒要求生产更多巨型坦克的压力下，战争后期研制了100吨的鼠式（Maus）坦克。

但是，在轰炸阴影下，德国经济受到限制，生产足够极其尖端的坦克相当困难。1942年和1943年，德国工厂生产了26500辆坦克，同期苏联产出48500辆。相对于它们承担的战略任务，重型虎式坦克的产量少得可怜：1350辆虎式Ⅰ型和485辆虎式Ⅱ型。同时，德国坦克作为一种非常复杂的机械产品，极难进行远距离的维修保养，很多情况下不得不把损坏的坦克一路运回德国修理。直到战争末期，虎式Ⅱ型才被苏联的JS（Joseph Stalin[约瑟夫·斯大林]）Ⅱ型坦克超越，后者拥有122毫米火炮和230毫米装甲。

特勒警卫旗队装甲师"（Leibstandarte Adolf Hitler）、"帝国师"（Das Reich）和"骷髅师"（Totenkopf），向苏军的一条薄弱防线快速推进。经过两天激战，他们向突出部周围地区推进了20英里。但是到7月7日，德国纵队到达苏方主要防线时，进展慢了下来。装甲师在此重新集结，猛攻一个叫普罗霍洛夫卡[69]的小村庄。7月11—12日，一场惨烈的坦克战在此进行，苏联守军遭遇重大伤亡，但这同时也延缓了德军的进攻步伐。紧接着，7月12日，党卫军坦克部队被撤回；13日，希特勒取消了这次行动；18日，又放弃了已占

1943年，苏联飞机在德军战线投下的一张传单。在传单中，苏联承诺给自愿投降的德军官兵更好的食物和条件，让他们优先选择喜欢的工作，并在战争结束后尽快回国。但是，对于全部德国战俘来说，他们面对的现实是战后长期在苏联从事强制劳动。

Vergünstigungen für deutsche Offiziere und Soldaten, die sich freiwillig der Roten Armee gefangengeben:

1. Zusätzliche Verpflegung,
2. Unterbringung in gesonderten Lagern unter besonders günstigen klimatischen Bedingungen,
3. Begünstigung bei der Wahl einer Berufsarbeit,
4. Bevorzugung bei der Abfertigung der Briefe an ihre Angehörigen in Deutschland,
5. beschleunigte Rücksendung nach Deutschland oder auf Wunsch des Kriegsgefangenen in ein anderes Land sofort nach Kriegsende.

Den deutschen Offizieren und Soldaten, die sich freiwillig gefangengeben, wird vom zuständigen Einheitsführer ein Ausweis ausgestellt, gegen dessen Vorzeigung die angeführten Vergünstigungen gewährt werden.

Das Oberkommando der Roten Armee

领的地区。希特勒为何发出这些命令，从来没人完全搞清楚过。但 7 月 9 日开始的盟军登陆西西里岛，从中起了一些作用；还有苏联 7 月 12 日在突出部以北发动的大规模反攻，打了默德尔部一个措手不及，加速了它的崩溃。8 月 5 日，苏军夺取奥廖尔[70]；8 月 18 日，又进入布良斯克。他们驱赶德军一路回撤，穿过乌克兰，向第聂伯河[71]退却。在南线，朱可夫于 8 月 3 日发动反攻，两天后收复别尔哥罗德。8 月 28 日，苏军用精心计划的进攻夺取并占领哈尔科夫。"堡垒行动"成为德军的一场灾难，主动权决定性地转到了敌方。

接下来三个月里，苏军在乌克兰追击德军，9 月 22 日到达第聂伯河。希特勒同意了冯·曼斯坦因的请求，退到一条准备好的防线，即沃坦防线（Wotan Line）。这是一条更长的"东墙"（Eastern Wall，德文 Ostwall）防线的一部分。希特勒希望沿 1000 英里长的东方前线建设一条东墙，南抵亚速海[72]、北至芬兰湾[73]，其北段代号为"豹"，南段为"沃坦"。9 月 15 日，希特勒允许德军撤到这条防线，以抵挡潮水般涌来的苏联敌人。这个战略从一开始就是失败的。9 月 22 日，苏军突破第聂伯河，在沃坦防线后建立了一座桥头堡。桥头堡遭到德军反攻，但 11 月初，苏军成功地将一支庞大的打击力量推进到乌克兰首都基辅以北的沼泽地带，得以从侧翼包围德方守军。霍斯的第 4 装甲集团军抵挡不住，1943 年 11 月 6 日，**基辅陷落**。12 月，顶着德国人的拼死反击，苏军肃清了基辅以西地区，为 1944 年向德国的欧洲占领区进军搭起了一块跳板。

关键词 基辅战役

1943 年的最后几周，比起一年前来，德国人处于一个异常艰难的形势。盟友意大利倒戈，成为敌方盟友。德军被逐出北非、西西里岛和意大利南部，损失惨重。潜艇战已经失败，超过 80% 的潜艇水兵在战斗期间丧生。猛烈的轰炸给德国平民带来重大伤亡，后方形势吃紧。在东方，经过几个月战斗，德国失去了整个俄罗斯南部和乌克兰地区，这个德国寄予厚望、战争不可或缺的资源宝地，也永远地失去了。

面对这次危机，希特勒的反应是试图另辟蹊径、力挽狂澜。1943年11月26日，在戈林陪同下，希特勒参观了因斯特堡[74]机场，视察了一系列全新武器，这些武器将使德国一举超越对手的技术成就。菲施勒 Fi-103 "飞弹"（被称作 V-1）和梅塞施米特 Me-262 喷气式战斗机，正是希特勒需要的那种武器。希特勒命令改造 Me-262，以承担轰炸任务。飞弹成为新的"复仇武器"之一，1943年下半年，德国宣传部门一直在宣扬这种"复仇武器"，但已经越来越得不到信任。发展德国原子弹的计划，已经在1943年上半年被搁置。但是，在德国领导层和普通民众中，产生了对新一代前卫武器的强烈期待。为了来年的战争，希特勒还极力强调，要在德国武装力量中创造一种坚持和牺牲的精神氛围。1943年12月22日，希特勒签署一条命令，内容为建立一个国家社会主义督导部，以承担组织者职责，在武装力量中灌输纳粹意识形态和狂热献身精神。一年后，共有5万名军官承担向部队传递这一思想的任务。在希特勒迈向死亡的战争最后阶段，国家社会主义开始主导一切公共生活领域。

注释

[1] 译注：总体战（Total War），即在武器使用、涉及领土和军事人员以及追求的目标上没有限制的一种战争方法，尤其是指不顾战争法的作战方法。

[2] 译注：阿拉曼（El Alamein），埃及北部小镇，著名的阿拉曼战役战场。

[3] 译注：《日内瓦公约》（Geneva Convention），在瑞士日内瓦签订的用以规范战争行为，以及保护平民和作战人员的一系列国际公约的总称。其中就有条款规定，在两国结束敌对状态后，各方应遣返对方战俘。1942年末，法国已经与德国媾和，德国就不能再扣留法国战俘了。

[4] 译注：指希特勒曾说过"犹太人的灭绝将是无法避免的后果"。

[5] 编注：威斯里舍尼（Dieter Wisliceny），在斯洛伐克遣送犹太人的纳粹负责人。

[6] 译注：索比堡（Sobibor），波兰东部卢布林省一村庄。

[7] 译注：特雷布林卡（Treblinka），波兰东部一村庄。

[8] 译注：马伊达内克（Maidanek），位于波兰卢布林郊区。

[9] 译注：索非亚（Sofia），保加利亚首都。

[10] 译注：色雷斯（Thrace），位于巴尔干半岛的地区。1913—1923年的两次巴尔干战争和希腊-土耳其战争后，其北部属于保加利亚，西部属于希腊，南部属于土耳其。

[11] 译注：利迪泽（Lidice），布拉格西北不远处的一座村庄。

[12] 译注：昔兰尼加（Cyrenaica），利比亚东部的一个地区。

[13] 译注：阿盖拉（El Agheila），利比亚北部的一座海滨城市。

[14] 译注：格查拉（Gazala），利比亚东北部沿海地区的一座小村庄。

[15] 译注：阿拉姆哈勒法（Alam Halfa，Alam el Halfa），阿拉曼以南一处地方。

[16] 译注：高加索（Caucasus），欧洲东南山区，位于黑海和里海之间，在格鲁吉亚、亚美尼亚、阿塞拜疆和俄罗斯东南境内。

[17] 译注：哈尔科夫（Kharkov），乌克兰东北部城市。

[18] 译注：刻赤海峡（Kerch Straits），刻赤半岛以东，连接亚速海与黑海的一条海峡，对面为苏联塔曼半岛（Taman Peninsula）。

[19] 译注：塞瓦斯托波尔（Sebastopol），乌克兰要塞、海军基地，位于克里米亚半岛南端附近。

[20] 原注："攻城重炮"包括德国克虏伯公司制造的800毫米口径、炮弹重达7吨的"大朵拉"（Big Dora）超级大炮。

[21] 译注：文尼察（Vinnetsa），乌克兰中西部城市。

[22] 译注：沃罗涅什（Voronezh），俄罗斯城市，位于莫斯科以南，近顿河中游。

[23] 译注：顿河（Don，River Don），俄罗斯河流，发源于莫斯科东南的图拉附近，流经1958千米后入亚速海。

[24] 译注：罗斯托夫（Rostov），俄罗斯西南部港口和工业城市，在顿河注入亚速

海的河口附近。

[25] 译注：厄尔布鲁士山（Mount Elbrus），高加索山脉最高峰。

[26] 译注：迈科普（Maikop），前苏联西南部城市，阿迪格（Adygea）共和国首府。

[27] 译注：格罗兹尼（Grozny），前苏联西南部城市，位于格鲁吉亚边界附近，车臣（Chechnya）首府。

[28] 译注：巴库（Baku），阿塞拜疆首府，位于里海畔，是工业港和石油工业中心。

[29] 译注：马雷斯防线在地中海沿岸附近。

[30] 译注："七月密谋"（July Plot），指试图刺杀希特勒的阴谋。

[31] 译注：不来梅港（Port of Bremen），德国西北部港口，通过威悉河（River Weser）与不来梅市连接。

[32] 译注：卡尔·贝德克尔（Karl Baedeker），德国出版商，主要因出版一套冠其名字的旅游指南而闻名。"贝德克尔"在德国也用来泛指旅游指南。旅游指南一般都以文化名城为主要内容，这即是该袭击代号的含义。

[33] 译注：巴斯（Bath），英格兰西南部的矿泉疗养城市，由古罗马人修建。

[34] 译注：埃克塞特（Exeter），英国德文郡首府，位于埃克斯河边，该城为古罗马人所建。

[35] 译注：坎特伯雷（Canterbury），英格兰东南肯特郡一城市，坎特伯雷大主教驻地。公元597年圣奥古斯丁在此建立教堂及修道院，为中世纪朝圣地。

[36] 译注：约克（York），英格兰北部城市，为约克大主教所在地，以其壮观宏伟的约克大教堂而闻名。

[37] 译注：韦纳·冯·布劳恩（Werner von Braun），德国火箭专家，被称为"现代火箭之父"。二战结束后，他投降于美国。他研制的"土星号"火箭，成功将第一艘载人飞船送上月球。

[38] 译注：桥头堡（Bridgehead），在敌方战线建立的阵地，主要目的是为后续进攻部队提供立足点和进攻基地。

[39] 编注:"伏尔加危机"指斯大林格勒面临的危机。

[40] 译注:在此之前,德国还没有一个陆军元帅投降的先例。

[41] 译注:此处"极少数"有约5000人。

[42] 编注:马丁·鲍曼(Martin Bormann),具体介绍请见本书第466页。

[43] 译注:勃兰登堡(Brandenburg),德国东北部的一个州,首府是波茨坦。

[44] 编注:"世界大战下士"是指希特勒,他在一战中是下士头衔。

[45] 编注:汉斯·朔尔(Hans Scholl,1918—1943),纳粹德国反抗组织成员,出于人道主义和基督教教义的精神反对纳粹主义,因组织和参加"白玫瑰"的活动而被处死。

[46] 编注:索菲·朔尔(Sophie Scholl,1921—1943),汉斯·朔尔的妹妹,同样因参加"白玫瑰"活动而被处死。

[47] 译注:读者可能会奇怪这件事为什么没有败露。实际上,后来这些人又设法找借口将瓶子取回,所以这次行动虽然没有成功,但也没暴露。取回后他们发现,炸弹引信已经启动,但未能引爆。这是一种英国情报机关提供的定时炸弹,为防止普通定时炸弹的时钟声音被人听到,这种炸弹引信用腐蚀性液体腐蚀金属丝的方式引爆,起爆时间由金属丝的粗细决定。

[48] 译注:《"夜雾"法令》,Night and Fog Decree。"夜雾"的含义是,不让家属知道被捕者去向,既不知他们是死是活,也不知他们死后葬于何处,如同消失在茫茫夜雾中,以此在抵抗者中造成极大的恐怖。

[49] 译注:司法谋杀(Judicial Murder),合法但不公正的死刑判决,其实质是利用表面上合法的司法判决杀害反对者。

[50] 译注:萨洛尼卡(Salonika),希腊中北部港市,靠近萨洛尼卡湾。

[51] 编注:霍尔蒂海军上将(Admiral Horthy),海军将领,一战后为匈牙利摄政王。

[52] 译注:莫洛托夫鸡尾酒(Molotov Cocktail),一种土制燃烧弹。在苏芬战争中,苏联轰炸机曾用燃烧弹轰炸芬兰的城市和平民目标。面对国际社会的指责时,苏联外长莫洛托夫宣称,苏联飞机没有向芬兰人民扔下炸弹,而是向他们空投面包。芬兰军

民便将苏联燃烧弹称为"莫洛托夫面包篮",并将他们准备的这种燃烧瓶称为莫诺托夫鸡尾酒,用来招待苏联坦克。

[53] 译注:特拉维尼基(Trawniki),波兰东部,卢布林省的一村庄,在卢布林市东南约33千米。

[54] 译注:波兰有三个村庄叫坡尼亚图夫(Poniatów),从地理位置上推断,最靠近上述特拉维尼基的,是位于波兰中部、罗兹以西64千米的那个。

[55] 译注:凯瑟琳山口(Kasserine Pass),突尼斯中北部,阿特拉斯山脉(Atlas Mountains)延伸处一山口。

[56] 译注:比塞大(Bizerta),又叫Bizerte,突尼斯北部港口城市。

[57] 译注:巴勒莫(Palermo),意大利西西里岛首府,北海岸港口。

[58] 译注:卡塔尼亚(Catania),西西里东海岸港口城市,又译喀大尼亚。

[59] 译注:墨西拿(Messina),西西里岛东北部城市,与意大利半岛最南端卡拉布里亚地区隔墨西拿海峡相望。

[60] 译注:阿布鲁奇(Abruzzi),意大利中部一地区,濒临亚得里亚海。大部分为山区,包括亚平宁山脉的最高峰科诺峰。

[61] 译注:萨罗(Salo,Salò),意大利北部布雷西亚省(Brescia)的一座城镇。

[62] 译注:那不勒斯(Naples),意大利南部港口城市。

[63] 译注:卡萨布兰卡会议(Casablanca Conference),1943年1月14—24日在摩洛哥卡萨布兰卡召开。其目的是计划二战期间同盟国的欧洲战略。参加者有罗斯福、丘吉尔及众多法国代表。斯大林虽受到邀请,但因即将到来的斯大林格勒战役没有参加。

[64] 译注:巴门(Barmen),德国西部城市,在莱茵河以东、鲁尔以南。

[65] 译注:蛾摩拉(Gomorrah),古巴勒斯坦城镇,可能位于死海南边。据《创世记》记载,因其居民邪恶,该镇和所多玛(Sodom)一起被天堂之火焚毁。

[66] 译注:施韦因富特(Schweinfurt),德国西部城市。

[67] 译注:库尔斯克(Kursk),俄罗斯西南部城市。

[68] 译注:别尔哥罗德(Belgorod),俄罗斯南部工业城市,位于顿涅茨(Donets)

河畔，靠近乌克兰。

[69] 译注：普罗霍洛夫卡（Prokhorovka），在库尔斯克西南。

[70] 译注：奥廖尔（Orel），俄罗斯西南部工业城市。

[71] 译注：第聂伯河（River Dnepr，或 Dnieper），欧洲第四大河，全长 2285 千米，流经俄罗斯西部、白俄罗斯、乌克兰，注入黑海。

[72] 译注：亚速海（Sea of Azov），黑海以北一块由俄罗斯和乌克兰国土包围的海湾。

[73] 译注：芬兰湾（Gulf of Finland），波罗的海最东部一片海湾，在芬兰、爱沙尼亚和俄罗斯之间。

[74] 译注：因斯特堡（Insterburg），本属德国，二战后成为苏联领土。即今俄罗斯西部加里宁格勒州的切尔尼亚霍夫斯克（Chernyakhovsk）。

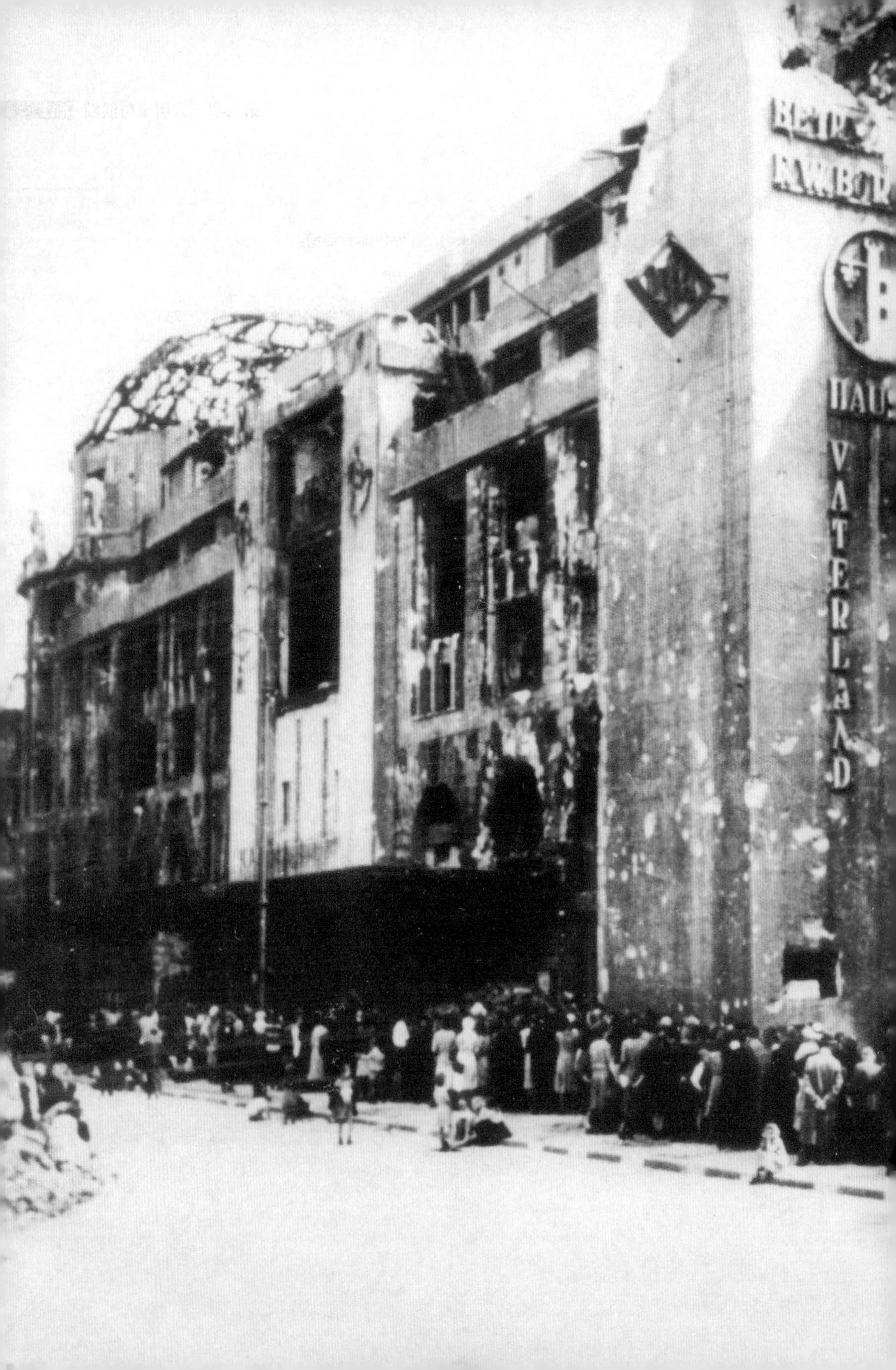
HAUS
VATERLAND

第七章
帝国的覆灭
1944—1945

战争的最后两年，摇摇欲坠的第三帝国从一个失败走向另一个失败，最终于1945年春在歇斯底里的暴力中垮台。1944年6月，西方盟军侵入法国北部后，德国及其轴心盟国无法避免的失败已经显而易见。同月，罗马落入进军意大利的美军之手，苏联最高统帅部也对白俄罗斯的德国中央集团军群发动了一场毁灭性战役。自那以后，直到1945年最终战败，德军一直在退却。当失败近在德国人民眼前时，一群身居高位的保守反对分子策划刺杀希特勒。1944年7月，刺杀企图失败，恐怖机器的枪口指向阴谋者，以及其他一切流露出失败主义倾向或反抗纳粹统治的人。战争最后一年，成千上万德国人或死于自己的政权之手，或死于盟军冰雹般落下的炸弹之下，这些炸弹大部分是在战争最后12个月内投下的。庞大的集中营和劳工营网络内的犯人，被迫从事最危险的工作。盟军打近时，他们被迫向德国内地进行长途"死亡行军"（Death Marches）。在越来越艰苦的条件下，是在德国工作的700万强制劳工和战俘维持着德国战争经济的运转。1945年冬春的最后战役失败后，希特勒退到他的柏林地堡。1945年4月30日，不愿面对被捕和羞辱的希特勒在那里自杀。在他身后，希特勒留下一个满目疮痍的国家，在这个国家中有超过600万德国人死亡。

前页图片：1945年，在柏林波茨坦广场祖国大厦（Vaterland Haus）外，人们排成长队等着领取应急食物。轰炸和苏联的最后进攻对柏林造成破坏，使居民的一切生活必需品供应都出现了短缺。

风暴前的平静

希特勒期待，1944 年将是决定第三帝国前途的一年。在新年讲话中，他告诉德国人民，在接下来的 12 个月里，"这场伟大战争将达到高潮"。他为即将到来的斗争的规模和意义兴奋不已。1944 年 1 月 30 日，在纪念帝国周年的年度广播讲话中，他警告听众，德国若战败将意味着旧欧洲的灭亡和苏维埃野蛮统治的胜利。德国宣传部门开始宣扬，德国是反对西方赤裸裸唯物主义和苏维埃原始主义黑暗势力的文明堡垒，这两种思想都是世界范围内犹太阴谋的产物。

1944 年 1 月 22 日，英美军队对意大利南部西海岸的安齐奥周围地区，发动了一场大规模两栖登陆进攻。一个制度在胜利和毁灭之间危险地走钢丝的感觉，正是此时希特勒给陆军元帅凯瑟林发布的指令所要传递的核心信息。"在这场战役中，"他写道，"面对一个进行无情毁灭战争的敌人，我们必须带着无比仇恨的精神进行战斗……"盟军几乎未受抵抗地登陆了安齐奥地区。几天之后，凯瑟林设法拼凑起一支拥有 6 个师的军队，由埃贝哈德·冯·马肯森（Eberhard von Mackensen）上将指挥。在 5 个月的残酷堑壕战中，马肯森成功牵制住了盟军的桥头堡。盟军在安齐奥的计划是，在德军主要防线以北登陆，从后方切入，包围大部德军。但结果却是，在 2 月 16 日的一次德军强力反攻中，盟军几乎被逐出安齐奥。在强大海空力量支援下，盟军设法守住了已经建立的一小块阵地。面对盟军的绝对空中优势，马肯森根本无法获得打垮对手所需的力量。再往南，在重兵把守的古斯塔夫防线（Gustav Line），一路逼近的英联邦和美国军队（在自由法国运动[1]和波兰部队的支持下）被阻挡了数月之久，这条防线经过卡西诺[2]小镇。意大利战场陷入胶着状态，这种状态直到 6 个月后才被打破。

关键词　西线：安齐奥战役

卡西诺之战

西线最惨烈的战斗之一,是争夺卡西诺小镇,以及镇边小山顶上历史悠久的本笃会(Benedictine)蒙特卡西诺修道院的战斗。1944年初,盟军试图突破在亚平宁山脉[3]南部山口防守古斯塔夫防线的德军,以向罗马推进。卡西诺就处在这条盟军进军的路线上。

德国著名坦克将军弗里多林·冯·森格尔·翁德·埃特林(Fridolin von Senger und Etterlin)指挥的第14装甲师抵挡了盟军的主要进攻力量。激烈的战斗持续了5个月,包括盟军的4次大型行动,其中第一次于1944年1月17日发动。德方承诺尊重修道院,不对其进行占领。但盟军判断,修道院里驻扎着一支德国守军。并且,在对破坏一个重要历史建筑和宗教中心的道德正当性尚存争议的情况下,2月15日,229架轰炸机完全摧毁了修道院。在它成为一片瓦砾后,德国人才占领了它,把它的断瓦残垣当成一个良好的防御阵地。盟军于2月和3月再次发动的进攻,造成己方重大伤亡。直到5月,西部的自由法国部队开始打破古斯塔夫防线时,弗拉迪斯拉夫·安德尔斯(Wladyslav Anders)指挥的波兰第2军(Polish Second Corps)才于5月17日最终突击,夺取了山头,占领了修道院。此时,埃特林带领的大部,已经随开始分批撤退的德军,撤到佛罗伦萨[4]以北的哥特防线(Gothic Line)。虽然卡西诺之战以失败告终,但这依然是德方的一次战术胜利——它阻挡了盟军前进近5个月之久,为卡西诺以北新防线的建立争取了时间,并给敌军造成重大伤亡。英国人1949年的一个调查表明,没有任何证据证明,行动开始时修道院里驻扎着德军部队。

东线形势更加危急。在那里，苏军延续着秋冬季节在乌克兰的进攻态势。1月的前几周，一个苏联集团军群冒着德军的猛烈攻击，向基辅以西推进。在南方，苏军冒险进军，强渡第聂伯河，于1月末包围了切尔卡瑟[5]附近库尔松[6]的一大批德国部队。虽然大量被围德军设法杀出重围，但兵力不济的冯·曼斯坦因南方集团军群却无法强行穿越一条救援走廊赶来接应。结果，这一小块地区的1.8万名德军士兵被俘。在一场惨烈的遭遇战中，数千名士兵或被哥萨克[7]骑兵的刀剑砍倒，或被苏军坦克从身上碾过。南方德军向西仓皇逃窜。同时，1944年3月19日，伊万·科涅夫（Ivan Konev）元帅率领苏军到达摩尔达维亚[8]边界，4月7日又越过罗马尼亚边境。再往南一些，德军被赶出乌克兰大草原其余地区。4月10日，敖德萨解放；几天后，苏军到达罗马尼亚边境。最南端的德军，现在交由斐迪南德·舍纳尔（Ferdinand Schörner）将军指挥，他是个狂热但很得力的指挥官，深得希特勒信任。几乎与舍纳尔的任命同时，1944年3月25日，希特勒最终解除了他认为总是不服从自己的冯·曼斯坦因的职务。

到1944年4月，经过几个月连续运动作战，苏军精疲力竭、消耗巨大，加之战线拉得过长，于是放缓了进攻步伐，德军暂时得以稳住阵脚。德国的战时盟友眼睁睁地看着苏军摩拳擦掌、准备进入欧洲腹地，而轴心国部队却大规模撤退，这对他们的团结构成了严重威胁。1—2月间，希特勒接见来自罗马尼亚、匈牙利和克罗地亚的高级代表团。2月末，在离奥地利城市萨尔茨堡[9]不远的克莱斯海姆城堡，安东内斯库元帅向希特勒保证，罗马尼亚将继续忠于轴心条约。3月16—17日，希特勒在克莱斯海姆城堡会见保加利亚执政委员会，讨论保加利亚应对苏联进攻的策略。最戏剧性的冲突，发生在与匈牙利摄政者霍尔蒂海军上将之间。1944年初期，匈牙利政府已经在考虑，轴心国失败后，自己有哪些选择余地，并向西方大国做出和平试探。3月18日，

关键词 东线：德军撤退

霍尔蒂在克莱斯海姆城堡接受了希特勒的长篇怒骂、羞辱和威胁，并被勒令接受次日德国对其国家的占领。占领匈牙利的"**玛格丽特行动**"（Operation Margarethe）已经事先准备了一段时间，很快就得到执行。在布达佩斯[10]，一个亲德政府成立了，政府内还安插了一个德国全权代表。匈牙利承诺，派遣新的兵团在东方协助德国人。盖世太保官员也得以开始大规模驱逐匈牙利犹太人，直到霍尔蒂抗议为止。4个月内，超过40万人被送到奥斯维辛-比克瑙处死，占了匈牙利犹太人口的半数以上。

> **关键词**
> 增加战备资源

在这即将来临的失败之年，后方的首要任务是保持士气，并尽最大可能从战备经济中获取最后决战所需资源。1944年，两年前开始的经济改革初见成效，几乎所有主要**武器**的产量都有大幅提高。1944年头几个月，阿尔伯特·施佩尔进一步集中组织战时经济，要求武装力量接受产品的大幅简化，以便工业部门能在一个小范围内集中生产既易于制造又高质量的武器。1944年1月25日，陆军颁布了推荐做法：反坦克武器从12种减少到只有1种；高射炮品种从10个减少到2个；火炮从26个型号减少到8个；坦克和车辆从18种减到7种。在整个德国工业部门，合理化专家和工时研究[11]官员从一个工厂到另一个工厂，寻找节约时间和材料的方法。到1944年，III型坦克的生产时间缩短了一半；生产一架Me-109战斗机的周期和需要的工时都下降了50%。施佩尔尚无法充分控制的一个领域，是飞机生产。1944年春，他谋划接管对战斗机大规模生产的直接控制。在防止盟军轰炸对德国生产的完全破坏方面，战斗机至关重要。1944年3月1日，施佩尔和埃哈德·米尔契一起成立了一个战斗机工作组（Fighter Staff），以加速战斗机生产。在生产设施遭到轰炸的情况下，这一举措依然收到了极好的效果。1944年，比起上一年的2.48万架，德国生产了3.9万架飞机，这组成了德国战斗机中的很大一部分。

最紧缺的依然是**劳动力**。据估计，为完成已大大扩张的生产计划，德国在1944年至少需要增加400万工人。武装部队增招，造成了男性劳力缺口，这只能通过迫使更多妇女参加工作或找到更多外国工人来弥补。到 1944 年，在已有的参与工业、农业和服务业工作的近 1500 万妇女基础上，又增加了超过 300 万（许多人有孩子）从事 6 小时兼职倒班的女性。招收更多妇女的任务，因轰炸而变得困难。因为许多妇女，尤其是有孩子的妇女，已经从受轰炸威胁的工业区疏散，很难再把她们找回来。因此，1944 年间，德国加快了招收外国工人的速度。那年最高峰时，有 530 万强制劳工和 180 万战俘在德国工厂和农场劳动，几乎占到全部劳动大军的 20%。这些人中大部分为波兰人、俄罗斯人和乌克兰人，他们多半住在易于管理的简陋工棚里。整个大德意志帝国估计约有 2 万个劳工营，为此所需要的看守、监督和培训这些外国劳动力的德国人，数量达 50 万。

到 1944 年，随着占领区的缩小，能够送到德国的劳动力数量受到了限制。作为替代，德国工业转而利用集中营劳力。从战争初期开始，犯人就要么被包给当地企业，要么从事修路和建筑工作。但是，直到 1944 年，随着大量外国犯人涌入，集中营人口急剧膨胀，其规模足以为德国提供更多劳动力。到 1944 年 8 月，集中营有 52.4 万犯人。1945 年 1 月，数量超过 71.4 万，其中许多是年轻犹太工人，他们来自遭屠杀清除的犹太聚居区。管理集中营的党卫军有自己的工业和建筑项目，犹太人常常在那里劳累至死。这些项目包括臭名昭著的位于诺德豪森[12]的米特堡－朵拉（Mittelbau-Dora）基地，这是生产 V-2 火箭的地方，有 1 万名开挖地下设施的犯人死在那里。希姆莱也很乐意把犯人借给军备工业，好让党卫军借此收取一大笔费用。在主集中营以外的奴隶劳工，通常有更好的条件，因为雇主需要他们活着，但是他们会比外国劳工受到更粗暴的虐待。到 1944 年初，在主集中营之下，约有 1600 座分集中营。它们设在靠近建筑工地或工厂的地方，约有 23 万名集中营犯人为德国私营企业劳动。党卫军利用其劳动力供给者的地位，更多地参与到战争经济中。泽维尔·多什（Xavier Dorsch）被任命为托特组织负责人,取代了施佩尔;汉斯·卡姆勒(Hans Kammler)则负责将德国工业疏散至更安全的地下场所,以应对盟军的轰炸。

关键词　盟军轰炸卷土重来

因盟军轰炸机损失巨大,对德国工业和城市的轰炸暂缓了一阵,1944年早春轰炸又卷土重来。随着P-51野马(P-51 Mustang)远程战斗机的加入,这一次的情况与以往不同。装有外挂副燃料箱的野马战斗机,可以深入德国领空,不仅能为轰炸机护航,还可击落德国战斗机。1944年1月,英、美轰炸机部队一致同意发动一次对德国战斗机工业的联合攻击,代号为"争议行动"(Operation Argument),但它更广为人知的名字叫**伟大的一周**(Big Week)。行动于1944年2月20日开始,持续了6天。在此期间,盟军共对德国战斗机生产地点及其所在城市地区投下近2万吨炸弹。这轮轰炸,不仅成功破坏了两个月的德国战斗机供应,而且,伴随而来的进攻也大大削弱了德国战斗机力量。到5月时,德军每月损失25%的飞行员、约一半战斗机兵力。袭击迫使80%的德国战斗机留在国内保护工业,导致前线空中支援极其匮乏。

此刻,主导德国领导人和普通民众想法的一个主要因素,就是对西方登陆的预期。1943年,盟军占领西西里岛和意大利南部,排除了那年在法国发生大规模战役的可能性。但可以肯定的是,西方盟军将在某一时刻选择最短、地势最有利的路径,越过英吉利海峡和法国北部平原。希特勒把西方登陆看成另一个可能的转折点,如果盟军登陆失败,将减轻德国西线压力,腾出大量德国部队以投入对东方的新一轮进攻,从而"决定这场战争的胜负"。1943年11月3日,他发出最后一道正式战争指令——第51号指令,要求准备一个主要防区,弱化并摧毁盟军的登陆行动。所有能腾出手来的兵力,都将集中于一个单一战略目标,即将敌人"赶入大海"。抵抗登陆的准备工作其实早已于1942年开始,当年发出命令,沿法国占领区西部和北部沿海建设"大西洋壁垒"(Atlantic Wall)。希特勒亲自协助设计工事,它包括1.5万个坚固堡垒,由机枪和大炮防守。该项目十分宏大,超出了德国有限资源的承受能

一位柏林老妪坐在她被炸毁的公寓外的椅子上。1943年秋,英国皇家空军轰炸机指挥部发动柏林战役,轰炸一直持续到1944年早春。到它结束时,柏林有四分之一的住房被毁或遭到严重破坏。

力。防线最坚固的部分，位于塞纳河[13]河口与流经法国东北部及比利时的斯海尔德河[14]之间。大部分德国高级指挥官（包括希特勒）都认为，这里最有可能是入侵部队的进攻路线。而很大一部分海岸线陆军和空军力量却很薄弱。1943年后期，西线总司令、陆军元帅冯·伦德施泰特指挥着46个师，松散地分布在法国和比利时，而防守最集中的部分在加来一带。

1944年1月15日，希特勒任命隆美尔指挥B集团军群，将其部署在受盟军进攻威胁的海岸线。他可以调动诺曼底[15]和布列塔尼[16]一带的第7集团军（Seventh Army），及从勒阿弗尔[17]到荷兰边境的第15集团军。隆美尔立即命令加强大西洋壁垒的防御，要求建设混凝土地堡作为抵抗中心，沿海滩及英吉利海峡新雷区布设5000万枚地雷，沿海岸线全程设置障碍物，以阻止初期的登陆行动。在加来一带薄弱地区，这些要求大部分得到了执行。但在此地区以西，工程却未能完工，因为只得到了要求的5000万枚地雷中的十分之一。隆美尔与希特勒持同样观点，认为盟军可能会在加来强行登陆，但会在诺曼底发动一次大型佯攻。隆美尔倾向于建设一条牢固的静态防线，认为这足以打退任何在海滩本身的登陆行动，并想将大部分德国兵力布置在沿海或紧靠海岸线的位置。而在巴黎的两位指挥官，冯·伦德施泰特和装甲部队总司令盖尔·冯·施韦彭堡（Geyr von Schweppenburg）将军，则更愿意建立一支强大的机动后备力量，使其驻守在海岸线之后，这样可以随时派到盟军进攻地区，协助将滩头阵地的士兵赶回大海。最后，由希特勒亲自解决了他们的争论。1944年5月，为了照顾这两种策略，他把现有装甲力量分成两部分：4个师作为后备力量，由施韦彭堡指挥，其余布置在沿海或法国南部。在诺曼底，只留下第21装甲师抵挡预期的佯攻。

德国的兵力分配，反映了对盟军意图的极端不确定性。盟军发动了"刚毅行动"（Operation Fortitude），这是一次精心设计的情报欺骗活动，目的是让德方相信，一支大型集团军群正部署在英格兰东南，准备渡过多佛和加来间的英吉利海峡最狭窄处。情报欺骗起了作用，直到 6 月入侵开始，甚至在那之后，德国情报人员都一直坚持认为，大部分盟军部队将从加来进攻。盟军在进攻时间上也给德方造成了混乱。希特勒预计，自 1 月起，盟军随时都有可能发动进攻，但具体日期似乎是 5 月的某个时间。从 4 月起，德军沿全部海岸线设立了常规巡逻队。当风平浪静的 5 月过去时，德方又猜测，入侵将从 6 月中旬开始，或者可能迟至 8 月份。对大西洋壁垒强大武力的不断宣传，让德国公众也意识到了即将到来的战事。5 月，盟军重型轰炸机转而破坏法国北部的交通和基础设施，

1944 年 6 月，法国北部一处海滩上的景象。在诺曼底登陆前几个月，这样的阻碍物被设置在整个法国沿海。德军指望它们能阻碍盟军车辆和装备向海滩进军。但结果却是，盟军已对他们将会碰到的各种情况做好了充分准备，这些障碍所起的作用微乎其微。

对德国的轰炸有所缓和。一种风暴前的平静感在这一整个月里不断滋长。维克多·克伦佩勒[18]观察到了德累斯顿同胞对即将到来的登陆的复杂想法："也许他们不会登陆，他们有的是时间，没必要作出这样的牺牲。或者，如果他们真的要来，那也许不是冲着大西洋壁垒……"

盟军早就计划，在诺曼底的 5 个已划定的海滩登陆。行动日期取决于月亮、潮汐以及英吉利海峡变幻莫测的气候。最后选择的日期是 1944 年 6 月 5 日，但连着好几天都是暴风雨和乌云天气。天气预报让德方相信，登陆不可能很快来临。6 月 4 日，因天气原因，德国驻巴黎海军指挥部取消了第二天的海上巡逻。隆美尔借机驱车回德国，给妻子过生日。德国第 7 集团军的下级军官被派出去训练。6 月 5 日，希特勒在伯格霍夫与戈培尔和鲍曼讨论，该不该允许民众对落入德国的盟军飞行员处以私刑。这一天之前，有消息说美军已经进入罗马，但很少有人关心法国的形势。夜里 10 点又来了消息，截获的无线电通信似乎表明，第二天会有登陆，但据戈培尔的说法，希特勒"无动于衷"。来自诺曼底的确切消息于夜里送到，但第二天上午 10 点希特勒才被叫醒，并被告知登陆情况。"和我们预计的地点分毫不差。"他宣称。

西线的登陆

实际上，对于诺曼底登陆到底意味着什么，各方的理解极其混乱。长期以来，在法国和希特勒统帅部的德军指挥官认为，法国西北部的行动是一次佯攻，真正的进攻将在更往东一些的加来附近发动。因此，对诺曼底前线的增援极其缓慢。而盟军方面，几天之内就建立了一个坚固的桥头堡。隆美尔指挥 34 个师，对阵盟军最初投放的 5 个师，但他于海岸线顽强抵抗的策略几乎立刻被打破。盟军的成功并非依赖陆军部队，而是依靠占绝对优势的空军力量及一个庞大的重型舰队，实际上，军舰炮火对守军造成了毁灭性打击。6 月 6 日，法国北部的德国第 3 空军大队（Third Air Fleet）勉强拼凑到170架能投入战斗的飞机，用以对付1.2万盟军战机，包括新增加的5600架战斗机。即使盟军有这些优势，但随着德国部队力量的增强，以及在内陆建立一条坚固防线，最初几天进展过后，盟军步伐慢了下来。6月中旬，英国和加拿大军队夺取卡昂[19]的努力失败；美军穿过科唐坦半岛[20]，孤立了瑟堡[21]，但他们也没法往南再进一步。6月19—20日，一场暴风雨破坏了给盟军提供补给的一座人工码头，造成短暂的补给危机。如果还在加来等待盟军主攻的第15集团军能够分出几个师，援助诺曼底的隆美尔的话，这场战役的结果很可能会是另一个样子。

当西方盟军被牵制在诺曼底桥头堡的时候，在巴黎附近苏瓦松（Soissons）的希特勒法国大本营2号狼穴（Wolf's Lair II），隆美尔和伦德施泰特晋见了希特勒，试图说服他允许军队撤退到一个更易于防守的防线。但希特勒坚持要不惜一切代价坚守战线。6月29日，他俩再次提出请求，希特勒撤了伦德施泰特的职，换上陆军元帅冯·克鲁格，命令他死守。此时，战略形势又一次发生转变。1944年6月22日，苏军发动了一次大型攻势——"巴格拉季昂行动"（Operation Bagration），进攻位于白俄罗斯的德国中央集团军群。东线德军以为，苏军会从他们春季取得重大进展的南部进攻，或者从北方发动对巴尔干国家的攻势。坦克大炮从恩斯特·布施（Ernst Busch）元帅的中央集团军群调走，以加强侧翼力量。没想到，苏军也像西方盟军一样，采取了一次大型欺骗行动，在南部区域安排了坦克模型和假空军基地，而真的车辆和飞机则被极其隐秘地部署就位。6月10日，一次佯攻在北方打响，但到6月22日，苏联倾泻出它的全部进攻力量。德国中央集团军群只能调集120万士兵、900辆坦克和1350架战机，对阵240万苏联士兵、5200辆坦克和5300架战机。

德国战线迅速瓦解，不得不撤退到白俄罗斯首都明斯克。6月28日，希特勒撤掉布施，换上陆军元帅瓦尔特·默德尔，认为后者是能够

关键词 坚守战线

关键词 明斯克失守

应付一切紧急情况的可靠人选。之后，虽然前线稳定了下来，但还是未能阻止明斯克7月4日失守。随后，苏军在南北两线发起进一步攻势，将整个德国战线向波兰方向打退至巴尔干国家。经过两个多月的战斗，中央集团军群遭到灭顶之灾。苏军以17.9万人的代价，消灭了德军58.9万人。这一仗，成为战争期间德军最大的一次失败。

德军在东线的失败与法国形势形成了鲜明对比。虽然盟军在桥头堡地区投入150万大军和33万辆战车，但也只是获得极微弱进展。尽管拥有绝对空中优势（并且到6月中旬，盟军约有4500辆坦克，而德国只有850辆），但他们面对的是一支有多年战斗经验的德国军队。7月7日，盟军重型轰炸机在卡昂发动致命攻击，英国和加拿大军队与德军争夺卡昂的战役就此打响。这里聚集了大量德国装甲兵力，然而隆美尔的主要防线还在卡昂以南——就是在那里，德军获得了最后一处落脚点。7月18日，盟军发动"古德伍德行动"（Operation Goodwood），进攻被隆美尔部占领的几座山脊。但两天后，7月20日，一场暴雨把战场变成一片泥沼，行动被取消。在此以西，美军在奥马尔·布拉德利（Omar Bradley）将军的指挥下，计划发动"眼镜蛇行动"（Operation Cobra），突破圣洛[22]一带一条防守薄弱的德国战线，准备从后方大面积包围在卡昂与蒙哥马利对峙的德军。但是，恶劣的天气也打破了发动"眼镜蛇行动"的可能性。行动发动日期被迫从原定的7月20日往后推迟。开始只计划推迟一天，最终却推迟了超过一周。

刺杀与恐怖

1944年7月20日，当盟军在诺曼底陷于停顿时，一桩重大政治事件正在德国国内发展。在希特勒的腊斯登堡大本营，一位名叫克劳斯·申克·冯·施道芬贝格（Claus Schenk von Stauffenberg）的参谋部高级军官，试图刺杀希特勒并发动一场政变。希特勒幸运地躲过刺杀。随后，

克劳斯·申克·冯·施道芬贝格中校
（1907—1944）

这位1944年7月20日企图刺杀希特勒的军官，出身于一个古老的贵族家庭。在纳粹政权早期，他同情国家社会主义革命。后来他认识到，希特勒不顾一切的军事野心将毁灭他钟爱的理想德国，于是转而开始反对希特勒，并考虑除掉他。

他的早期生涯和他所属阶级的其他年轻人没什么两样。1926年，他加入一个精英骑兵团，获得快速提拔，到1938年成为总参谋部军官。在波兰和法国战役中，他在第16装甲师参谋部服役，后到陆军总司令部任职。他虔诚信仰天主教，迷恋神秘诗人斯特芬·格奥尔格（Stefan George）的浪漫民族主义，这些激发了他对东方前线耳闻目睹的暴力行为的反感。于是，他加入了以中央集团军群为基地的军人抵抗运动圈子。施道芬贝格开始用社会公正来衡量德国未来，他倾向于自己所形容的真正"国家"社会主义；而和他一起的许多其他阴谋者，更青睐传统的保守民族主义[23]。1943年，他在突尼斯受重伤，于是回后方任职。先在国内驻防军（Home Army）副司令、同谋者弗里德里希·奥尔布莱希特（Friedrich Olbricht）将军手下任参谋长，后给司令弗里德里希·弗洛姆（Friedrich Fromm）当参谋长。担任该职位期间，他密谋了行刺希特勒的行动。政变失败后，是弗洛姆下令处决施道芬贝格。在德国前战争部大楼大院，一座纪念碑就立在当年施道芬贝格被杀害的地方。

恐怖机器开始了一波日益放肆的迫害，直到 10 个月后第三帝国垮塌。

这年早些时候，已经有过几次刺杀企图。1944 年 2 月，陆军埃瓦尔德·冯·克莱斯特计划将一枚炸弹藏到他为希特勒试穿的新军服里。虽然该活动计划了三次，但是，希特勒最终都没有现身。1944 年 3 月 9 日，埃伯哈德·冯·布莱滕布鲁赫（Eberhard von Breitenbruch）在伯格霍夫又进行了一次尝试，但他未获准进入会议室。那年头几个月，盖世太保抓获了一些保守抵抗分子。1944 年 1 月 19 日，赫尔穆斯·冯·毛奇伯爵（Count Helmuth von Moltke）被捕。作为在希特勒司令部工作的德国律师，毛奇组织了人称"克莱骚集团"（Kreisau Circle）的团体——以他乡下的庄园名字命名，同谋者常在那里碰面。毛奇被关进集中营，后在柏林的人民法庭受审，1945 年 1 月 23 日被处决。其他与克莱骚集团有联系的人于 7 月份被捕。7 月 5 日，朱利叶斯·莱伯（Julius Leber）被抓获，他是一位社会主义者，准备在后希特勒政府任内政部部长。同一天被拘留的，还有阿道夫·赖希魏（Adolf Reichwein），一个拟任文化部部长的历史学家。莱伯于 1945 年 1 月 5 日被处决；赖希魏于 1944 年 10 月 20 日、人民法庭宣判对他当天处决。盖世太保尚未触及的一个集团，是以贝克和格德勒为中心的圈子，到 1944 年 7 月，它包括了一大批德国高级军官和官员。他们坚信，只有谋杀希特勒，才能创造成功夺取政权的条件。

> **关键词**
> 七月密谋

刺杀企图多次失败，这使阴谋者产生了某种幻灭感。他们在国外建立的联系未能带来西方国家的支持，也不确定德国民众会不会支持一个保守派政变。他们集中精力建立起一个同情者网络，希望这些人可以在建立后希特勒政治体系中起到作用。合适的行刺人选，最终着落在冯·施道芬贝格身上。虽然在突尼斯受重伤，只剩下一只眼睛，失去了右手，左手只剩下三根手指，但他是具有将行动进行到底的意志和决心的少数几个阴谋者之一。7 月 1 日，他被指派到国内驻防军司令部担任参谋，有了参加希特勒会议的机会。他马上着手实施刺杀希特勒的计划，并企图在希特勒死后启动"瓦尔基里行动"[24]，即一个最初由希特勒政权制订的应急计划，要求必要时在国内实施紧急状态。该计划将使阴谋者能够签发命令，控制一切可能的抵抗，但这取决于有足够的武装力量和警察支持新政权，而这一点尚无法确定。

施道芬贝格在这一月的上半个月尝试了三次，分别在7月6日、11日和15日。因为他希望能同时除掉希姆莱和其他纳粹高官，所以这三次机会都被放弃了。最终，7月20日作出决定，无论如何都将执行刺杀行动。施道芬贝格在公文包里装着一枚定时炸弹，到达狼穴大本营。他成功地把公文包带到希特勒会议室。会议室已经从水泥地堡转到了地面上的一个木制小建筑；如果还在地堡里的话，爆炸威力将是致命的。施道芬贝格用剩下的三根手指设好起爆时间，把公文包推到橡木地图桌下，假装要接一个电话，离开了会议室。一位与会者踢到公文包，嫌它碍事，把它推到另一头的粗橡木桌子底座后面。爆炸炸死了四人，毁坏了会议室。希特勒被炸晕过去，耳朵也聋了，右臂也炸僵了，衣服被炸成碎片，但他还活着。施道芬贝格看到会议室被炸飞，认为刺杀已经成功。他虚张声势地骗过岗哨，离开大本营，乘飞机赶往柏林。到柏林后，施道芬贝格赶到战争部，试图与同谋者一起占领战争部大楼。当希特勒没死的消息渐渐传出后，形势突然逆转。施道芬贝格在战争部大楼内中枪，但没有被打死，接着和楼内的同谋者一起被捕，带到院子里被行刑队枪杀。在被杀害时，他高喊"德意志万岁"。同在战争部的路德维希·贝克两次试图自杀未遂，第三次一位陆军中士帮了他的忙。几周以后，卡尔·格德勒被捕，9月8日他被判处死刑，最后于1945年2月2日在狱中被绞死。

当晚6点以后，希特勒依然活着的消息在广播中宣布，希特勒承诺向全国人民发表讲话。讲话最终于午夜过后、7月21日凌晨进行。他在讲话中谴责一小撮"野心、无良、罪恶并且愚蠢的军官"，保证将无情地毁灭他们。"这一次，"他接着说道，"将进行我们国家社会主义者惯常会给予的清算……"当天，安全部队开始不遗余力地搜捕

希特勒的死讯
（1944年7月20日）

星期四，7月20日（柏林）

　　今天下午，罗莱玛莉·施恩伯格（Loremarie Schönburg）和我正坐在办公室楼梯上聊天，戈特弗里德·俾斯麦（Gottfried Bismarck）突然冲进来，两颊通红。我从没见他这样激动过。他先把罗莱玛莉拉到一边，然后问我有什么打算。我告诉他现在还说不准，但我真的很想及早离开外交部。他叫我别担心，说再过几天什么事情都会有个着落，我们会知道自己的命运。他叫我和罗莱玛莉一起出去，尽快赶到波茨坦。随后他跳上自己的汽车走了。

　　我回到办公室，给瑞士公使馆的佩西·普莱（Percy Prey）打电话，取消与他约好的晚餐，因为我更想去波茨坦。在等待电话接通的时候，我转向站在窗前的罗莱玛莉，问她为什么戈特弗里德今天这么激动，会不会是因为那个阴谋？（手里还拿着听筒！）她耳语道："是的！就是这个！它成功了，今天上午！"就在这时，佩西接起了电话。还抓着话筒，我问："死了？"佩西回答："是的，死了！"我挂上电话，抓住罗莱玛莉的肩膀，绕着屋子跳起了华尔兹。然后我抓起一把文件，塞到第一只抽屉里，大声告诉看门人我们要出去公干。我们匆匆赶到动物园车站。去波茨坦的路上，她轻声告诉我刺杀详情，尽管车厢里坐满了人，我们甚至都没想要掩饰自己的激动和喜悦。

　　在东普鲁士腊斯登堡的一次最高统帅部会议上，总参谋部的一位上校，克劳斯·申克·冯·施道芬贝格伯爵，在希特勒脚下放了枚炸弹。它爆炸了，希特勒死了。施道芬贝格在外面等到爆炸，随后看到希特勒被放在一个担架上抬出来，浑身是血。施道芬贝格跑到被他藏在某地的汽车上，和他的副官瓦尔纳·冯·哈夫登（Werner von Haeften）一起开到当地机场，飞回柏林。在一片混乱中，没人注意到他逃离了。

一到柏林，施道芬贝格就直接跑到班德勒大街（Bendlerstrasse）陆军总司令部——在此期间它已经被阴谋分子接管，戈特弗里德·俾斯麦、赫尔道夫（Helldorf）和其他许多人都集中在那里（陆军总司令部与我们的沃伊什大街[Woyrschstrasse]仅隔一条运河）。今晚6点，广播将宣布阿道夫已死，一个新政府已经成立……

我们到达波茨坦市政府时，6点已过。我去洗漱，罗莱玛莉匆匆跑上楼。只过了几分钟，我就听到外面踢踢踏踏的脚步声，她走了进来：“广播里刚刚宣布：施道芬贝格伯爵企图谋杀元首，但天意救了希特勒……”

——摘自：玛丽·瓦西契可夫[25]所著《玛丽·瓦西契可夫的柏林日记（1940—1945）》（1944年7月20日的条目），伦敦查托与温德斯出版社（Chatto &Windus）1986年版，第189～190页。

每一个与阴谋有牵连的人。一些同谋远在巴黎和布拉格，希特勒幸存的消息迟一些才到。德国驻法国军事总督卡尔·冯·施图尔纳格尔（Karl von Stülpnagel）将军参与了刺杀希特勒事件，并试图与西方谈判达成协议。一大批盖世太保和党卫军在巴黎被逮捕，但随着事实被人们所了解，政变慢慢平息。施图尔纳格尔试图自杀，但结果仅仅射瞎了自己的眼睛。他被押到柏林，和另外约200名同谋一起被处决。8月1日发布一项命令，逮捕参与阴谋分子的家庭成员。据估计，在

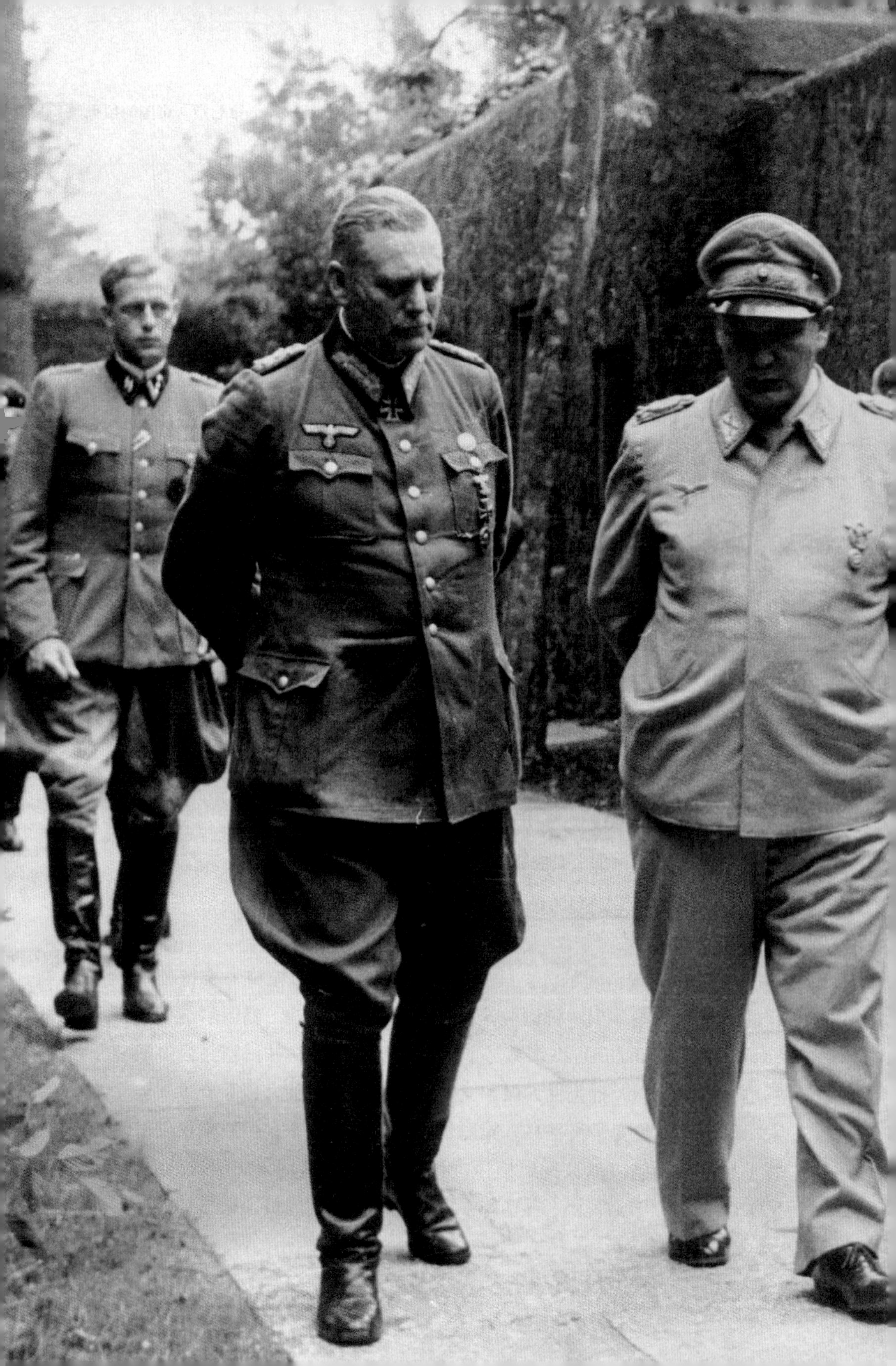

1944年7月20日，炸死希特勒的企图失败后不久拍摄的一幅照片。希特勒被震晕，一只胳膊受伤，但没有被炸死，他马上换下被炸成碎片的衣服。照片上可以见到他与凯特尔将军（左）、戈林和马丁·鲍曼（右）等走在一起。

这次纳粹政权盛怒之下的恐怖行动中，共有 5000 人被捕，密谋者的家庭成员也在其中。第一批处决在 8 月 8 日进行，由宣传部电影摄制组拍成电影。戈培尔原打算发行这部名为《卖国贼在人民法庭受审》的影片，却发现自己不忍观看绞刑场面：被判死刑的人，被挂在肉钩

炸毁的废墟前挂出的一则通知，宣布"趁火打劫者将被枪毙"。对所有被抓到的利用轰炸造成的破坏掳掠的人，警察和宪兵都施以重罚。犯罪数量随着轰炸而增加，但犯罪的危险性也极高。到战争末期，趁火打劫者可以不经审判就被当场枪毙。

子上的钢丝慢慢地、痛苦地吊死。最终，这部影片只放给了少数几个被选出的纳粹头子观看。

"七月密谋"使党卫军、安全机构和军队又有了新机会，做出越来越无法无天的行径。希姆莱1943年10月获得内政部部长头衔后，又被任命为国内驻防军总司令。1944年下半年，司法系统经历了彻底变更，任何人都可能在盖世太保官员建议下被关入集中营，许多罪行都受到了当场处决的惩罚。趁火打劫者、失败主义者、与德国妇女睡觉的外国工人，可以不经审判就被枪毙或绞死。7月30日，希特勒签署一项法令，对欧洲占领区发生的"恐怖或破坏"行动免除军事法庭的调查义务，允许军队和安全警察立即处决人犯。现在，非法恐怖不仅在整个新德意志帝国的残余地区实施，也被用到了德国国内。纳粹党一直把1918年德国崩溃归罪于失败主义，作为与之斗争的一部分，数不清的普通德国人在战争最后几个月被杀害。

早在1943年春，戈培尔就梦想谋得总体战全权总代表职位。1944年7月25日，希特勒决定任命他担任这一职位。这个决定表明，德国后方发生了根本变化。戈培尔试图综合利用自己的党内权力和宣传说服手段，以榨取受到轰炸、士气低落的德国居民的最后一点力量。民众对刺杀希特勒的反应，让戈培尔们有理由相信，只要有可能，德国人民将继续战斗。秘密警察的报告表明，除了刻意安排的效忠纳粹的表示之外，许多普通民众，甚至包括那些被认为不同情国家社会主义的人，都对刺杀消息表达了"强烈的愤慨和震怒"。6月13日，德国的第一批V-1飞弹向伦敦发射，戈培尔终于履行了他一年前做出的关于"神奇武器"的承诺。随后的第一批火箭，于1944年9月8日发射。虽然直接效果并不令人满意，但德国可能挽回战争的想法，至少使一部分居民愿意战斗下去。戈培尔还有一个急切的愿望，即确保忠实的纳粹党党徒能更多地在最后的斗争中发挥作用。纳粹党地区领导人同时也是帝国防卫代表（Reich

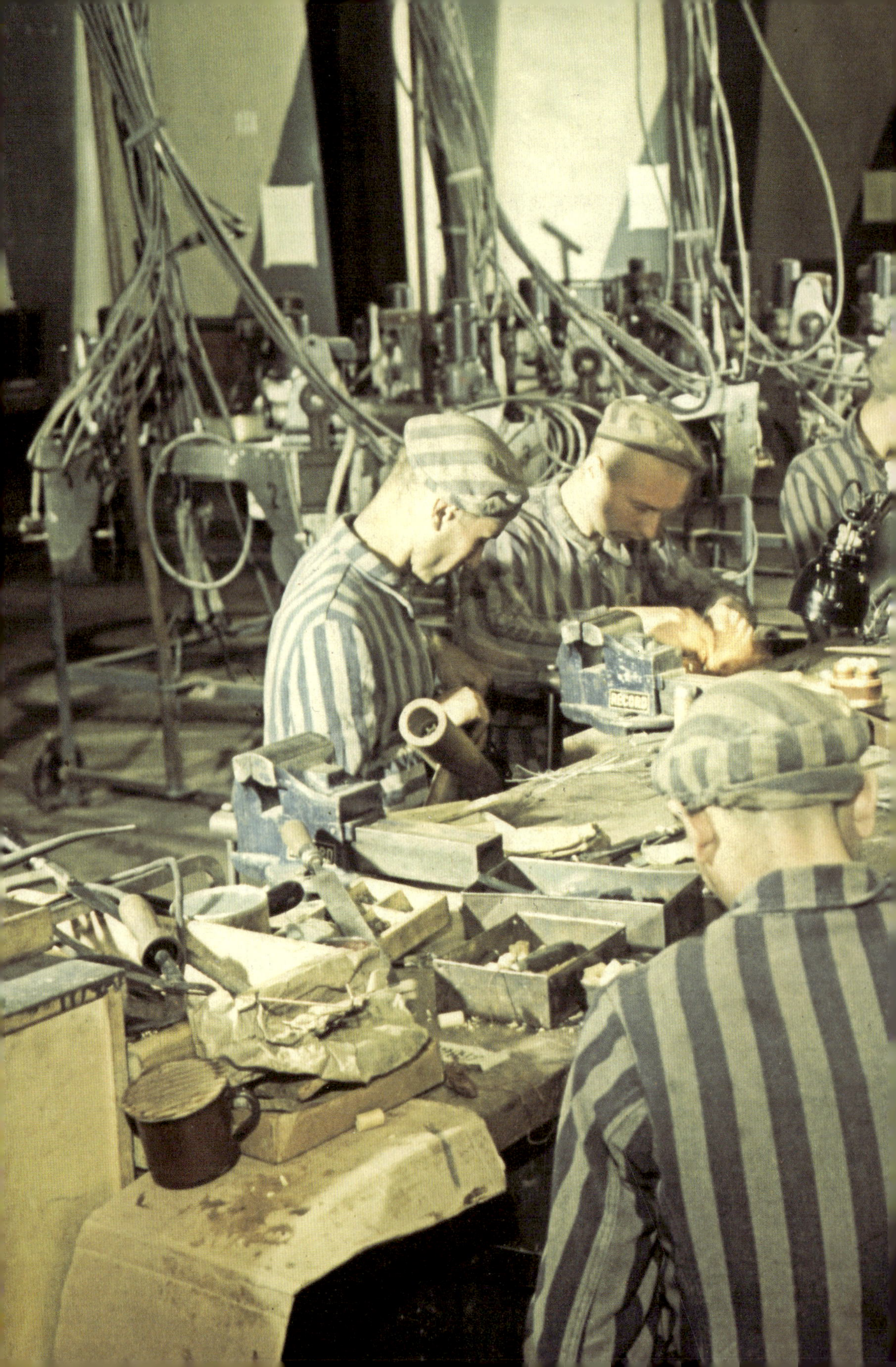
RECORD

在北德哈尔茨山的一处地下设施里,一群米特堡–朵拉集中营的犯人正在为 V-2 火箭工作。"V"武器项目依靠奴隶劳工建设地下工厂、组装成品火箭,但许多成品最后都成为盟军的破坏目标。

Defence Commissars，这是他们 1939 年获得的一个头衔），带着这样一个身份，戈培尔努力让他们绕过军方和行政机构，代表纳粹运动，动员当地物质和精神力量。

"V" 系列武器

为阻止 1943 和 1944 年盟军对德国的无情轰炸，德国一直在发展新型武器。在这方面，希特勒青睐新颖的发明或"神奇武器"，因为这些武器将对盟军轰炸德国实施报复。它们被总称为"复仇（Vergeltung）武器"，还获得了"V"系列武器的指定号码。

这些武器中，最重要的是 V-1 飞弹和 V-2 火箭。V-1 由菲施勒飞机公司（Fieseler Aircraft Company）研制，V-2 由瓦尔特·多恩伯格（Walter Dornberger）少将领导的一个小组在佩内明德研究所开发，多恩伯格战后转为美国军方工作。V-1 最早被研制出来，并于 6 月 13 日第一次向伦敦发射。它准确性极差，V-2 也是这样，发射的飞弹和火箭只有少数击中伦敦。射出的约 1 万枚 V-1 中，只有 2419 枚击中目标，发出的 6000 枚火箭只有 517 枚击中。该行动的本意，是想提升德国国内士气，促使盟军中止对德国城市地区的轰炸，结果却是搬起石头砸了自己的脚。行动的战略效果微乎其微，却招来盟军为破坏这一武器项目而投下的成千上万吨炸弹。其他"V"系列武器，如 V-4 瀑布（Wasserfall）防空导弹，也许会在对付轰炸袭击方面起到更大作用，但它没有 V-1 和 V-2 那样的优先发展地位。V-3 是一种重型长管大炮，被设计为可以发射高速炮弹、打到极远的距离。1943 年后期，在加来附近建了两个 V-3 发射场，以每分钟 10 发炮弹的速度轰炸伦敦。但是，承诺的近 100 英里射程从来没有达到。最后，两处发射场遭到密集轰炸，阻碍了项目的完成。

1944年的奥斯维辛-比克瑙：回忆录

门格尔（Mengele）失业了，再也没有了"左列，右列"。几乎所有被运来的人（匈牙利犹太人）都死在毒气室：男人、女人和小孩。劳工营人满为患，他们不知道如何处理多出来的工人。在夏季，死神要花更多的时间来召唤死者……

焚尸炉夜以继日，开足马力。我们从比克瑙听说，他们一天要焚烧3000具尸体，后来是3500具，到最后一周达到了每天4000具。新的特别任务分队数量增加了一倍，以保证在毒气室和焚尸炉之间一切顺利运行，日夜不息。烟囱中冒出的火苗喷出30英尺高，到夜里，几里格[26]范围内都能看到。焚烧尸体的刺鼻气味远在布纳（位于奥斯维辛－莫诺维茨的工厂[27]）都能闻到。

一个奇异的矛盾是，就在这最后的屠杀正在进行、这个系统正达到它工业上的绝对完美之时，集中营管理却变得不那么严酷了。他们取消了早晨的点名，晚上的也缩短了。在最后的3个月里，也没人被当众绞死。

党卫军来营房的次数也不及以前那么勤了，甚至拉卡施（Rakasch）现在也只是偶尔杀几个人。

尽管伙食没有改善，但我们中大部分人会耍点小花招，这样就能骗到额外的一升汤。同时工作也不那么累了，因为赶上坏天气时我们就不必出工。

我们已经适应了环境。我们中一些不够屈从的人，早已化成了灰。时间不再有多大意义，它被细分成独立的部分，各个部分不能加起来，只能一个个兑现。

恐怖已经成了我们的家常便饭。我们不会谈论那些成队成队到来的匈牙利人，或者已经死去的人，或者我们在其他地方的生活，或者将来。理性要求我们忽视这些。我们只谈及此时此地。

——摘自：保罗·斯坦伯格（Paul Steinberg）所著《大家谈：一个幸存者的描述》，伦敦艾伦－莱恩出版社（Allen Lane）2001年版，第98～99页。

关键词 大屠杀

在整个军事失利和刺杀危机的过程中，大屠杀的无情车轮滚滚向前。1944年间，随着盖世太保触角伸到意大利北部、匈牙利，以及遥远的希腊群岛德占区，奥斯维辛－比克瑙的屠杀达到顶峰。5月15日—7月9日这一段时间，约43.8万匈牙利犹太人以每天1万人的速度被运到德国，其中15%左右被选去做劳工，其余被杀害。于1943年被派到别处任职的前奥斯维辛指挥官霍斯，现在又重回原职，监督谋杀匈牙利人的主要工作。最终，霍斯被授予一级军功铁十字勋章（War Merit Cross First Class），并于1944年7月29日回柏林任职，他的任务圆满完成。9月和10月，来自最后被摧毁的罗兹犹太聚居区的犹太人，和约2万斯洛伐克残存的犹太人到达比克瑙。最后一列载满犹太人的车于1944年10月30日到达。在这几周前，10月7日，集中营内协助毁灭、处理尸体的一群犹太工人突然发生暴动，他们烧毁了一只焚尸炉，杀死3个党卫军看守。起义被极其残忍地镇压了，但它代表了集中营受压迫犹太人的最后抗争。11月，希姆莱命令结束毒气屠杀，奥斯维辛－比克瑙开始被拆除。犯人被迫步行到其他德国集中营，荷兰女孩安妮·弗兰克[28]也在其中，她最后到达并死于贝尔根－贝尔森[29]。到这一阶段，估计已经有570万欧洲犹太人被杀害。

帝国前线

"七月密谋"发生一周以后，美军发动"眼镜蛇行动"的条件已经具备。美军强行突破德军防线，随后向南和东快速进军，几天之内，解放了法国西部大片地区，此时德国防线终于暴露出它的脆弱本质。面对强大的美国集团军群的，是德国第 7 集团军战斗力疲软的 10 个师和 110 辆坦克。7 月 28 日，以 1500 架重型轰炸机的大规模空中轰炸为先导，美军发动进攻，德国防线很快分崩离析。到 7 月 30 日，对手已经到达大西洋沿岸的阿夫朗什[30]，并继续进军，在 8 月第一周占领整个布列塔尼地区。重兵防守的洛里昂[31]和圣纳泽尔[32]两座港口被孤立，德国驻军被围困，直到战争结束。一支新组建的美国第 3 集团军，在张扬的乔治·巴顿（George Patton）将军指挥下正式成军[33]，被派到德国战线东部，指向勒芒[34]、沙特尔[35]和巴黎。整个法国北部的德军，突然面临着被包围的危险。

希特勒对这次危机的反应，还是他的典型做法。冯·克鲁格陆军元帅回撤战线的想法被希特勒拒绝，后者反命令他用上能找到的所有坦克，对美军的阿夫朗什侧翼发动一次反攻。伤痕累累的德军装甲师聚集到莫尔坦[36]，距大西洋海岸 30 英里。8 月 7 日，反攻在晨雾中开始。盟军已经通过截获的恩尼格玛信号得到预警，于是准备了一个反坦克陷阱。莫尔坦进攻快速瓦解，冯·克鲁格的位置由瓦尔特·默德尔接替，他在几周前刚刚稳定了白俄罗斯的局势，止住了灾难性的撤退。很快，默德尔明白大势已去。德军位于卡昂的坦克被调去支持莫尔坦攻势，蒙哥马利的集团军群最终得以从北方突破。8 月 15 日，一支强大的盟军部队在法国南部登陆，这一消息最终让希特勒接受了法国局势已经无望的现实。盟军已经围住了约 20 万德国士兵，希特勒下令撤退。

在法莱斯镇附近，默德尔组织了一次杰出的撤退行动，带领德国士兵从左右两支逼近的盟军部队间的狭窄间隙撤退。约有 4.5 万德国士兵被俘、1 万人战死，但余部得以逃脱，并以最快的速度向塞纳河和法国东部退却。8 月 19 日，法莱斯这一小块地区被团团包围；这一天，巴顿集团军已经从巴黎南北两面抵达塞纳河。8 月 25 日，经过短时间战斗，巴黎解放。默德尔设法带 24 万士兵成功渡过了塞纳河，但是丢掉了几乎所有装备。溃不成军的部队一路撤出法国，退

关键词 西线：法莱斯撤退

到一条防线位置；这条防线起自比利时沿海，沿德国边境一直到瑞士。从那里开始，德军转入对本土的战略防守。

东线：芬兰退出战争

在东线，苏军在南北两路战线取得重大进展。在波罗的海各国，7月23日，舍纳尔将军接掌德国北方集团军群。他狂热地忠于纳粹事业，因此获得提拔，负责领导国家社会主义督导部，一个为使军队在思想上更忠实而成立的组织。舍纳尔的任务是，保住德国在波罗的海国家中的地位，堵住苏军进攻东普鲁士的通道。1944年9月13日，苏军开始进攻爱沙尼亚。9月23日，德军放弃爱沙尼亚的首都和其余部分，只剩下一小股驻军在萨雷岛[37]坚持到11月24日。爱沙尼亚战役还在进行时，芬兰政府就于9月19日请求停火，并退出战争。为防止苏联入侵德国本土，争夺拉脱维亚和立陶宛的战役打得更加激烈、拖的时间也更久。8月中旬，苏联攻占里加、封锁北方集团军群的企图没有成功。但是，在波罗的海沿岸，苏军二度猛攻梅默尔（德国1939年3月占得的一座城市），切断了拉脱维亚西部库尔兰地区[38]的北方集团军群。它在此坚持到战争结束，直到1945年5月10日才投降。

南线：华沙起义

在南方，轴心国军事和政治形势持续恶化。中央集团军群瓦解后，现在轮到南方集团军群（已改名叫北乌克兰集团军群 [Army Group North Ukraine]）面对苏联大规模进攻。7月13日，苏军发动当夏第四次大型攻势，进攻波兰城市利沃夫[39]。德国"新秩序"主要城市纷纷陷落：7月23日卢布林被攻陷；7月26日布列斯特-立托夫斯克[40]陷落；一天后利沃夫也落入敌手。在此过程中，苏军解放了马伊达内克集中营，在那里发现了犹太大屠杀的第一份确凿证据。10天之内，整个德国在波兰南部的地位已经垮台。此时，默德尔还没被派到法国，他指挥德军撤退到维斯瓦河——5年前波兰战争获胜之地。到7月末，经过6周紧张战斗，疲惫的苏军到达维斯瓦河岸边，与波兰首都华沙隔河相望。8月1日，波兰国内驻防军（Polish Home Army）希望在苏军到达前解放华沙，于是发动起义，引发了一场持续两个月的惨烈战斗。一支由德国士兵和雇佣兵组成的报复力量,杀害了 22.5 万华沙居民,成为战争中最大的一次暴行。

华沙起义
(The Warsaw Rising,1944 年 8—10 月)

1944 年 8 月,波兰抵抗者发起一次大规模行动,抵抗德国对华沙的占领。最初,1940 年,波兰抵抗组织叫武装斗争联盟(Union of Armed Struggle),后于 1942 年改名为波兰国内驻防军。1944 年 1 月,国内驻防军发起一场全国性运动"风暴行动"(Operation Tempest),破坏德军的交通和后勤。由于苏军在东方快速逼近,他们担心,如果不自己动手解放自己,苏联将强制建立一个共产主义政权。因此,他们决定在华沙举行起义。8 月 1 日,国防军总司令塔德乌什·博尔-科马罗夫斯基(Tadeusz Bór-Komorowski)将军下令发动起义。约 3.7 万名波兰男女参加了起义。德国人立即用残忍的报复予以回应。在坦克和大炮的支持下,埃里希·冯·德姆·巴赫-齐列夫斯基中将带领 21300 人的部队及安全官员,开始有组织地谋杀波兰平民。齐列夫斯基是党卫军在苏联的反游击战指挥官。几天之内,4 万人遭到屠杀,但希姆莱要求控制暴力活动,坚持打败叛军。8 月 25 日,德军对波兰国内驻防军控制的地区发动了一次大型攻势。经过逐街争夺,国内驻防军被压缩到华沙市中心的一小块区域。1944 年 10 月 1 日,科马罗夫斯基经谈判投降,第二天起义结束。约有 22.5 万波兰人在这次起义中丧生,包括 1.5 万国内驻防军。余下的居民被逐出华沙,随后华沙街区被一个个摧毁。

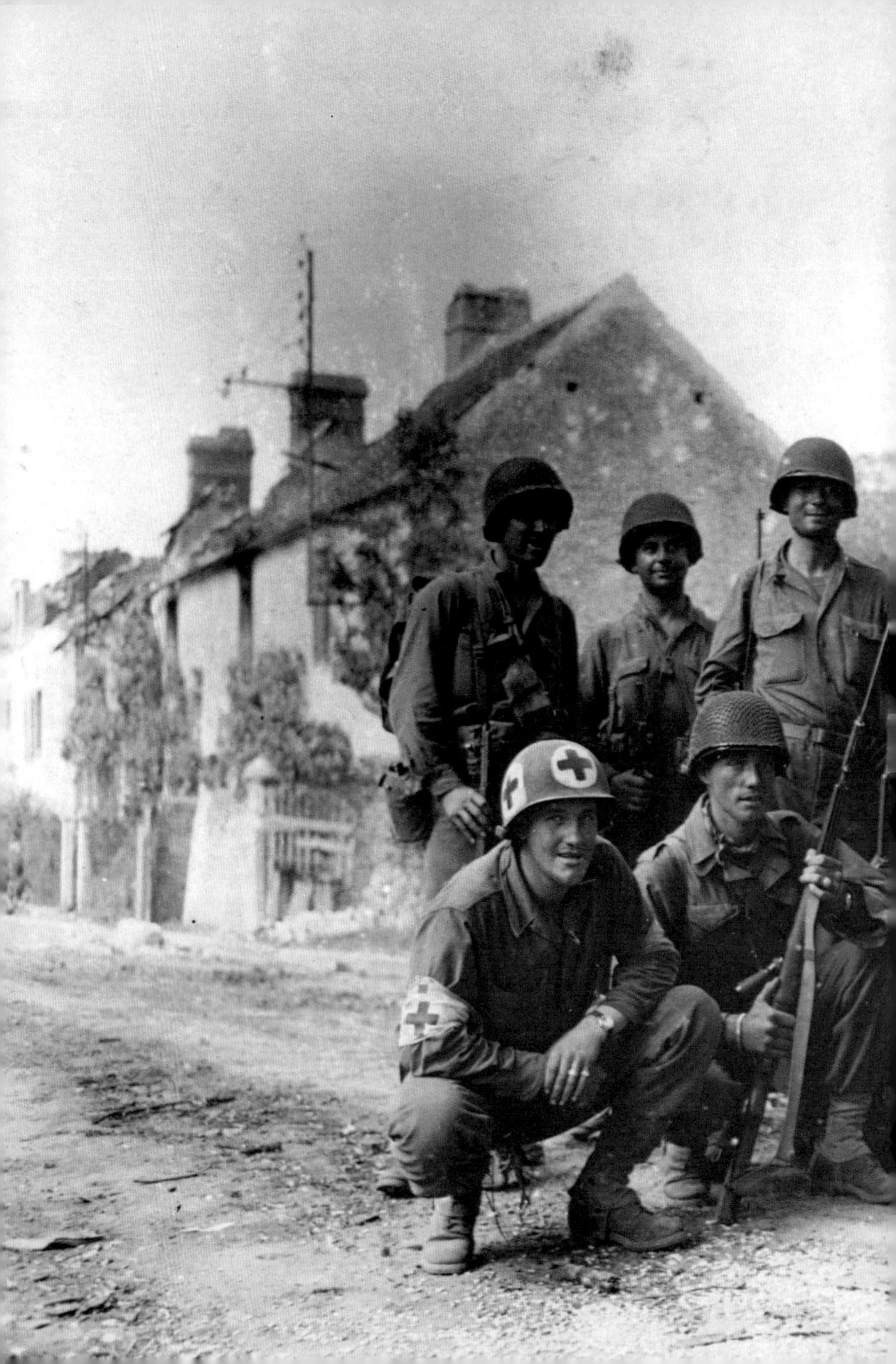

在法国小镇尚布瓦（Chambois），一群美国大兵举着一面缴获的德国旗帜摆姿势拍照。尚布瓦是德军在"法莱斯缺口"（Falaise Gap）防守的最后一片地区。1944年8月，数以万计的德军通过"法莱斯缺口"从盟军的进攻中逃脱。

1944年8月，党卫军将军埃里希·冯·德姆·巴赫－齐列夫斯基（1899—1972）受命指挥德国部队，镇压华沙起义。在这之前，他作为苏联战场的反游击战指挥官获得赏识。他曾指挥对几十万苏联平民和波兰人的大规模谋杀。在纽伦堡审判中，他作为专家证人，逃脱了指控。后来，他因参与1934年的"长刀之夜"，被西德当局监禁，1972年死于慕尼黑的一所监狱。

在巴尔干方向，苏联发动了这一年夏季最后一次大型攻势，摧毁了德国同盟系统在这一地区的最后残余。1944年8月20日，苏军打响对德国南乌克兰集团军群（Army Group South Ukraine）的战斗，并于几天之内获得巨大成功，孤立并包围了大量轴心国部队。到9月初，罗马尼亚大部分地区被苏军占领，包括作为德国主要天然石油来源的普洛耶什蒂（Ploesti）油田。8月23日，年轻的罗马尼亚国王米哈伊（Michael）领导了一次军事政变，推翻了安东内斯库元帅的罗马尼亚政府。第二天，罗马尼亚正式加入盟军一方，抛弃了轴心国。罗马尼亚士兵开始与留在罗马尼亚的德国人作战，杀死约5000人，抓获5.3万名俘虏。9月12日，罗马尼亚与苏联正式签订停火协定。此时，苏军先头部队已经到达匈牙利边境。罗马尼亚的迅速崩溃，为苏军铺平了进攻保加利亚的道路。德国基地部署在保加利亚，但保加利亚并非苏联的交战国。9月8日，苏军进入保加利亚，9月15日抵达首都索非亚。保加利亚军队随后加入苏方，参加了对南斯拉夫和匈牙利德军的战斗。此时，德军最高统帅部认识到，部署在希腊和地中海岛屿的大批德国部队有被切断的危险。因此，从10月10日起，他们撤出这一地区，刚好赶在苏联和南斯拉夫游击队联合部队于10月20日占领贝尔格莱德之前。

到1944年晚秋，轴心国成员匈牙利成为德国同盟体系中硕果仅存的国家。但这里的政治形势也不明朗。10月11日，霍尔蒂海军上将与苏方签订初步停火协定；10月15日，又公开宣布匈牙利正寻求结束战争。希特勒需要保持对匈牙利的控制，于是派奥托·斯科尔兹尼去抓捕霍尔蒂，迫使匈牙利继续战斗。斯科尔兹尼曾在1943年救出墨索里尼。他的小分队骗过守卫，进入布达佩斯的霍尔蒂官邸，抓住霍尔蒂的儿子作为人质，迫使他改变停火决定。拥护法西斯的**箭十字党**（Arrow Cross）政权在匈牙利成立，匈牙利军队继续与德国人一起战斗，直到1945年春。10月28日，作为对匈牙利形势变化的反应，苏军对布达佩

关键词 南线：巴尔干战事

斯发动一次大型攻势。党卫军高级警官卡尔·冯·普菲费尔-维尔登布鲁赫（Karl von Pfeffer-Wildenbruch）将军指挥的4个德国师和两个匈牙利师，在这里顽强防守。布达佩斯虽然被包围，但没有被占领。希特勒命令驻军坚持战斗到最后一刻。直到1945年2月，伤亡16万人之后，这座城市才最终陷落。

关键词 盟军的进攻

1944年的全线危机，使德国几乎完全被孤立，面临着更猛烈的轰炸和本土遭入侵的前景。西方盟军开始认为，战争将在几周内结束。但是，德国武装力量和民众还在最艰难、最危险的条件下继续战斗。1944年8月[41]，法国大部分地区解放，美国、英联邦和自由法国军队获得有利地位，可以由此发动下一轮对德国本土的进攻。在北方，蒙哥马利从塞纳河桥头堡发动了一次大型攻势，9月4日解放了布鲁塞尔[42]和安特卫普港[43]。在这条战线以南，美军正向卢森堡推进。9月15日，卢森堡解放。美军的下一个目标是德国城市亚琛[44]，这座城市已经经受了猛烈轰炸，大部分被摧毁，但顽强的德军防守还是将美军拦截了5个星期。最终，亚琛于10月21日被占领。从那里开始，美法军队一路打过洛林，12月中旬到达莱茵河边的德国西墙防线，准备入侵德国的最后战斗。

盟军满怀信心，认为可以在1944年侵入德国或迫使它投降。在这个想法的推动下，蒙哥马利在荷兰城市阿纳姆[45]附近展开了一次空降行动，希望可以由此强渡莱茵河，打开向德国大举推进的通道。与德国相反，现在轮到盟军处于一条漫长补给线末端，这条补给线从盟军前线一直延伸到诺曼底。如果无法得到一个主要港口，盟军的进展将受到限制。1944年9月12日，经过一番猛烈轰炸，盟军占领勒阿弗尔，两周后夺取加来，但这两个港口都没法马上用作主要供应基地。盟军手上现在有安特卫普港，但它依然受到位于斯海尔德河河口对面的德国炮火的攻击。9月17日，英军发动"**市场花园行动**"（Operation Market Garden）；但是，因为情报不充分，未能发现在这一地区休整的两个党卫军装甲师。因德军防守过于强大，行动被迫于9月26日放弃。蒙哥马利转而清除斯海尔德河河口，以便起用安特卫普港。除德军炮火外，这个港口现在还遭到V-2火箭的攻击。11月8日，英军最终扫清河口地区的德军。随着德军为帝国的最后防御挖沟修墙，盟军的推进暂时中止。

在希特勒看来，西线形势还没到无法收拾的地步。他对V-1、V-2的效果寄予了不切实际的信心，指望它们能促使盟军放弃轰炸德国城市。他还相信，分化盟军是有可能的。并且，直到最后一刻，他还存着一线希望，指望资本主义和共产主义为反对德国而拼凑的奇怪联盟在关键时刻会分崩离析。他希望最终动员全部德国人力，不管老少。9月25日，他起草一项法令，命令建立国民自卫队（Volkssturm），即一支人民武装力量，他们将在与敌人的最后较量中发挥自己的作用。法令最终于10月18日公布。

希特勒特别说服自己相信，在西线发动一场决定性的军事反攻是可行的，这将重现1940年德国在那里取得的巨大胜利。从9月起，武装部队就准备了一次行动，最初代号为"莱茵河卫兵"（Watch on the Rhine，德文Wacht am Rhein），但最终取名"秋雾行动"（Operation Autumn Mist，德文Herbstnebel）。德军指挥官不想冒险，他们认为，防守是当前的首要任务，但希特勒依然固执已见。行动确定后，以党卫军第6和第5装甲集团军为先锋，一支由50万人、1000架战机和1000辆坦克组成的部队，在阿登森林对面秘密集结。当年德军为打败法国而成功穿越的，就是这同一片森林。"秋雾行动"的目标是，插入美国和英联邦集团军群之间，推进并占领安特卫普港。进攻地点选在盟军战线最薄弱的结合部，该处由4个经验不足的美国师防守，兵力只有8.3万人。从10月到11月，行动计划完成，日期定为12月的某个天气条件恶劣、盟军无法利用自身绝对空中优势的时候。

最终，12月16日，德军冒着严寒发动进攻。盟军战线很快被突破，

1944年12月，在"秋雾行动"期间，党卫军武装的一位年轻军官向一支美国部队投降。一些党卫军分队成员会穿上美军服装，被派到战线后方。其中一些被美军抓到的人，被作为间谍枪毙。[46]

盟军方面称之为"突出部战役"的"秋雾行动"期间，德国部队经过一辆燃烧着的盟军坦克。1944年12月发动的"秋雾行动"，是希特勒军队收复失地的最后一次尝试。几周后，它以惨淡失败收场。

1944年9月18日，东普鲁士腊斯登堡大本营，在一座新建成的地堡前，希特勒与其他领导人在一起。背对镜头的希特勒，正与邓尼茨海军元帅（最左边）、凯特尔将军（中）和外交部部长约阿希姆·冯·里宾特洛甫（右）交谈。即使在所有战线都受到威胁的情况下，希特勒仍拒绝任何和平妥协的建议。

但并没有完全崩溃。德军形成一个40英里宽、60英里长的巨大突出部（因此盟军称此役为"突出部战役"[Battle of the Bulge]）。盟军部队很快部署到突出部南北两翼。当天气放晴时，德军面临着毁灭性的空中打击。盟军开始推进，包围突出部一带。起初，希特勒拒绝批准撤退，但1月8日，为防止一场防御灾难，他终于松口。2月初，战役结束，德军损失了10万人、850辆坦克和几乎全部1000架战机，又回到了起点。"秋雾行动"毁掉了西线的防卫能力，为盟军的最终入侵创造了条件。1945年新年，希特勒呼吁德国人民和他一起，"为我们的生存无情战斗"。

国民自卫队法令

(1944年9月25日，成立德意志国民自卫队元首令)

经过五年艰苦卓绝的斗争，由于我们所有欧洲盟友的背叛，敌人的一些战线已经接近或到达德国边境。它倾其全力，要摧毁我们的帝国。它的最终目标是灭绝所有日耳曼人。

和1939年秋一样，我们孤独地对抗敌人阵线。经过几个年头，由于我们民族最初的艰苦努力，我们成功解决了最重要的军事问题，帝国以及欧洲的地位在随后几年中得以保全。现在，敌人相信，他们能够对我们发动最后一击。而我们也下定决心，要完成我们人民的第二次伟大动员。就像1939到1941年那样，完全依靠我们自己的力量。我们必须，而且能够，成功摧毁敌人欲置我们于死地而后快的意志，并且把他们打回去，让他们远离我们的帝国，直到完全能够保证帝国的和平，为德国的未来、德国盟友和欧洲自身。

国际犹太敌人一心一意要摧毁我们，对此我们心知肚明。我们将发起对所有德国人的总动员，粉碎他们的意图。

为了加强我们武装部队的有生力量，尤其是为了实现哪里有敌人要践踏我们的土地、哪里就有不懈的斗争，我号召，一切有能力拿起武器的德国人必须加入这场战斗。

我命令：

1. 大德意志帝国每个州（Gau）将建立一支德意志国民自卫队，由一切有能力拿起武器的16—60岁男子组成。国民自卫队将用任何能够用上的武器和手段，保卫家乡。

——摘自：《帝国法律文件》(1944年10月20日)，第一部，第253页。

失败的边缘

1945 年初，所有德国人面临的首要问题，就是如何面对即将到来的失败现实。对神奇武器和 1944 年间出其不意进攻的宣传，还在某种程度上维系着公众的情绪，但实际上，只有那些最狂热或最闭塞的人，才能对失败前景视而不见。即使是操纵宣传的戈培尔自己，也为疑虑和疾病所困。普通德国人几乎没有多少可以选择的余地，一边是大兵压境、坚持要求无条件投降的敌人，一边是一心要决一死战的政权；对后者来说，投降是根本不予考虑的。

第三帝国的最后 4 个月，是德国人命如草芥的时期。1—4 月间，约 110 万德国军人丧生，大部分是在德国土地上。成千上万平民在逃避逼近的苏军时丧生。虽然失败就在德国人民眼前，但依然有更多德国人被指控为装病逃役或失败主义，并因此死于德国军队、警察、保安人员和党卫军之手。一方面，德国现在的军事抵抗，常常是以死相拼，近乎自杀；另一方面，德国治安警察几乎成为杀人工具。2 月 6 日，继海德里希之后任帝国中央保安局头子的恩斯特·卡尔滕布伦纳（Ernst Kaltenbrunner）签发了一条法令，内容为在民众应被枪毙时，允许警察自行决定，无须经过任何司法程序。2 月 15 日，司法部长进一步公布法令，实际上取消了常规司法系统，代之以袋鼠法庭[47]系统。袋鼠法庭由一位法官、一名纳粹官员和一个士兵组成，他们可以决定执行死刑，不需要任何法定诉讼程序。受害者通常是外国工人，他们被强制招来为战争服务。而现在，他们中许多人被选出来，要因战败而接受残忍虐待。3 月 31 日，87 名意大利工人在卡塞尔[48]被枪杀，有人怀疑他们抢劫了一辆食品列车。战争最后几周，作为对无能者的进一步惩罚，普通监狱犯人被大批谋杀。在基尔[49]，约有 200 名犯人被杀；在奥得河畔法兰克福，有约 750 人被杀。据估计，战争结束前，约有 1 万名犯人

> 关键词
> 内部：草菅人命

根据"即决军事法庭"（Flying Court Martial）的命令，一位德国军官在维也纳被绞死，因为他策划让这座城市向正在接近的苏军投降。战争最后几个月，成千上万的士兵因为开小差或"失败主义"被自己人杀死。此处布告上写的是："我是布尔什维克的同谋。"

遭到谋杀。因失败主义言论、所谓的破坏或临阵脱逃而被杀的德国人不计其数。在每一座德国城镇，纳粹政权都留下了残酷的纪念，即那些摇晃在临时搭起的绞刑架下正在腐烂的尸体。

最残酷的命运，留给了数量不断增长的集中营犯人。随着敌人的接近，犯人被迫长途跋涉，向内地集中营转移，或者被装上铁路货车，任风吹雨打。所谓的"死亡行军"给70多万犯人带来了极大伤亡。虽然没有准确数字，但估计表明，1945年1到5月间，有20万到35万犯人死于饥饿、寒冷和故意杀害。在集中营守卫看来，帝国崩溃之日，就是他们报复之时。一些集中营犯人到最后一刻才被疏散，其中无法行动的犯人被射杀或活活烧死，还能行动的则被枪口威逼着，在几乎没有食物和水的情况下，通常要步行几百英里。掉队者会被一枪打死。在到达目的地前，许多人死于寒冷和饥饿。在米特堡-朵拉工厂，犯人数量在1945年头几个月增加了50%。抵达这里的敞口列车车厢里，塞满了几天没有食物的犯人，其中垂死的和已死的——已经冰得发脆——超过了活着的人。在奥斯维辛，1月17日开始了一次共5.8万犯人的最大规模的死亡行军，仅在苏军到达10天之前。他们步行或被装上货车抵达国内集中营，其中1.5万人死于途中。党卫军机器不顾犯人死活，放纵暴力，草菅人命。作为他们最后疯狂的产物，4月和5月，西方盟军解放的集中营里，到处是犯人遭受虐待、快要饿死的凄惨景象。

那些躲过自己人暴力的人，现在依然面临着不断的空中威胁。自1944年秋起，盟军轰炸部队几乎可以不受抵抗地在德国上空漫游。掩护它们的，是庞大的战斗机和战斗轰炸机大队。它们不仅摧毁德国空军力量，还轰炸地面的移动目标（列车、卡车、车站……）、扫射平民。1944年10月，盟军空军进行了两次行动，"台风I"（Hurricane I）和"台风II"。第一次行动中，盟军猛烈袭击鲁尔和莱茵兰，它们在前期轰炸中几乎已经被夷为平地；第二次是对油料和运输目标的持续攻击。在1945年1月27日的"霹雳行动"（Operation

关键词 盟军：霹雳行动

Thunderclap)中,袭击的重点转为利用全部空军力量轰炸城市。落在欧洲的共 190 万吨炸弹中,有 47.7 万吨是在战争最后几个月里投下的,这相当于盟军投下的全部炸弹的四分之一,并且几乎都被投到德国城市。1945 年 2 月 13—14 日夜间,萨克森城市德累斯顿遭到一次毁灭性打击,一支由 796 架兰开斯特轰炸机组成的部队,携带大量燃烧弹,分两批袭击了该市。轰炸部队几乎没有遇到抵抗,就顺利地把炸弹集中投在市中心,制造出足以引发大火灾的条件,就像 1943 年席卷汉堡的那次一样。2.5 万人在此次袭击中死亡,这是自汉堡大火以来死亡人数最多的一次。而盟军所声称的对苏军进攻的协助[50],效果极为有限。德累斯顿只是战争最后几周遭到无节制轰炸的德国城市中的一个。随着民防系统被破坏,大量难民和疏散人员试图逃离战争前线,受害者数以万计。轰炸机指挥部发动的最后一次袭击,是 5 月 2 日对基尔港的轰炸。但是在 4 月 25 日,因为担心希特勒会利用其南方大本营作为垂死挣扎的根据地,一大队兰开斯特轰炸机还攻击并摧毁了贝希特斯加登和希特勒别墅所在地伯格霍夫的大部分地区。到战争结束时,近 50 万德国人死于盟军轰炸。

德累斯顿大火灾幸存者
(1945 年 2 月 13—14 日)

下雨了,大火肆虐。我又往上爬了一点,爬到平台上已部分倒塌的护墙边,又爬了下去,避开风。雨不停地下,地上很滑。一群群的人或立或坐。楼顶的露台在燃烧,艺术学院在燃烧。远望,四处是火。我几乎麻木了,脑子里空空的,只是偶尔有点东西闪过我的脑海。爱娃(Eva)——为什么我一点也没想到她——为什么我没有注意到任何细节,只看到自己周围夸张的大火,只看到石墙里面和上面燃烧的横梁、碎片和椽子?这时,平台上静静立着的雕像给我留下了奇怪的印象——他是谁?但是,大部分时间,我站在那里,半梦半醒,等着黎明的到来……天亮了些,我看到一群人,在易北河河边的路上。但我没有勇气走到下面去。最后,大概在7点左右,平台——禁止犹太人进入的平台——变得空荡荡的,我走过还在燃烧的露台的毛坯,走到平台墙边。不少人坐在那里。过了一会儿,有人大声喊我。是爱娃,她坐在衣箱上,穿着她的毛皮外套,毫发无损。我们热烈地互相招呼,毫不在意双方财物皆空,即使到现在也是这样。她告诉我,在危急关头,有人把她从军械库大街(Zeughausstrasse)3号的门廊半拖半拉到雅利安地窖。然后她通过地窖窗户爬到大街上,看到这条街的1号和3号已经全烧了起来。她在阿尔贝蒂娜博物馆(Albertinum)的地窖躲了一会儿,然后在烟雾中走到易北河河边,用了整个下半夜找我……就在找我的时候,有阵子她想点支烟,但没有火柴。她发现地上有样东西在发光,想拿它来点烟——那是具燃烧的尸体。总的来说,爱娃比我清醒得多,观察也冷静得多,而且很有主见——虽然当她爬出来时,一块从窗户上掉下的木头砸到了她的头。我们俩的区别在于:她行动并且观察,我只是跟着我的本能、跟着其他人,自己什么都不知道。现在是星期三上午,2月14日,我们保住了性命,我们在一起。

——摘自:维克多·克伦佩勒(Victor Klemperer)所著《悲惨结局:维克多·克伦佩勒日记(1942—1945)》,伦敦韦登菲尔德出版公司1999年版,第392页。(1945年2月13—14日条目,2月22—24日写下。)

1945年2月13—14日夜间，空袭引发的大火灾过后，萨克森城市德累斯顿的大型露天集市上正在焚烧的尸体。袭击过后，德国宣传部门表示有25万人丧生。但是，最新估计表明，这一数字在2.5万上下。袭击之后的两到三年里，在这座城市的废墟中还不断地有尸体被发现。

关键词
希特勒：栖身地堡

几乎可以肯定的是，1945年初，有人试图说服希特勒，让他考虑退到最后一个堡垒坚守，但他决定留在柏林。1月16日，他回到帝国总理府废墟下的巨大地堡。在一帮仆人、秘书和忠实随从的陪伴下，在战争余下时间里，他一直待在那里。他的健康状况明显恶化，左臂颤抖，身体苍白、干瘪，脸色蜡黄、肿胀。然而，根据同样留在柏林的戈培尔的说法，他流露出"令人难以置信的自信与坚定"。希特勒从历史经验中学到，胜利往往会因偶然机会的干预，一次次被从失败边缘夺回来，他就是依靠这些经验，保持着胜利的幻觉。他最喜爱的例子是腓特烈大帝和"七年战争"（Seven Years' War），在这次战争中，俄罗斯女皇的突然去世和反普鲁士联盟的瓦解在最后一刻拯救了普鲁士国王[51]。2月1日做出的宣布柏林为堡垒城市[52]的决定，让希特勒多少有点回归现实。柏林居民被派去挖战壕、设路障，国民自卫队的新兵守卫着车站和主要建筑物，这座都城为希特勒的最后挣扎做好了准备。

希特勒反思战争

(1945年2月)

1945年2月6日

经过54个月气势恢弘的斗争,双方都投入了无与伦比的力量。现在,德国人民孤单地面对一个联盟,一个立誓要毁掉我们这个民族的联盟。

战争在我们的边境激烈进行。它离我们越来越近。我们的敌人正在聚集他们的全部军队,以发动最后进攻。他们的目标是不仅仅要在战场上打败我们,还要完全毁灭我们。他们的目标是摧毁我们的帝国,从地球上抹去我们的世界观,奴役德国人民——作为对德国人民忠于国家社会主义的惩罚。我们已经到了最后一刻。

形势是严峻的,非常严峻,甚至看起来近乎绝望。我们很可能因精疲力竭而轻易屈服,甚至会允许自己灰心到对敌人的虚弱视而不见的程度。但是,不管我们怎么看,这些虚弱依然存在。我们面对的是一群乌合之众,仇恨和忌妒把他们连在一起,恐慌让他们团结起来,那是包括犹太人在内的混合体对国家社会主义的恐慌。面对这个无以名状的怪物,我们唯一的机会是依靠我们自己,并且只有我们自己,用我们统一的民族实体,反对这群乱七八糟的下三滥。没有任何困难可以动摇我们的勇气。一个民族,如果它能像现在的德意志民族一样英勇抵抗,就决不会被消灭在这样一个巫婆锅[53]里。恰恰相反,它将带着比以往更坚决、更勇敢的气概,从炼炉里杀出重围。不管将来我们会遭受什么样的挫折,德意志民族都将从挫折中获得全新的力量;不管今天会发生什么,德意志民族都将会看到一个灿烂的明天。

——摘自:弗朗索瓦·吉诺(François Genoud)所著《希特勒遗言:希特勒-鲍曼文件》,伦敦卡塞尔出版公司(Cassel)1961年版,第38~39页。

英国皇家空军对德国城市进行的5年轰炸行动期间，这样的场景在德国各地常常见到。在北部海滨城市基尔，德国高射炮发射的曳光弹照亮了德国海军基地上空。1944年，有1.45万门重炮和4.2万门轻炮保卫着德国。

1945年春，苏军接近德国首都。为守卫这座城市，绝望的居民做出最后的努力。画面上是1945年4月9日，德国妇女在挖一条反坦克战壕。苏联进攻开始后，德国防线在几天之内即告瓦解。

德国本土遭袭

到 1945 年 1 月，德国已经没有任何胜利或协商解决的希望了。当最后抵抗到来时，这个国家也只能坚持几周时间。德军依然在意大利苦战，但那里的成败对于意大利以北主战场的意义已经无足轻重了。到 1944 年 12 月，盟军艰难地打到了意大利北部博洛尼亚[54]以南一条战线。就在盟军等待着春季到来，计划在最后摧毁德军时，约 8 万人的意大利游击队被孤立在北部省份。因盟军还没有推进意图，德军陆军元帅凯瑟林才得以从他的 26 个师中抽出 6 个，前去扫荡游击队。扫荡的野蛮程度堪比德军在苏联的所作所为。约 4 万名游击队队员被杀害，有同情游击队嫌疑的村庄被烧毁、村民被屠杀。1945 年 4 月，盟军重启攻势，三周之内，德军阵地就被摧毁。4 月 25 日，盟军占领博洛尼亚，26 日占领维罗纳[55]，29 日解放威尼斯。有一阵子，党卫军卡尔·沃尔夫（Karl Wolff）中将一直在尝试与西方盟军谈判达成停火协议，但直到 4 月 29 日协议才达成，最终于 5 月 2 日生效。

虽然德军在东西两线的最终战斗更为坚决，但是大局已定。在东线，经过几个月精心准备，苏军发动了这场战争中最大的一次战役，即"维斯瓦河－奥得河行动"（Vistula-Oder Operation）。苏军投入约 220 万士兵、7000 辆坦克和 5000 架战机，直插柏林。在苏军进攻路线上，分布着善于解决难题的将军舍纳尔领导的 A 集团军群的 40 万士兵、1136 辆坦克和少得可怜的 270 架战机，双方力量悬殊。1 月 12 日，战斗打响，苏军迅速推进。在东普鲁士，因为俄国人已经打到德国本土，德军鼓起新的勇气，顽强防守，但很快就被牵制在哥尼斯堡[56]市。希特勒宣布该市为堡垒城市，居民不得不经受 6 个星期的无情轰炸，城市被炸成一片瓦砾。直到 4 月 9 日，德国指挥官奥托·拉施（Otto Lasch）将军最终投降。后来，他因未坚持战斗，被缺席判处死刑。同样的命运

关键词 南线：停火协议

关键词 东线：名城被毁

也落在西里西亚城市布雷斯劳头上，它在 1 月 22 日被宣布为堡垒城市，2 月 15 日被苏军包围。但这个城市没有投降，尽管弹尽粮绝的指挥官数次向希特勒发出投降请求。该城一直坚持到 5 月 6 日，但也为此付出了惨重代价——1 万名平民和 6000 名德国士兵丧生，布雷斯劳这座历史名城大部被毁。

1 月 31 日，作为苏军的进攻主力，朱可夫元帅的部队到达奥得河[57]河畔的库斯特林[58]地区，离柏林只有 40 英里。2 月 2 日，一座小型桥头堡跨河建起。苏军所到之处，都会有一波绝望的德国难民大潮抢在苏军到达前撤离，其中一些人是早年到东方开辟"新秩序"的殖民者，另一些是害怕苏军士兵报复的当地居民。在几个月的进军过程中，苏军满目是已解放的疮痍的苏联土地。而当第一批苏联士兵进入德国东普鲁士领土时，他们也对当地居民实施了暴行。在整个被占领区，成千上万德国妇女遭到苏联士兵轮奸。德国组织了一次大规模海上撤离，从东普鲁士沿岸救出 45 万难民，其中许多人被丢到稍远些、但依然面临威胁的海岸。最终，超过 100 万难民和伤兵被成功疏散到西部。在西普鲁士和波美拉尼亚[59]其他地区，第二波难民从海上寻求生路。1 到 5 月间，共有 210 万难民转移到德国西部地区。而塞满"欢乐带来力量"邮轮"威廉·古斯特洛夫号"（Wilhelm Gustloff）的 1 万名乘客就没那么幸运了。1945 年 1 月 30 日，这艘邮轮被击沉[60]，全船人员仅 1239 人生还。在西里西亚，包括 1939 年从波兰夺取的地区，320 万德国人在苏联接管统治前逃离。一些人去了波希米亚或苏台德区，战后，他们又一次遭到野蛮驱逐，被迫离开这些地区。留下和逃跑的人都成为受害者，遭到苏联士兵掳掠、施暴。经过对东方的多年控制和剥削之后，现在轮到德国居民品尝受害的滋味了。

西线总攻稍晚一些，于 1945 年 3 月发动，尽管早在准备最后进攻的几个月里，英、美战机就已经在德国各地四处轰炸、扫射。柏林夹在两边盟军之间。根据协议，德国首都属于苏联占领范围。所以，虽然西

关键词 西线：团团包围

方军队有把握在 4 月底到达柏林，但西方最高指挥官德怀特·艾森豪威尔（Dwight Eisenhower）将军还是信守了协议，未占领这座城市。德国在西线的防守兵力包括 3 个集团军群，他们只能集合起 26 个师，在东线估计还有 214 个师。但是，由于人员和物资的损失，他们的战斗力已经大大削弱。虽然许多德军部队战斗极其凶猛，但也只能在西线做些象征性的抵抗。3 月 7 日，盟军到达莱茵河全线，强行渡河。到 4 月 1 日，默德尔的 B 集团军群被围困在鲁尔包围圈，被迫于 4 月 21 日投降。默德尔无法接受如此大败，于是走到附近的一处森林中开枪自杀。现在，西方盟军已经扩展到德国北部和南部其余地区。许多德国人受够了战争，挂出白色床单和白布，表示愿意投降。也有一些人在敌军到达前一刻被当地警察和党卫军射杀。

4 月 12 日，美军到达易北河河畔的马格德堡[61]。26 日，美军与苏军的先头部队会师。这支先头部队是自 1945 年 4 月 16 日总攻德国东部和柏林的苏军的一部分，他们绕过柏林，到达易北河河边托尔高[62]镇附近一座村庄。东线德军虽然庞大，但因为轰炸摧毁了德国的整个运输和供应系统，他们的燃油和武器越来越少。对柏林的最终防守极为仓促，舍纳尔的中央集团军群和哥特哈德·海因里奇（Gotthard Heinrici）的维斯瓦河集团军群（Army Group Vistula）努力使越来越缺乏凝聚力和战斗力的部队团结起来。希特勒待在他的柏林地堡，一边等报告，一边在地图桌上指挥幻想中的军队。然而现实却是，德国的残余抵抗力量被迅速消灭。在柏林南面，苏军快速摆脱了中央集团军群，到达易北河；北面，苏军于 4 月 18 日发动攻势，到达易北河和北海沿岸，与 5 月 3 日占领汉堡的蒙哥马利第 21 集团军群会师。占领柏林成为朱可夫元帅的目标。第一支苏军部队于 4 月 20 日到达柏林郊外。4 月 25 日，这座都城被包围。现在，德国离失败也就是几天的事情了。

关键词 围困柏林

一个不安的少年和一位长者,他们都是新成立的国民自卫队成员。两人拿着便携式反坦克火箭筒"铁拳",在柏林的一条大街准备抵挡苏军。国民自卫队是一支民兵武装,成立于1944年10月,由未被征召到前线的德国男子和男孩组成,但其军事价值微不足道。

1945 年 4 月，德国波美拉尼亚地区某市街道上的俄语路标。向左的标志指向莫斯科（1875 千米）和其他苏联城市，向右的标志指向柏林（142 千米）和斯德丁港（Stettin，32 千米）。

帝国覆灭

3—4 月，在攻取德国的战斗猛烈进行时，希特勒变得越来越脱离实际。他长时间与鲍曼待在一起，口述自己对现代史的看法。他告诉鲍曼，这场战争是"典型的犹太人阴谋"。他大部分时间都待在总理府下面的巨大地堡里。地面上，连续轰炸将一条条柏林大街变成一片瓦砾。3 月 3 日，希特勒最后一次巡视前线，接见奥得河沿岸部队的指挥官，他们正在准备抵挡对柏林的猛攻。3 月 19 日，他发布"焦土"法令，命令摧毁德国的一切，不让它们落入敌手。但是现在，即使是狂热的纳粹分子也不愿再更多地失去民心。在许多地区，这一命令不是没有得到执行，就是执行时打了折扣。第二天，希特勒最后一次公开露面，在总理府花园接见希特勒青年团志愿者。从那以后，他退到地堡中，通过电报、电话与外界保持联系，或者让还能够飞到柏林来的少数军官和平民向外传信。

关键词 宁为玉碎

马丁·鲍曼
（1900—1945）

战争后期，在希特勒身边的圈子中，他最依赖的人就是秘书马丁·鲍曼。

鲍曼是一位退学务农的普鲁士军士长的儿子。一战快结束时，鲍曼在部队短暂服过役，后加入臭名昭著的罗斯巴赫自由军团（Rossbach Freikorps）。1924年，作为一桩政治谋杀案从犯，他被判处短期监禁。1925年，他加入纳粹党，很快升职成为冲锋队高官。1933年10月，他成为纳粹党帝国领导人之一。从1933年7月起，他是希特勒副手鲁道夫·赫斯的助手。鲍曼得到希特勒青睐，很快在党内事务中获得广泛影响力。和斯大林一样，鲍曼深知如何操纵党的组织，增加自己的职权，而其他野心更大的党魁则低估了这位粗俗、顺从和无情的年轻秘书。

1941年5月，赫斯为达成和平协议飞到苏格兰后，鲍曼接替了他，成为纳粹党秘书长，并成为希特勒的私人秘书。在这个位置上，他开始发挥重要政治作用，在纳粹主子中挑拨离间，影响关键任命，控制其他人接近希特勒。他是个狂热的国家社会主义者，一心忠于纳粹政权的种族和政治野心，还是个强烈反犹和反基督分子。他比希特勒更忠于纳粹党的"社会主义"。战争期间，他倾向于对商业进行大规模国有化。1945年，鲍曼与希特勒一起待在柏林地堡，并负责写下了希特勒最后口授的遗嘱。希特勒命令他设法逃离，但他在逃跑途中被打死。有很长一段时间，他的最后归宿是个谜。后来，他的遗骨在挖掘柏林期间被发现，DNA鉴定结果证实他死在柏林。

希特勒秘书、纳粹党秘书长马丁·鲍曼。他是纳粹党的早期党员，死心塌地忠于希特勒，也是个野心勃勃、不择手段的政客。到1944年，他成为德国最有权势的人物之一，甚至哪些人能见到元首都要受他控制。

4月12日，罗斯福总统去世的消息传到柏林，希特勒兴奋地宣称，这是一个历史转折点，可以与挽救了腓特烈大帝的俄罗斯女皇之死相提并论[63]。戈培尔建议，派施佩尔作为私人特使，与新总统哈里·杜鲁门商谈和平，但希特勒对此犹豫不决。就在希特勒发表宣言、呼吁进行自杀性抵抗时，他身边不少人却在寻求一条政治的解决途径。希姆莱尝试通过瑞典红十字会领袖福尔克·贝纳多特（Folke Bernadotte），启动与西方谈判；里宾特洛甫也向西方发出试探；在意大利，党卫军试图谈判停火已有几个月。这些谈判要求都没有得到西方接受，西方现在坚持要求无条件投降。

很明显，投降也只是几周之内的事。4月20日，地堡外是苏军轰炸首都的炮声，地堡中希特勒和他的私密圈子庆祝了他的生日。希特勒考虑离开柏林，在他的巴伐利亚基地领导最后的垂死挣扎，但还没做出决定。他批准希姆莱、施佩尔和戈林择机离开。而戈培尔决定与他的元首在一起，4月22日，他全家搬到地堡。同一天，希特勒最终明白了，

关键词 **谋求和平**

能够为柏林战斗的军队并不存在，他决定留在首都、死在首都。他认识到，地面上不会发生世界末日般的最终战斗，于是情绪愈加恶化。这时，戈林从贝希特斯加登发来电报请示，因为希特勒现在困于柏林，是否可以由自己承担领袖的职务。接到电报后，希特勒勃然大怒，命令逮捕戈林。几天后，消息传来，希姆莱正试图向英国投降，希特勒又下令逮捕他。只要希特勒还活着，他的话就还是法律。

外面，柏林争夺战达到高潮。4月25日，朱可夫的部队已经到达市中心附近的施普雷河（River Spree）。到4月29日，他们已经在猛攻邻近政府区域的动物园。第二天，开始了夺取国会大厦的战斗。地堡里有一种病态的气氛，因为希特勒在安排后事。4月28日，他要求请来一位牧师，为他和异性伴侣爱娃·布劳恩（Eva Braun）主持结婚仪式。她从巴伐利亚飞来，正在地堡里陪伴他。4月29日凌晨1点，二人成婚。第二天，希特勒与全体随员道别；下午，和爱娃躲到他的书房。他

> **关键词**
> **希特勒自杀**

据说这是希特勒1945年4月30日自杀前的最后一幅照片。他在查看新帝国总理府的建筑废墟，站在旁边的是他的副官尤利乌斯·绍布（Julius Schaub）。这个于1930年后期不惜代价建成的总理府，只存在了6个年头。

向自己的头部开了枪,爱娃死于氰化钾毒药。当他们的尸体被盖着毯子抬出来时,所有在场的人都举起手,致最后的"希特勒万岁"。两具尸体被抬到总理府花园,放在一个浅坑里,浇上汽油,点火烧掉。在遗嘱中,希特勒任命戈培尔接替自己任总理,海军元帅邓尼茨为总统,后者已逃到北方港口城市弗伦斯堡(Flensburg)。

希特勒遗骨

在希特勒和爱娃·布劳恩的尸体被放置于总理府花园并烧掉之后,对他遗骨的去向,长期以来一直存有争议。

苏联士兵发现了烧剩的下颌骨和假牙,为希特勒的牙医工作的一个技术人员肯定假牙是希特勒的。随后,这些遗骨与在总理府发现的其他遗骨一起被运到莫斯科。战后,在整个苏联政府期间,这件事一直对公众保密。虽然斯大林知道牙齿遗骨一事,但他还是在1945年夏向他的盟友坚称,希特勒有可能已经从柏林逃脱,甚至暗指西方国家共谋包庇希特勒。还有数不清的报道和谣言在战后流传,譬如说有人又看到了这位元首。

1945年,英国情报人员组织了一次详尽的调查,由情报官员、后来的历史学家休·特雷弗-罗珀少校领导。英国的研究结果,确认了希特勒自杀及其尸体被烧掉的说法。罗珀还坚持希特勒是开枪自杀的,而苏方直到1945年后很长时间都支持他服氰化钾的说法,因为这让希特勒看起来更像个懦夫。后来,1970年,在东德马格德堡附近的一处苏联基地,苏联克格勃(KGB)特工挖出埋在其中的几只盒子,他们认为盒子中是希特勒和爱娃的遗骨。这些遗骨再次被烧成一堆灰,撒在附近的一条河中。几乎可以肯定,它们不是希特勒和爱娃·布劳恩的,他们死于1945年4月的唯一可靠证据依然是那副假牙。

告别希特勒
(1945年4月30日)

4月30日,这一天和往常没什么不同。时间慢慢过去。大家都不知道现在该怎样称呼爱娃·布劳恩。当不得不与这位"小姐"[64]说话时,副官和勤务人员窘迫得不知所措。"你可以叫我希特勒夫人,没问题。"她微笑着说。

……然后,我们与希特勒共进午餐。我们谈的,是与昨天、前天、过去许多天同样的对话;我们正在进行的,是隐藏在愉快的宁静和沉着的面具下的死亡盛宴。我们离开饭桌,爱娃·布劳恩回到她的房间,克里斯蒂安夫人(Frau Christian)和我找地方静静地抽支烟。我走到通向希特勒走廊的一扇开着的门,在门边的佣人房间找到一把空椅子。希特勒也许在他的房间里。我不知道谁和他在一起。这时京特(Otto Günsche,希特勒的党卫军副官)走过来,说:"过来,元首想跟各位道别。"我起身走出去,到了走廊。林吉(Linge)叫来了其他人,如曼扎利小姐(Fräulein Manziarly)、克里斯蒂安夫人。我模模糊糊意识到在场的还有其他人,但我真正看到的只有元首本人。

他从房间里走出来,走得很慢很慢,腰比以前更弯了。门开着,他站在门口与每个人握手。我感觉到他用温暖的右手握着我,他看着我,却又好像视而不见。他似乎离我很远。他对我说了些什么,但我没听见,我没有听清他最后的话。我们一直等待的时刻终于到了。我呆呆地站着,几乎没注意到身边发生的事情。直到爱娃·布劳恩走过来,我这种着了魔的状态才缓过来一些。她微笑着拥抱了我,"请一定要设法出去。你们可以撑过去。转告我对巴伐利亚的爱。"她说着,

> 虽然在微笑，但声音带着哽咽。她穿着希特勒喜爱的衣服，那件颈线上有玫瑰的黑色衣服，头发洗过，做了个漂亮的发型。就这样，她跟着元首走进他的房间——走向她的死亡。重重的铁门关上了。
>
> ——摘自：梅莉莎·穆勒（Melissa Müller）所编《直到最后一刻：希特勒最后的秘书》，伦敦韦登菲尔德出版公司 2003 年版，第 186～187 页。

第二天（5月1日）戈培尔试图安排一项停火协议，并尝试与当地苏军指挥官谈判，但斯大林只接受无条件投降。谈判被拒绝的消息送到时，戈培尔最终向外界公布了希特勒的死讯。当晚，他和妻子玛格达（Magda）安排用氰化钾毒死了他们的 6 个孩子，随后，他们夫妻自己也吞下氰化钾，尸体被烧掉。据说，他在最后发给邓尼茨的消息中告诉他，国家社会主义者"不仅知道如何生活和战斗，还懂得怎样死去"。第二天，为避免更多流血牺牲，柏林守军司令黑尔姆特·魏德林（Helmuth Weidling）中将率柏林投降。

继柏林陷落，德国其他部队也纷纷投降。最后的进程混乱而无序。5 月 2 日，意大利敌对行动结束，49 万德军被俘；5 月 4 日，汉斯-格奥尔格·冯·弗莱德堡（Hans-Georg von Friedeburg）海军上将在北德代表位于荷兰和北欧的德军签字投降；第二天，巴伐利亚德军投降。5 月 5 日，邓尼茨命令希特勒的作战部部长阿尔弗雷德·约德尔将军去见艾森豪威尔将军，代表全部德国军队无条件投降。5 月 7 日凌晨 2 点 40 分，投降文件在法国城市兰斯[65]的一所学校校舍内签署。对德军向西方投降一事，斯大林大为光火，坚持要在柏林进行第二次投降仪式。对苏投降文件被要求必须与西方盟军起草的内容相当，直到 5 月 8 日才准备好。5 月 9 日子夜刚过，陆军元帅凯特尔在投降文件上签字。即使到那个时候，德国军队还在继续战斗。5月11—12日，陆军元帅舍纳尔的中央集团军群在捷克斯洛伐克中部投降。被孤立在不列颠海峡群岛[66]、布雷斯特、洛里昂和敦刻尔克的德国守军接到投降通知，最终放弃了抵抗。

  这还不算第三帝国的结束。在靠近丹麦边境的弗伦斯堡（Flensburg），邓尼茨还在活动，好像他真的还在领导纳粹政权残余势力。他成立了一个内阁，并且得以保留自己的军队。到弗伦斯堡的来访者，受到仪仗队的欢迎和德军、党卫军士兵的引导，士兵们依然可以持有武器。新德国政府外交部部长是希特勒的财政部部长什未

在法国城市兰斯的一所校舍内，阿尔弗雷德·约德尔上将签署无条件投降文件。盟军最高指挥官艾森豪威尔将军的临时司令部就设在这里。苏联政府对此提出反对意见，于是第二天又在柏林安排了第二次投降仪式。

林·冯·克罗西克伯爵,施佩尔成为经济部部长,弗朗兹·塞尔特恢复了他的劳工部部长职位,朱利叶斯·多普勒(Julius Dorpmüller)保留了他的交通部部长职务。这伙人上演了一场政治闹剧,新总统举行会议、发布宣言。5月11日,邓尼茨政府起草了一份备忘录草案,建议德国的同盟国占领者起用他的政府来帮助管理德国,避免"饥荒、混乱和民众思想激化"的危险。一开始,同盟国无法确定如何处理这个新德国政权,但最终于5月23日决定终止它。一队英国士兵赶来,解除了德国军队的武装,逮捕了部长先生们,其中一些人在重要战犯通缉名单里。随着短命的邓尼茨政府垮台,第三帝国最终不光彩地落幕了。

约德尔在投降文件上的签字,时间是5月7日凌晨2点40分。

丹麦群众围观正在撤退的德国占领军士兵和车辆，在街上巡逻的是丹麦抵抗运动的武装人员。1945年5月4日，所有德国北方军队在吕内堡灌木丛向陆军元帅蒙哥马利投降，随后德军撤出占领区。

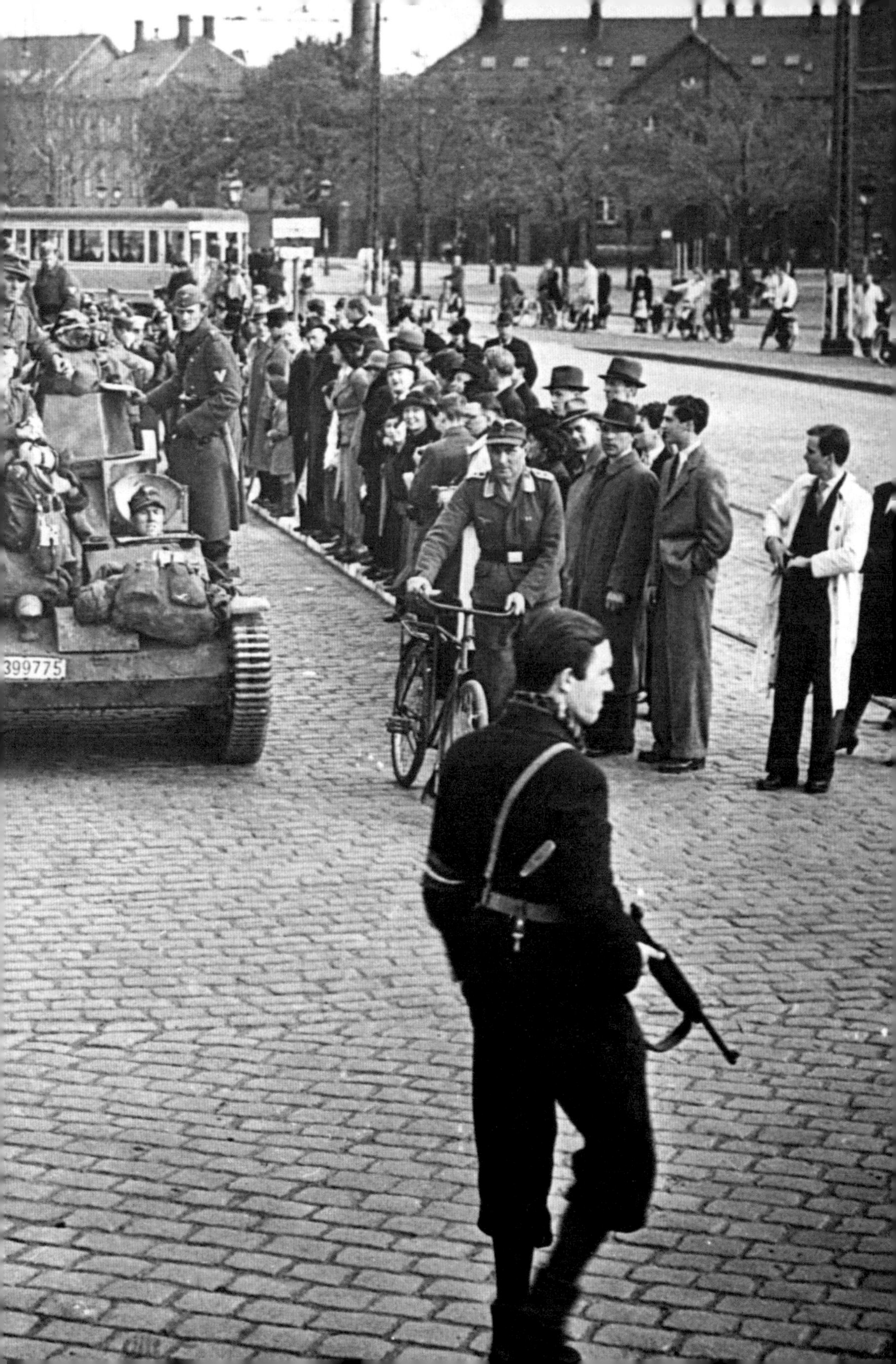
399775

贝希特斯加登战斗的结束

广播里,一个罕见的清晰嗓音确认了希特勒的死讯。得知这一消息,穆蒂极为震惊,倒不是为希特勒伤心,而是因为她强烈地感到被背叛了。现在,我们唯一的希望就是,希特勒的自杀会加速战争结束的进程,停止流血牺牲。

日常闲聊中口风的变化令我头晕目眩。我脑子里塞满了纳粹宣传,这些宣传要我们相信,如果敌人赢得这场战争,我们全部都得死。我很希望有人告诉我,这不是真的。苏西阿姨说过,也许我们会设法活下去,我真该为此拥抱她一下……听说俄国人正从维也纳逼近,和从西北方向过来的美军速度差不多,我们的恐惧又加深了……贝希特斯加登的姑娘们计划着,万一这里被苏联占领,就躲进山里。穆蒂给了我一个浅黄色小信封,里面装着一茶匙胡椒粉,告诉我随时装在围裙口袋里,如果敌方士兵要伤害我,就把胡椒粉撒到他眼睛里。我说我会试试,但我肯定能逃掉,因为我跑得快……

1945年5月3日,市长办公室的一位报信人挨家挨户走了过去。他告诉我们,各家阳台或窗外都要挂一块白床单,说我们要待在屋里,开着门,如果外国大兵要进屋,就不要抵抗。他还告诉穆蒂,就他所知,美军正准备占领贝希特斯加登。苏西阿姨马上找来几块白色大床单,挂在林登家的阳台上。我站在下面,确保它们没挂歪。

我回到屋里,发现穆蒂从墙上缓缓取下希特勒肖像。那是舍柯(Schego)创作的一块暗红色蜡制浮雕,从1933年起,它就一直挂在那里。那天夜里,我们熔了那幅肖像。希特勒的脸在滚烫的铝锅底化开,如一面幻象。后来,这些蜡给我们提供了一些急需的蜡烛。

——摘自:伊姆加德·亨特(Irmgard Hunt)所著《在希特勒别墅的山上:我的纳粹童年》,伦敦大西洋图书公司(Atlantic Books)2005年版,第225~227页、第236页。

注 释

[1] 译注：自由法国运动（Free French），1940年成立，是戴高乐将军领导的由流亡法军部队和志愿者组成的组织，以伦敦为基地，与法国抵抗运动合作。

[2] 译注：卡西诺（Cassino），又译蒙特卡西诺（Monte Cassino）。

[3] 译注：亚平宁山脉（Apennines），纵贯意大利南北，从西北部向南延伸1400千米，直至亚平宁半岛南端。

[4] 译注：佛罗伦萨（Florence），意大利中西部城市，托斯卡纳区（Tuscany）首府，位于亚诺（Arno）河畔。

[5] 译注：切尔卡瑟（Cherkassy），乌克兰中部港口，临第聂伯河。

[6] 译注：库尔松（Korsun），乌克兰中部城市名。

[7] 编注：哥萨克（Cossack），生活在东欧大草原（乌克兰、俄罗斯南部）的游牧社群，以骁勇善战和精湛的骑术著称。

[8] 译注：摩尔达维亚（Moldavia），旧时位于欧洲东南部一公国，曾为古罗马领土，16世纪开始由土耳其统治，1861年与瓦拉几亚（Wallachia）联合组成罗马尼亚。

[9] 译注：萨尔茨堡（Salzburg），奥地利西部城市，在与德国交界处附近，为萨尔茨堡州首府。

[10] 译注：布达佩斯（Budapest），匈牙利首都。

[11] 译注：工时研究（Time-and-Motion Study），又译"时间与动作研究"，一种研究生产效率的技术。

[12] 译注：诺德豪森（Nordhausen），德国中部哈尔茨山（Harz）南侧的一座城镇。

[13] 译注：塞纳河（River Seine），法国北部河流，发源于第戎（Dijon）北部，全长761千米。向西北流经特鲁瓦（Troyes）、巴黎等城市，在勒阿弗尔（Le Havre）附近注入英吉利海峡。

[14] 译注：斯海尔德河（River Schelde，或 Scheldt），位于北欧，发源于法国北部，流经比利时、荷兰注入北海，长 432 千米。

[15] 译注：诺曼底（Normandy），过去法国西北部一省，位于英吉利海峡海岸线上，今分为下诺曼底和上诺曼底两个地区，其主要城市为鲁昂（Rouen）。

[16] 译注：布列塔尼（Brittany），法国西北部一地区，曾是公爵领地，在比斯开湾（Bay of Biscay）和英吉利海峡之间形成了一个半岛。

[17] 译注：勒阿弗尔（Le Havre），法国北部港口，位于英吉利海峡塞纳河河口附近。

[18] 译注：维克多·克伦佩勒（Viktor Klemperer，1881—1960），做过商人、记者、文学教授。他的日记记录了他在德国第二帝国、魏玛共和国、第三帝国的详细生活，日记于 1995 年出版。

[19] 译注：卡昂（Caen），法国北部诺曼底的工业城市及河港，位于奥恩（Orne）河畔，是下诺曼底大区首府。

[20] 译注：科唐坦半岛（Cotentin Peninsula），位于法国西北岸，靠近英吉利海峡。

[21] 译注：瑟堡（Cherbourg），法国北部诺曼底地区一海港。

[22] 译注：圣洛（St Lô），法国西北部城市，芒什省首府，位于维尔河畔。

[23] 译注：National，这一词有"国家"、"民族"的含义。译者以为，其实"国家社会主义"一词译为"民族社会主义"可能更准确。如我们所知，希特勒的政党是一个民族主义政党。

[24] 译注：瓦尔基里行动，Operation Valkyrie。瓦尔基里，指北欧神话中奥丁神（Odin）的 12 名侍女，她们负责将自己选中的阵亡勇士引入瓦尔哈拉殿堂（Valhalla）。

[25] 译注：玛丽·瓦西契可夫，Marie Vassiltchikov。

[26] 译注：里格（League），古老的测量单位，1 里格一般约等于 3 英里，即 5 千米左右。

[27] 译注：奥斯维辛–莫诺维茨（Auschwitz-Monowitz），是奥斯维辛集中营的一座分营，又叫奥斯维辛–布纳（Buna）或奥斯维辛 3 号。而此处的工厂是指法本的布纳工厂，该集中营为其提供奴隶劳工。

[28] 译注：安妮·弗兰克（Anne Frank），犹太少女，出生于德国，后转到荷兰并在那里被警察逮捕，15 岁死于贝尔根－贝尔森集中营。她的《安妮日记》成为第二次大战期间纳粹消灭犹太人的见证。

[29] 译注：贝尔根－贝尔森（Bergen-Belsen），德国北部一村庄，位于汉诺威市（Hanover）以北。

[30] 译注：阿夫朗什（Avranches），位于法国西北部诺曼底地区。

[31] 译注：洛里昂（Lorient），法国西北部港口，位于布列塔尼半岛南岸。

[32] 译注：圣纳泽尔（St Nazaire），法国港口，位于法国西部卢瓦尔河下游。

[33] 译注：在盟军情报欺骗"刚毅行动"中，"巴顿的美国第 3 集团军"是一支要在加来登陆的假想部队。

[34] 译注：勒芒（Le Mans），法国西北工业城市。

[35] 译注：沙特尔（Chartres），法国北部城市。

[36] 译注：莫尔坦（Mortain），法国西北部诺曼底地区的一处地名。

[37] 译注：萨雷岛（Saare），爱沙尼亚西海岸位于波罗的海的一座岛屿。

[38] 译注：库尔兰地区（Courland），拉脱维亚西部一历史文化地区。

[39] 译注：利沃夫（Lvov），今乌克兰西部城市。

[40] 译注：布列斯特－立托夫斯克（Brest-Litovsk），白俄罗斯城市，位于白俄罗斯最西端与波兰的边境上。

[41] 译注：原文为 1945 年 8 月，有误。

[42] 译注：布鲁塞尔（Brussels），比利时首都。

[43] 译注：安特卫普港（Antwerp），比利时北部港口，位于斯海尔德河畔。

[44] 译注：亚琛（Aachen），德国西部工业城市，游览胜地，地处北莱茵－威斯特伐利亚州。

[45] 译注：阿纳姆（Arnhem），荷兰东部城市，位于莱茵河畔，海尔德兰省（Gelderland）省会。

[46] 译注：根据日内瓦有关战争公约，被俘时着非己方军服的人员不享有战俘待遇。

[47] 译注：袋鼠法庭（Kangaroo Court），一种由一群人组成的非法法庭，在缺乏充分证据的情况下审判他们认为有罪或行为不端之人。

[48] 译注：卡塞尔（Kassel），德国中部城市，位于黑森。

[49] 译注：基尔（Kiel），德国北部军港，石勒苏益格-荷尔斯泰因州（Schleswig-Holstein）首府，位于波罗的海沿岸，基尔运河东端。

[50] 译注：此时苏军正从东面接近德累斯顿。

[51] 译注：普鲁士国王即腓特烈大帝。1762年，俄罗斯女皇叶丽萨维塔去世，继位的彼得三世是腓特烈的崇拜者，他上台后即与腓特烈结盟。而此前，俄罗斯是与奥地利结盟对抗普鲁士的。

[52] 译注：堡垒城市（Fortress City），相对于不设防城市（Open City）而言。

[53] 译注：巫婆锅（Witches' Cauldron），女巫用来炼魔药的大锅，里面一般会放各种杂七杂八的东西，像青蛙汁、蛤蟆腿、青蛇舌等等。这里用来形容盟国是一群乱七八糟的乌合之众。

[54] 译注：博洛尼亚（Bologna），意大利中北部城市，在佛罗伦萨以北偏东一点。

[55] 译注：维罗纳（Verona），意大利东北部阿迪杰（Adige）河畔一城市。

[56] 译注：哥尼斯堡（Königsberg），今加里宁格勒（Kaliningrad），东欧波罗的海海港，俄罗斯加里宁格勒地区首府。1946年根据《波茨坦协定》被割让给苏联。

[57] 译注：奥得河（Oder River），中欧一条河流，源于捷克共和国西部山脉，向北流经波兰西部，汇入尼斯河（Neisse）后，继续向北形成波兰与德国的北部国界，最后流入波罗的海。

[58] 译注：库斯特林（Küstrin），原德国普鲁士城镇，位于奥得河两岸，二战后被分割，德国和波兰各占一部分。

[59] 译注：波美拉尼亚（Pomerania），北欧沿波罗的海南岸一地区，位于德国东北部的施特拉尔松德（Stralsund）和波兰的维斯瓦河之间。

[60] 译注：邮轮被苏联潜艇用鱼雷击沉。当时船上载有数千名德国士兵和4000多名儿童。它是邮轮改装的运兵船。从法律上说，击沉运兵船并没有违反战争法。而作为德国一方，用运兵船运送难民这一做法欠妥，但亦是无奈之举。

[61]　译注：马格德堡（Magdeburg），德国工业城市，萨克森－安哈尔特州首府。

[62]　译注：托尔高（Torgau），德国萨克森州最北部的托尔高－奥沙茨县（Landkreis Torgau-Oschatz）首府。

[63]　译注：指"七年战争"中，俄罗斯女皇之死使战争发生转机。

[64]　译注："小姐"（Gnädiges Fräulein，德语），是对女孩和未婚女性的尊称。

[65]　译注：兰斯（Rheims），法国北部城市，香巴尼－阿登（Champagne-Ardenne）地区的一主要城镇，曾是多数法国国王举行加冕典礼的地点。

[66]　译注：不列颠海峡群岛（British Channel Islands），位于法国诺曼底沿海地区。

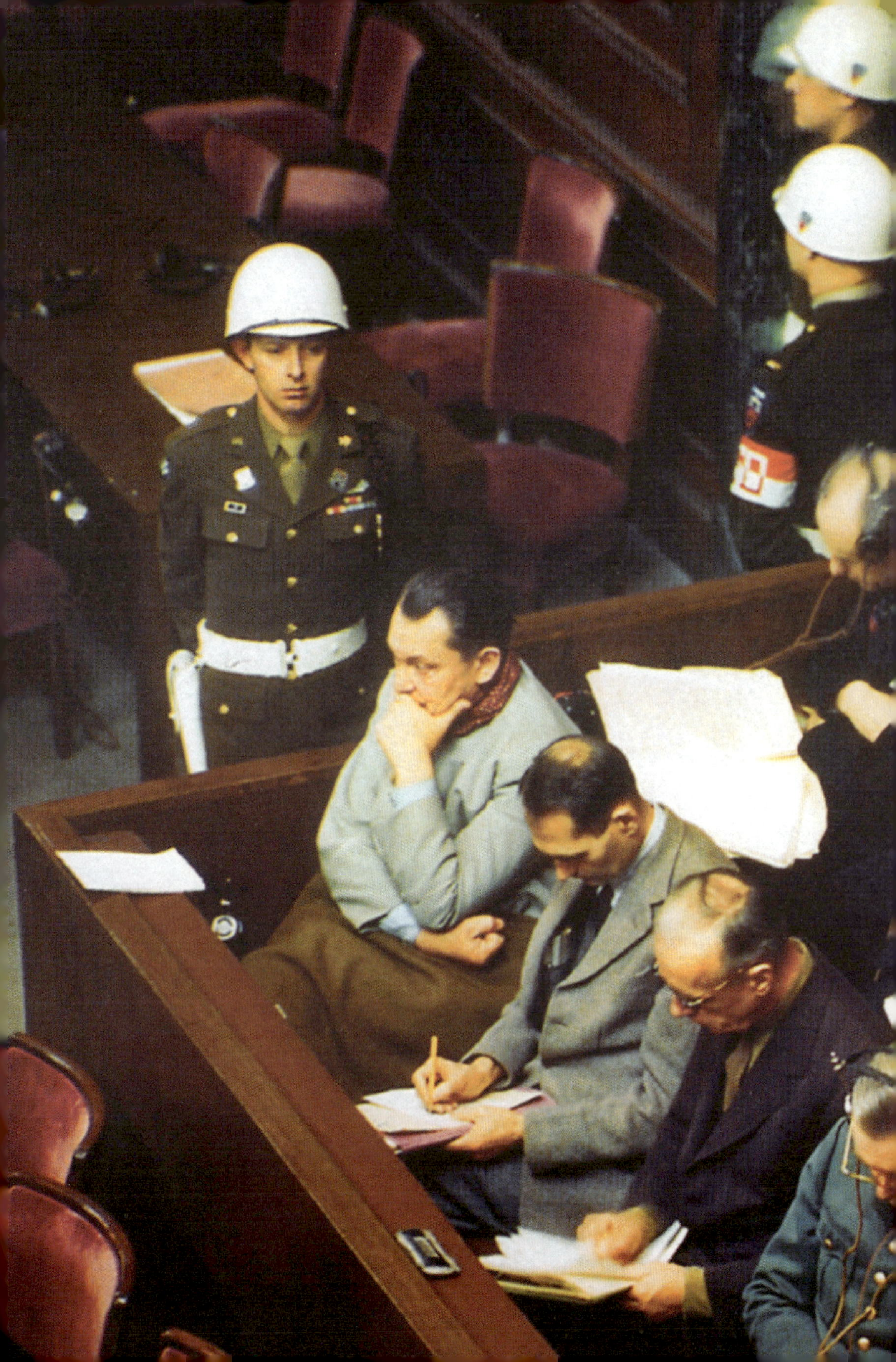

后 记

第三帝国的遗产

第三帝国的灭亡，给欧洲留下了悬而未决的"德国问题"。对于如何教育德国居民摆脱国家社会主义（纳粹），同盟国还没有一个具体打算，而德国民众则随时准备着最坏情况的发生。最后，1949年，德意志联邦共和国和德意志民主共和国，分别在西方占领区和苏联占领区成立，德国很快恢复了主权。20世纪50年代，两个德国都经历了经济的快速发展时期，并都加入了冷战阵营各方的防卫和联盟系统[1]。在纽伦堡，建立一个国际军事法庭用以审判大小战犯的决定，让纳粹政权的罪行又走到了台前。在庭外，数百万德国人经历了去纳粹化的过程，被剥夺了工作。但是，到20世纪50年代，许多前纳粹分子又重新复职，有些人还在两个新德意志国家的发展中发挥了重要作用。德国人民吞下了纳粹政权犯下大规模罪行的苦果，第三帝国的阴影悬在他们头上。自1945年起，"克服过去"的问题一直是德国文化的中心特征。经济的长期发展，以及1990年两德作为萌芽中的欧盟[2]正式成员重新统一，这些都没有改变德国这一文化特征。一些德国人沉湎于希特勒时代的记忆，但是到目前为止，新纳粹主义还是一个微弱的边缘运动。而与此形成对照的是，在国际上，民众仍然普遍对希特勒和第三帝国的历史兴趣盎然，毫无褪色迹象。

前页图片：1945年11月—1946年10月，前纳粹德国的领导人坐在纽伦堡战犯审判现场。在审判席前排，坐在最左边的是赫尔曼·戈林，戈林左手边是希特勒的副手，鲁道夫·赫斯。

帝国的终结

1945年5月，第三帝国几乎在一夜之间灰飞烟灭。纳粹政权设立的机构停止了运转。冲锋队和党卫军渐渐作鸟兽散，指望能逃过惩罚。随着德国人销毁组织关系文件、藏起党徽证章，有约800万党员的纳粹党，看起来似乎突然从人间蒸发。战败的那一刻，对德国人来说成为"零点"（Stunde Null，Hour Zero）。

根据同盟国间早已达成的协议，第三帝国土地被分成四块占领区。英国占领区由北部和西北部人口最密集、最富饶的工业区组成；美国管理着科隆以南，直到奥地利与巴伐利亚边境的一片地区；法国有一小块由萨尔和巴登[3]构成的区域；苏联地区则是从德累斯顿延伸到波罗的海的整个德国东部（但普鲁士大部分成为波兰新国土，小部分由莫斯科管理）。柏林虽然在苏联势力范围内，但是也被分成四个国家占领区，市中心有一处共同的行政区域。奥地利和维也纳同样被分在不同占领区中，各区建立了自己的行政管理机构，但也依赖现有的德国机构和人员协助管理公共服务和当地商业。战败的德国人非常清楚，他们必须接受盟国的行政管理和司法管辖。1945年，德国主权被无限期中止。

一方面，在被毁的城市中幸存的大部分普通德国人，每日为生计挣扎。许多情况下，他们要不就是无动于衷，要不就是备受打击，无法对占领者构成威胁。另一方面，不少曾经操纵纳粹政权犯罪活动的人得以成功逃脱，其中一些人以假身份藏匿起来，但随后被发现。极端反犹报纸《先锋报》主编、前纳粹党纽伦堡地区领导尤利乌斯·施特莱歇尔，因一个偶然机会暴露了身份。当时，一个美国军官在日常盘问时，开玩笑说他看上去像那个臭名昭著的"地区领导人"，施特莱歇尔当即承认，接着就被作为主要战犯拘留起来。前奥斯维辛指挥官鲁道夫·霍斯躲在一个农场，但后来该藏身之处被泄露，1946年3月11日他被英国士兵

关键词 藏匿逃亡

宿命：一个纳粹党员回顾第三帝国
（1947）

我们本不该得到这样的命运……但已经太迟了。最好的人没了，尤其是那些应该成为我们青年领袖的人。人与人之间的信任越来越少。那些拥有最美好期待的人遭到了怎样的背叛和欺骗！现在，阿尔弗雷德，我们得让人看到旧日精神的永存。困难和匮乏让我们团结在一起。我们要活下去，因为我们要传给下一代的终生事业还没有成功，还得精耕细作。男孩们留恋往日时光，向往过去的营地生活。

关于希特勒，这里有数千种不同的看法。我自己跟一个潜艇水兵谈过，他说他的小舰队派出两条船，把希特勒带到了 SP（可能是指西班牙）。据说两人中的一个，不是"88"（希特勒代号）就是 M. B.（马丁·鲍曼），少了一条腿。英国人也认为这两人都活着。我敢肯定，"88"精神或身体垮了。是不是有点意外？……但是，狂热还会回来。

我自己也绝望了……不过今天，尽管贫困、拘束和劳累，我还是很开心。感觉头胀欲裂的时候，我去找忠实的老战友，我们互相鼓励。孩子们在一个过去的 PG（党内同志 [party comrade]）那里，填饱他们的肚子。我自己每周一次，到一个极好的同志那里吃饭。这是过去冲锋队的真正同志精神。真怀念那种团结一致的感觉。

——摘自：1947 年 10 月 25 日 J. J. 写给 A. K. 的信，第 1~2 页。（来源于国家档案馆，战争部门 [WO] 208/3791，公民通信审查。）

逮捕。尚未暴露身份的纳粹党波兰总督汉斯·弗朗克，被捕后被关在一座战俘营中，他在那里割破自己的手腕和脖子，但没自杀成功。他的身份因此得到确认，于是被带到西方盟国在卢森堡设立的主要战犯收集中心。还有些人设法躲过侦查，潜逃海外，到达南北美洲目的地。1945年，在意大利天主教牧师组织的一个逃亡网络帮助下，阿道夫·艾希曼到达阿根廷。而盖世太保头子海因里希·缪勒（Heinrich Müller）则踪迹全无，没人知道他的下落。在奥斯维辛用活人做实验的年轻医生约瑟夫·门格尔（Joseph Mengele）最后跑到拉丁美洲，在那里安静度日，直到终老。

战争结束时，成千上万德国人采取的另一种逃避方式，就是自杀。自杀潮始于1945年初，帝国灭亡的命运已经注定的时候。许多纳粹政权要人都选择了自杀，从柏林地堡的希特勒、戈培尔到海因里希·希姆莱。混在一群党卫军随从里的希姆莱试图躲过追捕，但最终被一支英国巡逻队抓获。搜查过程中，他吞下一枚暗藏的氰化钾胶囊自杀。盟军关押的一些犯人也选择了自杀。1945年10月24日，劳工阵线组织头子罗伯特·雷将毛巾条拴在马桶水箱上，在纽伦堡牢房里自缢。在纽伦堡审判的一干战犯中，戈林虽然维持着桀骜不驯的领导地位，但他也在绞刑行刑日（1946年10月15日）前一天夜里自杀。最后一个自杀的纳粹大人物是鲁道夫·赫斯，他在柏林施潘道（Spandau）监狱服无期徒刑，并于1987年8月17日自缢身亡，殁年93岁。

> 关键词 自杀逃避

除第三帝国关键人物外，还有成千上万低级官员、纳粹组织者和军人自杀。78位陆军上将和海军将领选择了自杀，占到高级军官团人数的一成多。战争结束时，德国驻挪威代表约瑟夫·泰尔波文（Josef Terboven）极其惊人地用50千克炸药把自己炸得粉碎。大规模屠杀犹太人的莱因哈德行动组织者奥迪路·格洛博奇尼克（Odilo Globcnik），在被抓住前吞下氰化钾。在某些情况下，自杀只是反映了一种个人信仰，自杀者觉得，失败只会给德国和德国文化带来灾难性后果，在这样的情况下，生命毫无意义。

另一些情况下，良心谴责肯定起了作用。而德国东部和柏林数以千计妇女的自杀，则是苏联士兵不管老幼，见到女性就轮奸的结果。1945年，柏林报告有超过7000起自杀事件，比正常自杀率高出5倍，其中半数自杀者是妇女。

关键词 逮捕拘留

失败成为事实后，自杀潮迅速消退。随后，前纳粹组织成员和政府官员经历了一个大规模被逮捕和拘留时期。设在巴黎的西方盟军最高统帅部发布了一个《分类逮捕手册》（*Arrest Categories Handbook*），列出从党卫军到德意志女青年联盟的所有组织，盟军可以对这些组织成员自行执行逮捕和关押。到1945年末，美国反谍报部队逮捕了11.75万人，英国关押了约10万人，法国关押2.15万人。在苏联占领区，12.2万人被逮捕并送入集中营，一些人就关在曾用来关押帝国犯人的集中营。不

英军解放贝尔根-贝尔森集中营后，让党卫军女看守帮助运输和掩埋被四处丢弃的尸体。在战争最后几个月里，集中营食物供应断绝，数千人死在里面。解放之后，又有几百人死于营养不良。

在慕尼黑与萨尔茨堡之间的巴特艾布灵（Bad Abling）一处德国空军基地，美军建立的一座临时战俘营。其中关押着 1945 年 5 月在奥地利阿尔卑斯投降的 8 万德军。给数百万德国战俘提供的住处和饮食极其不足，许多战俘数周住在最简陋的战俘营，几乎毫无遮蔽。

良的食物和卫生状况、繁重劳动和严寒，这些体现德国集中营系统特征的因素叠加在一起，导致苏联控制下的 4.28 万犯人死亡。所有被捕者都要经过一个讯问程序，确定他们在战争中所起的作用，并照此对他们采取某种盟军的司法措施。

最多的一类犯人是军事人员，他们中的大部分在战争最后几个月被抓获。到战争结束时，有 870 万战俘在西方国家手中，英美两国根本没想到会抓到这么多俘虏。许多人被关在临时设立的大型战俘营，营内人满为患。这些战俘营设在空旷地带，遮风挡雨的设施也不足。临时战俘营的战俘死亡率高于美国、加拿大和英国的永久性战俘营，这在很大程度上是因为缺乏足够的食物和医疗条件。处理如此海量战俘的困难，加速了尽快释放战俘的决定。1945 年末，战俘数量仍有 550 万；到 1946

1945年5月，意大利北部的德国战俘。这些是1945年5月2日向盟军无条件投降的第一批军队。

年末，还剩 260 万。一些依然关押在英国或法国的战俘，被作为劳工使用，直到 1947 年才最终获得遣返，而这违反了《日内瓦公约》。苏联抓获的战俘较少，但是和其他国家一样，他们接收在战争末期投降的士兵的设施也极其简陋。苏联手中一共有 288 万德国人（以及大量轴心国部队），其中 35.6 万人死于营养不良、寒冷、遗弃和疾病。和英法情况相似，这些犯人被迫在千疮百孔的苏联城市从事建筑劳动。到 1948 年，约 180 万战俘被遣返德国。但是，直到 1956 年，经历多年强制劳动后，他们中的最后一批才获释。

一场败战

海姆（Heim）问：这场战争到底能不能赢，即使是在没有军事失误的情况下？我的意见是：不会。最迟从 1941 年起，它就和一战一样注定要输掉了，因为它的政治目标不符合德国的军事和经济实力。希特勒特有的发动战争的手法带给德国人民的，是白白多送掉数百万条性命。这是唯一的结果——这场战争不可能取胜。我一直在寻思，有一件事极不寻常：像德国这样一个国家，它处在欧洲中部，处在这样一个比其他国家，如英国，困难得多的境地，居然没有发展出维持和平的明智政治艺术。在以上两种情况下，我们愚蠢透顶地以为，自己可以挑战世界（当然这最后导致了战争失败），看不到在德国我们所处的如此形势下这是绝对不可能的。这一切的原因是什么？是缺乏对政治的理解，还是没有政治经验？我不是政客、不是历史学家，我不知道，我只看到问题。我们永远不可能赢得这场战争。

——摘自：S. 奈泽（S. Neitzel）所编《窃听希特勒的将军们：秘密谈话记录（1942—1945）》，巴恩斯利（Barnsley）前线图书公司（Frontline Books）2007 年版，第 159～160 页（海姆中将与德国战俘同伴的谈话记录）。

1945年7月，柏林。一位德国妇女和家人在一只临时搭起来的露天炉灶上做饭。到战争结束时，德国主要城市有超过一半的市区被摧毁。在和平的最初几年，居民被迫在绝望和贫困中挣扎求生。

关键词：被驱逐者

对数百万分布在中东欧的德国人来说，战争的结束标志着强制移民计划的开始，暴力成为这项计划推行中的家常便饭。在各占领区和东欧轴心国地区，新政权实施了他们对德国"优等民族"的报复。德国定居者、商人的土地和商品被剥夺；许多人被驱赶到临时集中营，或者被迫艰苦地长途跋涉到德国西部剩余地区；许多人被愤怒的曾因德国入侵而受害的人所谋杀；有些人的财物遭抢劫、破坏。1100万日耳曼人遭到强制驱逐，这是德国战败最持久、最痛苦的后果之一。他们到达国内被西方或苏联占领的地区，几乎两手空空，被迫白手起家，重建家园。近800万人到达西方控制区，400万到东方控制区，47万到奥地利。直到60年代初[4]，他们才有了代表自己的政党——"被驱逐者联盟"[5]。该联盟最初成立于1950年，以传统民族主义为行动指南。德国居民对这些被驱逐者并不是非常欢迎，因为他们自己也在忍受着高失业率、长期通货膨胀和严重

东方来的难民

"这场战争不是战士输掉的,"他恨恨地说道,"是领导,尤其是党卫军,他们摧毁了我们的士气。从1938年起,我就在德国武装部队。那以后不久,我就考虑退伍——提拔什么的全都是骗人的。但你又退不了。1941年,我在圣彼得堡附近受了重伤,不得不截去右腿。(他卷起裤腿给我看一截可怕的粉红色发亮的残肢。)我在俄罗斯各种各样的野战医院待了6个月。作为一个残疾人回国后,我又一次试图退伍。结果却是他们把我派回到俄罗斯前线,带着一条木腿。

"那时我48岁。途中经过埃尔宾[6],我的家乡。白白胖胖、毫发无损的党卫军在街上游荡。在俄罗斯,只要我们武装部队抓到俘虏,党卫军就从我们手里把他们夺走、枪毙。党卫军拥有一切——吃不完的食物,最好最暖的衣服。他们酗酒,强奸俄罗斯妇女,破坏我们的士气。当目睹这样的事情在身边发生时,我们听到从国内来的消息,只有一个孩子并且丈夫在前线(那就是我!)的德国妇女,被命令和其他男人睡觉,以增加德国人口。这就是元首的龌龊勾当,它断送了我们的士气。

"还有希特勒、戈林、希姆莱及地区领导人科赫(Koch)和吉斯勒(Giesler)的演说,他们发誓要保卫每一个德国村庄,战斗到最后一人。我们知道了那意味着什么,哈!看看他们都干了些什么?在肯普滕[7],布兰德勒市长(Bürgermeister Brändler)——那个成天吹嘘拥有上千名巴伐利亚女人的酒鬼——在最后一刻命令党卫军炸毁所有桥梁,不是为了阻止美国人进来,而是为了防止居民逃出去!然后,勇敢的布兰德勒先生脱下制服,穿上牧师的衣服,准备开溜。但他们抓住了他——肯普滕人民抓住了他,把他捆起来,塞进一辆马车,拉着他在镇上游行,用石头砸他!

> "接着美国人进来了,党卫军没影了,纳粹大人物和辅警扯掉标记,烧毁记录,在窗外挂起白旗——多勇敢的男子汉。这些人现在哪儿去了?他们大都在这里,在最好的大楼里,协助美国人占领和维持秩序。布兰德勒的副官就是其中一位。我那天看见他在闲逛。他住着自己的公寓,而我们难民——我自己、妻子和孩子——住在一个没有暖气的阁楼里……"
>
> ——摘自:詹姆斯·斯特恩(James Stern)所著《隐藏的损害》,伦敦切尔西出版社(Chelsea Press)1990年版,第240~241页。(1945年,美军雇佣斯特恩向德国人询问他们的战时经历。)

食物短缺的痛苦。德国人平均每日摄入热量从1944年的近2000卡路里,下降到1945—1946年的1412卡路里。战争结束后的头几年,包括居民和被驱逐者在内的所有德国人,日常生活条件都异常艰苦。到后来,依靠经济复兴,难民才得以融入西德社会。但是,驱逐和剥夺的历史依然给经历过的一代人留下难以愈合的创伤。

纽伦堡审判

早在战争初期,同盟国就做出决定,将惩罚第三帝国领导人及其军界和工业界帮凶。并且,同盟国还承担了一项后来被称作"去纳粹化"的计划,甄别并惩罚所有积极参与纳粹政权及其罪行的德国人。对其他德国人,同盟国还有一个正面的再教育计划,使德国人成为更具民主精神的好公民。在苏联控制区,再教育意味着培养一批新的狂热共产主义者,严厉惩罚一切与法西斯主义有联系的人。

最引人注目的审判,是为那些被认为对把欧洲引向战争负有责任的人准备的。1945年5月初,在旧金山举行的联合国成立大会上,战时同

MISSION AND OBJECTIVES OF THE US OCCUPATION

1. DENAZIFICATION: Removal of Nazis from all positions of power. Largely accomplished but continuing in SPRUCHKAMMER courts

2. DEMILITARIZATION: Removal and destruction of all German military power. Continuing

3. DEINDUSTRIALIZATION: Removal and destruction of German industrial capacity to a level agreed upon at Potsdam. Continuing

NEGATIVE

A FREE, PEACEFUL AND DEMOCRATIC GERMANY

POSITIVE

1. RE-EDUCATION: By example the soldier is showing the German what it means to be a citizen of a democratic country

2. SELF-GOVERNMENT: The US has given the responsibility for the governing of the US Zone to the German people

3. FREE ELECTIONS: In 1946 many Germans voted for the first time. In the US Zone, constitutions for each state were voted upon late in the year

4. ACCENT ON GERMAN YOUTH: German youth are the ones we may educate to a free and democratic way of life — this is being accomplished through the German Youth Program

5. BALANCED ECONOMY: Germany is to be treated as an economic unit — steps are being taken to make the US Zone as self-sustaining as possible

美国占领当局大力推行再教育工作，教育德国居民成为良好的民主主义者。这幅 1947 年 1 月的海报，强调了美国去纳粹化和去德国军事化的目标，同时鼓励发展民主制度。

盟国同意设立一个国际军事法庭（International Military Tribunal），以起诉一干重要战犯。首次审判后来被称为**"对主要战犯的审判"**（Trial of the Major War Criminals），其目的是确立国际正义先例。其他审判将随之进行，对象是参与支持纳粹罪恶统治的关键组织或个人。1945 年 8 月 8 日，成立国际军事法庭的授权文件在波茨坦会议[8]最终获得通过并签署，同盟国还为手中的一干要犯准备了详尽的起诉书。起诉书最终于 10 月

> 关键词
> 主要战犯

德国化工巨人法本公司高级管理人员群像。1947 年 5 月—1948 年 7 月间，他们因为帮助、协同德意志帝国主义及支持反人类罪行，受到盟军审判。在所有 24 名被告中，13 人被认定有罪，并被判处 18 个月到 8 年不等的徒刑。

19日送达22位犯人手中，审判于11月20日开始。罗伯特·雷于4周前自杀，不在犯人之列；马丁·鲍曼受到缺席审判。审判的基本依据，是1945年以前尚不存在的国际犯罪分类标准。在第三帝国领导人犯下反人类罪与危害和平罪时，这些罪行还没有严格定义。在长达11个月的整个审判过程中，主要战犯的辩护律师一直对审判的合法性持有异议，但国际舆论（也包括很大一部分德国公众舆论）一致同意，要求对纳粹及其盟友实施具有象征意义的惩罚。在22名被告中，12人被判处死刑（包括缺席的鲍曼）；包括亚尔马·沙赫特和弗兰茨·冯·巴本在内的3人获释，其余人等被判处长期监禁。

主要审判只是一个开始，在随后超过10年的审判期间，对集中营守卫、主要工业家、军事指挥官及一大堆较轻微案件的审判逐步展开，这些案件主要涉及战斗过程中犯下的传统意义上的战争罪行。共有12次审判在纽伦堡进行，184名高级军事、行政、工业和医疗人员被起诉。他们大部分被判处监禁，但1951年6月6日，依据同盟国法律，判处的最后一批死刑于兰茨贝格监狱（希特勒写下《我的奋斗》的地方）执行，这次处决受到德国人的广泛抗议。总的算起来，美国当局对1600人进行了489次审判。大部分被捕者没有受到正式审判，但被迫参与了去纳粹化过程。这一过程不仅由同盟国实施，德国司法和行政当局也参与其中。1945—1949年间，在英国控制区，德国调查法庭（Investigation Courts）举行了2.4万场听证会，确定有三分之二被告积极参与了同纳粹及其目标有关的活动。366万名经历了去纳粹化过程的德国人中，绝大部分没有受到指控，许多人获得一个特别称号："追随者"——附和纳粹党但没有积极从事任何实际行动的人。对于那些与纳粹政权关系密切的人，调查通常给他们带来降级、开除或剥夺选举权的处理。美国管理机构大力推行重新教育德国人，让他们采用民主生活方式，通常也只是通过一些讲座、传单和宣传之类的手段。1945年末，西方盟国放弃推行大型教育项目的计划，开始专注于恢复德国千疮百孔的经济，同时设立机构，让享有民主的德国人自己管理这些机构。

关键词 其他战犯

杰克逊法官在纽伦堡审判中

这是有史以来第一次对危害世界和平罪行的审判。开启这个审判，是荣誉，也带来了极大的责任。我们要谴责和惩罚的恶行，是如此刻意、恶毒和危害巨大，文明社会无法容忍对其视而不见。因为如果这样的罪行重演，文明社会将不复存在。4个伟大国家，因胜利而兴奋，因伤害而痛苦，收住复仇之手，自愿将他们抓到的敌人交由法律裁判，这是权力对理性做出的最重要贡献之一……

在罪犯审判席上，坐着20位被制伏的人。他们领导的人因他们而蒙羞，他们侵害的人因他们而痛苦。他们受到这些人异口同声的强烈责备，他们个人的作恶能力永远地失去了。现在，从这些被关押的人身上很难看出，作为纳粹头子，他们一度控制了广袤的地区，威胁到世界的大部。仅仅作为个人，他们的命运对世界无足轻重。

这次审讯的意义在于，这些罪犯代表了各种各样的邪恶势力，这些势力将在他们的躯体化为尘土后，长期隐藏在这个世界上。我们将让大家看到，他们是种族仇恨、是恐怖主义和暴力、是权力的傲慢和残忍的活化身；他们是凶残的民族主义和军国主义、是阴谋和发动战争的象征。他们发动的战争，将一代代欧洲人卷入冲突、夺去他们的生命、破坏他们的家园、剥夺他们的生计。这些罪犯与他们信奉的哲学和他们指挥的力量，是如此密不可分，以致对于与他们的名字联系在一起的罪恶来说，对他们的任何仁慈，都是一种胜利和鼓励。文明社会不能容忍与这些社会势力进行妥协，如果我们不能明确地、决断性地处理它们，这些势力将获得新的力量。

——摘自：1945年11月21日美国总检察官罗伯特·H.杰克逊（Robert H. Jackson）的开场白，参见《国际军事法庭对主要战犯的审判》（1947年于纽伦堡），第2卷，第98～99页。

1949 年 11 月 23 日，埃里希·鲁登道夫将军的遗孀玛蒂尔德·鲁登道夫（Mathilde Ludendorff），在柏林的一家德国去纳粹化法庭申辩。数百万德国人因与希特勒政权及其罪行的联系，而受到审查，但只有 3.5 万人被归入最严重的同谋者一类。

两个新德国

关键词　马歇尔计划

对于大部分德国人，尤其是生活在城市里的人来说，1945 年后的最初几年，是为生存而挣扎的几年。数百万人住在临时住处，或几成废墟的房屋的地窖里，常常一住就是几年。他们食不果腹，所有额外福利只能依靠盟军管理机构获得。同盟国夺得了德国大量的技术装备（及它的许多顶级科学家和工程师），并于 1946 年 3 月设立了一个"工业水平计划"（Level of Industry Schedule），阻止德国生产多种重工业和化工产品，限制其钢产量至战时水平的约五分之一。产品短缺导致黑市盛行、通胀高企。1948 年，西方占领区废除了严重贬值的货币，发行了新货币，也就是今天的德国马克。1947 年，西方占领区接受马歇尔援助（Marshall Aid），加速经济恢复计划。到 1950 年，西部地区经济达到 1939 年前的产出水平；到 1955 年，工业产出比 1936 年水平增加了一倍。

重建被炸毁城市和提高生活标准的需要，主导了德国公共生活，并很快淡化了人们对第三帝国的记忆。回味无法找回的过去，毫无裨益，而且，和 20 世纪 20 年代不同的是，大部分德国人不再回顾一个逝去的黄金时代，而是展望一个向他们招手的"经济奇迹"。德国人（至少在西方占领区）也从**冷战**中获益。美、英、法同意，有必要恢复德国为主权国家，但是在恢复德国主权这个问题上，与斯大林的苏联合作是不可能的。这些前战时盟友之间无法达成和平条约，因此，两个分立的德意志国家得以成立：在西方控制区，建立了德意志联邦共和国（西德），

关键词
修筑柏林墙

1945 年的柏林，这对老夫妻正在垃圾桶里翻找一切可用之物。战后，德国的食物和各种物资都极度匮乏。到那年秋，被占领区的大部分德国人每日饮食热量摄入降到约 1000 卡路里，仅为战时水平的三分之一。

马歇尔援助

1947年6月，美国国务卿乔治·马歇尔（George Marshall）将军发起一项欧洲复兴计划（European Recovery Program），为遭受战争破坏的欧洲国家，包括战败的德国，提供援助。

新苏联集团[9]国家拒绝加入，大部分资金被西欧大国如英国、德国、意大利、法国和荷兰获得。据估计，从计划启动的1948年，到比预期早两年结束的1951年间，复兴计划总计提供了127亿美元。此前的1945到1948年间，美国已经提供了额外的120亿美元援助。

计划的援助目标是大型工业和基础设施投资，目的是为欧洲经济注入初始动力。援助不是无偿提供的，当欧洲经济达到更健康状态时，这些资金还要归还。实际上，除了德国，这样的债务只有很小部分被偿还。根据1953年在伦敦谈判达成的一项协议条款，德国只需偿还它收到的援助款项中的10亿美元，并到1971年6月还清。

到这个阶段，所有西欧国家的经济都经历了欧洲历史上时间最长和最显著的增长。德国接受经济援助的效果，与一战后的那次有着天壤之别。在提供投资所需资金方面，马歇尔援助起到一定作用，但还有其他原因促进了经济扩张，尤其是国家对经济管理的加强和资本主义国家间的贸易自由化。

为避免重蹈20年代的覆辙，其立国宪法，或者说基本法（Basic Law）授权取缔破坏宪法的政党；在苏联控制区，成立了德意志民主共和国（东德），由社会主义执政联盟统治，但实际上由苏联直接支持的、占支配地位的东德共产党统治。柏林保持了分割状态。1960年，瓦尔特·乌

德意志联邦共和国第一任总理康拉德·阿登纳（Konrad Adenauer），是一位来自莱茵兰的天主教政治家，也是新成立的基督教民主党（Christian Democrat Party，德文缩写 CDU）的领袖。在维护战后德国稳定、让其融入更广泛的欧洲共同体方面，他发挥了重要作用。

1949 年成立的德意志民主共和国第一任领导人、德共领袖瓦尔特·乌布利希。作为社会主义统一党（Socialist Unity Party）（这个政党包括了共产党人和社会民主党人）主席，他将苏联模式的许多制度强加给这个新国家。他控制了东德政治，直到 1973 年去世。

布利希（Walter Ulbricht）的东德政府建起一道高墙，横穿柏林，把资本主义地区与共产主义首都隔开。俾斯麦和希特勒的旧德意志帝国，就此一分为二，并保持这种状态直到 1989—1990 年苏共解体。

关键词 西德大赦

许多德国人努力建设一个繁荣的新西德，他们采用集体失忆的方式，把过去抛到身后。1949 年 12 月 20 日，新西德国会批准了一项《大赦法》（Amnesty Law），赦免那些已受或将受去纳粹化惩罚的人。经西方盟国同意，1949 年 12 月 31 日，该法生效。到 1951 年，约有 79.2 万德国人从大赦中获益，获准可以重新得到任用。1951—1952 年间，一大批人恢复了选举权，还有 40 多万人获准恢复领取养老金，他们曾因战后审讯而失去这一权利。西德第一任总理康拉德·阿登纳，1933 年前曾任科隆市市长，也是希特勒的反对者，敦促同盟国接受更多让步。1954 年 7

月17日，一项全体大赦法获得通过，又惠及了40万人。1954年，只有183人仍受审查、尚未获赦。1954年末，西方盟国设立了3个"赦免委员会"（Pardon Commissions），释放被他们关押的余下战犯。到1955年，这些人中只剩下94人。到1958年，所有人都被释放。到50年代中期，数以万计前纳粹党员活跃在公共生活的各个领域，包括政治、工业、大学和司法。

经济复兴使联邦德国成为欧洲经济飞速发展的发动机。"**经济奇迹**"里也有1950年爆发的朝鲜战争的一份功劳，战争要求德国扩张工业，这种扩张程度是同盟国在1945年根本无法想象的。朝鲜战争也促使西方放弃解除德国武装的想法，以让德国在对抗苏联威胁中发挥作用。1955年，不顾公众拒绝回忆战争的大规模反战抗议，新国防

关键词
重建武装

1945年后德国经济复兴的一个象征：著名的大众"甲壳虫"汽车。图为"甲壳虫"汽车在北德沃尔夫斯堡主厂的组装线上。英国允许德国在1946年开始生产"甲壳虫"，因为他们认为，"甲壳虫"汽车决不会取得商业上的成功。到1960年，已经有100万辆"甲壳虫"开下生产线。

Inter-europäische Zusammenarbeit für bessere Lebensbedingungen

德国政治家迫切希望融入西欧的其他地区。美国的金融援助和建立一个泛欧洲组织，如欧洲理事会的提议，帮助德国在欧洲发挥了新的角色。这幅1947年庆祝欧洲复兴计划的海报，就以"欧洲各国合作，创造更美好生活"为标题。

武装成立，西德加入北约。1957 年，西德还成为作为欧盟前身的欧洲经济共同体的创始成员国。德国公众和国际舆论普遍担心，政治极端主义会在德国这样一个欧洲大国复兴。1956 年，根据新宪法条款，西德共产党被取缔；1952 年，新纳粹政党社会主义帝国党（Socialist Reich Party）也依据同样规定被取缔。20 世纪七八十年代，其他极右边缘团体也遭遇同样禁令，而 70 年代涌现的激进马克思恐怖主义（其中最出名的是巴德尔－迈因霍夫集团 [Baader-Meinhof Group]），则受到赫尔默特·施密特（Helmut Schmidt）的社会民主党政府极力打压。虽然在德国还有一点新纳粹主义杂音，但是，政治极端主义已经威胁不到一个日益繁荣稳定的民主社会的存在了。

德国重新武装

二战结束后，取得胜利的同盟国决定，战后任何德意志国家都将保持无武装状态，以避免 20 世纪 30 年代的历史重演。许多德国人也欢迎这一决定。随着冷战到来，苏联集团对西欧构成威胁，形势发生了变化。50 年代早期，俄国人控制的东德开始偷偷重新武装。而西德则在一帮战时高级军官煽动下，于 1950 年秘密开始它自己的计划，准备重建一支德国陆军。1955 年，英、法、美决定，为对抗苏联，允许西德重新武装将十分重要。不顾德国公众的反军国主义抗议，新德国陆军（Bundeswehr）于 1955 年 11 月 12 日成立。同一年，西德成为 1949 年成立的北大西洋公约组织（北约，NATO）成员国。1956 年，西德重启征兵制度。西德还获准重建空军和一支小规模海军。在冷战最高峰，西德武装力量约有 50 万人。尽管德国军队参加北约联合军事演习，但宪法禁止德国军事人员在海外服役或主动参与战斗。直到 1990 年，德国重新统一之后，德军才开始在德国领土以外参与维和任务。

第三帝国的阴影

关键词
艾希曼被处决

第三帝国的历史，也不是那么容易就能抛在一边的。1949 年，新西德议会第一任议长保罗·洛伯（Paul Löbe）警告说："在一个无法预料的长时期内，我们都将承担其后果。"20 世纪 60 年代，西德政府重提第三帝国时期的罪行问题，但是，它这样做是出于自己的意愿，而不是应同盟国的要求。针对集中营守卫、在东线积极谋杀犹太人的警察部队成员、高级党卫军人员及其他明显犯下特定罪行的人，数百例诉讼又被重新提起。之所以对这些恐怖和屠杀的参与者重举正义之剑，部分是因为"**艾希曼事件**"引起的公众兴趣。1960 年 5 月 11 日，在阿根廷首都布宜诺斯艾利斯，以色列安全特工绑架了阿道夫·艾希曼，把他带到以色列。1961 年 4 月 11 日，艾希曼在世界媒体面前受审。审判历时 14 周，最终提供了一个详尽探究犹太大屠杀全部本质的机会。在此之前，德国内外对这个问题还没有如此广泛的探讨。艾希曼坚称他只是服从命令。最终，他被判犯有协助屠杀罪，1962 年 5 月 31 日被处死。

与艾希曼受审的同一年，第一本全面介绍大屠杀历史的书出版，作者是奥地利出生的学者拉乌尔·希尔伯格（Raoul Hilberg），他在 1938 年德奥合并后离开奥地利去了美国。他的三卷本《欧洲犹太人的毁灭》（*The Destruction of the European Jews*）开创了一个全新领域，将大屠杀看作整体的、有组织的过程。但希尔伯格在找美国出版商时遇到困难，并且，直到 1982 年，他的书才被译成德文在德国出版。这些足以表明，大屠杀历史引出的众多话题，在 60 和 70 年代的德国有多敏感。直到后来，随着希尔伯格的整体大规模谋杀概念在德国内外被普遍接受，"**大屠杀**"（Holocaust）一词才被广泛用于形容希特勒帝国对犹太居民曾经的所作所为。1979 年 1 月，虚构的美国四集电视系列片《大屠杀》（*Holocaust*）在德国播放，成为向德国公众展示第三帝国罪行本质的又一个重要里程碑。作为对系列片的反应，德国国会取消了谋杀罪行的追

审讯艾希曼
（1960年6月6日）

艾希曼：有一件事是确定的，豪普特曼（Hauptmann）先生（阿弗纳·莱斯[Avner Less]上尉），IV B4（艾希曼的犹太事务部门）从未根据自己的判断和权力决定任何事情。我从未想过要用自己的决定让自己蹚进这潭浑水。同样，如前所述，我的手下也从没做出任何自己的决定。所有的决定都是基于：（1）相关帝国法律及随附的实施命令；（2）警务条例、法令、命令，及希姆莱和安全警察头子的指示——这些就是我们的法律依据，如果您不介意这样说的话——当然，要加引号。效忠宣誓本身要求无条件服从。所以，自然地，我们得遵从法律和规定。

莱斯：帝国法律有没有规定犹太问题的最终解决方案？

艾希曼：最终解决方案本身——我是说，（1941年7月31日）给海德里希的特别任务——说白了，是对犹太人的灭绝。这并不是帝国法律规定的，而是元首的命令，一个所谓的"元首令"。并且希姆莱、海德里希和行政后勤（Administration and Supply）头子波尔（Pohl）——每个人都在执行元首命令方面各负其责。根据当时通行的理解，没人对此提出疑问，元首的命令具有法律效力。不仅仅是在这件事上，在任何事情上都是这样。这是常识，元首的命令具有法律效力。

——摘自：约亨·冯·朗（Jochen von Lang）所编《审讯艾希曼：以色列警察档案副本》，纽约达-卡坡出版社（Da Capo Press）1999年版，第124页。

溯时效限制。

艾希曼被判决两年后，西德当局对曾经在奥斯维辛－比克瑙服务的集中营守卫和雇员发起一系列审判。在美因河畔法兰克福进行的"**奥斯维辛审判**"（Auschwitz Trials），从 1963 年 12 月 20 日一直持续到 1965 年 8 月 10 日。某一时期曾在奥斯维辛工作过的约 6000 名党卫军中，有 22 人受审。审判最终以 17 名被告监禁结束。这次审判（如艾希曼审判一样）提供了另一个向公众展示奥斯维辛－比克瑙完整的恐怖历史的机会，而在此之前，人们对这一历史的了解主要还是来自该集中营指挥官鲁道夫·霍斯不可靠的证词和自传。意大利化学家、前集中营犯人普里莫·列维（Primo Levi）1945—1946 年写的《如果这是一个人》（*If This Is a Man*），对这座集中营作了动人心弦的描述。直到 1961 年，这本书才得以在德国出版。随后几年，第三帝国其他为恶者受到审判，尽管很少有人被判长期徒刑。70 年代起，搜寻罪犯的脚步有所放缓，但没有停止。越来越多人意识到，在德国以外，逃脱的罪犯和为虎作伥的非德籍人利用战争结束时的大规模移民，在西方找到了避难之所，应该把他们找出来。并且，如有可能，要将他们绳之以法。审判时断时续，但最后几次审判发生在 21 世纪，被告年龄接近或超过了 90 岁。

关键词 **公共辩论**

70 和 80 年代，许多德国人面对的一个问题，是接受这样一个现实：德国政权曾经发动世界大战、犯下屠杀罪行。80 年代，历史学家在德国媒体上爆发了一场论战，"克服过去"的问题演变成一场公众辩论。一些年长的德国学者希望将第三帝国放到特定背景下去理解，既要意识到它是德国历史的产物，而不仅仅是一个偏离历史轨道的怪胎，又要把它当成更广阔的整个欧洲种族主义、独裁和恐怖的一部分，希特勒德国只是其中一例。这种修正主义历史观激起激烈争论。将第三帝国看成是"正常"的历史必然，并且认为类似国家存在于世界各地（尤其是斯大林时期的苏联），这样的观点受到德国年轻一代人的强烈反对。1990 年，苏共瓦解和德国统一，再次开启了这些话题。在苏联集团，第三帝国历史是按另一种方式诠释的，它被当作资本帝国主义的产物。比起种族主义来，他们更强调它的阶级恐怖性质。因此，许多东德人对希特勒德国犯下的罪行只有模糊理解。1990年10月3日，当国际社会还在担心庞大的统一德国也许会对欧洲安全构成新威胁时，两个德国正式合并。描述这一合并的词汇"德国统一"，本身成为争议对象，因为它让人联想到希特勒帝国的"泛日耳曼主义"（Pan-Germanism）。

单一德意志国家的建立，引发了更多关于希特勒之后德国身份性质的争论，也为随着共产主义解体的新一波极右抗议和宣传浪潮提供了机会。据估计，1991年，右翼极端主义政党和协会共有3.7万名成员（包括2100名公开的新纳粹分子）；1994年有5.4万名，包括3740位新纳粹分子。统一也促使公众重新评估，是否还有必要继续关注纳粹的那段历史。1994年的一次民意调查表明，生活在前西德的被调查者中，56%的人认为，人们给予了大屠杀太多的关注，更好的做法是"与过去划清界限"。但在前东德，人们还在消化大屠杀知识，持这一看法的比例只有36%，而认为不应忘记历史的比例占到54%。90年代中期，在希特勒和第三帝国毁灭50年以后，到底要不要记住这段历史的难题，又被两次不寻常的事件引发了。

第一件事是1995年3月5日，一个名为**"武装部队罪行"**（Crimes of the Armed Forces）的展览在汉堡揭幕。展览上，有大量德国士兵参与暴行的原始照片，士兵多数是在东线，但也有少数在巴尔干国家和意大利。展览激起强烈的赞成和反对意见，因为这是公众第一次不得不质疑一个广泛接受的观点：只有希姆莱的党卫军犯下了罪行，而武装部队是清白的。组织者在23座德国城市巡回展出，70万人参观了展览。一些人提出强烈抗议，认为展览是对普通德国士兵的诽谤。但是，在年轻一代德国人中，也有强烈支持的声音，他们认为，祖父一辈所作所为的全部真相已经对他们隐瞒得太久。

直面德国历史

联邦议会辩论，第 163 次会议，1997 年 3 月 13 日速记报道（关于"毁灭战争：1941—1945 年武装部队罪行"展览的辩论）

吉拉德·赫夫纳（Gerald Häfner）（绿党 [Greens]）：尊敬的各位女士、各位先生！各位同仁！今天的辩论主题是，对我们德国历史的那段最黑暗、最关键的时期，我们应该持什么态度，这关系到我们今天将做出何种贡献，确保我们不会再次对一个民族或种族进行有计划的毁灭。而毁灭的原因，仅仅是由于他们的种族或信仰。长期以来，就在这个议会，在这个共和国，民主政党间曾经达成共识，不允许极右的新纳粹主义再次踏足这片共和国土地，不让他们闯进共和国大门。在最近几周里，这个共识被抛弃了，被一个进入这个议会、参加这个政府的政党，基督教社会联盟（CSU，Christian Social Union），抛弃了[10]。我认为，基督教社会联盟和这个政府内有责任心的成员，有必要对此做出一个明确声明。

事情是如何发展到这一地步的？它起因于一个已经在 15 座德国城市展出的展览——此时你可以在慕尼黑看到它——一个有关武装部队 1941—1945 年[11]罪行的展览。这个展览不是对武装部队所有成员的全面谴责。他们知道这一点，考虑到在整个二战期间，1800 万德国人在武装部队服役。许多战士是为了他们的信念而战斗，但是，肯定也有不少人不情愿履行他们的军事义务，他们不赞成军队的所作所为，或者不认为这些作为是正当的，但他们无法避免或拒绝这样做。

因此，这次展览不是一个全面谴责。它更是为了打破这样一个谎言：只有党卫军应对所有恶行负责；东线武装部队进行了一场清白的、高贵的、勇敢的战斗，他们与希特勒无情的种族歧视思想没有任何关系，与这场战争的残暴没有任何关系。然而真相却是，正是东线武装部队参与了一场征服和毁灭的战争。在这场战争中，由于武装部队的责任，数百万无辜平民、妇女和儿童被枉杀。到底是谁在否认这个事实，谁想隐瞒它，谁在篡改我们的历史，从而促成刻意曲解历史在这个国家的蔓延，从而促成历史谎言再次极度滋长？而这正是现在在慕尼黑发生的事情。

（绿党人和社会民主党人的掌声响起。）

——摘自：汉斯-京特·蒂勒（Hans-Günther Thiele）所编《德国陆军展：辩论记录》，不来梅台门编辑出版社1997年版，第170～171页。

第二件事是1996年，年轻美国学者、犹太人丹尼尔·乔纳·戈德哈根（Daniel Jonah Goldhagen）出版了《希特勒的志愿行刑者》（*Hitler's Willing Executioners*）一书（在德国，书名不那么刺眼，叫《甘当希特勒的帮凶》[*Hitler's Willing Helpers*]）。这本书大量使用过度的细节描写，揭示了大屠杀的极度恐怖，表现大量德国士兵和安全人员从大规模杀戮中获得的明显快感。它的中心思想就是，对犹太人发自内心的仇恨曾经控制了数百万普通德国人，这解释了大屠杀这样的事情为什么可能发生。戈德哈根在德国四处旅行，与德国历史学者公开辩论，后者总体上持反对德国集体罪行的看法，但观众普遍热情支持戈德哈根，反对德国史学界精英试图掩盖大屠杀的赤裸裸现实。

1996年后，人们投入更多的努力，力图全方位揭示第三帝国历史中所有被隐藏或粉饰的部分。探究的结果，即是最终痛苦地接受纳粹历史的过程。90年代初，游说集团四处活动，争取为第三帝国犹太受害者建一座纪念馆。最终，德国国会批准了这个项目。2003年4月1

关键词 接受历史

年轻美国政治学者丹尼尔·乔纳·戈德哈根的一幅照片。1996年,他的《希特勒的志愿行刑者》在德国迅速成为畅销书。他声称,所有德国人都具有历史遗留下来的对犹太人根深蒂固的厌恶,这种厌恶决定了他们会支持大屠杀。这一说法引起争议。

日,纪念馆开工建设,但德国历史的尴尬处境使其成为一个备受争议的项目。首先,项目选址在曾经的一座党卫军营房,这一点引发了最初的抗议。2003年10月,又有人发现,纪念馆承包商之一的德固赛(Degussa)曾有一家子公司为比克瑙毒气室生产齐克隆-B。工程一度中止,一场公众辩论就此展开。最终,工程得以继续进行,但是,关于纪念馆的意见分歧并没有消失。2005年5月10日,**柏林纪念馆正式开放**,但没有任何文字表明它的纪念对象。现在,德国内政部每年举办一场公众讨论会,讨论如何看待大屠杀问题,日期就选在1月27日——与大屠杀纪念日同一天,也是苏军解放集中营[12]之日。像德国这样乐于开放公共空间以纪念大屠杀的国家,并非独此一家。奥地利就是其中之一,2000年,它在维也纳犹太广场竖立的纪念碑引发了类似的争议。

德国人无法避免直面第三帝国遗产的原因之一,是西方公众对希特勒时期完整历史的兴趣。这种强烈好奇心的一个表现就是,2004年

2006年2月25日，美国佛罗里达州奥兰多市的一个新纳粹集会。新纳粹运动在德国以外的许多国家迅速发展，吸引了不少试图保持希特勒时代记忆的白人至上主义者和反犹主义者。现在，不少国家立法禁止否定大屠杀或煽动种族仇恨行为，这严重限制了新纳粹活动。

发行的德国电影《帝国的毁灭》（Downfall）得到国际社会好评。这部电影翔实记录了希特勒在地堡最后的日子，获得超过9200万美元的票房收入。虽然只是轻描淡写地把希特勒描写成一个同情对象，但电影立即招来批评。然而，从它受欢迎的程度可以看出，对第三帝国的纪念已经成为国际文化现象。2000年，大卫·欧文（David Irving）对德波拉·利普斯塔特（Deborah Lipstadt）和企鹅图书公司提起诽谤诉讼，获得媒体广泛关注。这件事说明，德国以外的西方世界已经在很大程度上将希特勒历史据为己有。在该案中，伦敦法庭裁决欧文应对歪曲大屠杀历史负责，这是英国司法系统第一次被要求做出一个历史的而不是法律上的判决。

对希特勒帝国历史的持续关注，不仅仅是德国面临的一个问题，它还对德国社会具有更复杂的影响。在很大程度上，第三帝国象征了人类对其他民族发动丑陋暴行的能力。即使其后的70年[13]又发生了更多战争和屠杀，这一暴力的规模依然难以理解和解释。希特勒帝国处在不断进步的欧洲心脏地带。它的这一独有特征，至少部分解释了为什么直到今天它依然受到国际社会近乎病态的迷恋。对于被希特勒的狂妄野心带到毁灭边缘的德国，这短短12年历史的分量，依然是当前无法摆脱的负担。

新纳粹主义

尽管纳粹党在1945年灰飞烟灭，但同情第三帝国价值观的政治集团在新西德国家成立后又死灰复燃。虽然一些右翼边缘小党派在地方议会获得席位，但是，第一个真正的新纳粹政党是1949年成立的社会主义帝国党。西德法律规定，展示卍字或公开支持任何希特勒政权的意识形态为非法。因此，1952年，社会主义帝国党因违宪被取缔。1964年11月，一个新的民族主义运动，德国国家民主党（National Democratic Party of Germany，德文简称NPD）成立。在顶峰时期，它差一点在大选中赢得5%的选票，这是获得全国国会席位要求的最低比例。20世纪70和80年代，一些右翼小集团使极右势力得以留存，尽管他们的人数从未突破2万人左右。1990年德国重新统一后，暴力新纳粹主义的崛起最为明显，尤其是在刚刚获得解放的前东德地区。90年代初，与种族有关的谋杀和袭击数量急剧增加。大部分极右集团依据德国宪法规定被取缔，一些集团领导人因为违反了限制极右活动的法律受到起诉。近年来，乌多·福格特（Udo Voigt）领导的德国国家民主党（National Democratic Party）卷土重来。与此同时，欧洲其他国家新法西斯主义或种族主义政党也有所抬头，其中最显著的是在英国、意大利、荷兰、奥地利和匈牙利。

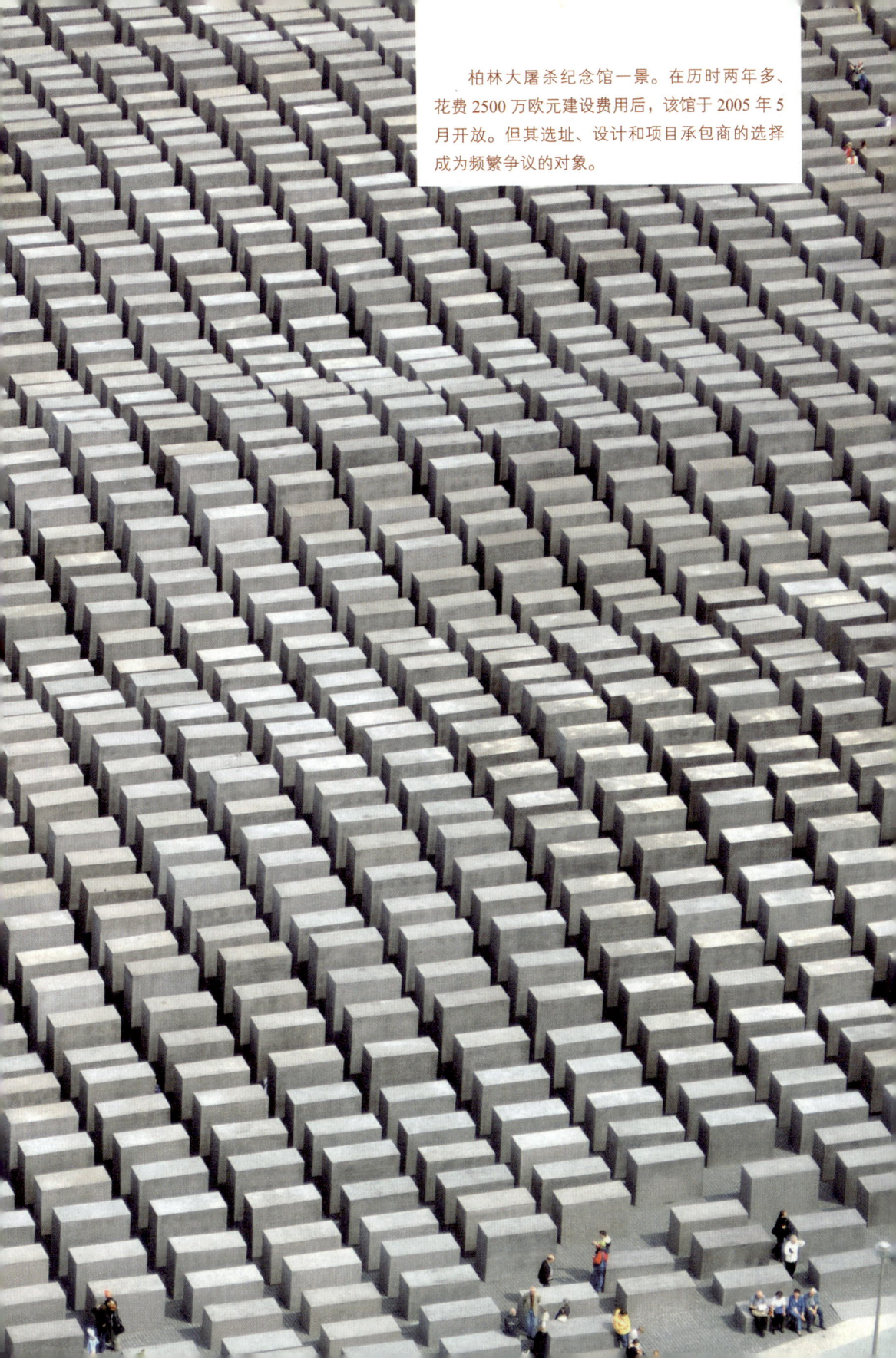

柏林大屠杀纪念馆一景。在历时两年多、花费2500万欧元建设费用后，该馆于2005年5月开放。但其选址、设计和项目承包商的选择成为频繁争议的对象。

注释

[1] 译注：西德加入北大西洋公约组织，东德加入华沙条约组织。

[2] 译注：欧盟，European Union。1993年1月1日，欧盟在欧洲经济共同体（European Economic Community）的基础上成立。

[3] 译注：巴登（Baden），奥地利矿泉疗养地，位于维也纳南面。

[4] 译注：这一时间与下面的"成立于1950年"似乎矛盾。1961年，被驱逐者联盟与分裂后残存的日耳曼党（German Party）合并，成立泛日耳曼党（All-Geman Party），作者的意思可能与这有关。

[5] 译注："被驱逐者联盟"（Bloc of Expellees），全称"被驱逐者和权利被剥夺者联盟"（Bloc of Expellees and Deprived of Rights）。

[6] 译注：埃尔宾（Elbing），今波兰城市埃尔布隆格（Elbląg），波兰北部埃尔布隆格县首府。

[7] 译注：肯普滕（Kempten），巴伐利亚西南部的一座城镇。

[8] 译注：波茨坦会议，Potsdam Conference。德国无条件投降后，为商讨对德国的处置问题，解决战后欧洲问题的安排，以及争取苏联尽早对日作战，1945年7月17日到8月2日，美、英、苏三国首脑杜鲁门、丘吉尔（7月28日以后是新任首相艾德礼）和斯大林在柏林近郊的波茨坦举行战时第三次会晤，史称"波茨坦会议"或"柏林会议"。

[9] 编注：新苏联集团（Soviet Bloc），是二战后西方国家对社会主义国家的称呼。

[10] 译注：当时，一位愤怒的基督教民主党联邦议会代表提议举办一场反展览，以挽回德国武装部队的尊严。这里指的可能就是这件事。

[11] 译注：原文为1941—1944年，有误。

[12] 译注：1945年1月27日，苏军解放奥斯维辛集中营。

[13] 译注：作者写"70年"的意思可能是指，从1939年德国入侵波兰到本书成书的2010年止，其间大致经过了70年左右。

附 录

附录一：参考书目

以下清单为读者进一步阅读提供一份简短的指南。并且，在本书成书过程中，这些英文书籍提供了相当有用的信息，在此表示感谢。写作本书时，作者也参考了大量德文书籍，在此向德国学者一并表示感谢，感谢他们在第三帝国历史研究中做出的有益工作。

Adam, P. *Arts of the Third Reich* (London, 1992)

Allen, M. T. *The Business of Genocide: The SS, Slave Labor, and the Concentration Camps* (Chapel Hill, NC, 2002)

Aly, G. *'Final Solution': Nazi Population Policy and the Murder of the European Jews* (London, 1999)

Aly, G. *Hitler's Beneficiaries: How the Nazis Bought the German People* (London, 2007)

Barnes, J., Barnes, P. *Hitler's Mein Kampf: Britain and America: A Publishing History 1933–1939* (Cambridge, 1980)

Barnett, V. *For the Soul of the People: Protestant Protest Against Hitler* (Oxford, 1992)

Barnouw, D. *Germany 1945: Views of War and Violence* (Bloomington, 1996)

Bartov, O. *Hitler's Army: Soldiers, Nazis and War in the Third Reich* (Oxford, 1991)

Bessel, R. *Germany 1945* (London, 2009)

Bessel, R. *Nazism and War* (London, 2004)

Bloch, M. *Ribbentrop* (London, 1992)

Boog, H. et al *Germany and the Second World War: Vol IV: The Attack on the Soviet Union* (Oxford, 1998)

Broszat, M. *Hitler and the Collapse of Weimar Germany* (Leamington Spa, 1987)

Broszat, M. *The Hitler State: The Foundation and Development of the Internal Structure of the Third Reich* (London, 1981)

Browning, C. *Ordinary Men: Reserve Police Battalion 101 and the Final Solution*

(Cambridge, 1992)

Brustein, W. *The Logic of Evil: The Social Origins of the Nazi Party, 1925–1933* (New Haven, 1996)

Burden, H. T. *The Nuremberg Party Rallies: 1923–39* (London, 1967)

Burleigh, M. *The Third Reich: A New History* (London, 2000)

Burleigh, M., Wippermann, W. *The Racial State: Germany 1933–1945* (Cambridge, 1991)

Caplan, J., Wachsmann, N. (eds) *Concentration Camps in Nazi Germany* (London, 2010)

Caplan, J. (ed.) *Nazi Germany* (Oxford, 2008)

Corni, G. *Hitler's Ghettos: Voices from a Beleaguered Society* (London, 2002)

Dean, M. *Collaboration in the Holocaust: Crimes of the Local Police in Belorussia and Ukraine, 1941–1944* (London, 2000)

Dederichs, M. R. *Heydrich: The Face of Evil* (London, 2006)

Deist, W. et al *Germany and the Second World War: Vol I: The Build-Up of German Aggression* (Oxford, 1990)

Deist, W. *The Wehrmacht and German Rearmament* (London, 1981)

Eberle, H., Uhl, M. (eds) *The Hitler Book: The Secret Dossier Prepared for Stalin* (London, 2005)

Engelmann, B. *In Hitler's Germany: Everyday Life in the Third Reich* (London, 1988)

Evans, R. J. *The Coming of the Third Reich* (London, 2003)

Evans, R. J. *The Third Reich in Power* (London, 2005)

Evans, R. J. *The Third Reich at War* (London, 2008)

Fischer, C. *The Rise of the Nazis* (Manchester, 2002)

Fischer, C. *Stormtroopers: A Social, Economic and Ideological Analysis, 1929–1935* (London, 1983)

Fleming, G. *Hitler and the Final Solution* (London, 1985)

Frei, N. *Adenauer's Germany and the Nazi Past. The Politics of Amnesty and Integration* (New York, 2002)

Frei, N. *National Socialist Rule in Germany* (Oxford, 1993)

Friedländer, S. *Nazi Germany and the Jews: The Years of Persecution 1933–1939* (London, 1997)

Friedländer, S. *The Years of Extermination: Nazi Germany and the Jews, 1939–1945*

(London, 2007)

Fritz, S. G. *Endkampf: Soldiers, Civilians and the Death of the Third Reich* (Lexington, Kentucky, 2004)

Gellately, R. *Backing Hitler: Consent and Coercionin Nazi Germany* (Oxford, 2001)

Gellately, R. *The Gestapo and German Society: Enforcing Racial Policy* (Oxford, 1990)

Goeschel, C. *Suicide in Nazi Germany* (Oxford, 2009)

Goltz, A. von der *Hindenburg: Power, Myth and the Rise of the Nazis* (Oxford, 2009)

Hamerow, T. *On the Road to the Wolf's Lair: German Resistance to Hitler* (Cambridge, Mass., 1997)

Hancock, E. *Ernst Röhm: Hitler's SA Chief of Staff* (London, 2008)

Hauner, M. *Hitler: A Chronology of His Life and Times* (London, 2008)

Heer, H., Naumann, K. *War of Extermination: The German Military in World War II, 1941–1944* (Oxford, 2000)

Herf, J. *The Jewish Enemy: Nazi Propaganda during World War II and the Holocaust* (Cambridge, Mass., 2006)

James, H. *The German Slump: Politics and Economics, 1924–1936* (Oxford, 1986)

Jarausch, K. *After Hitler: Recivilizing Germans, 1945–1995* (Oxford, 2006)

Johnson, E. A. *Nazi Terror: The Gestapo, Jews and Ordinary Germans* (New York, 1999)

Kater, M. *The Nazi Party: A Social Profile of Members and Leaders, 1919–1945* (Oxford, 1983)

Kershaw, I. *Hitler: 1889–36: Hubris* (London, 1998)

Kershaw, I. *Hitler: 1936–45: Nemesis* (London, 2000)

Kershaw, I. *The 'Hitler Myth': Image and Reality in the Third Reich* (Oxford, 1987)

Kirk, T. *Nazi Germany* (London, 1995)

Koch, H.W. *In the Name of the Volk: Political Justice in Hitler's Germany* (London, 1989)

Koonz, C. *The Nazi Conscience* (Cambridge, Mass., 2003)

Kurthen, H., Bergmann, W., Erb, R. (eds) *Antisemitism and Xenophobia in Germany after Unification* (New York, 1997)

Large, D. C. *Nazi Games: The Olympics of 1936* (New York, 2007)

Large, D. C. *Where Ghosts Walked: Munich's Road to the Third Reich* (New York, 1997)

Lauryssens, S. *The Man who Invented the Third Reich* (Stroud, 1999)

Lewy, G. *The Nazi Persecution of the Gypsies* (Oxford, 2000)

Longerich, P. *Holocaust: The Nazi Persecution and Murder of the Jews* (Oxford, 2010)

Longerich, P. *The Unwritten Order: Hitler's Role in the Final Solution* (Stroud, 2001)

Matheson, P., *The Third Reich and the Christian Churches* (Edinburgh, 1981)

Maier, K. et al *Germany and the Second World War: Vol II: Germany's Initial Conquests in Europe* (Oxford, 1991)

Mawdsley, E. *Thunder in the East: The Nazi–Soviet War, 1941–1945* (London, 2005)

Mazower, M. *Hitler's Empire: Nazi Rule in Occupied Europe* (London, 2008)

McDonough, F. *The Holocaust* (London, 2008)

Merkl, P. H. *Political Violence under the Swastika: 581 Early Nazis* (Princeton, 1975)

Müller, I. *Hitler's Justice: The Courts of the Third Reich* (London, 1991)

O'Neill, R. J. *The German Army and the Nazi Party, 1933–1939* (London, 1966)

Overy, R. J. *Dictators: Hitler's Germany and Stalin's Russia* (London, 2004)

Overy, R. J. *Interrogations: The Nazi Elite in Allied Hands* (London, 2001)

Overy, R. J. *The Nazi Economic Recovery, 1932–1938* (Cambridge, 1996)

Overy, R. J. *War and Economy in the Third Reich* (Oxford, 1994)

Padfield, P. *Himmler: Reichsführer SS* (London, 1990)

Pelt, R. J. van, Dwork, D. *Auschwitz: 1270 to the Present* (New Haven and London, 1996)

Pine, L. *Nazi Family Policy 1933–1945* (Oxford, 1997)

Quinn, M. *The Swastika: Constructing the Symbol* (London, 1994)

Reuth, R. *Goebbels* (London, 1993)

Roseman, M. *The Villa, the Lake, the Meeting: Wannsee and the Final Solution* (London, 2002)

Rossino, A. B. *Hitler Strikes Poland: Blitzkrieg, Ideology and Atrocity* (Lawrence, Kansas, 2003)

Rürup, R. (ed.) *Topography of Terror: Gestapo, SS and Reichssicherheitshauptamt on the 'Prinz-Albrecht-Terrain'* (Berlin, 2003)

Salkeld, A. *A Portrait of Leni Riefenstahl* (London, 1997)

Schoenbaum, D. *Hitler's Social Revolution: Class and Status in Nazi Germany,*

1933–1939 (New York, 1966)

Scholder, K. *A Requiem for Hitler and Other New Perspectives on the German Church Struggle* (Philadelphia, 1989)

Schulte, T. *The German Army and Nazi Policies in Occupied Russia* (Oxford, 1989)

Snowman, D. *The Hitler Emigrés: The Cultural Impact on Britain of Refugees from Nazism* (London, 2002)

Sofsky, W. *The Order of Terror: The Concentration Camp* (Princeton, 1997)

Spotts, F. *Hitler and the Power of Aesthetics* (London, 2002)

Stachura, P. *Gregor Strasser and the Rise of Nazism* (London, 1983)

Steinbacher, S. *Auschwitz* (London, 2005)

Stephenson, J. *The Nazi Organisation of Women* (London, 1981)

Stern, J. P. *Hitler, the Führer and the People* (London, 1976)

Szejnmann, C-C. *Nazism in Central Germany: The Brownshirts in Red Saxony* (Oxford, 1999)

Tooze, A. *The Wages of Destruction: The Making and Breaking of the Nazi Economy* (London, 2006)

Turner, H. A. *Hitler's Thirty Days to Power: January 1933* (London, 1996)

Wachsmann, N. *Hitler's Prisons: Legal Terror in Nazi Germany* (New Haven, 2004)

Wegner, B. (ed.) *From Peace to War: Germany, Soviet Russia and the World, 1939–1941* (Oxford, 1997)

Weitz, E. D. *Weimar Germany: Promise and Tragedy* (Princeton, 2007)

Welch, D. *Propaganda and the German Cinema* (London, 2001)

Westermann, E. B. *Hitler's Police Battalions: Enforcing Racial War in the East* (Lawrence, Kansas, 2005)

Wistrich, R. *Who's Who in Nazi Germany* (London, 2002)

Zitelmann, R. *Hitler: The Politics of Seduction* (London, 1999)

附录二：引用材料声明

英文版出版人获准复制使用下述材料，对此表示万分感谢：

Fred Breinersdorfer (ed) *Sophie Scholl: Die letzten Tage* Fischer (Taschenbuch Verlag)

Margarete Buber-Neumann *Under Two Dictatorships: Prisoner of Stalin and Hitler* Trs. Edward Fitzgerald originally published by Pimlico and reprinted by kind permission of The Wylie Agency

Henrik Eberle, Matthias Uhl (eds) *The Hitler Book: The Secret Dossier Prepared for Stalin from the Interrogations of Hitler's closest personal aides* (John Murray Publishers)

Konrad Elmshäuser, Jan Loker (eds) *'Man muss hier nur hart sein...': Kriegsbriefe und Bilder einer Familie (1934-1945)* (Edition Temmen, Bremen 2002)

Rudolph Höss *Commandant of Auschwitz: The Autobiography of Rudolph Höss* (Weidenfeld & Nicolson, an imprint of The Orion Publishing Group, London)

Irmgard Hunt *On Hitler's Mountain: My Nazi Childhood* (Atlantic Books)

Traudl Junge and Melissa Muller *Until the Final Hour: Hitler's Last Secretary* (Weidenfeld & Nicolson, an imprint of The Orion Publishing Group, London)

Victor Klemperer *To The Bitter End: The Diaries of Victor Klemperer, 1942-1945* (Weidenfeld & Nicolson, an imprint of The Orion Publishing Group, London)

George Klukowski (ed) *Diary from the Years of Occupation 1939-44: Zygmunt Klukowski* (University of Illinois Press, Chicago.)

Richard Overy *Interrogations: Inside the Minds of the Nazi Elite* (Penguin UK)

Theo Schulte *The German Army and Nazi Policies in Occupied Russia* (Berg Publishers, an imprint of A&C Black Publishers Ltd)

Albert Speer *Inside the Third Reich* (Weidenfeld & Nicolson, an imprint of The Orion Publishing Group, London)

Paul Steinberg *Speak You Also: A Survivor's Reckoning* (Allen Lane, an imprint of Penguin UK)

H. Trevor-Roper (ed) *Hitler's War Directives 1939* © Hugh Trevor-Roper 1964 originally published by Sidgwick and Jackson and reprinted by kind permission of PFD and the estate of Hugh Trevor-Roper

H. Trevor-Roper (ed) *Hitler's Table Talk 1941-44* (Weidenfeld & Nicolson, an imprint of The Orion Publishing Group, London)

Marie Vassiltchikov *The Berlin Diaries 1940-1945 of Marie 'Missie' Vassiltchikov* reprinted by Chatto &Windus, a division of the Random House Group Ltd and reproduced by kind permission of PFD

Fuehrer Conferences on Naval Affairs, 1940 (Greenhill Books, an imprint of Pen & Sword Ltd)

英文版出版人无法查找到以下标题材料的版权人。一有机会，出版人将非常乐意支付版权使用费：

Walter Warlimont *Inside Hitler's Headquarters 1939-1945* originally published by Weidenfeld & Nicolson, an imprint of The Orion Publishing Group, London

François Genoud *The Testament of Adolf Hitler: The Hitler-Bormann Documents* originally published by Cassell Plc., a division of the Orion Publishing Group (London)

附录三：地图

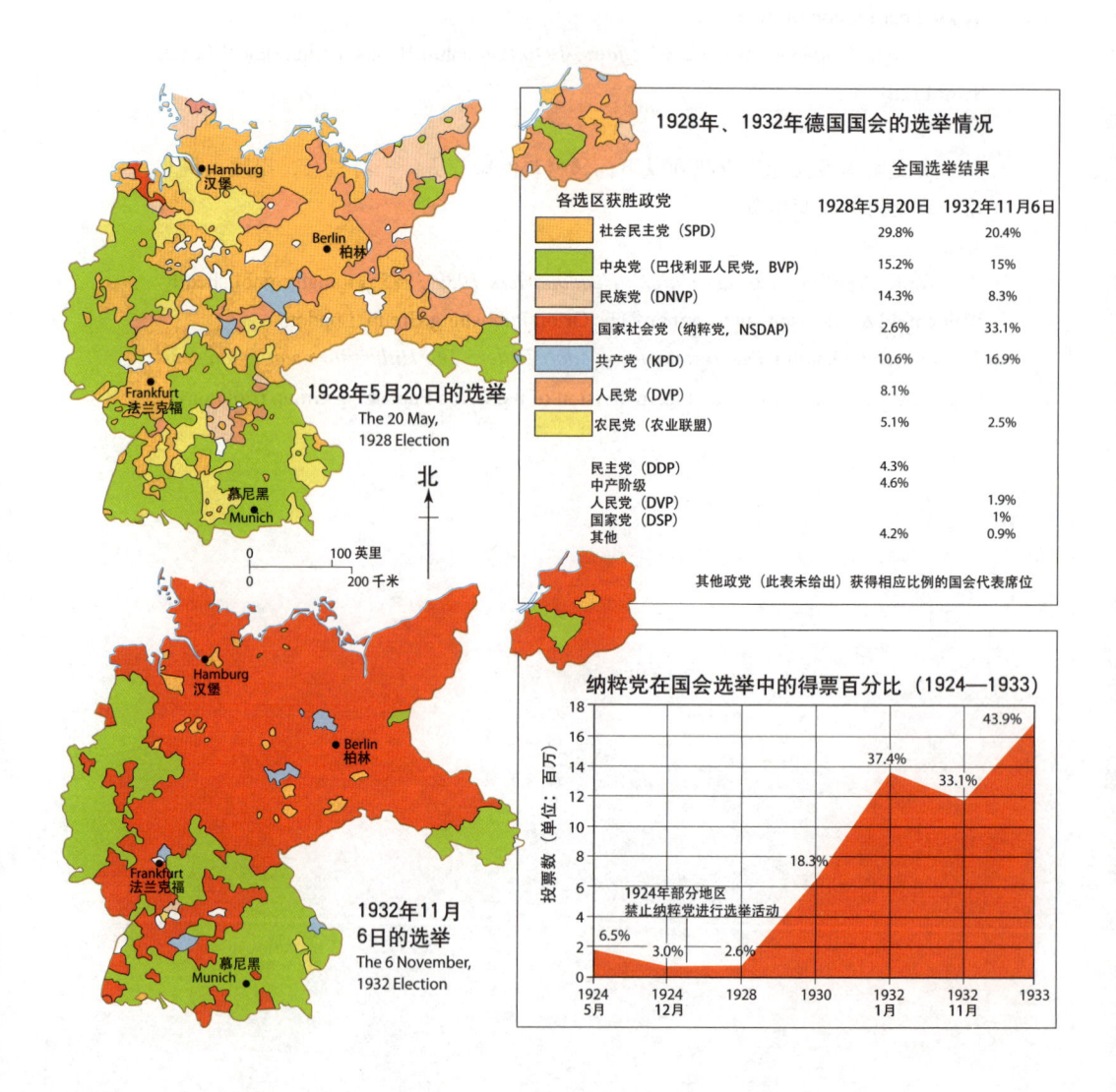

1928年、1932年德国国会的选举情况

各选区获胜政党

全国选举结果

政党	1928年5月20日	1932年11月6日
社会民主党（SPD）	29.8%	20.4%
中央党（巴伐利亚人民党，BVP）	15.2%	15%
民族党（DNVP）	14.3%	8.3%
国家社会党（纳粹党，NSDAP）	2.6%	33.1%
共产党（KPD）	10.6%	16.9%
人民党（DVP）	8.1%	
农民党（农业联盟）	5.1%	2.5%
民主党（DDP）	4.3%	
中产阶级	4.6%	
人民党（DVP）		1.9%
国家党（DSP）		1%
其他	4.2%	0.9%

其他政党（此表未给出）获得相应比例的国会代表席位

1928年5月20日的选举
The 20 May, 1928 Election

1932年11月6日的选举
The 6 November, 1932 Election

纳粹党在国会选举中的得票百分比（1924—1933）

投票数（单位：百万）

- 1924年5月：6.5%
- 1924年12月：3.0%
- 1928：2.6%
- 1930：18.3%
- 1932年1月：37.4%
- 1932年11月：33.1%
- 1933：43.9%

1924年部分地区禁止纳粹党进行选举活动

附录 525

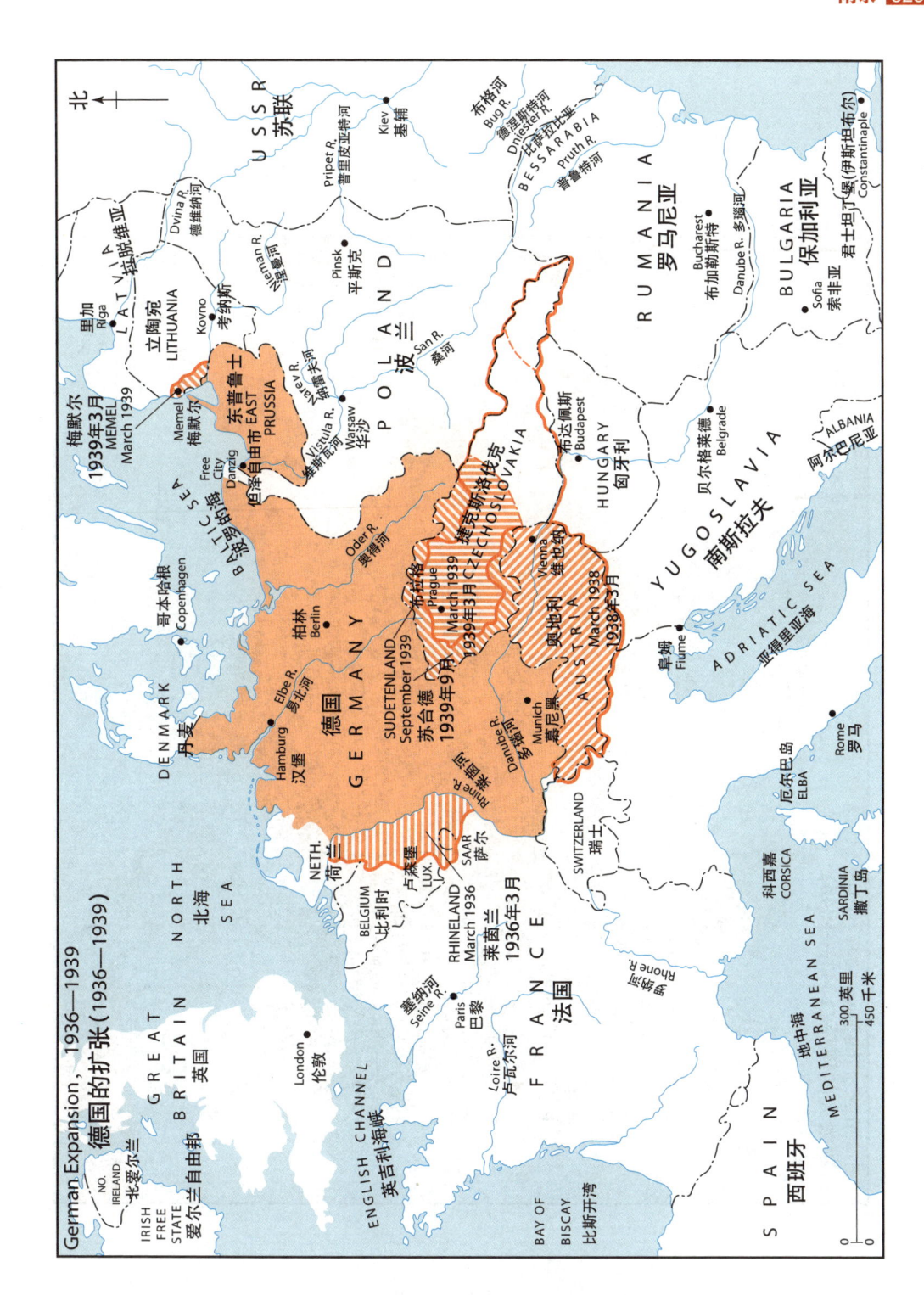

German Expansion, 1936—1939
德国的扩张 (1936—1939)

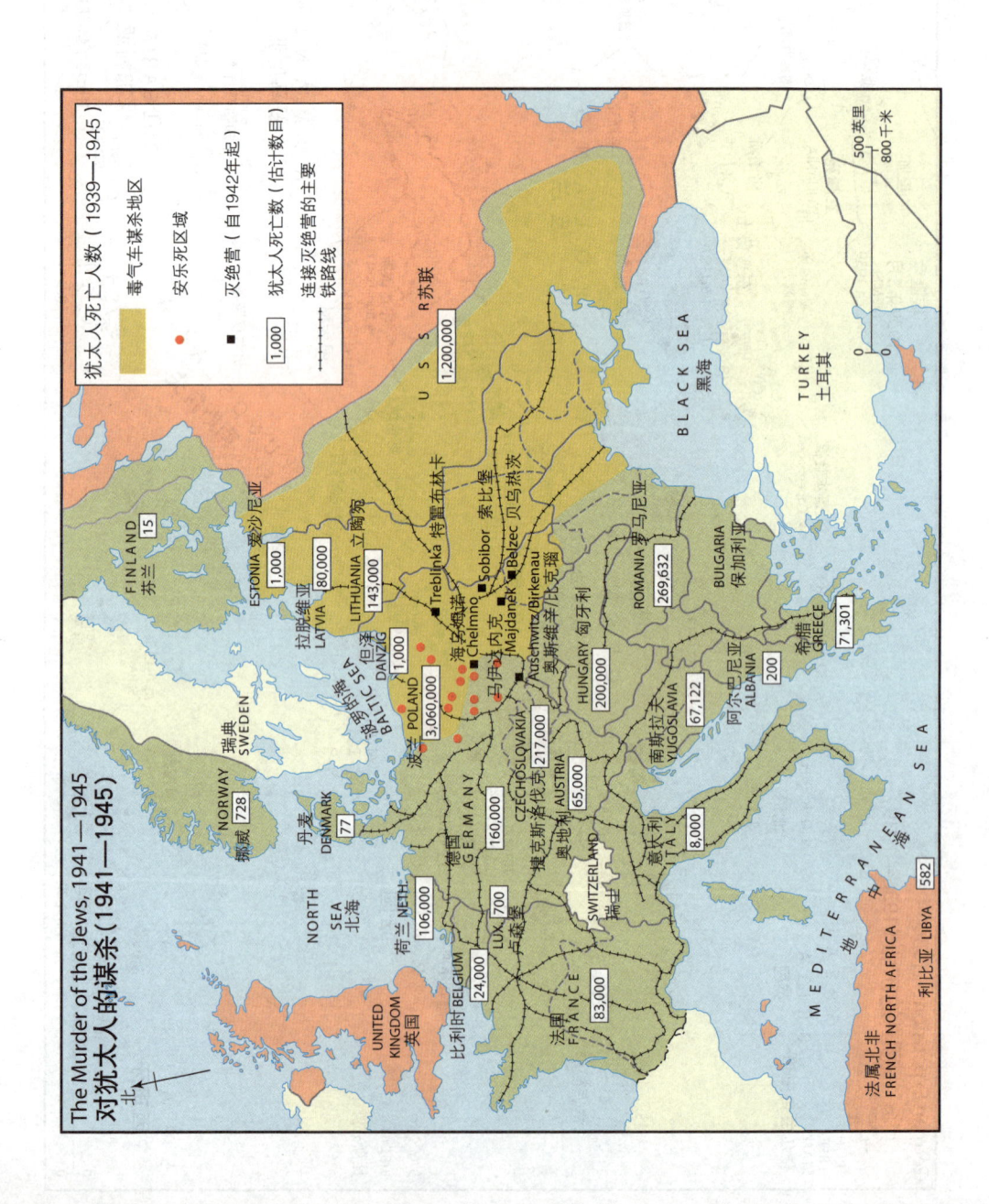

对犹太人的谋杀 (1941—1945)

The Murder of the Jews, 1941–1945

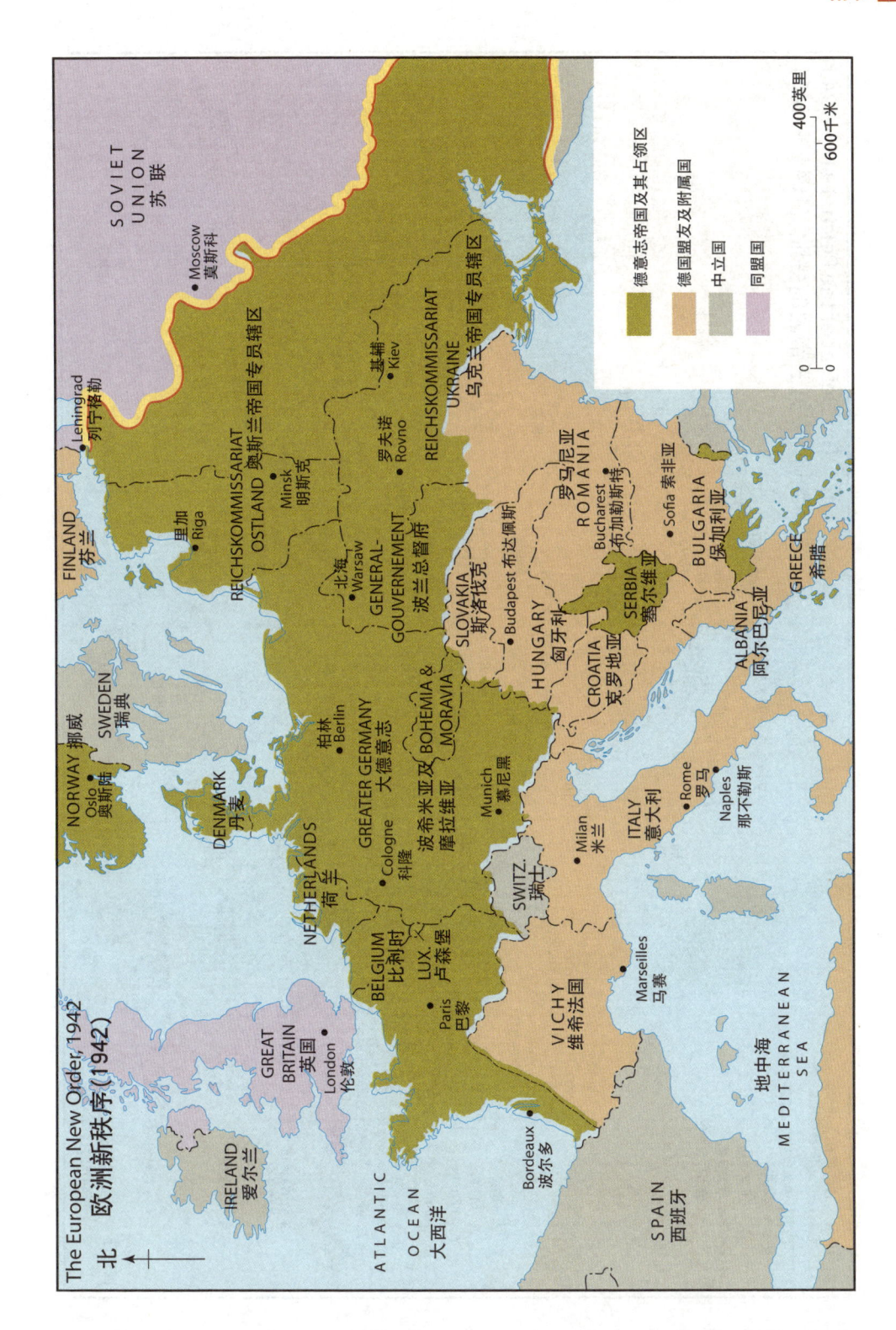

The European New Order, 1942
欧洲新秩序 (1942)

德意志帝国及其占领区
德国盟友及附属国
中立国
同盟国

第三帝国图文史
THE THIRD REICH: A CHRONICLE

The Defeat of the Reich, 1944—1945
第三帝国的失败（1944—1945）

索 引

（以下内容按照英文从 A 到 Z 的顺序排列）

亚琛 Aachen 333, 448, 479
阿道夫·希特勒学校 Adolf Hitler Schools 195, 197
阿拉姆哈勒法 Alam Halfa 354, 366, 407
《大赦法》 Amnesty Law (1949) 502
阿姆斯特丹 Amsterdam 099, 137
《英德海军协定》 Anglo-German Naval Agreement (1935) 150, 151, 152
《英波协定》 Anglo-Polish Treaty (1939) 245
《反共产国际协定》 Anti-Comintern Pact (1936) 185, 205, 236
扬·安东内斯库 Antonescu, Ion 301, 417, 447
安特卫普港 AntwerArchangel 448, 449, 479
阿登森林 Ardennes Forest 271, 274, 332, 449
汉斯-于尔根·冯·阿尼姆 Arnim, Hans-Jürgen von 387, 390
《大西洋宪章》 Atlantic Charter (1941) 330
大西洋壁垒 Atlantic Wall 420, 422, 423, 424
奥格斯堡 Augsburg 201, 254
埃里希·冯·德姆·巴赫-齐列夫斯基 Bach-Zalewski, Erich von dem 321, 363, 443, 446
巴登 Baden 073, 186, 485, 516
巴特哥德斯堡 Bad Godesberg 222, 226, 255
巴特维塞 Bad Wiessee 121, 122, 138
波罗的海 Baltic Sea 071, 237, 241, 243, 244, 256, 257, 283, 332, 368, 411, 442, 479, 480, 485
大西洋战争 Battle of the Atlantic 330, 337, 353
不列颠战役 Battle of Britain II, 146, 183, 186, 275, 287, 288, 291
巴伐利亚人民党 Bavarian People's Party (BVP) 101, 524
拜罗伊特 Bayreuth 161, 186, 201
马克思·贝克曼 Beckmann, Max 031, 099
别尔哥罗德 Belgorod 397, 405, 410
贝尔格莱德 Belgrade 260, 302, 331, 447
贝乌热茨 Belzec 323, 337
贝希特斯加登 Berchtesgaden 059, 073, 143, 177, 184, 201, 213, 222, 283, 301, 391, 456, 468, 476
贝尔根-贝尔森 Bergen-Belsen 440, 479, 488
伯格霍夫 Berghof 177, 201, 301, 362, 424, 428, 456
比萨拉比亚 Bessarabia 243, 257, 283
比克瑙 Birkenau 326, 350, 352, 384, 418, 439, 440, 508, 512
戈特弗里德·俾斯麦 Bismarck, Gottfried 071, 207, 430, 431, 502
奥托·冯·俾斯麦 Bismarck, Otto von 107
比塞大 Bizerta 390, 410
黑海 Black Sea 241, 256, 295, 314, 335, 336, 356, 407, 411
瓦尔纳·冯·勃洛姆堡 Blomberg, Werner von 115, 126, 138, 147, 149, 158, 164, 181, 191, 193, 205, 206, 209, 210, 211
费多尔·冯·博克 Bock, Fedor von 314, 329, 359, 360
马丁·鲍曼 Bormann, Martin 375, 377, 409, 424, 433, 465, 466, 467, 486, 497
赫伯特·冯·包斯 Bose, Herbert von 124, 125
爱娃·布劳恩 Braun, Eva 456, 457, 468, 469, 470
韦纳·冯·布劳恩 Braun, Werner von 368, 408
贝尔托·布莱希特 Brecht, Bertolt 031, 099
布雷斯劳 Breslau 097, 124, 137, 201, 462
布雷斯特 Brest 278, 333, 472
布列斯特-立托夫斯克 Brest-Litovsk 442, 479
布良斯克 Briansk 328, 337, 405
布列塔尼 Brittany 333, 422, 441, 478, 479
棕屋 Brown House 039, 091, 130, 229
海因里希·布吕宁 Brüning, Heinrich 044, 046, 048, 051, 052, 053, 054, 058, 061, 065, 073
不伦瑞克 Brunswick 054, 073, 135
布达佩斯 Budapest 418, 447, 448, 477
卡昂 Caen 425, 426, 441, 478
加来 Calais 288, 333, 334, 422, 423, 424, 425,

438, 448, 479
坎特伯雷 Canterbury 368, 408
《卡尔斯巴德计划》Carlsbad programme 219
卡萨布兰卡会议 Casablanca Conference (1943) 393, 410
卡西诺 Cassino 415, 416, 477
卡塔尼亚 Catania 392, 410
高加索 Caucasus 356, 360, 361, 370, 397, 407, 408
张伯伦 Chamberlain, Neville 222, 225, 226, 227, 229, 230, 238, 244, 255
查理·卓别林 Chaplin, Charlie 300, 335
沙特尔 Chartres 441, 479
海乌姆诺 Chelmno 323, 337, 350
瑟堡 Cherbourg 425, 478
切尔卡瑟 Cherkassy 417, 477
丘吉尔 Churchill, Winston Spencer 148, 273, 279, 297, 330, 366, 410, 516
加莱阿佐·齐亚诺伯爵 Ciano, Count Galeazzo 184, 185, 187, 301
科堡市 Coburg 043, 071
科隆 Cologne 063, 073, 119, 138, 201, 253, 333, 365, 368, 395, 485, 502
德意志文化战斗联盟 Combat League for German Culture 097
《宗教协定》Concordat (1933) 101, 119
宣信会 Confessing Church 119, 169, 195
科唐坦半岛 Cotentin Peninsula 425, 478
库尔兰地区 Courland 442, 479
考文垂 Coventry 297, 335
克拉科夫 Cracow 250, 257, 290, 331, 483
克里特岛 Crete 302, 304, 336
昔兰尼加 Cyrenaica 354, 407
《刑事命令》Criminal Orders, The 305, 306
达拉第 Daladier, Édouard 227, 229, 230
瓦尔瑟·达里 Darré, Walther 046, 048, 102, 137
道威斯计划 Dawes Plan (1924) 013, 028
死亡行军 Death Marches 415, 455
鲁道夫·迪尔斯 Diels, Rudolf 083, 093, 094
奥托·迪特里希 Dietrich, Otto 130, 319
格奥尔基·季米特洛夫 Dimitrov, Georgi 082, 083, 084, 136
迪南 Dinant 274, 332
奥托·迪克斯 Dix, Otto 031, 032

第聂伯河 Dnepr River 336, 405, 411, 417, 477
卡尔·邓尼茨 Dönitz, Karl 353, 390, 391, 451, 469, 471, 472, 473
多特蒙德 Dortmund 112, 394
多佛 Dover 288, 289, 333, 334, 423
《帝国的毁灭》Downfall (2004) 513
德累斯顿 Dresden 097, 137, 201, 255, 320, 424, 456, 458, 480, 485
安东·德雷克斯勒 Drexler, Anton 014, 017
敦刻尔克 Dunkirk 276, 332, 472
杜塞尔多夫 Düsseldorf 201, 254, 335
安东尼·艾登 Eden, Anthony 146, 186
阿道夫·艾希曼 Eichmann, Adolf 251, 271, 349, 352, 487, 506, 507, 508
西奥多·艾克 Eicke, Theodor 102, 124, 166, 167
埃费尔山区 Eifel Mountains 276, 332
阿盖拉 El Agheila 354, 407
阿拉曼 El Alamein 340, 354, 363, 366, 406, 407
易北河 Elbe River 137, 138, 221, 255, 457, 463
德怀特·艾森豪威尔 Eisenhower, Dwight 463, 471, 472
埃森 Essen 122, 138, 365, 368
欧洲复兴计划 European Recovery Programm 501, 504
灭绝营 extermination camps 264, 323, 331, 383, 384
统帅堂 Feldherrnhalle 009, 011, 025, 085
战斗联盟 Fighting Association 023
芬兰湾 Gulf of Finland 405, 411
佛罗伦萨 Florence 416, 477, 480
《四年计划备忘录》Four-Year-Plan Memorandum 178
《法苏互助条约》Franco-Soviet Mutual Assistance Treaty (1935) 146, 158
安妮·弗兰克 Frank, Anne 440, 479
汉斯·弗兰克 Frank, Hans 250, 290
美因河畔法兰克福 Frankfurt-am-Main 097, 106, 137, 378, 508
奥得河畔法兰克福 Frankfurt an der Oder 137, 453
自由法国运动 Free French 415, 477
自由德国委员会 Free Germany Committee 371
罗兰德·弗莱斯勒 Freisler, Roland 381
弗洛伊德 Freud, Sigmund 097, 137
威廉·弗里克 Frick, Wilhelm 077, 088, 117,

164, 294
汉斯-格奥尔格·冯·弗莱德堡 Friedeburg, Hans-Georg von 471
瓦尔纳·冯·弗立契 Fritsch, Werner von 115, 147, 206, 209, 210, 211, 255
瓦尔特·冯克 Funk, Walter 262, 264, 358
加米施-帕滕基兴 Garmisch-Partenkirchen 172, 174, 187
格查拉 Gazala 354, 407
《东方总规划》 General Plan East 311
总体战全权总代表 General Plenipotentiary for Total War 376, 435
《日内瓦公约》 Geneva Convention 348, 406, 491
德意志民主共和国 German Democratic Republic (DDR) 137, 484, 501, 502
德意志联邦共和国 German Federal Republic (BRD) 144, 186, 484, 500, 502
德国劳工阵线 German Labour Front (DAF) 095, 134, 179, 395
德国国家自由党 German National Liberal Party 029
德意志民族人民党 German National People's Party (DNVP) 043, 072
德意志民族党 German National Party 064, 065, 066, 072, 100
德意志民族主义党 German Nationalist Party 052, 072
德国人民党 German People's Party (DVP) 028, 029, 100
《德波互不侵犯条约》 German-Polish Non-Aggression Treaty (1934) 236, 238
温和社会民主党 German Social Democratic Party (SPD) 035
《德苏互不侵犯条约》 German-Soviet Non-Aggression Pact, The(1939) 242, 244, 248, 283, 294
《德苏边界友好条约》 German-Soviet Treaty of Borders and Friendship(1939) 248
直布罗陀 Gibraltar 288, 293, 295, 334
格莱维茨 GleiwitzGlücks, Richard 245, 257
约瑟夫·戈培尔 Goebbels, Joseph 033, 039, 041, 051, 054, 062, 071, 073, 093, 097, 122, 126, 130, 131, 155, 162, 176, 194, 204, 227, 230, 231, 240, 246, 279, 297, 299, 300, 330, 375, 376, 377, 382, 393, 424, 434, 435, 438, 453, 458, 467, 469, 471, 487
卡尔·格德勒 Goerdeler, Carl 240, 380, 428, 429
丹尼尔·乔纳·戈德哈根 Goldhagen, Daniel Jonah 511, 512
赫尔曼·戈林 Göring, Hermann Wilhelm 004, 005, 020, 026, 040, 057, 061, 066, 077, 079, 082, 083, 084, 085, 087, 093, 111, 117, 121, 122, 124, 125, 126, 130, 136, 144, 149, 164, 171, 181, 182, 183, 191, 193, 194, 195, 206, 208, 209, 210, 211, 214, 215, 217, 225, 229, 231, 233, 235, 255, 264, 265, 267, 279, 285, 286, 299, 319, 320, 321, 341, 343, 358, 370, 372, 406, 433, 467, 468, 484, 487, 493
哥特防线 Gothic Line 416
格拉芬埃克 Grafeneck 268, 331
瓦尔特·格罗皮乌斯 Gropius, Walter 099, 137
格罗兹尼 Grozny 361, 408
海因兹·古德里安 Guderian, Heinz 274, 276, 318, 329
格尔尼卡 Guernica 160, 163
古斯塔夫防线 Gustav Line 415, 416
弗朗兹·哈尔德将军 Halder, General Franz 222, 223, 278, 315
汉堡 Hamburg 022, 052, 053, 118, 201, 221, 255, 340, 381, 395, 396, 397, 456, 463, 509
哈尔兹堡阵线 Harzburg Front 052
海尔布隆 Heilbronn 153, 186
埃蒙德·海因斯 Heines, Edmund 038, 051
康拉德·亨莱因 Henlein, Konrad 218, 219, 222, 227
鲁道夫·赫斯 Hess, Rudolf 028, 063, 130, 161, 198, 299, 466, 484, 487
莱因哈德·海德里希 Heydrich, Reinhard 117, 126, 164, 231, 233, 236, 249, 250, 251, 319, 320, 321, 337, 348, 349, 350, 352, 453, 507
海因里希·希姆莱 Himmler, Heinrich 085, 112, 116, 117, 121, 122, 124, 125, 126, 136, 138, 142, 164, 165, 167, 168, 169, 171, 172, 173, 198, 209, 211, 236, 245, 249, 250, 254, 267, 294, 299, 307, 311, 319, 320, 321, 323, 349, 350, 352, 361, 382, 383, 384, 419, 429,

435, 440, 443, 467, 468, 487, 493, 507, 509
诺曼底 Normandy 422, 423, 424, 425, 426, 448, 478, 479, 481
《大屠杀》Holocaust (1979) 506
胡佛缓债令 Hoover Moratorium (1931) 053, 072, 073
《豪斯特·威塞尔之歌》Horst Wessel Song 107, 177
霍尔蒂海军上将 Horthy, Admiral 383, 409, 417, 418, 447
鲁道夫·霍斯 Höss, Rudolf 267, 351, 352, 440, 485, 508
弗里德里希·霍斯巴赫上校 Hossbach, Colonel Friedrich 206, 207, 208
阿尔弗雷德·胡根贝格 Hugenberg, Alfred 043, 052, 064, 065, 066, 067, 069, 072, 100
法本 I. G. Farben 184, 193, 478, 496
部际委员会 Interministerial Committee 393
意大利社会共和国 Italian Social Republic 392
汉斯·耶顺内克 Jeschonnek, Hans 297, 395
阿尔弗雷德·约德尔 Jodl, Alfried 281, 299, 471, 472, 473
七月密谋 July Plot 367, 381, 382, 408, 428, 435, 440
埃德加·荣格 Jung, Edgar 122, 124
卡塞尔 Kassel 453, 480
凯瑟琳山口 Kasserine Pass 390, 410
威廉·凯特尔将军 Keitel, General Wilhelm 211, 235, 281, 299, 361, 377, 433, 451, 471
刻赤半岛 Kerch peninsula 356, 407
汉斯·凯尔 Kerrl, Hans 169, 195
阿尔贝特·凯瑟林 Kesselring, Albert 354, 392, 415, 461
哈尔科夫 Kharkov 356, 357, 359, 360, 397, 399, 405, 407
基尔 Kiel 453, 456, 460, 480
埃瓦尔德·冯·克莱斯特 Kleist, Ewald von 276, 428
维克多·克伦佩勒 Klemperer, Victor 424, 457, 478
京特·冯·克鲁格 Kluge, Günther von 276, 329, 382, 425, 441
哥尼斯堡 Königsberg 461, 480

库尔松 Korsun 417, 477
克罗尔歌剧院 Kroll Opera House (Berlin) 087, 126
库尔斯克 Kursk 397, 400, 402, 410, 411
汉斯·兰马斯 Lammers, Hans 375, 377
兰茨贝格 Landsberg 028, 063, 497
洛桑会议 Lausanne Conference (1932) 013, 070
德国女青年联盟 League of German Girls (BDM) 037, 131
勒阿弗尔 Le Havre 422, 448, 477, 478
莱比锡 Leipzig 072, 082, 138, 240, 379, 380
勒芒 Le Mans 441, 479
罗伯特·雷 Ley, Robert 095, 179, 335, 395, 487, 497
利迪泽 Lidice 352, 407
林茨 Linz 201, 215, 254, 255
威廉·李斯特 List, Wilhelm 302, 360
《洛迦诺公约》Locarno Treaty, The (1925) 028, 029, 157, 158, 159
罗兹 Lodz 268, 331, 410, 440
卢瓦尔河 Loire River 290, 334, 479
洛里昂 Lorient 441, 472, 479
马里努斯·范·德·卢勃 Lubbe, Marinus van der 082, 083
卢布林 Lublin 257, 271, 331, 337, 348, 349, 383, 407, 410, 442
埃里希·鲁登道夫将军 Ludendorff, General Erich 009, 022, 023, 024, 025, 027, 031, 035, 128, 499
吕内堡灌木丛 Lüneburg Heath 147, 474
京特·吕特晏斯 Lütjens, Günther 310
利沃夫 Lvov 442, 479
马达加斯加岛 Madagascar 319, 336
马德里 Madrid 163, 187
马格德堡 Magdeburg 255, 463, 469, 481
马其诺防线 Maginot Line 272, 274, 276, 332
马伊达内克 Maidanek 350, 352, 384, 407, 442
迈科普 Maikop 361, 408
马耳他 Malta 301, 336, 354
马尔堡 Marburg 126, 138
乔治·马歇尔 Marshall, George 501
马歇尔援助 Marshall Aid 500, 501
马祖里湖区 Masurian Lakes 128, 139
毛特豪森 Mauthausen 215, 255

《我的奋斗》Mein Kampf 014, 026, 028, 062, 063, 497
奥托·梅斯纳 Meissner, Otto 065, 066, 067, 176
梅默尔区 Memelland 227, 236, 255
约瑟夫·门格尔 Mengele, Joseph 439, 487
墨西拿 Messina 336, 391, 392, 410
默兹河 Meuse River 274, 332
米特堡-朵拉 Mittelbau-Dora 419, 437, 455
瓦尔特·默德尔 Model, Walter 402, 405, 425, 441, 442, 463
莫德林 Modlin 248, 257
莫吉廖夫 Mogilev 323, 337
慕恩大坝 Möhne Dam 344, 394
摩尔达维亚 Moldavia 417, 477
维亚切斯拉夫·莫洛托夫 Molotov, Vyacheslav 241, 243, 244, 294, 295, 409
门兴格拉德巴赫 Mönchengladbach 297, 335
伯纳德·蒙哥马利 Montgomery, Bernard 366, 390, 426, 441, 448, 449, 463, 474
蒙都瓦 Montoire 294, 334
摩拉维亚 Moravia 235, 236, 256, 320
莫尔坦 Mortain 441, 479
摩泽尔 Moselle 144, 186
慕尼黑会议 Munich Conference (1938) 039, 229, 230
明斯特 Münster 201, 254, 323
贝尼托·墨索里尼 Mussolini, Benito 020, 149, 157, 161, 185, 187, 205, 213, 214, 220, 225, 227, 229, 230, 239, 245, 260, 279, 291, 292, 295, 301, 304, 329, 372, 390, 391, 392, 447
那不勒斯 Naples 392, 410
纳尔维克 Narvik 273, 332
德国国家民主党 National Democratic Party(NPD) 514
国家社会主义自由运动 National Socialist Freedom Movement 028, 031, 034, 070, 071
纽台克 Neudeck 122, 127, 128, 138
康斯坦丁·冯·诺伊拉特 Neurath, Constantin von 088, 161, 206, 212, 220, 236
水晶之夜 Night of Broken Glass 230, 231, 233, 234, 256, 376
《"夜雾"法令》Night and Fog Decree 381, 409
长刀之夜 Night of the Long Knives 121, 126, 210, 320, 446
诺德豪森 Nordhausen 419, 477
上萨尔茨堡 Obersalzberg 181, 187
奥得河 Oder River 070, 462, 465, 480
敖德萨 Odessa 314, 336, 417
奥尔登堡 Oldenburg 052, 072
秋雾行动 Operation Autumn Mist 449, 450, 451
巴格拉季昂行动 Operation Bagration 425
蓝色行动 Operation Blue 356, 359, 397
眼镜蛇行动 Operation Cobra 426, 440
鼓声行动 Operation Drumbeat 353
刚毅行动 Operation Fortitude 422, 479
古德伍德行动 Operation Goodwood 426
马里他行动 Operation Marita 295, 302
市场花园行动 Operation Market Garden 448
火星行动 Operation Mars 370, 372
直接行动 Operation Pointblank 393
莱因哈德行动 Operation Reinhard 348, 350, 487
莱茵演习行动 Operation Rhine-Exercise 310
海狮行动 Operation Sea Lion 279, 280, 281, 286, 288, 297, 334
霹雳行动 Operation Thunderclap 455
火炬行动 Operation Torch 366, 390
台风行动 Operation Typhoon 318, 326, 328
瓦尔基里行动 Operation Valkyrie 428, 478
托特组织 Organisation Todt 105, 221, 344, 420
杰西·欧文斯 Owens, Jesse 174, 177
《钢铁条约》Pact of Steel(1939) 238, 244
巴勒莫 Palermo 336, 392, 410
弗兰茨·冯·巴本 Papen, Franz von 058, 059, 061, 063, 064, 065, 066, 067, 069, 122, 124, 125, 126, 128, 138, 497
乔治·巴顿 Patton, George 441, 479
弗里德里希·保卢斯 Paulus, Friedrich 283, 301, 357, 361, 369, 370, 371, 372, 373
珍珠港 Pearl Harbor 329, 337
佩内明德 Peenemünde 368, 438
企鹅图书公司 Penguin Books 092, 349, 513
菲利普·贝当 Pétain, Philippe 278, 294
普利茅斯 Plymouth 297, 335
波兰走廊 Polish Corridor 227, 235, 236, 255, 256
波兰国内驻防军 Polish Home Army 442, 443
人民阵线 Popular Front 161, 185, 186

波兹南 Posen 250, 257, 334
波茨坦会议 Potsdam Conference (1945) 495, 516
布拉格 Prague 099, 100, 118, 137, 234, 235, 236, 240, 251, 320, 407, 431
普罗霍洛夫卡 Prokhorovka 404, 411
普鲁士邦 Prussia 031, 071, 165, 183
埃里希·雷德尔 Raeder, Erich 111, 206, 279, 281, 288, 310, 390
腊斯登堡 Rastenburg 315, 336, 341, 370, 380, 397, 426, 430, 451
吉莉·拉包尔 Raubal, Geli 052, 053
拉文斯布吕克 Ravensbrück 169, 187, 269, 270, 352
帝国文化协会 Reich Chamber of Culture 097
帝国代表 Reich Commissar 058
保护大德意志帝国代表 Reich Commissar for the Protection of Germandom 171
帝国参议会 Reich Council 088, 101, 136
帝国经济协会 Reich Economic Chamber 134
帝国新教教会 Reich Evangelical Church 118
帝国中央保安局 Reich Main Security Office (RSHA) 156, 165, 249, 251, 257, 319, 320, 321, 392, 453
《国会纵火法令》Reichstag fire Decree (1933) 082, 085, 089
革命抵抗联盟 Revolutionary Union Opposition 118
兰斯 Rheims 471, 472, 481
约阿希姆·冯·里宾特洛甫 Ribbentrop, Joachim von 065, 136, 150, 151, 152, 212, 214, 220, 227, 229, 235, 236, 237, 241, 242, 243, 244, 245, 248, 294, 295, 330, 358, 451, 467
拉斐尔·里卡尔笛 Riccardi, Raffaello 262
曼弗雷德·冯·里希特霍芬 Richthofen, Manfred von 163, 182
沃尔夫拉姆·冯·里希特霍芬 Richthofen, Wolfram von 163, 356
莱尼·里芬斯塔尔 Riefenstahl, Leni 131, 132
里加 Riga 314, 412
恩斯特·罗姆 Röhm, Ernst 025, 026, 031, 038, 049, 051, 057, 070, 085, 112, 114, 115, 121, 122, 124, 125, 130
埃尔温·隆美尔少将 Rommel, Brigadier Erwin 274, 301, 302, 332, 354, 355, 356, 363, 366, 367, 368, 390, 422, 424, 425, 426
富兰克林·罗斯福 Roosevelt, Franklin 238, 329
阿尔弗雷德·罗森堡 Rosenberg, Alfred 097, 330
罗斯巴赫自由军团 Rossbach Freikorps 466
罗斯托夫 Rostov 360, 397, 407
鹿特丹 Rotterdam 274, 332
鲁尔行动团 Ruhr Action Group 395
格特·冯·伦德施泰特 Rundstedt, Gerd von 272, 274, 276, 314, 357, 422, 425
萨雷岛 Saare 442, 479
萨尔公决 Saar Plebiscite, The (1935) 144
萨克森豪森 Sachsenhausen 169, 187, 254
弗朗兹·菲弗尔·冯·所罗门 Salomon, Franz Pfeffer von 038, 045
萨洛尼卡 Salonika 382, 409
萨尔茨堡 Salzburg 417, 477, 489
亚尔马·沙赫特 Schacht, Hjalmar 028, 103, 114, 134, 135, 181, 191, 193, 206, 208, 209, 497
斯海尔德河 Schelde River 422, 448, 449, 478, 479
巴尔杜·冯·席腊赫 Schirach, Baldur von 037, 197, 198
费边·冯·施拉勃伦道夫 Schlabrendorff, Fabian von 380
库特·冯·施赖歇尔将军 Schleicher, General Kurt von 058, 059, 061, 062, 064, 065, 066, 124, 126, 210
汉斯·朔尔 Scholl, Hans 379, 409
索菲·朔尔 Scholl, Sophie 378, 379, 409
斐迪南德·舍纳尔 Schörner, Ferdinand 417, 442, 461, 463, 472
库尔特·冯·许士尼格 Schuschnigg, Kurt von 212, 213, 214, 215
施韦因富特 Schweinfurt 395, 397, 410
塞瓦斯托波尔 Sebastopol 313, 356, 357, 407
帝国保安部 Security Service (SD) 117, 373, 374
色当 Sedan 274, 332
塞纳河 Seine River 422, 441, 448, 477, 478
弗朗兹·塞尔特 Seldte, Franz 043, 473
弗里多林·冯·森格尔·翁德·埃特林 Senger und Etterlin, Fridolin von 416
阿图尔·赛斯-英夸特 Seyss-Inquart, Artur 213, 214, 215

西西里岛 Sicily 301, 336, 354, 391, 392, 405, 410, 420
西里西亚 Silesia 012, 070, 183, 207, 250, 256, 290, 462
奥托·斯科尔兹尼 Skorzeny, Otto 392, 447
斯摩棱斯克 Smolensk 317, 336, 382
索比堡 Sobibor 350, 407
社会主义帝国党 Socialist Reich Party 505, 514
社会主义统一党 Socialist Unity Party 502
索非亚 Sofia 352, 407, 447
西班牙内战 Spanish Civil War 160, 161, 163, 184, 186, 293
雨果·施佩勒将军 Sperrle, General Hugo 163
约瑟夫·斯皮克 Spieker, Joseph 119
施普雷河 Spree River 468
斯台德炮台 Stadelheim 124
斯大林防线 Stalin Line 318
克劳斯·申克·冯·施道芬贝格 Stauffenberg, Claus Schenk von 426, 427, 428, 429, 430, 431
钢盔队 Steel Helmet 043, 052, 066, 067, 071, 079, 100
瓦尔特·斯特恩斯 Stennes, Walter 046, 051
斯德丁 Stettin 201, 254, 465
圣纳泽尔 St Nazaire 334, 441, 479
格雷戈尔·施特拉塞尔 Strasser, Gregor 031, 034, 045, 124
奥托·施特拉塞尔 Strasser, Otto 034
尤利乌斯·施特莱歇尔 Streicher, Julius 025, 485
斯特莱沙 Stresa 146
斯特莱沙阵线 Stresa Front 146, 157
古斯塔夫·施特雷泽曼 Stresemann, Gustav 028, 029, 030, 040, 043, 072
苏台德德意志党 Sudeten German Party 218, 219
苏台德日耳曼人 Sudeten Germans 218, 219, 220, 221, 222, 226, 228
苏伊士运河 Suez Canal 288, 302, 334, 353, 354, 355, 363
坦能堡 Tannenberg 128, 138
坦能堡纪念馆 Tannenberg Memorial 129
特莱西恩施塔特 Theresienstadt 353, 382
图林根州 Thuringia 022, 069, 187, 346
托布鲁克 Tobruk 301, 336, 354, 366, 367
弗里兹·托特 Todt, Fritz 105, 106, 107, 261, 267, 341, 343
特雷布林卡 Treblinka 350, 384, 407
《意志的胜利》Triumph of the Will 131, 132
特隆赫姆 Trondheim 273, 332
上西里西亚 Upper Silesia 235, 256
维罗纳 Verona 461, 480
《凡尔赛条约》Versailles Treaty(1919) 011, 012, 013, 014, 018, 070, 100, 110, 111, 128, 136, 137, 142, 143, 144, 146, 148, 151, 157, 158, 255, 256
《人民观察家报》Völkischer Beobachter 023
国民自卫队 Volkssturm 449, 452, 458, 464
维亚济马 Vyazma 328, 337
华尔街大崩溃 Wall Street Crash 042, 043, 072
万湖会议 Wannsee Conference (1942) 320, 337
《战争经济法令》War Economy Decree (1939) 263, 265
周末危机 Weekend Crisis (1938) 221, 255
威塞演习 Weser Exercise(1940) 272, 273, 332
维滕贝格 Wittenberg 118, 138
卡尔·沃尔夫 Wolff, Karl 277, 461
维尔茨堡 Würzburg 201, 254
欧文·杨格 Young, Owen 043
杨格计划 Young Plan (1929) 013, 043, 052
库尔特·蔡茨勒 Zeitzler, Kurt 373, 399
格奥尔基·朱可夫 Zhukov, Georgii 329, 370, 402, 405, 462, 463, 468
齐克隆-B Zyklon B 326, 512

二战文史眼系列
用图片和文字记录战争历史轨迹

策划：朱策英
Email: gwpbooks@foxmail.com

第三帝国陆军图文史：纳粹德国的地面力量
[英] 克里斯·麦克纳布/著　沈立波/译

通过丰富的图片和通俗的文字，本书从不同时期的战场表现切入，生动讲述了德国陆军从一战后的绝境重生，到二战初期的闪电战、北非鏖战、入侵苏联，再到东西线败退、本土防守，直至最后溃败的全部兴衰演变过程，既是一张希特勒地面力量的全景式演变图谱，也是一部纳粹德国陆军的兴亡史！

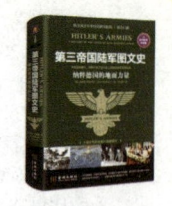

情报战图文史：1939—1945年冲突中的无声对决
[美] 尼尔·卡根　[美] 史蒂芬·希斯洛普/著　朱鸿飞/译

本书通过丰富的图片和通俗的文字，带领读者走近二战中的间谍、密码破译者和秘密行动，多角度了解战争背后的无声较量，全方位触摸战争的鲜活历史脉络，具体包括战争历程、重要事件、谍战形式、机构沿革、科技创新等方面，堪称一部全景式二战情报战史，也是一部改变世界格局的大国博弈史。

空战图文史：1939—1945年的空中冲突
[英] 杰里米·哈伍德/著　陈烨/译

本书是二战三部曲之一。通过丰富的图片和通俗的文字，全书详细讲述二战期间空战全过程，生动呈现各国军力、战争历程、重要战役、科技变革、军事创新等诸多历史细节，还涉及大量武器装备和历史人物，堪称一部全景式二战空中冲突史，也是一部近代航空技术发展史。

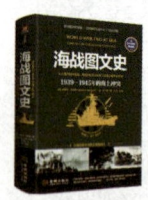

海战图文史：1939—1945年的海上冲突
[英] 杰里米·哈伍德/著　付广军/译

本书是二战三部曲之二。通过丰富的图片和通俗的文字，全书详细讲述二战期间海战全过程，生动呈现各国军力、战争历程、重要战役、科技变革、军事创新诸多历史细节，还涉及大量武器装备和历史人物，堪称一部全景式二战海上冲突史，也是一部近代航海技术发展史。

密战图文史：1939—1945年冲突背后的较量
[英] 加文·莫蒂默/著　付广军　施丽华/译

本书是二战三部曲之三。通过丰富的图片和通俗的文字，全书详细讲述二战背后隐秘斗争全过程，生动呈现各国概况、战争历程、重要事件、科技变革、军事创新等诸多历史细节，还涉及大量秘密组织和间谍人物及其对战争进程的影响，堪称一部全景式二战隐秘斗争史，也是一部二战情报战争史。

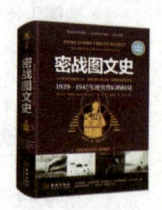

太平洋战争图文史：通往东京湾的胜利之路
[澳] 罗伯特·奥尼尔/主编　傅建一/译

本书精选了二战中太平洋战争的10场经典战役，讲述了各自的起因、双方指挥官、攻守对抗、经过、结局等等，生动刻画了盟军从珍珠港到冲绳岛的血战历程。全书由7位世界知名二战史学家共同撰稿，澳大利亚社科院院士、牛津大学战争史教授担纲主编，图片丰富，文字翔实，堪称一部立体全景式太平洋战争史。

纳粹兴亡图文史：希特勒帝国的毁灭
[英] 保罗·罗兰/著　晋艳/译

本书以批判的视角讲述了纳粹运动在德国的发展过程，以及希特勒的人生浮沉轨迹。根据大量史料，作者试图从希特勒的家庭出身、成长经历等分析其心理与性格特点，描述了他及其党羽如何壮大纳粹组织，并最终与第三帝国一起走向灭亡的可悲命运。

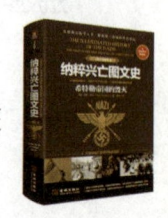

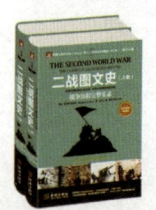

二战图文史：战争历程完整实录（全2册）
[英] 理查德·奥弗里/著　朱鸿飞/译

本书讲述了从战前各大国的政治角力，到1939年德国对波兰的闪电战，再到1945年日本遭原子弹轰炸后投降，直至战后国际大审判及全球政治格局。全书共分上下两册，展现了一部全景式的二战图文史。